KB140678

이미지의 마력

대곡리 암각화의 세계

이미지의 마력

대곡리 암각화의 세계

장석호 지음

책머리에

최근 대곡리 암각화 가운데서 43점의 형상들이 추가로 확인되어, 이 암각화 속에는 모두 343점의 형상이 그려졌다는 뉴스가 TV와 언론 매체를 통해서 소개되었다. 이 기사와 함께 제시된 도면은 바로 이 책 가운데 소개한 도면의 복사본이다. 이 책의 본문 가운데 자세히 기술하였지만, 이 도면은 2000년 5월에 예술의 전당이 지원하고 울산광역시의 협조를 받아 정밀하게 실측하여 만든 것이다. 그리고 그 도면은 같은 해 7월부터 9월 초까지 2개월간 예술의 전당이 개최한 기획전에 전시되었다. 조사 과정에서 파악한 기본적인 내용은 역시 같은 해 8월에 개최된 암각화 발견 30주년 기념 국제학술회의에서 발표하였다.

그에 이어 2002년 4월에는 국보 제147호 「천전리 각석」도 울산광역시의 지원을 받아 정밀하게 채록하였으며, 그 조사 보고서를 2003년 6월에 발간하였고, 도면 등은 울산광역시에 제출하였다. 그런데 그로부터 불과 6개월도 지나지 않아 우리 조사단이 만든 도면과 싱크로 율 99%인 유사본이 나도는 것을 보고 경악한 바 있다.

2000년의 조사 이후, 나는 대곡리 암각화 속에 모두 270개의 형상들이 그려져 있다고 주장해 왔다. 그런데 이 책의 원고를 마무리하면서 과연 이 수치가 정확한지 여러 차례 재검토하였고, 그 과정에서 나는 오히려 17점이 더 줄어든 253점이 바르다는 수정 결론을 내리게 되었다. 이 암각화의 바른 실상을 보여주어야 한다는 사명감 때문에 여러 가지 방법으로 형상의 개체 수를 헤아렸고, 유類와 종種을 구분하였던 것이다. 그러던 차에 이 암각화 속에 무려 343점의 형상이 그려져 있다는 보도를 접하게 되었으니, 이 유적을 직접 조사하고 또 도면을 그렸으며, 개체 수를 파악한 연구자로서 또 다시 경악하지 않을 수 없었다.

이와 같은 수치는 지금까지 알려진 암면 이외의 다른 곳에서 100여점의 그림을 추가로 발견하지 않고서는 헤아려 내기 불가능하기 때문이다. 만약 그것이 사실이라면, 관련 343개의 형상들을 모두 이 책 속의 〈형상 분류표〉와 같은 방법으로 제시하여, 일반 독자들이 볼 수 있게 해 주어야 함이 마땅하다. 사실 1984년도에 발간된 황수영·문명대의 『반구대 암벽 조각』 가운데도 중심 암면에 모두 200여점의 형상이 그려져 있음을 밝힌 바가 있다. 그 이후 우리의 조사에서 형상의 개체 수가 증가된 것은 바로 중심 암면의 좌우에 이어진 바위를 조사하여 새롭게 파악한 것이 증가의 직접적인 원인이었다.

이 암각화가 귀중한 것은 형상의 개체 수가 많기 때문이 아니다. 세계에는 형상의 수가 수 백점은 물론이고 수 천 점, 그리고 심지어 만 점이 넘는다고 알려진 유적도 있다. 그럼에도 이 암각화가 주목을 끄는 것은 세계의 선사 시대 바위그림 유적 가운데서 살펴지는 보편성 위에 대곡리 만의 독특한 제재와 주제, 선사 시대 해양 어로 집단의 고래학과 포경 문화에 관한 구체적인 도상 기록, 그리고 세계 유일한 대곡리식 동물 양식을 창출시킨 점 등이 더해졌기 때문이다. 이러한 차별성 때문에 세계의 선사미술 연구자들이 이 암각화와 그 속의 형상들을 주목하는 것이다.

　원고를 집필하면서 나는 선사 미술의 범세계적 보편성 속에서 대곡리 암각화가 지니고 있는 독창성과 인류 문명사상 주목할 가치가 무엇인지 밝혀서 소개하고 싶었다. 뿐만 아니라 이 책을 접하는 독자라면 누구라도 암각화는 물론이고, 선사 미술 유적의 독특한 아우라aura와 그 속에 그려진 다양한 이미지들이 발산하는 매혹적인 조형예술의 세계와 만날 수 있게 되기를 희망하였다. 선사 시대의 화가들이 특정 공간 속에 이미지를 형상화할 수 있게 된 일이 길고 긴 인류의 문명사 가운데서 어떤 의미를 지니고 있는지 생각해 볼 수 있는 계기가 되기를 희망하였고, 동시에 이들 이미지들이 과거의 어느 시기와 오늘의 우리 사이, 현실계와 비현실계 사이를 이어주는 메신저이자 소통 수단이었으며, 무 문자 시대 문명사 복원의 원천 기록물임을 재인식할 수 있게 되기를 또 희망하였다.

　나는 세계 각지의 바위그림 유적 필드 워크 과정에서 직접 겪은 일들을 이야기 하듯 기술함으로써 글 속에서 논한 공간의 현장감을 높이고, 또 개개 형상늘이 보이는 생동감을 그대로 전하고자 하였다. 현지 연구자 및 지역 주민들과의 대화 과정에서 채록·수집한 자료들을 글의 기반 자료로 활용하였으며, 선사 미술 유적이나 지역 성소에 대한 연구의 현주소, 그리고 이들 선사 미술을 대하는 인근 주민들의 기층 심리 등도 독자들에게 가감 없이 전달하고자 하였다. 그에 따라 바위그림 유적과 그 속의 형상들을 두고 펼쳐진 각종 의례나 희생제물, 그리고 그 밖의 인공적인 처치의 흔적들에 대하여도 각별히 주목하였으며, 바로 그런 점들에 대하여도 지면을 아끼지 않았다.

이 책 가운데 소개한 사진은 대부분 현장에서 직접 촬영한 것이다. 그러나 디지털 카메라가 등장하기 이전에 촬영하였던 상당수의 사진은 장기간 오지를 다니면서 조사하였던 당시의 여건 상 보존 상태가 나쁘고, 일부는 변색이 되는 등 도상자료로서 아쉬운 점이 생기기도 하였다. 그렇지만 이와 같은 점 또한 20년 혹은 30년 전의 연구 환경을 증언하는 것이라고 여겼다. 제시한 대부분의 도면들도 현장에서 직접 채록한 것들이다. 그러나 방문하지 못했거나 혹은 채록을 허락하지 않은 유적 속 형상들은 학술 도서 속 자료들을 이용하였으며, 꼭 필요한 경우는 원도를 다시 재 작업하여 제시한 것도 있다.

나는 그동안 조형언어로 기술된 대곡리 암각화를 읽고 그 내용을 분석하여 국내외 학계에 소개해 왔다. 전체 250여 형상 중에서 예순 점이 고래인데, 그것들을 분류하면 모두 11개의 종으로 구분할 수 있다. 또한 그림 가운데는 두 척의 배가 협력하여 한 마리의 고래를 잡는 장면을 포함한 고래잡이 광경들이 주요 장면으로 서술되어 있다. 따라서 이 암각화는 바다에서 배를 타고 고래를 잡으며 살았던 선사시대 울산만 사람들의 도상 비망록이다. 물론 각각의 형상들은 독특한 양식으로 표현되었는데, 이로써 제작 집단의 고래학을 비롯한 포경산업, 조형능력, 그리고 그 밖의 많은 것들을 살펴낼 수 있으며, 바로 이런 점들이 이 암각화가 세계에 자랑할 탁월한 가치이다. 독자들이 바로 이런 점들을 헤아리게 된다면, 연구자로서는 더 없는 기쁨이라 할 수 있을 것이다.

선사미술을 공부하면서, 그리고 이 글의 원고를 집필하면서 여러분들로부터 많은 도움을 받았다. 고려대학교 총장이셨고, 고구려연구재단 이사장이셨으며, 한국암각화학회 초대 회장이셨던 김정배 선생님께 지면을 빌어 깊은 감사의 마음을 전하고자 한다. 1995년 여름 몽골의 암각화 유적을 답사한 이후, 러시아의 상트 페테르부르크 소재 박물관들과 하카스코-미누신스크 분지, 투바의 크이즐 및 칭게 강변 등지의 암각화 유적들을 답사하면서 크고 소중한 가르침을 주셨다. 이 책 가운데 소개한 대곡리 암각화 발견 당시의 사진도 필름과 함께 직접 챙겨 주셨다. 사진 뒷면에 남겨진 '1971.12.25日. 上吾9時頃'이라는 육필의 메모가 남겨져 있었다.

1999년 6월 러시아의 상트 페테르부르크에서 귀국하여 곧장 울산에서 만나게 된 현재 문화도시울산포럼 김한태 이사장께도 존경과 감사의 마음을 표하고자 한다. 벌써 햇수로는 18년의 세월이 흘렀으며, 그간에 서로 공유한 숱한 시간들과 알타이 산록 여행 중 겪은 처연한 추억, 그리고 장르를 불문하고 교감한 언어들을 앞으로도 마음의 자산으로 소중히 간직할 것이다. 2011년 3월부터 할애해 주신 「울산 제일일보」지면에 연재했던 글이 이책의 기반이 되었음도 함께 밝히고자 한다. 울산 지역 신문이 고장의 얼을 살리기 위해 큰 애정을 갖고 격려해 주신 일을 오래도록 기억하고자 한다.

원고를 쓰면서 관계 기관과 관련 전문가들로부터 발굴 조사 보고서와 노독, 그리고 사진 자료 제공 등의 도움을 받았다. 우선 보고서와 관련하여 국립김해박물관으로부터 『비봉리』1과 2를, 국립광주박물관으로부터 여수『안도 패총』과 사진 사용권을 받았다. 국립부여박물관의 윤형원 관장으로부터 『욕지도』를, 국립중앙박물관의 장은정 연구관으로부터 『신암리 Ⅱ』를, 부산복천박물관 하인수 관장으로부터 『동삼동 패총 Ⅱ』및 관련 연구 논문과 저서, 그리고 『고대의 언어 그림』등을 제공받았다. 또한 (재)한국문물연구원의 정의도 원장으로부터 울산 황성동 신석기 시대 유적 조사보고서를 제공받았다. 울산광역시 남구청으로부터는 『장생포 이야기』를 제공받았다. 지면을 통해서나마 큰 도움이 되었음을 밝히면서 감사의 마음을 표한다.

이 책에 소개된 사진들 속의 일부는 특별한 협조를 받은 것임도 밝힌다. 대곡리 암각화의 주변 경관을 드론으로 촬영하여 보기 드문 사진들을 제공해 준 〈울산인터넷방송〉 우충식 사장께 각별한 감사의 마음을 전한다. 정성을 다해 촬영한 사진 덕분에 독자들도 울산 대곡천의 빼어난 경관과 함께 암각화가 그려진 계곡의 지형에 관해 보다 분명하고 확실한 정보를 얻을 수 있을 것이라 확신한다. 또한 울산의 원로 사진작가 서진길 선생님께서 촬영한 사진들도 광학 메커니즘의 이해 및 기록사진으로서의 의미까지 더해 이 책의 집필에 도움이 되었다. 아울러 장생포고래박물관 학예연구사이신 이선종 선생님께서는 직접 촬영하신 대곡리 암각화 중심 암면 사진을 사용할 수 있게 해주셨다.

뿐만 아니라 국립박물관의 홍진근 연구관이 제공해 준 신석기 시대 유적 출토 조형예술품 관련 사진 자료들도 책의 신뢰도를 높이는데 큰 도움이 되었음을 밝히며 감사의 마음을 전한다. 〈예술의 전당 서예박물관〉의 이동국 큐레이터께도 고맙다는 인사를 다시 표한다. 2000년 당시 〈예술의 전당 한가람미술관〉에 근무하면서 「신화, 그 영원한 생명의 노래」전과 '한국 암각화 발견 30주년 기념 국제학술대회'를 동시에 기획하였는데, 어려운 여건 속에서도 대곡리 암각화를 정밀 채록할 수 있게 기회를 마련하여 주었다. 그 이후 지금까지 변함없이 보내주는 우정은 연구 활동에 큰 힘이 되고 있음을 밝힌다.

대곡리와 천전리 두 암각화를 조사하면서 함께 고생한 성기진·우형순·이진희·송정화·박민량 등 공동조사원들의 헌신적인 도움 덕분에 대곡리 암각화의 도면이 훌륭하게 만들어질 수 있었음을 밝힌다. 2000년 5월 대곡리 암각화 조사 당시 10일간 숙식은 물론 조사 과정에 세심한 편의를 제공해 준 〈암각화, 사진 속으로〉의 사장 내외분께도 고마운 마음을 전한다. 이들의 도움이 얼마나 많았는지 이루 형언하기가 어렵다. 울산 지역홍보연구소 서창원 소장의 한결 같은 지지 역시 기억하고자 한다.

이 책을 발간해 준 역사공간의 주혜숙 대표께도 크고 깊은 감사의 마음을 표한다. 앞으로 더욱 좋은 연구로 보답하려 한다. 아울러 편집과 그 밖의 모든 과정에서 함께 고생해 준 편집부장 및 관계자들께도 머리 숙여 감사의 마음을 전한다.

2017년 12월

대곡리 암각화가 온전히 보존될 날을 학수고대하며 장 석 호

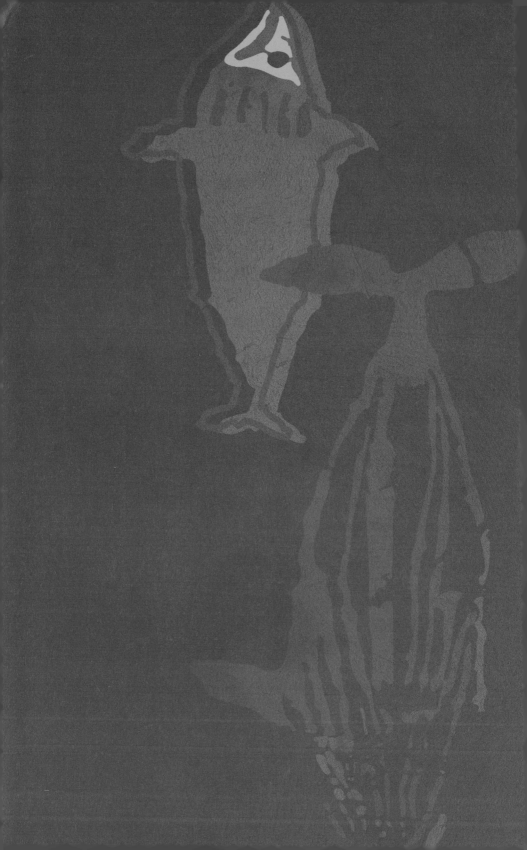

프롤로그

'대곡리'를 떠올리면, 암각화의 진면목을 찾기 위해 쏟은 지난 30년의 시간들과 그 과정에서 겪은 많은 일들이 주마등처럼 내 머릿속을 스치고 지나간다. 눈을 감으면 잡힐 듯 펼쳐지는 대곡리 암각화 유적지와 그 주변의 풍광들! 대곡천을 가로질러 한실大谷[1] 마을로 들어가는 그 다리를 건너면, 아홉 구비 휘돌아 흐르는 계곡 구석구석에 아름답고도 신비로운 태고의 경관이 아직도 옛 모습 그대로 남아 있고, 또 대를 이어 그 터를 지키며 살아오던 마을 사람들의 요란함이 없는 삶들은 예나 지금이나 변함이 없지만, 그럼에도 그곳은 언제나 내게 새롭고 생소한 공간이다. [자료 1]

　나는 대곡리를 20대 중반부터 마치 성지를 순례하듯 찾아다녔다. 그 이유는 하나, 그 계곡에 남겨진 선사시대의 암각화 때문이었다. 내가 울주군 언양읍 대곡리에 첫 발을 내디딘 것은 1985년의 일이었다. 그 때 나는 그곳으로부터 그리 멀지 않은 곳에 살았는데, 당시에는 태화강 건너편에 있던

자료 1 대곡리 풍광

울산 고속버스 터미널에 도착한 후, 곧장 언양 행 시외버스로 갈아타야 했고, 언양읍에서도 다시 두동면 쪽으로 가는 완행버스로 바꿔타지 않으면 안되었다.

유적지로 들어가는 진입로 앞의 정류장에서 내린 다음에는 바쁜 걸음으로 고개를 넘지 않으면, 천전리^{자료 2}와 대곡리^{자료 3} 두 암각화 유적을 모두 돌아보기가 힘들었다. 이른 아침에 출발하여 부지런히 서둘러야 어둑어둑한 해질녘에 겨우 그 고개를 넘어 되돌아 올 수 있었다. 물론 그때는 암각화 유적지 앞까지 차로 들어가는 길은 나 있지 않았으며, 천전리 암각화는 지금과는 달리 징검다리를 건너고, 또 사나운 개가 요란스럽게 길목을 지키던 기도원을 지나야 이를 수 있었다.

그로부터 어느덧 30년의 세월이 흘러갔다. 첫발을 내디딘 그날 이후, 나는 '암각화'라는 묘약에 취해 그것만 바라보고 살았으며, 아직껏 단 한 번도 그것을 내팽개치고 딴눈을 팔아 본 적이 없다. 대곡천 계곡을 따라 아래위에 남겨진 두 개의 암각화^{자료 4-1·4-2}가 마치 불변의 연인처럼 나를 '매혹'시켰던 것이다.[2] 나의 발길을 그곳으로 이끌었던 것은 바로 이들 두 암각화였다. 당시에는 찾아가기가 쉽지 않았지만, 그리고 또 두 곳의 암각화를 모두 보고 되돌아오던 길이 때로는 몹시 피곤할 때도 있었지만, '괜한 걸음이었다'고 후회해 본 적 또한 단 한 번도 없었다.

돌이켜 보면, 지난 30여 년의 세월은 이 암각화라는 매혹적인 유산의 진면목을 밝히기 위해, 그 해독의 실마리를 찾으면서 보낸 숱한 시행착오의 시간들이었다. 그 과정에서 생긴 웃지 못 할 에피소드들이 어디 한둘이었으며, 그것들을 어찌 말과 글로 다 밝힐 수 있을까? 이 두 개의 암각화는 그때까지 내 가슴 한 구석에 웅크리고 있던 미지의 세계에 대한 막연한 두려움

자료 2 천전리 암각화

자료 3 대곡리 암각화

자료 4-1 하늘에서 본 대곡천(우충식 제공)

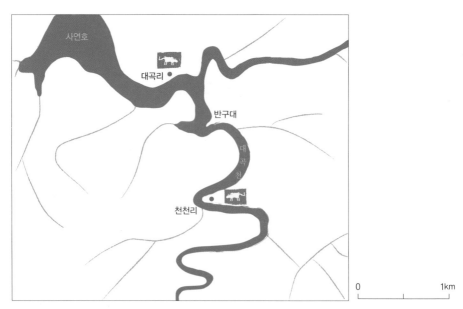

자료 4-2 대곡리 암각화 지도

을 한 순간에 날려버렸으며, 어디든 찾아가고 또 누구든 만나서 길을 묻는 용감한 연구자로 나를 거듭나게 하였다.

가도 가도 끝없는 지평선, 저 멀리 신기루가 꿈처럼 떠올랐다 뒷걸음질 치는 몽골의 고비 알타이Gobi Altai 사막자료 5가운데서 나는 대곡천의 두 암각화 속 제재에 관해 생각하였다. 러시아의 레나 강변에 소재하는 쉬쉬키노Shishkino 바위그림 유적지의 회랑을 거닐면서 암질과 제작 기법 사이의 상관성, 그리고 현지 주민들의 유적지에 관한 특별한 관념 등을 새롭게 인식할 수 있었고, 또 선사 미술의 보편성에 대해 보다 많은 이해를 할 수 있었다. 러시아 케메레보 소재 톰Tom 강변의 암각화Tomskaya Pisanitcha를 조사하면서 유적과 물, 그리고 햇볕이 만들어내는 성소聖所의 신비로운 메커니즘을 생생하게 목격하였다.

어디 그 곳뿐이었을까? 예니세이 강변 쉬쉬카Shishka 암벽에 내리비친 여름날 늦은 해질 녘의 마지막 한 줄기 석양은 낮 동안 긴 잠에 취해 있던 도상들을 하나씩 깨워 기지개를 켜게 하였고, 그 순간 나는 빛 때문에 죽었다가 또 빛으로써 되살아나는 형상들의 부활을 숨죽이며 지켜볼 수 있었다. 뱀들이 우글거리던 남부시베리아 페치쉐Pechishe 강변의 술렉크Sulek나 우수리 강변 쉐레메트에보Sheremet'evo 등의 유적자료 6·7을 조사하면서 느꼈던 참을 수 없었던 불편함, 남부시베리아 우스틴키노Ustinkino 스텝에서 홀로 들개 무리들과 맞닥뜨렸을 때, 두려움을 쫓기 위해 스스로에게 얼마나 많은 최면을 걸었던지? 살라비요프Salaviev 암각화 유적을 조사하면서 정체불명의 동물과의 조우는 지금 생각해도 모골이 송연해진다.

몽골의 서쪽 호브드 아이막에 있는 바타르 하이르항Baatar Khairkhan이나 오브스 아이막의 후렝 우주르 하단 올Khuren Uzur Khadan Uul, 자프항 아이

자료 5 고비 알타이의 지평선

자료 6 뱀(쉐레메트에보, 러시아)

자료 7 얼굴(쉐레메트에보, 러시아)

막의 으브르 바양 아이락Uvur Bayan Airag, 러시아의 하카시야공화국 안친 촌 Anchin Chon에 있는 후르차흐 홀Khurchakh Khol, 그리고 예니세이 강변의 샬라 볼리노Shalavolino 등의 암각화 유적지 앞에 바쳐진 산양,[자료 8] 백마의 머리,[자료 9] 백골이 된 황소의 머리뼈,[자료 10] 그리고 사람의 두개골[자료 11] 등을 통해서 현지 주민들은 정기적 혹은 비정기적으로 희생제물을 바쳤고,[3] 또 그러한 일들이 아직도 비밀리에 이루어지고 있음을 두 눈으로 똑똑하게 확인하 였다.[4]

러시아 서북부 카렐리야의 아네가Onega 호숫가 '베소프 노스Besov Nos' 암각화[자료 12]의 형상들을 조사하고 캠프로 되돌아가다 미끄러져 물에 빠 진 나는 허우적거리면서 전설처럼 전해져오던 암각화 유적의 저주誼呪 를 직접 체험하고 몸서리쳤다. 솔베르그Solberg[자료 13] 등 노르웨이, 파히Pahi 와 콜로Kolo 등 탄자니아의 콘도아 지역, 안방방Anbangbang이나 난구르우 르Nangurwur, 그리고 우비르Ubirr 등 오스트레일리아의 노던 준주Northern Territory 등지를 답사하면서, 바위그림 유적의 공간성을 보다 분명히 정리해 낼 수 있었다. 나는 한동안 정말로 미친 듯이 대곡리 선사시대 암각화 속의 형상들과 그 문화 해독의 실마리를 찾아, 세계 여러 지역의 바위그림 유적 지를 뒤지고 다녔다.

그 여정 가운데서 만났던 수많은 사람들, 직업이 무엇이었던 그들은 나 의 소중한 선생님들이었다. 바이칼 호안의 이르쿠츠크에서 만나 쉬쉬키노 유적을 동행해 준 L. 멜리코바 박사, 케메레보에서 만났던 A. 마르티노프 박 사, 하바로프스크에서 만났던 B. 데류긴 박사와 스비제브이 선생 그리고 아 르투르 박사, 몽골에서 만났던 D. 체벤도르지 박사, 역사연구소 소장이었던 A. 오치르 박사, 러시아의 하카스코 미누신스크 분지의 청동기 문화 전문가

자료 8 희생제물－산양
(후렝 우주르 하단 올)

자료 9 희생제물－백마 머리
(으브르 바양 아이락, 몽골)

자료 10 희생제물－황소 두개
(후르차흐 홀, 러시아)

자료 11 희생제물－사람 해골
(살라볼리노, 러시아)

자료 12 베소프 노스 암각화 유적(카렐리야, 러시아)

자료 13 배(솔베르그, 노르웨이)

이자 나의 지도교수였던 상트 페테르부르크 물질문화사연구소의 N.보코벤코 박사, 투바공화국의 바위그림 유적지들을 함께 조사하였던 동 연구소의 M.킬루노브스카야 박사, 카자흐스탄의 Z.사마세프 박사와 S.무르가바에프 박사, 키르기스스탄에서 만난 K.타쉬바에바 박사와 T.차르기노프 박사 그리고 O.솔토바에프 교수, 일본 홋카이도의 후곳페에서 만났던 아사노淺野敏昭 선생, 모스크바 고고학연구소의 M.데블레트와 E.데블레트 박사 모녀자료 14 등 세계 각지의 연구소와 암각화 유적에서 만났던 선생님들, 이들은 내 암각화 연구의 행로에 새로운 동기 부여와 방향을 제시해 준 스승이자 소중한 동료들이었다.

　　홀로 다니던 이국의 바위그림 유적 조사 여정에서 또 얼마나 많은 사람들의 신세를 겼던지? 노르웨이의 솔베르크Solberg 암각화 유적지까지 안내해 주었던 버스기사의 친절함이나, 밤 열두 시에 백해Beloe More의 잘라부르가Zalaburga 암각화 유적지에 도착했을 때 일면식도 없던 우리에게 흔쾌히 방을

자료 15
바위그늘(파히, 탄자니아)

내어준 할머니, 늦은 저녁에 아네가 호수를 건널 수 있게 해 준 거대한 군함의 주인, 내가 물에 빠져서 허우적거릴 때 망설임 없이 뛰어들었던 나의 도우미 칼메크 족 러시아인 K. 발로자, 그리고 탄자니아의 콘도아 지역 바위그림 유적들을 답사할 때 함께 고생한 비센트 카라니Vicent Karani와 유네스코 사무실 여직원 후스나 시에프Husna Sief의 따스한 웃음자료 15 등을 세월이 흐른다고 잊을 수 있을까?

핀란드의 어느 시골에서 만났던 할머니는 베풂이 무엇인지를 행동으로 보여주신 분이었다. 하지 축제Seurasaari Midsummer Festival 때문에 대중교통도 식당도 이용할 수 없어 오도 가도 못하던 나에게, 아무런 대가없이 숙식과 차량 제공 등 최선을 다해주셨던 할머니! 퇴직 후 소일거리로 깎아서 만든 첫 번째 나무인형자료 16을 할머니는 아낌없이 선물로 주셨다. 그날 이후 그 나무인형은 나의 보물이

자료 16
나무인형

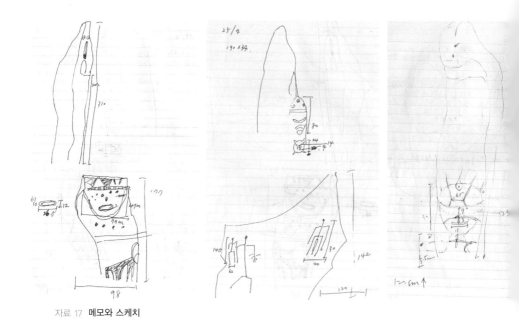

자료 17 메모와 스케치

되었다. 다니면서 겪었던 황당한 일들이야 어디 한두 가지이며, 그것을 일일이 헤아릴 수 있겠는가? 그러나 고마운 사람들의 얼굴을 떠올릴 때마다, 그동안의 여정이 꼭 고달프기만 하였던 것은 아니었음에 감사하고 또 감사한다.

　그 시절, 의욕과 열정이 앞서 저질렀던 숱한 시행착오들은 지금의 연구에 큰 자양분이 되었다. 필름을 아끼느라 사진도 선별하여 찍을 수밖에 없었던 당시의 사정으로 인해, 메모나 스케치[자료 17]로 대신 했던 형상들, 그리고 두 번 다시 보기 어려운 의례와 희생제물의 흔적들, 그리고 운 좋게 볼 수 있었던 특별한 풍광들, 그것들은 시간이 지날수록 큰 아쉬움으로 남아있다. 언제 다시 그 곳으로 갈 수 있으며, 간다고 해서 그때 보았던 그 장면들이 아직까지도 그 자리에 남아있겠는가?

　그랬음에도 낯설고 물선 이국의 바위그림 유적지들을 용케 잘 찾아다녔다. 지금 생각해 보니, 나도 어지간히 간이 컸다. 아직도 여전히 보고 싶은 유적들은 많고, 새로운 유적들도 알려지고 있다. 물론 여건이 될 때마다, 나는 그러한 유적에서 매혹적인 형상이나 낯선이들과의 예기치 못한 만남을 기대하며 길을 나서곤 한다. 그러나 여행에 대한 불안함과 설렘, 그리고 새로운 유적지 앞에서 느꼈던 전율과 성취감들을 이제는 예전처럼 느낄 수가 없다. 바위그림과 관련된 여러 가지 기억들이 '대곡리'라는 암각화 유적과 결부되어 고스란히 쌓여 있다.

부끄러운 자화상 :
흙탕물을 뒤집어 쓴 암각화

나는 대곡리를 해가 바뀌고, 계절이 바뀌면, 마치 그리운 이를 만나는 것 같은 설렘을 안고 홀린 듯 찾아갔다. 이제 그 길은 이미 외울 듯 훤하지만, 풍광과 물색은 언제나 다르다. 시간이 지나, 되돌아보니 그 계곡의 암각화는 내가 온 마음을 다해 풀어야 할 숙명의 과제가 되어 큰 산처럼 내 앞에 버티고 서 있었다. 두렵기는 하였지만, 그렇다고 그것들을 피해 도망가고 싶지도 않았다.

　집청정集淸亭 앞에 서서 「반구盤龜」[5]를 그리고[자료18] 또 새겼던[자료 19] 옛 사람들의 속내가 무엇이었을까 탐해 본다. 그들은 대곡천의 이 계곡에서 그 거북의 이미지[자료 20] 말고 또 무엇을 보았을까? 그리고 동산을 휘돌아 흘렀

자료 18
「반구」(겸재정선, 윤진영 제공)

자료 19 반구(명문)

자료 20 반구대

자료 21 하늘에서 본 대곡천과 산세(우충식 제공)

자료 22 마을 이장과 나무배

을 계곡은 언제부터 지금과 같은 모습의 물길을 이루었는지도 궁금하다. ^{자료 21}
그러면서도 적당히 익숙하면서도 낯선 풍광들을 대하며, 수박 겉핥기식으
로 훑고 스쳐 지나버리는 시습관視習慣의 무서움에 또 진저리를 친다.

다시 대곡리를 찾았을 때,[6] 불행인지 다행인지 그림이 그려진 암면은
물 밖으로 나와 있었다. 계곡으로 들어오면서 만났던 한실마을 이장 내외는
유적지 앞 대곡천을 그냥은 건널 수 없고, 배를 타야 한다고 하였다. 그들은
대대로 이곳에서 농사와 고기잡이를 하며 살아온 토박이들이며, 대곡리 암
각화와는 각별한 인연이 있는 사람들이다. 그의 배를 타고^{자료 22} 물을 건넜
을 때 눈앞에 드러난 암각화, 그러나 오랜 기간 물속에 잠겼다 드러난 탓에
이끼가 덕지덕지 끼어서 그 속에 무엇이 그려져 있는지 분간조차 하기 어려
웠다. ^{자료 23} 그것이 국가의 품격에 어울리는 국보라고는 믿기가 어려웠다.

긴 시간, 물속에 잠겨 있어서 먼발치에서 위치만 확인하고 발길을 돌려
야 했던 소중한 민족의 보물, 1년 중 극히 짧은 기간 동안 모습을 드러내는
저 대곡리 암각화를 모처럼 이렇게 가까이서 하나하나 살필 수 있게 되었

자료 23 물때 묻은 대곡리 암각화

자료 24 관리소 앞 풍경

자료 25 이끼 낀 대곡리 암각화(부분)

다. 맞은 편 관리소 앞에 설치된 망원경^{자료 24}을 통해서 바위 표면에 물때가
잔뜩 끼어, 이 암각화는 최악의 상태에 처해 있음을 이미 확인하기는 하였지
만, 그러나 눈앞에 드러난 암각화는 끔찍하게도 처참한 몰골을 하고 있었다.

온 암벽에 끼었던 물때는 말라비틀어져 덕지덕지 더럽게 형상들 위를
뒤덮고 있었고, 두껍게 자란 이끼는 찰거머리처럼 암면에 착 달라붙어 있었

다. ^{자료 25} 어느 형상 하나라도 멀쩡하게 보이는 것이 없었다. 눈앞에 드러난 이런 참담한 상황을 어떻게 이해하면 좋을까? 이것을 어찌 국보라고 할 수 있을 것인가? 더욱이 이런 일이 이번 한 번의 이례적인 것이 아니라, 발견 이후 매년 지속되어 왔다는 점에 심각성을 느꼈다.

이 유적의 보존이 얼마나 중요한지 알 만한 사람들은 다 안다. 그런데 그동안 적지 않은 시간들이 흘렀음에도 불구하고, 이 암각화는 아직도 왜 이 모양 이 꼴이란 말인가? 그동안 지방자치단체와 암각화 관련 각종 이익 집단들이 외친 보존 방안들, 영혼 없는 외침들, 정작 그런 일들이 보존 대책 수립 과정에서 얼마나 많은 혼란을 불러일으키는지 그들은 모른다. 물어보고 싶다. 세계의 어느 나라가 국가의 보물을 상시 물속에 잠기도록 방치하고 있으며,[7] 물 부족의 이유로 유적지 주변의 경관을 임의로 바꾸려 하는지?

지난 2010년 10월, 국제 암각화 학술회의[8]를 마친 후 해외에서 참가한 저명한 연구자들이 대곡리 암각화 유적을 답사한 뒤 보내 온 리포트 형식의 소감 가운데는 이 암각화가 물속에 잠기기를 되풀이하는 이상 유네스코 세계유산 등재가 이루지기 힘들 것이라는 고언과 함께 모든 사람들이 볼 수 없는 보존 방안이라면, 그런 대책을 굳이 수립할 이유가 어디에 있느냐는 신랄한 되물음도 들어 있었다.

이 암각화는 울산광역시의 것도, 수자원공사의 것도, 문화재청의 것도 아니다. 이 암각화는 한국인의 자긍심을 높여준 동아시아 최고의 선사미술 이며, 그 속의 형상 하나하나는 한국 문명사의 시원을 해명해 줄 중요한 열쇠들이다. 대곡리 암각화는 제재 및 주제 그리고 양식 등의 측면에서 볼 때, 세계의 어느 선사 미술과 견주어도 뒤지지 않는 자랑할 선조들의 위대한 문화유산이다. 만약에 그것이 망실된다면, 오늘의 우리들은 어느 누구도 그것

자료 26 카이네틱 댐 실험현장(김한태 제공)

을 지키고 후손들에게 물려주어야 할 책무를 다하지 못했다는 비난으로부터 자유로울 수 없을 것이다.

어찌 되었건, 국보인 암각화가 오물이 뒤섞인 흙탕물을 뒤집어 쓴 것은 눈앞에 벌어진 현실이며, 그것이 일회성 현상이 아니라는 점에서, 매년 국보에다 오물을 끼얹는 일에 우리들이 동참한 셈이다. 그리고 암각화가 이 지경이 되도록 아무런 일도 하지 않은 책임은 다른 누구보다도 연구자들에게 있다. 대곡리 암각화의 보존을 위해 유로 변경이나 차수벽 따위의 토목공사가 필요하다는 한심한 주장이 기사화되어도 문제점을 지적하지도 않았고, 또 '카이네틱 댐Kinetic Dam'자료 26이라는 보존을 빙자한 희대의 사기극이 지방자치단체 주도 용역 프로젝트로 발주되어 수십 억 원의 혈세를 낭비하여도[9] 어떤 항의조차 하지 못한 무능한 소시민으로 남아, 국보를 희화화시킨 일의 방조자 신세를 피하지 못했다.

　암각화가 심각하게 훼손되어 '풍전등화'라는 말로 위기감만 조장하였지, 그래서 어떻게 해야 한다는 방법론을 제시하지 못했다. 더욱 한심한 것은, 그것이 왜 중요한지, 그 속에는 정확히 어떤 그림이 그려져 있고, 또 그것들은 어떤 의미를 띠고 있으며, 오늘의 우리와 무슨 관련이 있는지 등을 속 시원하게 밝힌 연구다운 연구도 없었다. 그러므로 관련 자치단체 및 문화재 보존 관계자들 등을 탓할 자격이 연구자들에게는 없는 것이다. 마땅히 하여야 할 일을 하지 못한 채 연구자임을 자처한 것이 오늘 우리들의 부끄러운 자화상이다.

한국 민족사의 축복 :
대곡리 암각화

암각화는 우리에게 무엇인가? 아무렇게나 함부로 방치해도 될 그냥 평범한 바위 덩어리 하나에 불과하다는 말인가? 관계 부처의 공무원들을 괴롭히는 골칫덩어리 민원거리 그 이상도 이하도 아니란 말인가? 울산 시민들도 저 암각화를 정말로 그 정도로 밖에 인식하지 않고 있다는 말인가? 아직 우리의 문화유산 보존 능력과 수준이 이 정도밖에 안 되는가?[10] 울산은 공업도시의 이미지를 벗기 위하여 애를 쓰는 것 같다. 국제 포경위원회를 개최하였고,[11] 고래축제와 옹기축제도 매년 열고 있다. 지금은 이미 건립되었으나, 한때는 시립박물관 건립의 당위성을 피력하기 위하여 역내에서 이루어진 각종 발굴 성과를 부각시키기도 하였다. 그리고 또 한 때는 '상하이 엑스

포 한국관'을 울산으로 유치하겠다는 소문이 나돌기도 하였다. 시립미술관 건립도 추진하고 있다. 모두 다 중요한 일이며, 그와 같은 일들이 지역 사회를 긍정적으로 변화시킬 것이다.

그런 일들을 하지 말라고 누구도 막지 않는다. 어쩌면 더욱 더 적극적으로 새로운 방안들을 모색하여야 할 것이다. 문제는 순서가 잘못되었다는 것이다. 있는 것도 제대로 관리하지 않으면서, 그리고 손에 쥐고 있는 것의 가치가 무엇인지도 모르면서 다른 것을 탐하는 일은 굳이 비유하자면, 물에 비친 먹이를 탐하다 물고 있던 것마저 잃어버리는 욕심쟁이 같다는 것이다. 문화 도시를 꿈꾸는 광역시의 문화재 관리 및 보존 실태를 보고 터져 나오는 한숨을 금할 수가 없다.

그동안 접한 일련의 뉴스 가운데는, 울산시가 시립박물관 외벽에다 저것의 모사도를 그렸고, 또 내부에는 저것을 원형대로 복원해 놓았다는 자랑도 들어 있었다. 저와 같은 모사도와 모조품이 벌써 몇 번째인가? 월드컵 경기장이나 시립박물관, 고속철도 울산 역사驛舍자료 27 등 헤아릴 수 있는 것만 해도 벌써 몇 개나 된다. 이러다 온 도시가 모조리 암각화의 모사도와 모형으로 뒤덮여버리는 것은 아닐까?

그런다고 저것의 가치가 높아지고 울산광역시의 품격이 달라지는 것은 아니다. 오히려 그것은 마치 한때 동네 이발소에 걸렸던 밀레의 「만종」 복사본과 같이, 선조들이 남긴 위대한 유산의 내용과 가치를 왜곡하고, 싸구려로 전락시키는 일과 다를 바 없다. 그렇게 하면 문화 도시가 되는 것인가? 그런 아이디어를 낸 사람에게 묻고 싶다. 저것이 지금 현재 어떤 상태에 놓여 있는지, 그래서 지금 시급하게 해야 할 일이 무엇인지를!

저 암각화는 19세기 후반부터 금세기에 이르기까지 동아시아에서 이루

자료 27 대곡리 암각화 조형물(KTX 울산 역사 내)

어진 발견 가운데서 아직까지도 필적할 만한 것이 없는 걸작 가운데서도 걸
작이며, 그 점을 관련 연구자들 중에서 의심하는 이는 없다. 그러므로 그동
안 한반도에서 이루어진 어떤 발견이나 발굴, 그리고 그것들의 인류 문화사
적 가치가 저것과 직접 견주어 지거나 비교될 수 있는 것이 없다. 뿐만 아니
라 저 암각화는 그동안 한반도에서 발견이나 발굴된 것 가운데서 가장 이른
시기에 속하는 선사시대의 조형예술 유산이다.

　　아직까지 그 연구가 끝난 것은 아니지만, 저것은 현존하는 문화유산 가
운데 어느 것보다 이른 시기의 것임을 누구도 의심하지 않는다. 뿐만 아니
라 저것은 석굴암이나 불국사와 같이 수리나 중건 그리고 해체 복원 같은
것도 한 적이 없다. 그래서 저 유적의 가치는 더 높은 것이며, 그런 이유 때
문에 그것으로부터 모든 한국 민족 문화의 시원에 관한 이야기가 비롯된다.
조형 및 공연예술은 물론이고 인문학과 자연과학, 그리고 심지어는 응용과

학에 이르기까지 그 연원을 거슬러 올라갈 때, 그 정점에서 만나게 되는 것이 바로 대곡리 암각화이다.

사료나 문헌자료 가운데서는 살필 수도 없고, 또 알 수도 없었던 한반도의 고생태 환경과 수수께끼에 싸인 한반도 첫 문명인의 삶을 대곡리 암각화 속의 형상들이 적나라하게 이야기해 주고 있고, 그 형상들을 통해서 재구성해 낼 수 있다. 만약 저 속에 고래 그림이 없었다고 한다면, 과연 울산광역시가 2005년 제57차 국제포경위원회(5. 27~6. 24)를 울산으로 유치하겠다는 발상이라도 하였겠는가? 그러므로 이 암각화 속의 고래 형상들은 국제포경위원회 울산 개최의 일등공신이었던 셈이다.

암각화 속에 그려진 형상 하나하나를 세세하게 분석하면, 그동안 상상조차 하지 못한 태화강 선사 문화의 원상原象들이 또렷한 윤곽을 그리며 드러나는 것을 목격하게 된다. 뭍과 물을 아우르는 다양한 제재와 흥미로운 주제, 바위 표면에 남겨진 여러 겹의 문화층, 한국 미술의 첫머리를 장식하는 독창적인 양식, 그리고 차례로 이어진 후속 문화들과의 연관성 등 여러 가지 측면에서 볼 때, 저것은 우리의 조상들이 인류 문명사 가운데 남긴 위대한 창조물이요, 한국인의 자긍심을 우뚝 세워준 세계 최고의 선사 미술이고, 한국사의 시원에 관한 논의를 단숨에 석기시대로까지 소급시킨 민족문화의 원형질이다.

저 암각화 속에는 제작 집단의 자화상과 그들이 보았고 또 사냥하였던 동물, 직접 만들어서 이용하였던 각종 도구 등 한국 선사 문화의 원형들이 조형언어로 번역되어 있다. 그러므로 저것은 한국에서 가장 오래된 문화 경전이다. 저것은 한반도 문명사의 여명기를 조형 언어로 기록하여 저장한 메모리칩이자 타임캡슐이며, 동시에 우리들을 그 여명기와 이어주는 타임머

자료 28 물속에 잠긴 대곡리 암각화

신이기도 하다. 그래서 누구라도 저 캡슐의 문을 여는 순간, 단절되었던 시간의 갭을 넘어 석기시대로 이동할 수 있고, 또 그 문화와 만날 수 있다. 저 타임머신을 타는 순간 수천 년의 시간을 순식간에 넘나들 수 있다.

저것은 한국 시원 문화를 담당했던 우리의 조상들이 인류 문화의 여명기에 그려서 우리에게 남긴 커다란 선물이자 축복이다. 그리고 저 암각화가 수천 년의 풍상을 견디며 오늘에 이어져 온 것은 그야말로 기적이라 할 수 있다. 그 기적과 축복을 21세기 문명시대의 가장 무지한 문화 미개인들이 수장시켜 왔으며,^{자료 28} 신음 한 번 제대로 토하지 못한 채 참담한 반세기의 시간을 보내 온 것이다.

그 속에 그려진 형상들은 한반도가 선사 문화의 변방이 아니라 중심지였으며, 그동안 외부로부터 밀려들어오는 문화를 속수무책으로 수용하였던, 그래서 소극적이며 독창성이 없는 것으로 인식하였던 한국 선사 및 고대문화의 원상들이 그것과는 달리 적극적이고 진취적이었으며, 긍정적이자 개방적인 것이었음을 확인하게 해 준다. 그래서 그동안 마땅히 그런 것으로 이해되었던 비애悲哀와 적막寂寞,[12] 적요寂寥, 무중심성, 무통일성, 허랑성, 부허성에 이어 무기교의 기교[13] 따위의 수식어로 평가되었던 한국미와 그 인식들이 얼마나 편견에 차 있었던 것인가를 깨닫게 해 준다. 이곳을 중심으로 하여 바깥으로 확장되어 나간 동시대의 가장 선진적인 문화를 우리는 그동안 제대로 이해할 준비가 안 되어 있었던 것이다.

대곡리 암각화가 전해주는 이야기

대곡리 암각화를 두고, '전 경주와도 바꿀 수 없는 것'이라거나,[14] '삼성 브랜드의 가치보다 더 크다'는 찬사[15]가 사람들의 입에 회자되고 있다. 그러나 나는 이러한 찬사들이 저것의 가치를 충분히 평가했다고 보지 않는다. 이러한 헤아림이나 수사들이 저 암각화의 무한한 가치를 높이 평가한 것은 사실이지만, 그러나 그 어떤 수사도 저것의 가치를 온전히 형언하기는 어렵다. 저것은 선사시대 대곡리 사람들의 정신과 영혼, 그리고 물질문화가 하나로 어우러진 총화이다. 저것은 울산 앞바다와 그 인근의 산과 들, '건너각단'이라고 하는 특별한 공간, 그 공간을 성소로 삼았던 사람들이 누렸던 시간의 흔적들이다. 저 암각화는 문명의 여명기에 꽃피고 또 완성된 한국 해양문화의 원형질을 살필 수 있는 진기한 기록이며, 그러므로 한반도에서 가장 오래된 도상 연대기[16]인 셈이다.

　나는 이 암각화를 보다 입체적으로 조망해 보고 싶었다. 그래서 장소, 그 중에서도 일반적으로 신성한 곳으로 인식하는 성소의 요건과 외적 인상, 그와 관련한 지역민들의 태도 등을 먼저 주목하였다. 또한 바위그림 유적지의 공간적 보편성이 무엇인지 살펴보았다. 이를 위하여 세계 여러 곳 바위그림 유적과 그 공간의 특성 등을 우선적으로 검토해 보았다. 그 연장선상에서 대곡리 암각화 유적지의 공간성도 같이 견주어 보았으며, 바위그림 유적이 일반적으로 어떠한 공간 가운데 위치하는지 논하였다.

　사람이 이미지를 발견하고 또 그것을 표현하게 된 일은 인류사에서 혼돈과 질서의 시대를 가른 획기적인 사건이었다. 특정한 공간이나 바탕 위에 시문된 이미지는, 그동안 사람들이 눈앞에서 펼쳐졌다 덧없이 사라져간 무수한 시각 경험의 편린들을 그 속에 담아둘 수 있게 해주었으며,[17] 이로써 사람들은 지나간 시간의 단상들을 언제든지 재생시킬 수 있는 수단을 확보하게 되었다. 비로소 인간은 그의 생각을 제3의 방식으로 기록할 수 있게 되었고, 이로써 지극히 개인인 경험도 타인과 공유할 수 있게 되었으며, 동시에 공동의 기억을 향유할 수 있게 되었다.

　사람이 손으로 무언가를 형상화하게 되었다는 것은, 곧 '생각'한 것을 조형언어로 번역하였음을 의미한다. 나는 그 '생각'이 조형언어로 번역된 것을 '이미지'라는 말로 형언하였다. 그 이미지는 바탕素地이 무엇이든, 사람이 그것을 형상화하고 나면, 그 순간 그것은 생동하면서 공간을 장악하는 마력을 지니게 된다. 사람들은 그런 이미지를 두려워하면서 숭배하거나, 실물의 대역으로 삼았으며, 그것을 살해하는 등의 이율배반적 태도를 보였다. 그러한 점을 상기하면서 나는 바위그림 유적지의 특정 형상과 관련하여 전해져 오는 저주담을 곁들여, 이미지의 마력에 관하여 논하였다.

대곡리 암각화에 관한 직접적인 이야기는 발견 경위를 살피는 일에서 부터 시작하였다. 이 암각화가 어떻게 발견되었는지, 그 후 어떤 절차를 거 치면서 무슨 방법을 이용하여 조사가 이루어졌는지, 그리고 연구 과정에서 밝혀진 내용은 무엇인지 살펴보았다. 이어서, 후속 연구자들의 주요 관심 사항 및 제기된 논쟁거리 등에 대해서도 간략히 살펴보았다. 그 관심 사항 은 주로 이 암각화의 제작 기법과 중첩된 형상들의 선후 관계 분석, 제작 순 서, 제작자의 생업 및 사회 상황, 제작 시기 등이었다.

얼핏 보면, 대곡리 암각화는 사람, 바다 및 육지 동물, 그리고 도구 등 의 형상들이 어지러이 뒤섞여 있어서 혼란스럽기 이를 데 없다. 한마디로 카오스의 캔버스인 셈이다. 그와 같은 점은 정도의 차이는 있으나 세계 전 지역의 동굴벽화와 바위그림 가운데서 두루 관찰된다. 그래서 동굴벽화 등 선사 미술에 주목한 연구자들은, 이러한 구성 원인이 무엇인지 밝히기 위해 다양한 방법을 동원하였고, 흥미로운 견해를 피력하였다. 그러한 내용들을 소개하면서, 대곡리 암각화 제작 집단의 구성 방식이 무엇인지도 살펴보 았다.

지난 2000년 5월에 나는 암각화 속의 형상들을 하나하나 직접 채록하 고, 이를 바탕으로 하여 새로운 도면을 만들었다.[자료 29 18] 나는 이 도면을 통 하여, 대곡리 암각화 속의 형상들을 낱낱이 뜯어서 헤아리면서, 그것들이 무엇을 나타낸 것인지 소위 '형상 판독'[자료 30]을 실시하였고, 그에 따라 개체 수, 중첩 관계, 제작 시기별 층위 구분, 동물 형상의 구조, 대곡리식 동물 양 식 등을 새롭게 분석하였는데,[자료 31] 이들에 관하여도 하나씩 차례대로 밝히 고자 한다.

자료 29　대곡리 암각화 실측도(층위 및 제재 분석도)
위부터 중심 암면, 왼쪽 암면, 오른쪽 암면

자료 30 대곡리 암각화 형상 분류표

강(류)	목	과	1	2	3	4	5	6	7	8	9	10
사람		사람										
		가면										
육지동물		사슴										
		호랑이										
		멧돼지										
		소										
		여우										
바다동물		고래										

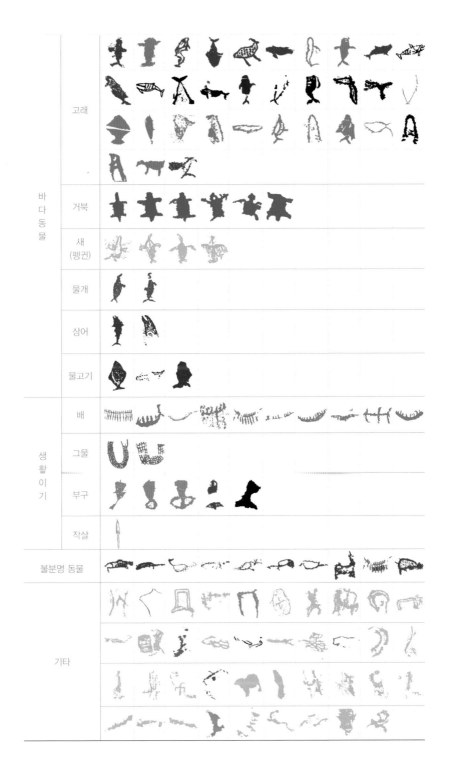

바다동물	고래	
	거북	
	새 (펭귄)	
	물개	
	상어	
	물고기	
생활이기	배	
	그물	
	부구	
	작살	
불분명 동물		
기타		

자료 31 도면 제작 및 형상 분석 장면

　　선사시대의 대곡리 화가가 '건너각단'의 병풍바위에 처음 그림을 남긴
시기를 나는 지금으로부터 5,300년 전 이전으로 추정한다. 그 이유는 이 암
각화 속에 그려진 그물, 작살 촉, 배, 사슴, 고래, 멧돼지 등과 유사한 형상
과 유물들이 한반도의 남부지역 신석기시대 문화층에서 출토되고 있기 때
문이다. 이에 따라 먼저 주목한 것은, 이 암각화 속에 표현된 동물 형상들의
양식이었으며, 그 다음은 암각화 속에 표현된 제재의 시대성이었다. 특정
시대의 조형 예술 양식은 장르를 불문하고 해당 시대의 문화 전반에 적용되
는 점을 미술사가 보여주기 때문이다.

　　그래서 나는 동삼동 패총 출토 사슴이 그려진 토기 파편,^{자료 32} 그물이 찍힌 토기 파편,[자료 33] 여수 안도 패총 출토 고래그림이 그려진 토기 파편,[자료 34] 장생포 신석기 문화층 출토 고래 뼈와 그 가운데 박힌 작살,[자료 35] 등에 대하여 우선적으로 주목하였다. 그에 곁들여 울산 신암리 출토 여인상(비너스),[자료 36] 통영 욕지도 출토 멧돼지 소상,[자료 37] 창녕 비봉리 출토 신석기시대

자료 32 사슴
(동삼동 패총 출토 토기)

자료 33 그물
(동삼동 패총 출토 토기)

자료 34 고래
(안도 패총 출토 토기)

자료 35 작살이 박힌 고래뼈
(울산 황성동 출토, 홍진근 제공)

자료 36 흙으로 빚은 여인상
(신암리 출토, 홍진근 제공)

자료 37 흙으로 빚은 멧돼지
(욕지도 출토, 홍진근 제공)

자료 38 배와 노(비봉리 출토, 김해박물관)

의 통나무 배^{자료 38}에 대해서도 간략한 스케치를 하였고, 이런 점들과 결부시켜서 한반도 신석기시대의 문화 아이콘이 무엇이었는지를 논하였다.

각론으로 들어가, 나는 이 암각화 속에서도 특히 사람과 고래 형상에 주목하였으며, 그 중에서도 이 암각화 가운데 제일 높은 곳에 그려진 사람 형상^{자료 39-1 · 39-2}을 선사시대의 샤먼(주술사)으로 보았다. 그가 샤먼임을 증명하기 위하여 나는, 그 원상原象을 추적하면서 고형과 변형을 정리하였고, 이 형상에 대한 그간의 연구 내용 중 주요 주장들을 소개하면서, 그것이 세계 선사 미술 속 주술사의 변형 가운데 한 가지임을 밝혔다. 무릎을 구부리고 두 손을 모아 얼굴에 댄 그는 특수한 무복을 입고, 부족 구성원 모두를 위하여 간절히 기도하는 중이며, 이 형상은 바로 그 순간을 형상화 한 것이라고 해석하였다.

이 암각화 속에는 사람, 동물, 도구 등 모두 253점의 형상들이 그려졌고, 제재별로는 고래 형상이 63점으로 가장 많이 그려졌다. 이는 전체 형상의 1/4에 해당하며, 그러므로 고래는 대곡리 암각화의 핵심적인 제재이다. 이들은 머리, 입, 가슴과 등背 그리고 꼬리 등의 지느러미가 저마다 다르게 표현되어 있다. 따라서 이들의 종을 구분하기 위하여, 먼저 수염고래와 이빨고래 아목 등 유형과 그 특징을 정리하였다. 그런 다음 개개 형상들을 분석하여, 모두 11종의 고래가 그려져 있음을 밝히고, 고래의 조상과 그 생물학적 특징, 그리고 그것이 지닌 경제적 가치 등도 살펴보았다.

울산 앞바다를 예로부터 고래바다鯨海라 불렀다. 이 암각화 중 왼쪽 암면은 고래형상으로 뒤덮여 있다. 바위 표면에 고래바다가 펼쳐져 있는 것이다. 그 바다에는 두 척의 배가 협력하여 고래를 잡는 모습^{자료 40-1 · 40-2}과 고래를 끌고 가는 배^{자료 41-1 · 40-2} 등이 그려져 있다. 포경선의 뱃머리에는 각각 작

자료 39-1, 39-2 사람(주술사)

자료 40 1, 40 2 선단 표견

자료 41-1, 41-2 고래 예인

살잡이가 서 있다. 이들 두 사람이 취하고 있는 모습이 고래잡이 포수임을 세계 각지의 포경도 속 작살잡이와 비교하여 밝힘과 동시에, 아직도 전통 방식으로 고래잡이를 하는 인도네시아 플로레스 섬 라말레라의 어린 작살 잡이를 통하여 선사시대 대곡리 작살잡이를 오버랩 시켰다. 그러면서 바로 이 두 척의 배가 협력하여 고래를 잡는 모습이야말로 세계에서 가장 오래된 선단식 포경의 원형임을 논하였다.

아울러 석기시대부터 고래잡이의 중심지였던 울산 장생포의 오늘의 이 미지도 살펴보았다. 세계 최고의 중공업단지가 무단히 울산만에 세워진 것 이 아님을 언급하면서 한때 울산사람들이 즐겨 먹었던 '오배기'

자료 42가 몽골인의 삶은 양고기 비계나 시베리아 등 북 방지역민들이 즐겨먹는 염장한 비계 '살로salo' 등과 같은 부류의 음식임을 소개하였다. 그에 곁들여, 해방 후 포경업 부활을 위해 애쓴 김옥창, 김세곤, 박선이, 김해진, 이만출 등의 포수들과 양원호의 작 살포, 김윤태·김용준 부자가 삶은 고래와 기름 등도 위로는 이 암각화와 연결되어 있고, 또 아래로는 오늘 의 울산과도 무관하지 않음을 지적하였다.

자료 42 **오배기**

나는 특정 지역 문화의 전통은, 해당 지역의 풍토와 불가분의 관계를 맺고 형성되었음과 그 시원형은 대부분 해당 지역 최초의 문명인들이 창출 하였으며, 이후 우리들은 끊임없이 그 변형을 만들어 왔음을 기억하고자 하 였다. 다시 말하자면, 대곡리 고래잡이 어부들이 배를 만들어 바다로 나간 경험이 현대중공업과 잇닿아 있음을 상기시키고자 한 것이다. 그러면서 원 형과 변형의 문제들을 P. 피카소의 「황소」,자료 43 19 신화와 전설 속 변신 이

야기, 궁극의 형을 추구한 화가들의 이해
와 오해, 그리고 그에 따라 만들어진 변
형들을 검토하면서, 대곡리 암각화 속 두
척의 뱃머리에 서서 작살을 꼬나든 작살
잡이의 모습이야말로 또 한 가지 궁극의
형이었음을 논하였다.

자료 43 황소(P. 피카소)

1 이유수,『울산지명사』, 울산문화원·울산시, 1986, 560~561쪽(대곡은 '한실'이라
   불러오는 마을로, '大'는 명사 위에 붙어 큼을 나타내는 '한'이며, '谷'의 훈은 '실'이
   다. 그러므로 한실은 큰골의 뜻을 가졌다).

2 마가레테 브룬스 지음, 조이한·김정근 옮김,『눈의 지혜』, 영림카디널, 2009, 27쪽
   (마가레테 브룬스의 표현을 빌리면, '매혹'이라는 말은 '마법에 걸렸다'는 것이며,
   자유로운 결정 가능성을 빼앗겼다는 것이다).

3 アレクセイ·パウロウィチ·オクラドニコフ 著, 加藤九祚 譯,『黃金のトナカイ─北
   アジアの岩壁畵』, 美術出版社, 1968.

4 О.Н.Вадер, Жертвенное место под Писанным камнем на р. Вишере /
   Советская Археология ⅩⅪ, 1954, 256쪽; Н.А.Боковеко, Новые петролифы
   личин окуневского типа в Центрльнй Азии // Проблемы изучения окуневскй
   культуры, СПб., 1995. 35쪽.

5 윤진영,「권섭이 소장한 정선의 화첩:『공회첩(孔懷帖)』」,『문헌과 해석』통권 43호
   (2008. 여름), 문헌과 해석사, 2008, 6쪽(윤진영은,『공회첩(孔懷帖)』6면에 그려진
   이 그림을 두고, 수직의 고저감을 강조하여 내려 그은 필치가 언뜻 단조로워 보이지
   만, 실경과 마주하여 정선이 느낀 깊은 인상과 심상의 이미지가 잘 투영되어 있다고
   하였다. 본문 속에 게재된 사진「반구」는 윤진영 박사의 도움을 받은 것임도 같이
   밝힌다).

6 이 글은 2011년 3월부터『울산제일일보』에 연재한 것을 대폭적으로 수정한 것이다.
   글의 중간 중간에는 그 해의 이른 봄에 대곡리 암각화 주변에서 보고 느꼈던 인상
   들이 피력되어 있음을 밝힌다.

7 최근에는 사연댐의 수위를 조정하여 암각화가 물 바깥에 드러나 있으나, 이로 인하
   여 물이 부족하다거나 홍수 조절이 안 된다는 등의 자치단체 홍보성 보도가 흘러나

오기도 하였다.

8   동북아역사재단이 주최한 '한국 암각화 발견 40주년 기념 국제학술회의'는 2010년 10월 26~27 양일 간 국립중앙박물관 제2강의실에서 개최되었으며, 총 11개국의 전문가들이 '세계의 바위그림, 그 해석과 보존'을 주제로 암각화 연구의 현주소를 소개하였다. 이와 관련하여 〈동북아역사재단, 『세계의 바위그림, 그 해석과 보존』(회의 자료집). 동북아역사재단, 2010〉 참조.

9   울산광역시는 총 예산 88억에 길이 55m, 넓이 16~18m, 높이 16m 규모의 설계 및 공사를 2015년12월까지 실시하는 것을 과제로 한 〈가변형 임시 물막이(소위 '카이네틱 댐')〉 설계 공모를 한 결과 2014년 8월 11일 현재 두 개의 업체가 지원하였으며, 심사 결과 포스코 A&C(사장 이필훈)가 공모에 당선되었고, 우여곡절을 겪으며, 세금 28억을 들여 실험 시설을 하였으나 최종 불합격 판정을 받은 바 있다.

10   홋카이도에 있는 후곳페와 데미야 등 암각화 유적지에 대한 일본의 보존 노력은 우리와 큰 대조를 보인다. 이에 관하여 장석호, 「홋카이도 후곳페 동굴벽화에 대하여」, 『북방사논총』 창간호, 고구려연구재단, 2004, 209~228쪽.

11   2005.5.27~6.24일까지 제57차 국제포경위원회(IWC)가 울산에서 개최되었다.

12   柳宗悅 著, 宋建鎬 譯, 『한민족과 그 예술』, 탐구당, 1987, 109쪽.

13   高裕燮 著, 『우리의 미술과 공예』, 열화당, 1987, 85~87쪽; 김원룡, 『한국미의 탐구』, 열화당, 1981, 44~62쪽: 趙要翰, 『한국미의 조명』, 열화당, 1999, 33~60쪽.

14   2000년 6월 5일에 울산광역시 문화예술회관 회의실에서 '제18회 전국연극제' 행사의 일환으로 열린 '축제와 제의' 학술회의에서 김열규 교수가 수상한 것이다(울산광역시연극협회, 「제18회 전국연극제 학술심포지엄 축제와 제의」자료집. 울산광역시연극협회, 2000).

15   러시아 과학아카데미 물질문화사연구소의 N. 보코벤코 박사가 2007년에 대곡리 암각화를 보고 피력한 말이다.

16   학계에서는 암각화와 같은 바위 표면에 시대 순으로 그려진 그림들을 '도상 연대기(Stone Chronicle)'라고 표기하기 시작하였다(Ekaterina Devlet · Jang Seog Ho, The Stone Chronicle of Altai, Moscow, 2014).

17   그림이 기록이라는 측면에서 볼 때, 글과 그림이 같은 뿌리를 두고 있다는 '서화동원론(書畫同原論)〉'은 부정할 수 없는 탁견이라 할 수 있다. 그러면서도 동기창

은 '畵與字各有門庭'이라는 말로 그림과 글자가 분명히 차별성을 띠고 있음도 또한 지적하고 있다(이에 관해, 장원언 저, 황지원 옮김, 『역대 명화기』, 계명대학교 출판부, 2007; 동기창 지음, 변영섭·안영길·박은화·조송식 옮김, 『畵眼』, 시공사, 2004, 22~23쪽; 동병종 지음, 김연주 옮김, 『서법과 회화』, 미술문화, 2005, 34~41쪽 등).

18 그 때 만든 도면은 2000년 7월부터 9월초까지 예술의 전당 한가람 미술관에 전시되었다(예술의 전당, 울산광역시, 『신화, 그 영원한 생명의 노래』, 예술의 전당, 울산광역시, 2000).

19 다니엘 킬 엮음, 『예술에 관한 피카소의 명상』, 사계절, 1999, 100~101쪽.

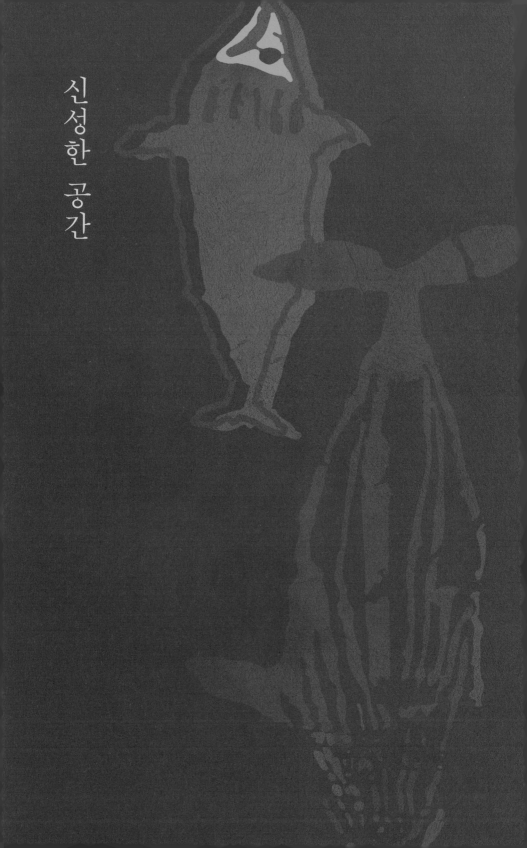

신성한 공간

성소의 조건 1

오쉬Osh는 키르기스스탄 서남부 지역의 중심 도시이다. 이 도시 한가운데
는 '술라이만 토Sulaiman Too'라고 하는 바위산[자료 44]이 우뚝 솟아 있다. 오쉬
는 이 산을 중심으로 삼아 둥글게 형성·발전하였다. 산 중턱에는 동굴이 하
나 있으며, 그곳에는 이른 선사시대부터 사람들이 살았던 흔적이 남아 있
다. 또한 그 동굴의 바로 곁에는 신석기시대의 주거 유적이 남아 있고, 이곳
저곳의 바위 표면에는 암각화들이 새겨져 있다.[1] 산과 도시의 중간지점이
자 경계 지점인 산기슭에는 크고 작은 무덤들과 함께 이슬람교의 사원 모스
크[자료 45]이 세워져 있다. 그리고 다시 산기슭의 아래에는 박물관, 학교, 기타
공공기관의 건물 등이 세워져 있으며, 그 한쪽에는 규모가 큰 중세기의 목
욕탕 터가 뚜렷하게 남아 있었다.

도심에 우뚝 솟은 '술라이만 토' 산의 중간 중간에는 온갖 전설과 영험
이 깃든 바위들이 탐방객을 기다리고 있다. 또 동굴의 입구나 산꼭대기에
는 이슬람교의 사제가 탐방객들에게 코란을 읽어주며, 같이 기도를 하는 모
습도 어렵지 않게 살필 수 있다.[자료 46] 산 성상을 향하여 난 길을 따라 오르
다보면, 군데군데에는 크고 작은 감실이나 굴 그리고 바위구멍 등이 있었는
데, 사람들은 그러한 곳에 어김없이 제물을 바치고 기도를 하거나,[자료 47] 치
유의 효험을 믿으며 팔과 다리 등 신체의 일부를 그 속에 집어넣기도 하고,
[자료 48] 혹은 그 속에 들어갔다가 나오기도 한다.[자료 49]

이곳을 찾는 탐방객들의 이야기를 정리하면, 바위그늘이나 간신히 들
어갔다 나올 수 있는 굴, 손을 집어넣을 수 있는 구멍, 그리고 미끄럼틀 같
은 바위 등에는 대단한 치료의 힘이 깃들어 있다고 한다. 그래서 그와 같은

자료 44 술라이만 토 산

자료 45 모스크(술라이만 토 산, 키르기스스탄)

자료 46 **기도**
(술라이만 토 산, 키르기스스탄)

자료 47 **제물**
(술라이만 토 산, 키르기스스탄)

자료 48 **치유 행위**
(술라이만 토 산, 키르기스스탄)

자료 49 **치유 행위**
(술라이만 토 산, 키르기스스탄)

곳에는 사람들이 줄을 서서 기도를 하며, 몸을 굽혀 그 속으로 들어갔다가 나오거나, 또 미끄럼을 타면서 몸과 마음의 아픈 곳을 치유하고자 하였다. 사람들의 마음과 손길이 닿은 바위에는 봉헌물들이 쌓여있었으며, 그런 곳의 바위 표면이나 구멍 주변은 닳아서 매끈하였고 또 골이 나 있었다.[2]

현지 주민들은 성산 '술라이만 토'를 그냥 아무 곳에서나 흔히 볼 수 있는 그저 그러한 산으로 여기지 않는다. 이 돌산은 유사 이래로 현지 주민들의 많은 기도를 들어주었고, 또 아픈 이들을 치유해 준 신령한 산이었다. 그런 연유인지 사람들은 죽은 후에 신의 세계로 들어가고자 하는 열망을 담아 산기슭에 무덤을 만들었으며, 신의 목소리를 보다 가까이에서 듣기 위하여 사원도 그 산기슭에 세웠다.[3] 술라이만 토는 외관상으로도 산꼭대기의 신역 神域과 위 아래 경계지대로서의 산기슭, 그리고 아래 인간 세계라고 하는 세 개의 이질적인 세계가 수직으로 응축되어 있다.[4]

산과 그 주변에 분포하는 고고유적이나 문화 및 종교 시설 등을 통해서 볼 때, 사람들은 이른 석기시대부터 '술라이만 토' 산을 신성한 공간으로 인식하였음을 알 수 있다. 그리고 그것은 수천 년의 시간이 경과되었음에도 불구하고 변함없이 이어져 왔는데, 그의 좋은 예가 바로 산기슭에 만들어진 사원과 무덤들이었으며, 오늘날에도 지속되고 있는 이슬람교 사제와 탐방객들의 코란 읽기와 기도였고, 또 즉석에서 이루어지는 각종 주술 행위였다.

사원, 무덤, 박물관, 그리고 학교 등과 같은 각종 종교, 교육 그리고 문화 관련 시설물들을 통해서 '술라이만 토' 산은 문화적인 함의 이외에도 종교적 성소의 역할까지도 담당하고 있음을 확인할 수 있는 것이다. 그것은 산꼭대기와 기슭 그리고 평지라고 하는 세 개의 서로 상이한 공간이 자연스

자료 50 **건들바위(대구)**　　　　자료 51 **건들바위 네 거리 풍경(대구)**

럽게 수직의 축을 이루고 있으며, 그 가운데서도 평지는 인간의 세계였고, 산은 신의 영역이었는데, 그 경계 지점인 기슭은 신과 인간 사이를 이어 주는 존재, 즉 사제 또는 죽은 이가 거주하는 곳임을 보여주었던 것이다.

　일반적으로 성소는 자연 환경의 변화, 시간의 경과, 문화 주체의 교체, 그리고 종교개혁 등과는 무관하게 영속성을 띠며 신성성을 유지한다. 그러한 점을 세계의 선사 및 고대 유적과 성소 등을 통해서 살피고 또 확인할 수 있다. 어떤 공간이 특정 종족 집단의 성소가 되고 나면, 그곳이 갖는 신성성은 새롭게 등장한 문화 주체 및 새로운 종교 체제 아래에서도 지속적으로 유지되고 또 보장받는다. 그러한 점을 비단 '술라이만 토'뿐만 아니라 세계 각지의 성소들이 증명해 주고 있다.

　가까운 예로 대구의 '건들 바위'[자료 50]를 들 수 있다.[5] 이 바위는 대구시 중구 대봉동에 위치해 있다. 흔히 '건들 바위 네거리'로 부르는데, 지명을 통해서 알 수 있듯이, 이곳은 사방으로 길이 뚫린 '사통팔달'의 공간[자료 51]이다. 건들 바위는 그 모양이 마치 삿갓을 쓴 노인과 같다고 하여 '삿갓바위'

로도 불린다. 1778년에 대구판관 이서李逝가 하천 범람을 박기 위한 제방을 쌓기전까지 바로 앞에는 깨끗한 물이 흘렀다고 한다.[6] 바위 바로 뒤에는 절벽이 버티고 있다. 이 건들 바위에 치성을 드리면, 아이를 얻는다고 하여, 불임의 여인들이 무당과 함께 굿을 하며 기도를 하였던 곳이다.[7]

그런데 이 바위 뒤의 절벽 꼭대기에는 지금은 없어졌지만, 무당의 당집이 있었고, 또 그것은 나중에 무속박물관으로 바뀌었으며, 지금은 '어르신 마을'로 활용되고 있다. 건들 바위 바로 뒤에는 교회가 세워져 있으며, 그 바로 맞은편에는 불교 방송국이 자리잡고 있다. 그 뒤편에는 다시 성당이 들어서 있다. 절벽 뒷길에는 여러 채의 당집이 이어져 있으며, 그로부터 멀지 않은 곳에는 대구향교가 자리잡고 있다. 이처럼 건들 바위를 둘러싸고 당집, 절, 교회, 성당, 그리고 향교 등이 밀집되어 있는 것이다.

이와 같은 예를 울산의 대곡천에서도 그대로 확인할 수 있다. 천전리 암각화는 바로 옆에 있는 '탑 거리' 때문에 발견되었다. 탑 거리라고 알려진 곳에는 지금도 탑신塔身의 일부가 남아 있는데,[자료 52] 이로써 이전에 이곳에 절이 있었음을 알 수 있다.[8] 지금도 이 계곡의 구석구석에는 여러 채의 절과 당집이 자리잡고 있다.[자료 53] 물론 이곳은 신라의 왕가, 화랑도, 그리고 승려들이 순례를 하던 곳[자료 53·54·56]이기도 하다. 암각화 바로 뒤에는 기독교의 기도원이 오래 전부터 들어서 있으며, 하류로 1km 정도의 아래에는 집청정과 반구서원[9] 등이 세워져 있다.

그리고 또 계곡의 절벽 가운데는 학 그림[자료 57]을 비롯한 각종 명문들이 새겨져 있기도 하다.[자료 58] 또한 불과 몇 년 전까지만 하여도, 삼월 삼짇날이나 칠월 칠석 등에는 천전리 앞이나 반구대 앞에 무당과 사람들이 비밀리에 굿을 벌이기도 하였다. 그리고 그때 서원誓願을 담아 바위에 새긴

자료 52 **탑돌(천전리)**

자료 53 **천전리 인근의 절들**

이름들은 천전리 암각화를 중심으로 한 주변의 바위들에 고스란히 남아
있다. ^{자료 59}

　‘술라이만 토’ 산이나 대구의 ‘건들 바위’ 네거리, 그리고 울산의 천전
리를 비롯한 대곡천 일원의 예를 통해서 본 것처럼, 일반적으로 성소는 그
시원이 선사시대까지 거슬러 올라간다. [10] 시대가 변함에 따라 문화 주체와

자료 54 **원명과 추명**
(천전리 암각화)

자료 55 **영랑성업永郎成業**
(천전리 암각화)

자료 56 **승 호세僧 好世**
(천전리 암각화)

자료 57 학(반구대)

자료 58 옥천선동玉泉仙洞
(반구대)

자료 59 서원의 이름들
(천전리 암각화 주변의 바위)

종교가 바뀌어도, 이와 같은 공간이 지닌 신성성은 바뀌지 않는다. 다시 말하자면, 성소로서의 특정 공간이 지닌 신성성 그 자체는 변하지 않고 영속성을 띤다는 것이다. 오늘 날의 종교적 성소는 대부분 석기시대와 같은 이른 문명의 여명기부터 현지인들의 특별한 주목을 받았으며, 각종 의례가 거행되었던 곳이다.

성소의 조건 2

세계의 여러 지역을 여행하다 보면, 호숫가나 고갯마루, 숲 근처에 서 있는 한 그루의 나무, 그리고 사막 가운데 자란 관목더미 등에 형형색색의 헝겊들이 매달려 있는 것을 살필 수 있다. ^{자료 60} 때로는 접근하기가 어렵고 또 아찔한 낭떠러지나 절벽 끝에 서 있는 나무에도 사람들은 개의치 않고, 혹은 위험을 무릅쓰고 알록달록한 헝겊들을 가지마다 무수히 매달아 놓았다.[11] 주위에도 여러 그루의 나무들이 있지만, 유독 어느 한 그루에만 집중적으로 매달아 놓았다. 그렇기 때문에 그것은 주위의 다른 나무와 쉽게 구별되며, 그래서 더욱 눈길을 끈다.[12] 그것은 곁에 서 있는 나무들과 서로 같은 종이지만, 헝겊을 매단 사람들에게는 바로 그 나무가 특히 유별난 것이었음에 틀림없다. 또한 바로 그와 같은 표시 때문에 다른 사람들도 그것에 대해 특별한 느낌을 갖는다.[13]

　이렇듯, 그 한 그루의 나무는 다른 것들과 함께 같은 시공간 속에 존재하지만, 사람들은 그것을 주위의 다른 나무들과 같은 것으로 인식하지는 않았다.[14] 바로 그 나무에 달린 헝겊들이 그와 같은 점을 분명하게 증명해 주

자료 60 신성한 나무(산지 알타이, 몽골, 남부 시베리아, 사얀산맥 등지)

고 있는 것이다. 비단 나무뿐만 아니라 바위나 물 그리고 산봉우리^{자료 61} 등
도 마찬가지이다. 사람들은 여럿 가운데 하나의 바위나 한 지점에서 솟아
나는 물, 그리고 홀로 우뚝 솟아 오른 산봉우리^{자료 61} 등을 특별한 것으로 인
식하였던 것이다. 그리고 그것이 특별한 어떤 것임을 예의 헝겊 따위로 표
시하였거나, 혹은 바위 표면에 그림을 그렸으며, 그것도 아니면 나무나 돌
기둥을 세웠고,^{자료 62} 돌무더기^{자료 63}를 쌓는 등의 특별한 표시를 하였던 것
이다.[15]

바로 이와 같은 점으로써, 눈앞에 펼쳐진 공간과 그 속에 존재하는 물
상들이 모두 동일한 가치를 지닌 것으로 인식하지 않았음을 알 수 있다. 사
람들은 그것들이 서로 같지 않음非均質을 구분하였다는 것이다.[16] 색이 다르
다든가, 스스로 빛이 난다든가, 아니면 무언가와 닮았다든가,[17] 신의 목소리
가 들린다든가, 그것도 아니라면 신들이 오르내린다든가 하는 등 그 자체가
스스로 발산해 내는 무언가의 특이한 성질을 파악하였으며, 바로 그 점이
주위의 다른 것들과 구별되는 요인이었다.[18] 그러므로 그것은 여럿 가운데
서 특별하게 인식될 수밖에 없었던 것이다.

이렇듯 그 특별한 점은, 그것이 갖고 있는 외적인 생김새의 차이 때문
이기도 하고, 또 비가시적인 요인 때문일 수도 있다. 이 가운데서 전자는,
그것이 무리의 다른 것들과 서로 구별되는 겉모양의 차이 때문에 신성한 것
으로 취급받는 경우이다. 사람들은 돌연변이와 같이 심하게 변형된 동식물
을 특수한 그룹으로 분류한다. 여럿 가운데서 보이는 기형이나 변형 등은
성스러움과 혐오감을 동시에 내포하고 있다.[19] 손발가락이 많거나 적은 사
람[20], 꼬리가 달린 사람 등은 그의 좋은 예이다. 시베리아의 오지 주민들은
껍질이 검은 자작나무나 혹이 달린 나무 등을 신성한 것으로 취급하였다.

자료 61
신성한 산(몽골)

자료 62
외딴 봉우리(쓰윈 츄레크, 투바)

자료 63
칭키스 칸 석인상과 성역(투바)

자료 64 돌무더기
(쿨자바스이, 카자흐스탄)

자료 65 여성생식기 닮은 바위(영국사, 영동)

그 밖에도 그것이 사람이나 동물 또는 생식기를 닮은 바위^{자료 65} 등도 같은 부류로 분류하여 신성시하였다.²¹

후자는 그것을 통해서 느끼는 신비 체험이라고 할 수 있다. 그 무언가의 물상에서 신의 모습이 드러나거나, 그것을 통해서 신 또는 그와 관련된 존재들이 오르내리는 모습, 그리고 그들의 목소리가 들린다든가 하는 따위의 일들이 그것이다. 신비체험은 샤머니즘과 더불어 기독교나 불교, 그리고 이슬람교 등 모든 종교 가운데서 관찰된다. 『삼국유사』의 「기이」편 중 〈구지가〉나 「감통」편의 〈진신수공眞身受供〉 등에서 소개하는 내용들도 그의 좋은 예라 할 수 있다. 그뿐만 아니라 무병巫病을 앓던 사람들이 접신 체험을 하는 과정에서 목격하는 몸 주의 모습도 같은 부류라고 할 수 있다.²²

신화와 전설의 형식으로 구전되어 오던 유사한 이야기들 속에서는 물론이고, 꿈이나 환청 또는 환상 등을 통해서도 신비 체험을 하는 예들이 살

자료 66 부하 노용 바아바이(쉬쉬키노, 러시아)

퍼진다.[23] 특히 샤먼들의 접신 체험은 오늘날에도 주변에서 어렵지 않게 관찰된다. 무당이 되기를 한사코 거부하다가 앓게 되는 무병이나, 강신한 몸주와의 사이에서 벌어지는 갈등과 싸움, 그리고 마침내 받는 내림굿에 관한 이야기들은 널리 잘 알려져 있다.[24] 무당들은 다른 사람들의 눈에는 보이지 않는 그의 몸 주를 무신도의 형식으로 그린다.[25] 무당에게는 몸 주가 차지하고 있는 영역이나 그가 오르내리는 신목 등이 곧 신역神域, 즉 신성한 공간이자 그 표식이다.[26]

시베리아의 레나 강변에 있는 쉬쉬키노 바위그림 유적지에는 '부하 노용 바아바이Bukha Noen Baabai'라고 하는 신성한 바위[자료 66]가 있다. 이 바위는 옆으로 누운 소牛 모양을 하고 있다. 부리아트족 샤먼들의 전승에 의하면, 그것은 제왕 소 부하 노용 바아바이가 화석화된 것이라고 한다. 부하 노용 바아바이는 부리아트족 서조이자 쌍둥이 영웅인 '에히리트Ekhirit'와 '부라가트Buragat'를 낳았다. 숙적인 검은 소 '타이지 한Taiz Khan'을 물리친 뒤, 그 자리에서 쉬다가 그대로 굳어서 돌이 되었다는 것이다. 그는 부리아트 족 샤먼 신화의 주인공이자 최고의 전투 신이었으며, 이와 관련된 유사 전승들이 지금도 바이칼 호수 인근에서는 전해지고 있다.

쉬쉬키노 바위그림과 관련된 부리아트족의 신화 가운데는, '하라 아지라이Khara Azirai'도 등장한다. 그는 하늘의 주인이었는데, 지상으로 내려와 레나강뿐만 아니라 오르혼Orkhon(바이칼 호수 가운데 있는 섬)까지도 지배하였다는 것이다. 부리아트족의 샤먼들은 하라 아지라이를 위한 희생 제물로 흠이 없는 양이나 말의 피를 바쳤다. 그들은 이 지역의 지배자인 하라 아지라이가 원래 쉬쉬키노 암벽과 깊이 관련되어 있다고 믿고 있다. 부리아트인들에 따르면, 레나강에는 두 명의 주인이 있었는데, 그 중의 하나는 부하 노용 바아바이였으며, 다른 하나가 하라 아지라이였다는 것이다.

쉬쉬키노 바위그림 유적지, 그 중에서도 특히 부하 노용 바아바이 바위를 두고, 한때 세 개의 서로 다른 종교가 격렬한 세력 다툼을 펼쳤다고 한다. 부리아트 족 샤먼들은 부하 노용 바아바이 바위를 그들의 성소로 삼고, 직접 희생 제물을 바치면서 의례를 거행하였다고 한다. 한편, 러시아 정교의 사제들은 뿔이 있는 방향, 즉 오른쪽에 그들의 예배당을 세웠으며, 라마교의 승려들은 왼쪽에 사원을 세웠다는 것이다. 이처럼 하나의 바위를 두고 그다지 오래지 않은 과거에 세 개의 서로 다른 종교 간에 갈등이 빚어졌던 것이다.

무심히 보면 서로 같은 것으로 보이는 공간이지만, 그 속에 존재하는 초목과 바위, 하천 그리고 산 등은 그것과 관련하여 특별한 체험을 한 사람에게는 특수한 존재 또는 공간으로 의미 변환이 일어난다. 그 변환의 동기는 주로 신비한 체험과 관련된다. 그의 대표적인 예가 스스로 신의 모습을 드러내는 바위나 돌멩이 또는 벽 따위이다. 그와 더불어 신들이 오르내리거나 드나드는 문 또는 그들의 목소리가 들리는 나무나 바위, 또는 산봉우리 등도 좋은 예이다. 사람들은 그들이 겪은 신비 체험을 보다 명확하게 하기 위하여 그와 같은 곳에 여러 가지 장치들을 하는데, 그 대표적인 예가 바로 헝겊 매달기, 돌무더기 쌓기, 신상 그리기, 신체神體 봉안하기, 그리고 제물 바치기 등이다.

성소의 조건 3

M. 엘리아데Mircea Eliade는 나무나 바위, 그리고 그 밖의 산이나 하천 등이 신성해지는 것은, 그것들이 초월적인 어떤 실재에 이러저러한 방식으로 참여하고 있고, 신성의 드러남顯現, hierophany이나 마나Mana를 지니기 때문이라고 하였다.[27] 엘리아데의 '성현'이란 말은 나무나 바위 등이 스스로 '거룩함'을 드러내는 것을 이른다. 다시 말하자면, 두려워하거나 숭배하는 대상이 처음부터 성스러운 것은 아니었으나, 어느 순간 그것으로부터 거룩한 무엇이 드러남으로써 성스러운 것이 된다는 것이다.[28]

따라서 성현이란, 어쩌면 바로 그와 같은 나무나 바위, 또는 산봉우리 등에서 사람들이 믿었던 신의 모습이나 신들이 오르내리는 모습, 그리고 그들의 사다리 등을 보는 일이었고, 또 그들의 목소리를 듣는 일이었던 것이다. 그러니까 앞에서도 언급하였던 온갖 물색의 헝겊이 장식된 나무, '술라이만 토'나 '구지봉' 등의 산봉우리, 그리고 '부하 노용 바아바이'와 같은 바위 등은 그것들이 언젠가 거룩한 모습을 드러낸 곳이었음을 알 수 있다.

그동안 지극히 평범하고 또 어느 누구의 눈길도 끌지 않던 나무나 바위 그리고 그 밖의 무언가는 바로 그 특이 체험의 순간을 기점으로 하여 특별한 것으로 탈바꿈하는 것이다. 그러므로 지극히 평범한 무언가가 어느 시간에 일어난 특별한 사건을 계기로 성스러운 것으로 바뀌는 점을 지적할 수 있다. 성스러운 체험을 한 특정인과 그 소속 집단은 바로 그곳에 성역을 설정하고, 때마다 그곳을 정화하며,[29] 초월적인 존재들을 위하여 희생제물을 바치면서 의례를 거행하게 되는 것이다.

그와 같은 공간은 일반적으로 '세계의 중심'으로서의 역할을 수행한다. 예를 들면, 부리아트인들의 부하 노용 바아바이나 하라 아지라이 등이 깃들었다고 믿는 바위나, 대구의 건들바위, 그리고 〈구지가〉 설화가 전해지는 구지봉 등은 그 지역 주민들의 삶에서 '태초' 또는 '처음' 등의 말과 관련되는 공간이었으며, 그것으로부터 특정 종족의 정체성이 확립되고, 또 그들의 세계와 문화가 비롯된다.[30] 그 가운데서도 특히 이와 같은 공간들은 일반적으로 '하늘'로 통칭되는 세계로부터 신이 하강하거나, 천상의 절대자로부터의 계시를 받은 곳이기 때문에 그것은 곧 세계의 중심, 또는 중심축axis mundi[31]에 해당하는 곳이기도 하다.

사람들은 바로 그곳에서 거역 불가능의 절대적인 힘을 지닌 존재, 즉 신의 모습을 만나거나 체험하게 되며, 그로부터 공포와 불안감에 압도당함과 동시에 스스로가 지극히 미미한 존재임을 알게 되는 것이다.[32] 또한 '성현'이라고 하는 비일상적인 체험을 통해서 기이함과 두려움, 그리고 위압감 등을 동시에 느끼게 되는데, 역설적이게도 이와 같은 체험 과정에서 획득한 성스러움의 이미지들은 경이로움이나 장엄함, 희열 그리고 숭고함 따위의 매혹적인 힘을 발산하기도 한다.[33] 이에 따라서 사람들은 그가 체험한 신성한 존재에 대한 이율배반적인 모습, 즉 한없이 두려우면서도 자애로움의 이중성을 그 속에 동시에 살피게 되는 것이다.[34] 이 두 가지의 복합적인 이미지를 외경, 외포, 경외 등으로 표현하고 있다.

사람들은 그들이 목격하였던 신의 모습을 항구 불변의 존재로 만들기 위하여 한편으로는 신상을 만들었으며, 다른 한편으로는 각종 노래와 춤으로 찬양하게 되었다. 그 가운데 전자는 신상과 그를 돕는 영적 존재助靈, 그리고 우주와 낙원의 모습 등을 형상화하는 일이었으며, 그의 실례가 바로 동굴벽화와 바위그림, 그리고 성소에 봉안된 각종 성화와 신상 등이었다. 이에 반하여 후자는 이야기와 노래, 춤, 그리고 의례 등 무형적인 것으로써 신을 찬양하고 기쁘게 하는 일이다.[35] 이와 같은 이미지와 구비전승을 포함한 유·무형의 유산들을 통하여 해당의 문화 주체들이 목격하였던 신의 모습과 신상, 그리고 그것을 중심으로 한 세계의 구조와 질서 체계 등을 살펴낼 수 있는 것이다.

사람들은 정기적으로, 혹은 특정한 날에 신과의 소통이 가능한 곳으로 가서 의례를 거행하였다.[36] 그들은 신상 앞에 제물을 바치면서 소망이 이루어지기를 기원하였던 것이다. 에벵키족의 '싱켈라분Sinkelabun'이 그것이다. 싱켈라분은 에벵키족들이 풍요로운 삶을 기원하며 벌이는 축제인데, 마을 한 가운데 있는 '부가드Bugad'라는 바위 앞에서 펼쳐진다. 성소의 바위에는 그들이 숭배하는 신을 붉은 색 물감으로 그려놓았으며, 사람들은 바로 그 신상 앞에 희생 제물을 바치고, 동물의 번식과 사냥의 성공 등 풍요로운 삶을 기원하는 의례를 거행하였다.[37]

남부시베리아의 하카시아에는 '후르차흐 홀Khurchakh Khol'이라는 바위

그림 유적지가 있는데, 이곳에도 신상,^{자료 67} 십자형, 말발굽 모양의 기호 그리고 각종 동물들이 여러 시기에 걸쳐 그려져 있다. 현지 주민들은 지금도 바위 중간에 새겨진 신상의 입[38]에 직접 음식을 넣어주며, 의례를 거행하고 있다.[39] 힘을 모아 제물을 마련하고, 특별한 날을 선택하여 의례를 거행하면서 신상의 입에 음식을 공양한다고 한다. 이와 비슷한 유형의 의례를 지금도 시베리아 여러 지역의 수렵 및 유목민 사회에서 확인할 수 있다.[40]

이와 같은 의례들은, 이른 선사시대부터 오늘에 이르기까지 같은 자리에서 지속적으로 거행되고 있다. 그러한 의례가 거행되는 성소는 문화 주체가 바뀌고, 또 숭배의 대상, 종교의 교리, 의례의 절차 등이 바뀜에 따라 새로운 사항들이 추가되면서 거대한 종교적 콤플렉스^{자료 68}로 변하였다. 그에 따라서 앞 시대와 연결되는 후속 세대들은 전 시대의 문화주인공들이 숭배하였던 신상들을 지우려고 애쓰거나 혹은 그 위에 자신들의 신상을 보다 뚜렷하게 각인시켜 놓기도 하였다.[41] 그러니까 앞에서 예로 든 '건들 바위 네거리'나 '술라이만 토'와 같이 하나의 성소 가운데는 여러 시기의 종교적 시

설물들과 더불어 서로 이질적인 종교 집단의 신상들이 서로 뒤섞여 있는 것이다.

지금까지의 몇몇 사례들을 통해서, 성소가 갖고 있는 외적 조건들을 검토해 보았다. 고대의 성소는 일반적으로 신이 스스로 모습을 드러내는 공간이었다. 또한 신이 그의 목소리를 들려준 공간이었으며, 다시 그의 세계로 되돌아가는 귀향점이기도 하였다. 세계가 하나의 축을 이룩한 공간이었던 것이다. 그러니까 하늘과 땅 그리고 지하下界라고 하는 서로 다른 세계가 하나로 응축된 공간이었던 것이다. 서로 이질적이던 세계가 그곳에서 처음으로 통합되었던 것이다.

그런 까닭에 그곳은 세계의 중심이며, 문명의 씨앗이 발아한 곳이라고 할 수 있다. 사람들이 이곳에서 사방으로 퍼져나갔으며, 다시 특별한 시간이 되면 이곳으로 모여들었다.[42] 그러므로 이곳은 시작점이자 동시에 종착점의 의미를 지니기도 한다. 문화의 주인공이 바뀌고 또 종교의 성격이 바뀌어도, 사람들은 그곳에 그들의 성소를 새롭게 세우고, 그들이 믿는 신상을 그려서 봉안하면서 장소를 성화聖化하였으며, 새로운 이상향을 구현하고자 하였던 것이다.[43]

1   К.Ж.Малтаев, Сулайман-Тоо; Древнейший Поднебесный храм в Центральной Азии ОШ 2000, 8~21쪽; Чжан Со Хо, Места концентрации наскальных изображения как культово-обрядовые центры // Древний ОШ в Среднеазиатском Контексте(Тезисы докладов), ОШ, 1998, 37쪽.

2   이안나, 『몽골인의 생활과 풍습』, 울란바타르대학교 한국학연구소, 2005, 204쪽(몽골 아르항가이 언더르 쉬웨트 사원의 자궁바위에 들어갔다가 나오면 새로 태어난 존재가 된다는 믿음이 있다).

3   장 뒤비뇨 지음, 류정아 옮김, 『축제와 문명』, 한길사, 1998, 46쪽(인간의 존재를 부정하는 자연에 대항하여 인간은 신성한 영역이나 신화적인 보호처라는 복잡한 지리학을 만들어내는 것이다).

4   Т.В.Жеребина, Тайна сибирских шаманов, Санкт-Петербург, 2002, 28쪽(윤회의 세계에서 새는 천상, 동물은 지상, 물고기나 뱀, 도마뱀 등은 지하의 세계를 상징한다. 샤먼은 세 개의 속성을 모두 지닌다).

5   마가레테 브룬스, 앞의 책(2009), 12~13쪽(우연히 만들어진 바위 모양이 하나의 형상으로 기능한 것일까? …… 그것은 의심의 여지 없이 최초의 의미 속에 있는 형상이며, 무의식적으로 직관하는 인간의 상상력에서 태어난 의미를 담는 그릇이다. 그리고 그것은 마법의 표식을 드러낸다).

6   www.daegucity.net, 「대구의 명소」 중 〈李公隄碑〉 참조.

7   장유경, 「대구지역 굿에 나타나는 한국 춤의 정신」, 『한국인의 원류를 찾아서』, 계명대학교 아카데미야 코레아나, 2001, 295~296쪽.

8   황수영·문명대 저, 『반구대 암벽 조각』, 동국대학교, 1984, 152쪽(이 유적 주변에는 장천사, 백련사, 반고사 등 신라시대의 사원들이 많았다고 한다).

9   이전에는 정몽주, 이언적, 정구 등을 기리는 반계서원(磻溪書院)이 있었다.

10 横山祐之, 『藝術の起源を探る』, 朝日新聞社, 1992, 73쪽.

11 B.A.トゥゴルコフ著, 加藤九祚解說, 齋藤晨二譯, 『トナカイに乘った獵人たち』, 刀水書房, 1993, 166~167쪽; 沼田市郎 譯編, 『アジヤロシヤ民族誌』, 彰考書院版, 昭和二十一年, 348쪽; 이필영 지음, 『마을 신앙의 사회사』, 웅진출판사, 1994, 73쪽.

12 후베르트 필저 지음, 김인순 옮김, 『최초의 것』, 지식트리, 2012, 220쪽.

13 명확한 형태, 엄청난 크기, 독특한 건축물, 특이한 자연현상, 매우 중요한 사건과 연루된 장소 등은 높은 심상성(image ability)을 지닌다(이효숙, 「구곡 문학 연구와 장소성」, 『국제 어문학회 학술회의 자료집』, 국제어문학회, 2013, 99쪽).

14 하효길 지음, 『바다와 제사』, 학연문화사, 2012, 18~19쪽(… 신의 나무가 있고, 마을 제사 때면 이 나무에 백지쪽을 꽂은 왼새끼줄을 묶고, 나무 아래에 제물을 차린다. … 간혹 비단 천 가닥을 묶어 놓기도 하는데, 이는 예단의 의미와 색의 의미를 복합적으로 지닌다).

15 岡本太郎, 『美の呪力』, 新潮社, 昭和46年, 48쪽.

16 엠마누엘 아나티 지음, 이승재 옮김, 『예술의 기원』, 바다출판사, 2008, 376쪽(엠마누엘 아나티는, 그림이 그려진 바위 표면과 그 이면이 서로 다름을 지적하였다. 전자는 인간이 접근할 수 있는 공간이며, 후자는 어떤 실체나 여타 물질적인 외양을 갖지 않는 추상적인 공간이라는 것이다. 이렇듯 공간에 대한 이중적인 개념 또는 다차원적인 시각은 지금까지도 세계 오지의 부족민 사회에서 여전히 통용되고 있음을 지적하였다).

17 잉카는 성소와 성스러운 것을 총칭하여 '우아카'라 하며 숭상하였다. 우아카는 신이 깃든 산과 고개, 호수 등을 포함하여, 인간과 동물을 닮은 특이한 바위와 나무, 비를 부른다고 믿는 작은 동물 등 가지각색이었다(다나카 준 지음, 남지연 옮김, 『잉카의 세계를 알다』, AK, 2016, 87쪽).

18 게라두스 반 데르 레우후, 윤이흠 역, 『종교와 예술』, 열화당, 1988, 47쪽(가장 고대의 이미지는 신력(神力)으로 가득 찬 나무·돌 조각 같은 주물(呪物)들이었다.

19 게르트 호르스트 슈마허 지음, 이내금 옮김, 『신화와 예술로 본 기형의 역사』, 자작, 2001, 23~39쪽(기형이 특이하거나 괴기스러울수록 더욱 더 미신이나 신화적인 사고의 결정체가 될 수 있다).

20   선사 미술 속에 그려진 주술사 등 특이한 존재는 손가락이 셋, 넷, 여섯 등 비정상적
     으로 그려진 예들이 다수 관찰된다. 이와 관련하여 본문 속의 그림 자료들을 참조하
     기 바란다.

21   최영주 지음, 『돌의 나라 돌 이야기』, 맑은소리, 1997, 51~57; 김대성·윤열수 지
     음, 『한국의 성석』, 푸른 숲, 1997.

22   주강현 지음, 『우리 문화의 수수께끼』, 한겨레신문사, 1997, 130~159쪽;

23   최길성 저, 『한국 무속의 연구』, 아세아문화사, 1990, 15쪽; 김태곤, 『무속과 영의
     세계』, 한울, 1993, 12쪽.

24   秋葉 隆 著, 『朝鮮巫俗の現地硏究』, 名著出版, 昭和55(1980), 57쪽(아키바 다카시
     는 무병을 일종의 생리심리적 이상인데, 내림굿을 하여 무당이 되는 것에 의해 치료
     되는 병이라는 의미에서 무병이라 할 수 있다고 밝힌다), 그 밖에도 이와 관련하여,
     최길성, 앞의 책(1990), 14~17쪽; 미르치아 엘리아데, 이윤기 옮김, 『샤머니즘 고
     대적 접신술』, 까치, 1992, 50~80쪽; 김태곤, 앞의 책(1993), 11~26쪽; 홀거 칼바
     이트 지음, 오세종 옮김, 『세계의 무당』, 문원, 1994, 99~121쪽; 김열규 지음, 『동
     북아시아 샤머니즘과 신화론』, 아카넷, 2004, 297~317; 김은희, 『여성 무속인의
     생애사』, 신아출판사, 2004; 심진송, 등 참조.

25   김은희, 앞의 책(2004), 65쪽 이하 사례 참조.

26   마가레테 브룬스, 앞의 책(2009), 27쪽(성스러운 형상은 도처에서 저절로 '나타나
     고', 암벽의 어두운 심연에서 솟아오르며, 하늘에서 떨어지고, 성벽이나 천에서 스
     스로 모습을 만들어 내거나 쿠시 왕국의 코브라처럼 통째로 된 암벽으로 이루어지
     는 경우도 있다. '인간이 만들어내지 않은'이라는 의미를 지닌 'acheiropoietos'라는
     단어는 원래 수수께끼 같은 그리스도의 아이콘의 형태에 대한 언급이었다. 그와 같
     은 형상의 '현현'은 독자적인 전권에 의해서 생생하고 진실한 형상이 된다).

27   미르치아 엘리아데 지음, 심재중 옮김, 『영원 회귀의 신화』, 이학사, 2009, 14쪽.

28   루돌프 옷토 지음, 길희성 옮김, 『성스러움의 의미』, 분도출판사, 2009, 37쪽(어떤
     것을 '성스러운 것'으로 인식하고 인정하는 일은 종교적인 영역에서만 일어나는 고
     유한 가치평가의 행위이다. 그것은 전적으로 특이한 종류의 요소를 지니고 있는 것
     으로서, 이 요소는 위에서 말한 뜻에서의 합리적인 것을 벗어나며, 개념적 파악으로
     는 전혀 접근할 수 없는 불가언적arreton인 것이다).

29 이필영 지음, 『마을 신앙의 사회사』, 웅진출판사, 1994, 68~85쪽.

30 일리야 N. 마다손 채록, 양민족 옮김, 『바이칼의 게세르 신화』, 솔, 2008, 83쪽(엘레
    스테 산봉우리의 정상은 하늘의 신과 지상의 인간들이 서로 만날 수 있는 신성한 곳
    이다).

31 멀치아 엘리아데 저, 이동하 역, 『종교의 본질 성과 속』, 학민사, 1995, 33~59쪽.

32 조지프 캠벨 지음, 홍윤희 옮김, 『신화의 이미지』, 살림, 2008, 226~227쪽(야곱이
    브엘셸바에서 하란으로 가던 도중에 잠들어 꿈 속에서 목격한 일과 그것을 기념해
    돌기둥을 세우고 벧엘이라고 한 일 등 참조).

33 루돌프 옷토, 앞의 책(2009), 33~91쪽.

34 이은봉, 「음양관의 歷史와 歷理」, 『민속학연구』4호, 국립민속박물관, 1997, 62쪽.

35 V. 톱신투그스, 「몽골 알타이 산맥 부족의 언어와 종교」, 『알타이 스케치』1, 동북아
    역사재단, 2013, 53~57쪽.

36 그레이엄 클라크 지음, 정기문 옮김, 『공간과 시간, 그리고 인간』, 푸른 길, 2011,
    52쪽(성년식이나 집단적인 축제 같은 여러 의식과 사회적 행상를 치르기 위해 주기
    적으로 모인다).

37 А. Ф. Анисимов, Религия Эвенков в историск-генетическом изучении и
    проблемы происхождения первобымных верований, М-Л., 1958, 26~33쪽.

38 이 형상은 자연적으로 생긴 바위구멍을 입으로 삼아서 그린 것이다. 사람들은 해마
    다 특정한 날에 동물의 지방을 제물로 입 속에 넣는 공양을 한다. 그뿐만 아니라 오
    쿠네보 시대의 '이즈바야니에'에 그려진 신상의 입에도 동물의 지방으로 칠을 하는
    데, 현지인들은 이러한 일련의 행위를 '음식공양'이라고 설명한다.

39 N. А. Боковенко, 앞의 글(1995), 35쪽.

40 А. П. Окладников·А. И. Мартынов, Сокровища Томских писаниц, М., 1972,
    196쪽.

41 М. А. Дэвлет, Петроглифы и первобытная магия / Древние культуры Ценральной
    Азии и Санкт-Петербург, СПб., 1998, 168쪽.

42　터키의 산리우르파 성문 근처의 괴베클리 테제는 지금으로부터 1만 2천 년 전에 신전이 세워졌으며, 사람들은 흩어져 살다가 정해진 날에 예식을 치르기 위해 모여들었다고 한다(후베르트 필저, 앞의 책, 200~232쪽).

43　알베르티 지음, 노성두 옮김, 『알베르티의 회화론』, 사계절, 2004, 61쪽.

바위그림 유적지의 공간학

바위그늘shelter

오래 전, 암각화에 흥미를 갖기 시작할 무렵에 읽었던 선사미술 관련 글 가운데 '암음岩陰 미술'이라는 용어가 있었다.[1] 당시에 나는 '암음'이라는 용어를 선택한 저자의 의도를 온전히 다 이해하지 못하였다. 이 말을 풀어쓰면 '바위그늘'이 되며, 그렇다면 '바위그늘 미술'이라는 말이 되기 때문이었다. 그리고 세월이 흐르고 직접 세계 여러 나라의 바위그림 유적지들을 찾아다니면서 조사하는 과정에서 '암음'이라는 용어를 채택하였던 그의 의도를 이해할 수 있었다.

1996년 여름부터 4년간 예니세이강을 중심으로 한 남부시베리아의 하카스코 미누신스크Khakasko Minusinsk 분지 일대에 분포하는 바위그림 유적지들을 집중적으로 조사하였다. 첫 번째 여름인 1996년에는 하카시야 공화국 서북쪽의 페치쉐Pechishe 강변 일대에 분포하는 암각화 유적지들을 조사하였다.[2] '페치쉐'는 쵸르느이 이유스Cherny Iyus 강과 합수하여 거대한 예니세이 강으로 흘러드는 조그마한 샛강이다. [자료 69] 강변을 따라 술렉크Sulek와 페치쉐, 그리고 실라미요프Salaviev[3] 등 낯낯 암각화 유적지들이 흩어져 있었다. 그때 나는 매일 아침에 조사 장비와 더불어 점심용으로 빵 한 덩어리와 비스킷 몇 조각, 그리고 약간의 물을 준비하여 이 페치쉐 강변 일대의 암각화 유적지들을 차례대로 뒤지고 다녔다.

조사를 하다 보면, 예상치도 못한 여러 가지 일들을 겪게 되는데, 당시에는 그런 일들이 모두 커다란 모험이자 동시에 무척 고통스러운 일이기도 하였다. 허기와 갈증을 달래며 혼자서 이산 저산 그림을 찾아서 헤매던 일이나, 키만큼이나 높이 자라 앞이 제대로 안 보이던 야생의 풀밭을 헤치고

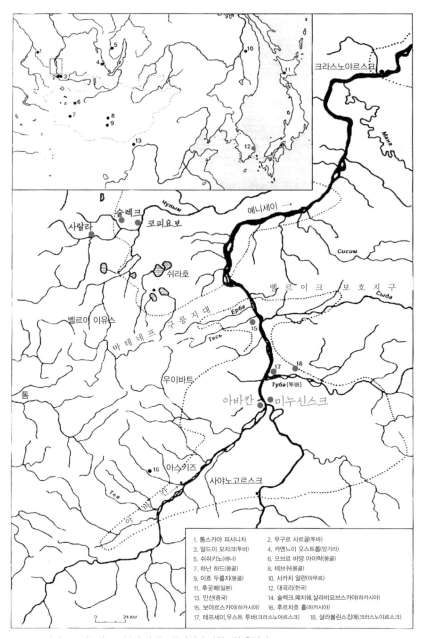

지도 내 라벨:

크라스노야르스크

예니세이 →

슐렉크
코피요보
사랄라
쉬라호
벨르이크 보호지구
벨르이 이유스
바 테 네 프 구 릉 지 대
우이바트
톰
아바칸   미누신스크
아스키즈
사야노고르스크

Сисим
Сыда
Ерба
Тесь
Туба (투바)
Мана
Чулым

1. 톰스카야 피사니차   2. 무구르 사르골(투바)
3. 알드이 모자크(투바)   4. 카멘느이 오스트롭(앙가라)
5. 쉬쉬키노(레나)   6. 으브르 바양 아이락(몽골)
7. 하난 하드(몽골)   8. 테브쉬(몽골)
9. 이흐 두룰지(몽골)   10. 사카치 알란(아무르)
11. 후곳페(일본)   12. 대곡리(한국)
13. 인산(중국)   14. 술렉크,폐치쉐,살라비요브스카야(하카시아)
15. 보야르스카야(하카시아) 16. 후르차흐 홀(하카시아)
17. 테프세이,우스트 투바(크라스노야르스크) 18. 살라볼린스킹에(크라스노야르스크)

0   24 KM

자료 69 하카스코 미누신스크 분지 및 중·동아시아 바위그림 유적지

다닐 때의 두려움, 발바닥에 물집이 생기고 발톱에 피가 맺히도록 오르고 또 내리던 급경사의 산비탈, 시간에 쫓기고 모기에 뜯기며 크고 작은 바위에 그려진 형상들을 하나하나 채록해 내던 일들, 조사 후 야영지로 되돌아갈 때의 그 무거웠던 발걸음 등, 가끔씩 그 때의 일들을 회상하면, 열정 하나 때문에 용감했던 나의 젊은 날들이 이제는 그 무엇과도 바꿀 수 없는 아름답고 소중한 무용담으로 뒤바뀌어 있다.

돌이켜 보면, 당시에 나를 곤혹스럽게 하였던 일들이 어디 그것들뿐이었겠는가? 남부시베리아 바위그림 조사 기억 중 또 한 가지 어려웠던 일은 변덕스러운 날씨에 대한 적응이었다. 때로는 살갗을 태울 정도로 뜨거운 햇볕이 내리쬐다가 갑자기 급변하여 소나기가 내리기도 하고, 그러다가 온몸이 덜덜거리고 이빨이 딱딱거릴 정도로 기온이 떨어지기도 하였다.

비가 내릴 때면, 야영지로 돌아가기는 너무 멀고, 그렇다고 또 인근에 마땅히 갈 곳도 없어서 그림이 그려진 바위그늘 아래에 앉아서 날이 개기를 마냥 기다리곤 하였다. 주위를 둘러봐도 비를 피할 수 있는 곳으로 그림이 그려진 바위그늘만한 곳이 없었다. 제법 줄기가 굵은 비가 한동안 내려도 비에 씻지 않고 앉아서 휴식을 취하고, 비가 그치면 조사를 이어갈 수 있는 곳이 바로 바위그늘이었던 것이다.

언젠가 그날도, 나는 페치쉐 암각화 유적지를 조사하다 비를 만났다. 비가 그치기를 기다리며, 새삼스럽게 그림이 그려진 암면을 이모저모 뜯어보게 되었는데, 위가 꼭 지붕의 처마처럼 앞으로 튀어나와 있어서 비에 젖지 않을 수 있었으며, 자료 70 또 바람도 막아주어 잠시 지내는 데는 크게 어려움이 없었다. 좌우로 이어져 있는 바위는 때로는 각을 이루며 꺾어져 마치 병풍을 쳐 놓은 것 같은 구조를 이루기도 하였다. 그림은 대부분 이러한 구조를 이룬 곳의 수직 바위 표면에 그려져 있었다. 주변에 바위들이 많이 있었음에도 불구하고, 이렇듯 위가 처마처럼 앞으로 튀어나온 바위 아래에 주로 중요한 그림들이 그려져 있었던 것이다.

비가 그친 뒤에 바위 표면과 그곳에 그려진 그림의 상태를 하나씩 살펴보았는데, 당연한 일이지만 바위그늘 아래의 바위는 마른 상태를 유지하고 있었다. 위가 열린 바위와는 달리 그 표면은 깨끗하였으며 그림들도 잘 보존되어 있었다. 그러나 그냥 한데 노출된 바위는 내린 비로 표면이 젖어 있었다. 또한 어떤 곳에는 이끼가 자라고 있었고, 그로 인하여 바위 표면은 균열이 생긴 것도 있었다. 특히 그림이 그려진 부분은 이끼로 인하여 훼손이 심하게 진행된 곳도 있었으며, 어떤 곳은 형태조차 살피기 어려운 부분들도 있었다. 자료 71 이러한 상황을 확인하면서 나는, 선사시대의 화가들이 특별히 바위그늘을 선택하여 그림을 그렸던 것은 아닌가 하는 의문을 품게 되었다.

그러한 나의 의문은 얼마가지 않아 확신으로 뒤바뀌었다. 그 이유는 인근의 술렉크[4]와 살라비요프 산자료 72 등의 암각화 유적지를 조사하면서 이들 두 유적지도 같은 상황임을 목격하였기 때문이다.[5] 그 두 곳뿐만 아니라 하카스코 미누신스크 분지 내의 많은 바위그림 유적지들에서도 역시 바위그늘이라는 공통점을 확인할 수 있었다. 예니세이강변의 바야르Bayar산맥, 자료 73[6] 오글라흐트이Oglakhty, 샬라볼리노Shalavolino 그리고 안친촌Anchinchon 등지의 주요한 암각화 유적지에서도 거듭 거듭 같은 현상을 확인할 수 있었다.

그리고 이전에 조사하였던 몽골의 몇몇 암각화 유적지들도 그랬음을 새삼스럽게 떠올릴 수 있었다. 시베리아나 몽골뿐만 아니라 더 멀리로는 케메레보의 톰 강 암각화, 자료 74 레나 강변의 쉬쉬키노 바위그림 유적지, 자료

자료 70　바위그늘
(페치쉐 암각화, 러시아)

자료 71　훼손된 바위 표면
(슐렉크, 러시아)

자료 72　바위그늘
(살라비요프, 러시아)

자료 73　바위그늘
(바야르, 러시아)

자료 74 **톰강 암각화**(케메레보, 러시아)

75·76·77 아프리카의 콘도아 지역 바위그림, 오스트레일리아의 카카두 국립 공원 내 바위그림 유적자료 78 등 전 대륙의 바위그림들이 바위그늘에 주로 그려져 있었음을 확인할 수 있었다. 뿐만 아니라 세계 각지의 많은 바위그림 유적지들이 그와 유사한은 상황이었음을 각종 개설서와 보고서,[7] 그리고 자료집을 통해서 확인할 수 있었다.[8]

바위그늘의 크기는 유적지마다 달랐지만, 그러한 공간이 선호되었음을 수많은 사례들로써 충분히 읽어낼 수 있게 되었다. 또한 바위그늘에서 반복적으로 선사 및 고대인들이 남긴 바위그림들이 발견된다는 점은 곧 그와 같은 곳에 우연히 그림이 그려진 것이 아니라, 당시의 제작자들이 그와 같은 곳을 특별히 찾아서 원하는 이미지를 형상화하였음을 말해주는 것이며, 이로써 '바위그늘'이 그림이 그려지는 공간으로 선호되었다는 주장을 펼칠 수

자료 75 L.멜니코바 박사
(쉬쉬키노 바위그림, 러시아)

자료 76 군무
(쉬쉬키노, 러시아)

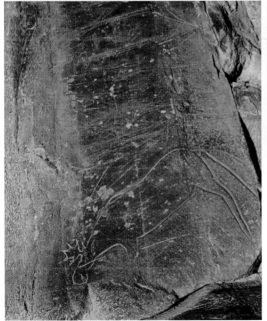

자료 78 바위그늘(우비르, 호주)

자료 77 사슴(쉬쉬키노, 러시아)

있게 되었다.

　현장 조사 과정에서 바위그늘을 대하는 현지인들의 태도도 관찰할 수 있었다. 그 가운데 하나는, 키르기스스탄의 으이스이쿨호숫가에 분포하는 촐폰 아타Cholpon Ata 암각화 유적지를 조사하면서 목격한 것이었다. 그것은 중년의 목동 한 명이 양떼를 풀어놓고, 그림이 그려진 바위그늘에서 한낮의 더위를 피하는 모습이었다. 그 바위그늘은 이미 오래 전부터 그 목동이 즐겨 쉬던 휴식처 같아 보였다. 숨쉬기조차도 어려운 뜨거운 한낮의 복사열과 모든 것을 태울 듯 내리쬐는 강렬한 직사광선으로부터 피할 수 있는 곳으로 또 그림이 그려진 바위그늘이 이용되고 있었던 것이다. 그러니까 비뿐만 아니라 여름철 한낮의 무더위를 피하는 데에도 바위그늘이 제격이었던 것이다. 그리고 겨울에는 바람과 추위를 피할 수 있었을 것이다.

　또 다른 하나는, 키르기스스탄 남부 테르겐 타쉬Tergen Tash 암각화를 조사할 때였다. 암각화 유적은 해발 3,700여 미터 지점에 위치해 있었는데, 조사를 위해 하루 종일 말을 타고 또 걸으면서 이동하였다.^{자료 79} 깊은 산간 계곡을 이동할 때 갑자기 소나기가 내렸는데, 이때 함께 동행했던 현지 사냥꾼은 우리를 그들이 임시로 머무는 쉼터로 안내하였다. 그곳은 위가 처마처럼 튀어나온 바위그늘^{자료 80}이었다. 우리를 도와준 현지인 중 무슬림은 기도 시간에 맞춰 그곳에서 무릎을 꿇고 기도를 하기도 하였다.

자료 79 조사지로 이동(테르겐 타쉬, 키르기스스탄)

자료 80 바위그늘(테르겐 타쉬, 키르기스스탄)

에코 현상

프랑스 '선사학의 법황'이라 불리던 앙리 브뢰이 신부Henri Édouard Prosper Breuil는 일찍이 그림이 그려져 있는 동굴과 그렇지 않은 동굴이 있음을 주목하였다. 그는 동굴 가운데도 서로 차이가 있으며, 그에 따라서 그림이 그려지기도 하였고, 또 그렇지 않은 것도 있음을 간파하였던 것이다. 사실 누구라도 동굴벽화에 관심을 갖게 된다면, 어떤 요건을 갖춘 동굴에 그림이 그려졌는지 궁금해 질 것이다. 동굴벽화의 연구는 여러 각도에서 다양한 방법으로 계속 진행되어 왔으나, 미스터리는 여전히 남아 있으며, 그것을 풀어내려는 노력들이 지금도 지속되고 있다.

동굴벽화 유적과 관련하여 주목을 끄는 주장 가운데 하나는, 그와 같은 유적들이 오늘날의 오페라 극장이나 콘서트홀과 같이 소리로 충만한 공간이었을 것이라는 주장이다. 이러한 견해는 프랑스의 I. 레즈니코프Leznikoff와 M. 드브와Dubois 등에 의해서 제기되었다. 그들은 만약 동굴 내부가 어떤 소리의 자극에 따라 공명 현상이 일어난다면, 동굴 전체는 마치 커다란 관현악기처럼 울리게 될 것이라고 하였다. 특히 벽화가 그려진 공간에서 그러한 현상이 관찰된다면, 그것은 곧 그려진 형상과 소리 사이에 특별한 관계가 있었음을 의미하는 것이라고 보고, 양자 사이의 관계를 밝히고자 하였다.

레즈니코프와 드브와 등의 연구 방법은 그림이 그려진 동굴 내부를 천천히 걸으면서 '도레미파솔라시도'와 같은 음계를 부르고, 또 그에 따라서 파생되는 공명 현상을 조사하여 벽화와 소리 사이의 상관성을 밝히는 것이었다. 그들의 조사는 피레네 지방의 니오Nio나 포르텔Le Portel 등의 동굴을 중심으로 진행되었으며, 그 결과 전체 조사지 중 90%에 이르는 곳에서 음향의 공명 현상이 일어나는 것을 확인하게 되었다. 이러한 점을 기반으로 삼아, 그들은 음향학적으로 특별히 증폭 현상이 있는 공간이 곧 그림이 그려지는 곳으로 선택되었다는 주장을 펼치게 되었다.[9]

드브와 등의 조사는 포르텔 동굴 속 갤러리 쟝느르에서는 입구에서 46.7m에서 64.7m 사이에서 조사가 이루어졌다. 이들은 약 18m에 이르는 공간을 50cm 간격으로 분할하고, 각 50cm 지점에 남성이 내는 목소리의 진동수 중 최대치를 조사하여, 그 공명 상태를 시뮬레이션하였다. 조사를 통하여 첫 번째 그림이 있는 49m 지점에서 111Hz, 53m와 54m 지점에서 225Hz, 60.4m 지점의 부엉이 그림 앞에서 102.5Hz 등의 진동수를 확인하였다. 이로써 갤러리 쟝느르에서는 남자의 목소리와 공명음이 발생하는 구조를 띠고 있음을 알게 되었으며, 그 중에서도 바이슨과 고양이과 동물 형상들이 그려진 지점에서 특히 공명 진동수가 최대치를 나타내었음을 확인하였다.[10]

이와 같은 실험은 같은 동굴의 갤러리 레논에서도 이루어졌다. 이 갤러리는 길이가 약 53.5m에 이르며, 가장 깊숙한 곳에는 헤아릴 수 없이 많은 발과 바이슨, 순록, 사람 등의 형상들이 그려져 있었다. 또한 입구로부터 26.22m와 26.49m 지점의 천장에는 붉은 물감으로 그린 점이 각각 확인되었다. 그런데 이 붉은 점 밑에서 '이~'라고 작은 소리를 내면, 누군가와 이야기를 나누는 듯한 반향이 일어난다고 한다. 목소리를 낸 사람은 되돌아오는 반향 때문에 누군가 다른 사람과 이야기를 나누는 듯한 착각에 빠지게 되는데, 이로써 드브와 등은 그림이 그려진 벽이 소리와 관련된 것이라는 주장을 펼친 것이다.[11]

장 클로드Jean Clottes도 니오 동굴의 '검은 방'은 음향 증폭 효과가 특별히 두드러지는 점을 지적한 바가 있다. 그는 이러한 현상이 우연한 일로 보이지 않는다고 하고, 바로 이곳에서 노래와 춤, 집단의례, 병자의 치료를 겸한 성대한 의식이 거행되었을 것이라고 하였다. 특별한 시간에 각 부족의 구성원들이 모여서 교류를 하면서, 벽에 그려진 그림을 보고 명상을 하거나, 고명한 주술사(샤먼)를 만나는 등의 일을 하였을 것이라고 하였다. 바로 이와 같은 일은 다른 곳이 아니라 음향 효과가 있는 '검은 방'에서 이루어졌을 것이라고 하였다.[12]

후베르트 필저 또한 원시 다뉴브강 계곡의 슈바벤 알프 지역에 있는 홀레 펠스 동굴에서 출토된 피리를 소개하면서 동굴 속의 음향 효과와 더불어 주술사가 그 음향 효과에 의해 최면 상태에 빠져들었을 것으로 추정하였다.[13]

고대 그리스의 노천극장은 마이크와 같은 음향 증폭 장치가 없어도 많은 사람들에게 똑같이 동일한 정보를 전달할 수 있는 구조를 띠고 있는 것으로 알려졌다. 대표적인 사례로 그리스의 펠레폰네소스 반도 아르골리스 북동쪽 해안에 있는 에피다우루스Epidaurus 원형극장[자료 81-1, 81-2]을 들 수 있다. 이 노천극장은 기원전 4세기에 건축가 폴리클레이토스Polycleitos the Younger가 산허리의 구조를 교묘하게 이용하여 설계한 것이라고 알려졌다. 모두 1만 4천 명을 수용할 수 있는 객석의 제일 위층에 있는 좌석은 무대로부터 무려 22m나 떨어져 있지만, 무대에서 배우와 악사들이 서로 소곤거리는 소리를 들을 수 있다는 것이다.[14] 터키의 에베소Ephesus 원형극장[자료 82]도 피온산 골짜기 안에 세워졌는데, 에피다우루스 극장과 유사한 점이 관찰된다고 한다.[15]

에코 현상과 관련하여 또 하나의 흥미로운 사례로는 예루살렘의 사자문 근처 아랍지구에 있는 성 안나 교회를 들 수 있다. 이곳에는 원래 성모

자료 81-1 에피다우루스 원형극장

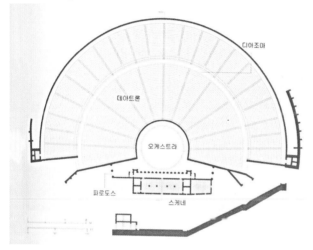

디아조마

데아트론

오케스트라

파로도스

스케네

자료 81-2 에피다우루스 원형
극장(윤정근, 2016)

자료 82 에베소 원형극장
(터키, 고영수 목사 제공)

마리아의 부모인 요하킴Joachim과 안나Anne의 집이 있었으며, 마리아도 이곳에서 태어났다고 한다. 5세기경에 처음 이곳에 교회가 세워졌으나, 갖가지 사건들로 인하여 교회는 여러 차례 파괴와 복원이 되풀이 되었으며, 현재의 것은 1856년에 복원된 것이라고 한다. 이 교회의 내부에는 '아치형 주랑'이 있는데, 이곳에서는 특이하게도 공명 현상이 강하게 일어난다고 한다. 그래서인지 이곳에서 노래를 부르면, 음치일지라도 그의 노래는 마치 천상의 소리처럼 아름답게 들린다는 것이다.[16]

이와 같은 사례들은 각각 석기시대에 그림이 그려진 곳이고, 또 고대인들이 공연을 하였던 곳이며, 지금까지도 예배를 거행하는 곳이다. 이 가운데서 첫 번째의 것은 자연 그대로의 공간이었고, 두 번째의 것은 자연 경관 중 일부를 개조한 것이며, 세 번째의 것은 인위적으로 만든 공간이다. 이들 각각의 공간은 그 조건과 역할 그리고 이용되었던 시기 등이 서로 달랐지만, 모두가 신비롭게도 소리가 증폭되고, 또 소리 중 일부가 저장되어 있다가 다시 흘러나오며, 오래도록 여운이 남는 등 에코 현상이 관찰되는 점에서 서로 동질성을 띠고 있다.

그런데 이러한 에코 현상이 대부분의 선사시대의 바위그림 유적지에서 관찰된다. 2006년 여름에 나는 러시아의 바위그림 연구자 M. 킬루노브스카야Kilunovskaya 박사자료 83와 함께 투바공화국 일원의 암각화를 조사하였다. 우리의 조사지 가운데는 '무구르 사르골Mugur Sargol'이라고 하는 성소의 암각화들도 포함되어 있었다. 무구르 사르골은 투바공화국 수도 크이즐Kyzyl에서 서쪽으로 약 160km 정도 떨어진 곳에 있는 암각화 유적지인데, 이곳은 칭게Chinge강이 울룩그 헴Ulug Khem과 합수하는 지점이자 동시에 이 강이 사얀산맥을 관통하는 사얀 협곡의 시작 지점이기도 하다. 이 인근에는 우스

자료 83 **M.킬루노브스카야 박사**

트 모자가Ust′ Mozaga, 알라가Alaga, 비치그티크 하야Bichigtik Khaya, 우스트 사르골Ust′ Sargol, 오르타 사르골Orta Sargol 등의 바위그림 유적지들이 분포하고 있다. 우리 일행은 이 유적지들을 하나씩 차례대로 조사하였다.[17]

　　그 가운데서 오르타 사르골을 조사하면서 킬루노브스카야 박사와 나는 이 유적지의 생김새가 마치 원형극장과 닮았음을 주목하였다. 이 일대는 사방이 산으로 둘러싸여 전체적으로 분지형의 공간이었으며, 그 가운데서도 특히 그림이 그려진 곳은 뒤쪽의 산이 병풍처럼 유적지를 둥글게 감싸고 있다. 자료 84 조사 과정에서 우리들이 나누던 대화가 울려서 메아리로 되돌아오는 등 강한 에코 현상을 관찰할 수 있었다. 이곳에는 또한 유목민들이 거주하였던 주거지의 흔적도 남아 있었는데, 그것은 근처의 초지를 옮겨 다니며

자료 84 **오르타 사르골 유적 전경**

방목을 하는 목동의 겨울 집 자리였다.

　주지하는 바와 같이, 유목민들은 가축 떼를 이끌고 물과 초지를 따라 끊임없이 이동하면서 생활한다. 그러나 겨울철의 주거지는 한 번 정해지면, 특별한 문제가 없는 한 지속적으로 같은 곳을 반복해서 이용한다. 다시 말하자면, 이동 생활을 하다가도 겨울이 되면, 정해진 곳으로 되돌아온다는 것이다. 그렇기 때문에 겨울 집의 자리는 여러 가지의 조건을 헤아려서 정할 수밖에 없다. 유목민들은 겨울 집 자리로 무엇보다도 우선하여 찬바람 등 추위를 막아주는 곳을 선택한다. 따라서 겨울 집은 대부분 뒤가 산으로 둘러싸여 있고, 앞은 햇볕이 잘 드는 양지바른 곳에 세워진다. 우리들이 소위 '명당'이라고 부르는 '배산임수背山臨水에 좌청룡, 우백호'의 형세를 취하

자료 85 후렝 우주르 하단 올 유적 전경(몽골)

고 있는 셈이다.

　돌이켜 생각해 보니, 그동안 조사하였던 중앙아시아 여러 지역의 암각화 유적지들에는 대부분 유목민들의 겨울 집 또는 봄 집이 세워져 있었다.[18] 그러한 유적지들은 대체적으로 노천극장과 같은 구조를 취하고 있었던 것이다.[19] 몽골의 경우 고비 알타이 아이막 올란 올 솜 인근의 바위그림 유적지들이나, 오브스 아이막 우믄 고비 솜의 후렝 우주르 하단 올^{자료 85} 등 대부분의 유적지가 그랬고, 카자흐스탄의 경우는 남부 지역의 쿨자바스이^{자료 86} 등지에서 그와 같은 유목민들의 봄이나 겨울 집들이 확인되었다. 또한 키르기스스탄에서도 코크 사이Kok Sai나 사이말르이 타쉬Saimaly Tash 등의 유적지들이 그러한 예들이라고 할 수 있다.

자료 86 **쿨자바스이 유적 전경(카자흐스탄)**

이렇듯, 동굴벽화와 바위그림 유적지, 고대 원형극장 그리고 교회 등에서 모두 에코 현상이 관찰되는 점을 통해서, 소리의 증폭 현상이 있는 곳이 곧 선사미술 유적을 비롯하여 고대의 제사터祭場, 그리고 성소 등의 입지 선정에 중요한 기준 가운데 한 가지였음을 지적할 수 있다.[20]

우주산 또는 우주강

1996년 여름은 나의 암각화 연구 과정에서 많은 의미가 있는 시기였다. 하카시야 공화국 서북부 지역 페치쉐 강변의 암각화 조사를 마친 후, 다시 남

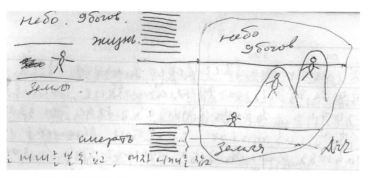

자료 87 하카스족 사냥꾼의 메모

부 비렉출Birekchul로 옮겨 그 일대의 암각화를 조사하였다. 그러던 어느 날 저녁, 하카스Khakas족 사냥꾼 둘이 조사단의 야영지를 방문하였다. 그 중의 한 명은 저녁 식사 후, 내 곁으로 와서 하카스족의 세계관을 비롯한 이것저것에 관하여 이야기해 주었다. 그에 의하면, 하카스족은 세계가 하늘과 땅 그리고 지하 등 세 개의 이질적인 공간으로 구성되어 있는데,[21] 그 중에서 하늘은 생명, 지하는 죽음의 세계라고 하였다. ^{자료 87} 땅은 물론 사람과 동물들이 사는 세계이고 하늘과 지하는 각각 아홉 개의 층으로 구성되어 있는데, 각 층마다 등급이 다른 신들이 살고 있으며, 각각의 세계로 향해 올라가거나 내려갈수록 그 능력과 등급이 점점 높아지고, 최상과 최하층에는 각 세계를 지배하는 최고의 신들이 살고 있다고 하였다.

그는 또한 산에 관해서도 흥미로운 이야기를 들려주었다. 그의 이야기를 정리하면, 하늘과 땅 가운데 솟아 있는 산에는 사람과 신들 사이를 연결시켜 주는 '타흐 에지Takh Ez'라고 하는 반신반인半神半人이 살고 있다는 것이다. 신과 인간의 중간 정도의 존재인 타흐 에지는 키가 약 3m 정도이며, 투시력이 있어서 장벽 너머의 세계를 볼 수 있고, 또 땅에 발을 딛지 않고도 걸으며, 날아다닐 수도 있다고 하였다. 사람들은 그를 마음대로 볼 수 없으나, 그가 스스로 모습을 드러낼 때는 예외적으로 그를 볼 수 있다고도 하였다. 그런 경우, 타흐 에지는 그 사람이 이전에 갖지 못했던 특별한 능력을 선물로 준다는 것이다. 또한 타흐 에지는 인간 세계의 여자들을 맞이하여 아내로 삼는다고도 하였다.

그런데, 하카스족의 타흐 에지는 몽골의 '알마스Almas'와 여러 면에서 흡사하다.[22] 알마스는 반신반인의 야생녀이며, 사냥꾼들의 민담과 전설 속에 등장한다. 하카스족의 타흐 에지가 남성적 존재인데 비해, 몽골의 알마스는 여성적인 존재로 그려지는 것이 서로 다른 점이다. 알마스도 키가 3m 정도이며, 깎지 않은 머리카락을 길게 늘어뜨린 채 빠르게 이동할 수 있는 능력을 지니고 있다고 한다. 또한 알마스도 인간 세계의 남자를 취하여 결혼을 하는데, 그럴 경우 그녀는 온갖 종류의 값비싼 모피를 남편과 그의 가족들에게 선물한다고 알려졌다. 물론 그녀가 모습을 보여줄 때에만 사람들은 그녀를 볼 수가 있다.[23]

타흐 에지와 알마스, 이들 둘은 산에 사는 반신반인적인 존재들이다. 이러한 이야기들을 통해서 북방 수렵 및 유목민들이 이해하고 있는 세계상을 조금이나마 엿볼 수 있다. 하늘, 산과 땅 그리고 지하 등은 뚜렷이 구분되는 상이한 세계이며, 그 각각의 세계 속에는 우리와는 분명히 이질적인 존재들이 거주하고 있다고 믿는 것이다. 우리나라의 신화 가운데서도 굳이 반신반인적인 존재를 찾아본다면, 산신이 되어 아사달로 들어간 단군[24]도 유사한 유형의 모티프라고 할 수 있을 것이다. 그러므로 산이란 원래 인간이나 신들의 세계가 아니었다. 오히려 산은 천상의 신들이 인간세계로 내려오는 곳이며,[25] 인간은 그의 중개자인 주술사를 통해 신과 소통을 꾀하는 곳

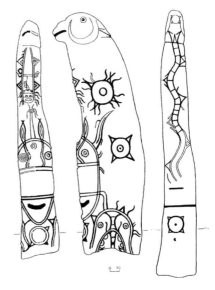

자료 88-1 이즈바야니에(미누신스크 박물관, 러시아)　　자료 88-2 이즈바야니에(Л.Р.Кызласов, 1986)

이다.

　　이렇듯 신화 또는 민담의 형식으로 전해오는 각 종족들의 세계관이 조형 예술의 형식으로 표현된 경우도 있다. 예로써 오쿠네보Okunevo 시대의 이즈바야니에Izbayanie ^{자료 88-1, 88-2}를 들 수 있다. 오쿠네보 문화는 예니세이의 지류 우이바트Uibat 강변의 오쿠네보 마을 근처의 무덤을 발굴하면서 그 문화상이 처음으로 밝혀졌다. 무덤에서 출토된 청동기와 토기 그리고 선돌 형식의 거석기념물인 '이즈바야니에' 등이 이 문화의 특징적 문화소이며, 첫 번째 발굴지의 지명을 따서 '오쿠네보 문화'라고 명명하였다. 이 문화는 기원전 2,500년경에 하카스코 미누신스크 분지를 중심으로 하여 몽골계 유목민들이 남긴 것으로 밝혀졌다. 이 시기에 제작된 바위그림의 중심적인 주제는 얼굴−리치나,^{자료 89} 소,^{자료 90} 맹수,^{자료 91} 출산 장면 ^{자료 92} 등이었으며, 뼈에 새긴 인물 선각^{자료 93}도 이 문화의 독특한 조형예술품으로 평가받고 있다.

자료 89 얼굴−리치나
(살라비요프스카야, 러시아)

이즈바야니에는 오쿠네보 문화인들이 그들의 세계관을 선돌 가운데 조형 언어로써 집약시켜 놓은 것이며, 이 문화의 성격을 가장 잘 대변해 주는 표지적인 조형물이다. 이즈바야니에는 그 겉모습이 남성의 생식기를 상징하고 있으며, 또한 하나의 돌기둥 속에 삼계가 응축되어 있으므로, 그것은 세계의 표상이자 중심축의 역할을 한다. 이 돌기둥에는 그와 같은 구조에 걸맞게 세계를 창조한 주인의 얼굴 '리치나'가 그 한 가운데에 형상화되어 있고, 그것을 중심으로 해와 달 그리고 각종 동물들이 새겨져 있다. 땅 속에 묻히는 부분에는 지하 세계를 상징하는 맹수가, 위에는 하늘을 상징하는 산양이 새겨져 있기도 하다. 또한 뒷면에는 우주 강이 사다리꼴로 형상화되어 있다.²⁶

자료 90
신성한 소(Л.Р.Кызласов, 1986)

자료 91
환상의 동물(Л.Р.Кызласов, 1986)

이렇듯, 이즈바야니에라고 하는 하나의 선돌 형식의 조형물을 통하여, 지금으로부터 약 4,500년 전에 하카스코 미누신스크 분지에 거주하였던 오쿠네보 문화인들의 세계관을 살펴볼 수 있다. 오쿠

자료 92
출산 장면(Л.Р.Кызласов, 1986)

네보 문화의 주체들이 세웠던 이즈바야니에는 그 자체가 삼계를 상징함과 동시에 세계의 창조주를 나타낸 얼굴, 해와 달, 그리고 동물 등으로써 그 세

개의 서로 다른 공간을 구현하고 있는 것이다. 또한 이와 같이 서로 다른 세 개의 이질적인 세계는 뒤편에 새겨진 우주 강에 의해 하나로 통합되고 있다. 오쿠네보인들은 세계의 창조주가 해나 달보다 훨씬 위대한 존재이기 때문에 크고 또 정성스럽게 돌기둥의 한가운데에 새겼으며, 그 밖의 제재들은 그의 비중에 걸맞은 자리에 적당한 크기로 배치하였던 것이다.

자료 93
인물 선각(아바칸 박물관. 러시아)

산지 알타이Gorno Altai에는 철기시대에 '파지리크Pazirik'라고 하는 독특한 문화가 꽃피었다. 파지리크는 스키타이Scythai 시베리아 문화의 '산지 알타이식' 변형이다.[27] 이 문화기에 만들어진 매장 유적의 특징 가운데 하나는 적석목곽분이며, 영구동토지대라고 하는 독특한 자연 환경 때문에 목관 속의 시신은 관 속으로 스며든 물과 함께 완전히 얼고 만다.[28] 1948년에 발굴된 파지리크 2호분 속에는 남녀 2인의 유해가 있었는데, 이들은 매장 전에 완전히 미라mirra화 된 것이다.[29]

미라 중 남자의 정강이에는 물고기가, 가슴과 팔 그리고 어깨뼈 부분에는 새부리와 사슴뿔 그리고 봄농의 앞뒤가 180도 완전히 뒤꼬인 발이 서로 합성된 하이브리드 형상과 함께 꼬리가 긴 맹수 등이 각각 새겨져 있었다. 자료 94 이 가운데서 물고기는 물론 물속地下을 상징하며, 새부리와 사슴의 뿔, 그리고 말의 몸통을 한 환상적인 동물은 하늘과 지상의 결합을 나타낸 것이다. 이와 같은 문신으로써 이 남자는 삼계를 통합한 우주적 존재였음을 추측할 수 있다.[30]

이처럼, 구전 민담과 조형 예술의 형식으로 표현된 몇 가지 예들을 통하여 타이가와 스텝 지역 수렵 및 유목민들의 우주관을 살펴보았다. 그런데

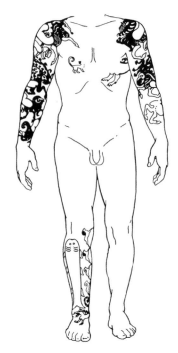

자료 94-1 문신(파지리크 출토, 에레미타쥬 박물관, 러시아)

자료 94-2 문신 복원도(국립중앙박물관, 1991)

산이나 강 등 스스로 삼계를 구현하고 있는 자연 경관을 선사 및 고대인들
은 우주산宇宙山 또는 우주강宇宙江이라고 인식하고 신성시하였다. 사람들은
스스로 삼계를 갖추고 있는 그와 같은 공간들을 그들의 성소로 삼았다. 그
런 다음, 그들이 이해하였던 세계와 그 주인 그리고 각 세계를 구성하는 페
르소나Persona[31] 등을 각종 조형예술의 형식으로 표현해 놓았음을 세계 각지
의 선사시대 조형 예술품들이 증명해 주고 있다.

재생의 반복

1879년 11월, 알타미라Altamira 동굴 속 퇴적층을 발굴하던 마르셀리노 산스 데 사우투올라Marselino Sans de Sautuola(1831~1888) 후작은, 당시 다섯 살이던 딸 마리아Maria가 동굴 속을 이리저리 노닐다가 급하게 외치는 소리를 듣고, 황급히 그 쪽으로 달려갔다. 마리아는 벽을 가리키며 '소牛'가 있다고 소리쳤다.[32] 후작은 마리아가 헛것을 보았다고 생각하였으나, 어린 딸은 등불에 비치어 생생하게 모습을 드러낸 들소 떼를 똑바로 가리켰다. 그것은 이미 그 지역에서 자취를 감춘 지 오래된 들소 '바이슨'의 그림이었다.[33] 캄캄한 어둠 속에서 3만 년도 더 오랜 세월 동안 깊은 잠에 빠져 있던 들소 떼[자료 95]는 마리아가 든 등불의 불빛을 받고 길고도 긴 잠에서 깨어 그 모습을 드러내었다.

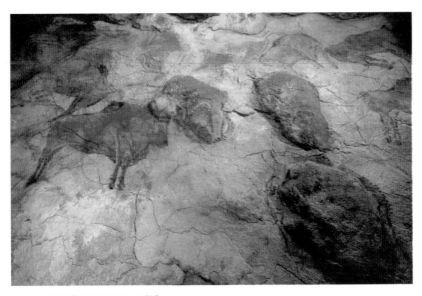

자료 95 **들소떼(알타미라 동굴, 스페인)**

선사시대의 그림들은, 그것이 동굴 속이건 혹은 한데 바위그늘이건 간에 빛과 어둠의 교체에 의해서, 홍수를 비롯한 물의 들고 남에 따라서 그리고 사냥꾼의 모의사냥 의례 과정 등에서 죽었다가 살고 살았다가 죽기를 되풀이한다. 이 가운데서도 빛과 홍수는 유적지의 선정에 큰 역할을 하는 점을 각지의 유적지들을 통해서 살필 수 있다. 알타미라 동굴의 예에서 확인하였듯이, 깜깜한 어둠은 그림 속의 형상들을 잠들게 하였지만,[34] 적당한 거리와 각도에서 빛이 비치면,[35] 그 형상들 하나하나는 언제 그랬냐는 듯이 깨어나 질주를 하거나[자료 96] 서로 힘을 겨루기도 하고[자료 97] 또 땅바닥에 들어누워 몸을 비비는[자료 98] 등의 모습으로 되살아난다.[36]

동굴 속과 같이 닫힌 공간 속에서는 횃불 등 인공조명에 의해 동물 형상들이 되살아났지만, 바위그림처럼 열린 공간 속의 형상들은 햇빛에 의해 그림이 살아났다가 다시 빛이 없으면 사라져 존재하지 않는 것으로 바뀐다.[37] 그러므로 바위그림은 불빛, 태양광 등과 같이 빛과 불가분의 관계를 맺고 있다.[38] 바위그림이 그려진 바위들이 주로 동쪽으로 향하고 있는 점도 이런 측면에서 주목해야 한다. 사람들은 아침 햇살의 첫 빛이 드는 곳을 특별히 신성시하였으며, 그와 같은 곳을 선정하여 그림을 그리기도 하였다.[자료 99] 햇살의 첫 빛이 드는 곳은 의례와도 밀접히 관련된 듯하다.[39]

1905년에 L.프로베니우스Leo Frobenius가 아프리카의 콩고 고원을 여행하면서 남긴 피그미족 사냥꾼들의 사냥 의례에 관한 기록은 빛의 역할과 의미를 살피는 데 매우 유익한 자료이다. 프로베니우스의 기록에 따르면, 피그미족 사냥꾼들은 아침에 가장 먼저 햇볕이 드는 곳의 땅을 골라 그들의 주요 사냥감인 영양을 그렸으며, 다음날 아침에 해가 뜨기를 기다렸다가, 햇살의 첫 빛이 그 형상에 비칠 때 준비한 화살로 그 영양을 쏘는 모의사냥

자료 96 **말떼**
(라스코 동굴, 프랑스)

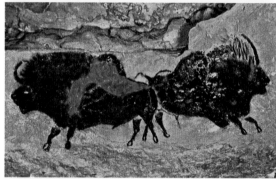

자료 97 **싸우는 소**
(라스코 동굴, 프랑스)

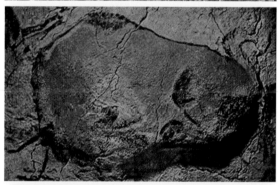

자료 98 **몸을 비비는 들소**
(알타미라 동굴, 스페인)

자료 99 **아침 햇살과 암각화**
(아리조나 튜바시, 미국)

자료 100 쉬쉬카 세들로비나 전경(미누신스크, 러시아)

을 거행하였다는 것이다.[40] 이 일화는 이후 신화학자,[41] 미술사학자[42] 등에
의해 지속적으로 인용되었고, 또 문화의 원형 및 미개문화, 그리고 선사미
술 등을 논할 때 단골 메뉴로 사람들의 입에 오르내렸다.

　　바위그림 가운데도 빛과 관련된 유사한 사례들이 적지 않다. 애리조
나주 튜바 시 근처의 암각화 유적지에서는, 아침 햇살 중에서도 첫 빛이 비
치는 곳에 나선형과 십자형의 도상[자료 99]들이 그려져 있다.[43] 미누신스크 분
지의 쉬쉬카 암각화도 좋은 사례 가운데 하나이다. 쉬쉬카는 예니세이 강
변에 우뚝 솟은 산[자료 100]이다. 미누신스크의 브이스트라야 마을 동쪽의 약
50m지점에 위치해 있는데, 산의 동서남쪽 경사면에 분포하는 바위들에 각
종 동물 형상들이 그려져 있다.[44] 동남쪽에 분포하는 암각화들은 비록 경사
가 급하여도 형상을 채록하고 또 사진을 찍을 수 있었지만, 서쪽은 겨우 사
람이 설 정도의 자리만 있고 바로 아래는 족히 두세 길은 되는 낭떠러지였
다.[자료 101]

자료 101 **쉬쉬카**
(서쪽 암면, 러시아)

그런데 바로 그 자리에 그림이 그려져 있었다. 천신만고 끝에 그림을 채록하였지만, 윤곽이 또렷한 사진을 촬영하는 일은 무척 어려웠다. 조사 기간 중 여러 차례 사진 찍기를 시도하였지만, 그 어떤 사진도 기대를 충족시켜 주지 못했다. 그러던 어느 날, 조사가 늦어져 밤 열시가 가까워질 무렵에 숙소로 돌아가게 되었는데, 그때 서북쪽 하늘에 떠 있던 태양의 빛살이 서북쪽의 그림이 있는 암면을 엇비스듬히 비추기 시작하였다.[45] 그 순간 그동안 제대로 보이지 않던 형상들이 또렷이 모양을 드러내기 시작하였다. 이 암면에 그려진 그림들은 백야의 여름날 늦은 저녁에 그 모습을 뚜렷이 보여 주었다.[46]

케메레보의 톰 강변에 그려진 암각화를 조사하면서 색다른 체험을 할 수 있었다. 톰 강변의 암각화Томская Писаница는 2003년 여름에 조사를 하였다. 이 암각화 유적지는 일찍이 A. 오클라드니코프Okladnikov와 A. 마르티노프Martinov 등 저명한 연구자들에 의해서 세계 암각화 학계에 그 전모가 소개되었으며,[47] 그 후 마르티노프 박사는 이 유적지를 지붕 없는 박물관으로 만들어 학술 연구는 물론이고, 유적지를 찾아오는 관광객들에게 각종 편의를 제공하는 등 다양한 활동을 펼치고 있다.[48] 마르티노프 박사는 희수喜壽를 넘긴 지금도 물론 이 암각화의 연구와 박물관 관리 그리고 찾아오는 탐방객들에게 선사미술의 진가를 알리는 일을 지속하고 있다. 자료 102

나는 톰 강변의 암각화 답사 계획을 사전에 모스크바의 M. A. 데블레트Devlet 박사께 말씀드렸으며, 가능하면 현지에서 그동안 직접 뵌 적이 없었던 마르티노프 박사의 도움을 받고 싶다는 뜻도 전하였다. 모스크바에서 케메레보로 기차를 타고 갔으며, 역에 도착하자 마르티노프 박사는 사람과 함께 차량을 보내주셨다. 케메레보대학에 있는 그의 연구실에 도착하였을 때 노

교수는 반갑게 맞이해 주셨으며, 그간에 저술한 책과 자료들을 미리 준비해 두었다가 주셨다. 그리고 곧장 톰 강변의 암각화 유적지로 향하였는데, 암각화 공원에는 관리시설과 전시관이 만들어져 있었으며, 전시실에는 톰 강변의 암각화를 비롯한 각종 암각화의 탁본, 도면 그리고 사진 등이 전시되어 있었다. 마르티노프 박사의 안내를 받으며, 톰 강변의 암각화를 답사하고, 이어서 며칠간 자유롭게 사진 촬영과 형상 채록을 하는 등 조사를 할 수 있었다.

그러던 어느 날 오후 8시가 넘어, 조사를 마치고 숙소로 돌아가는 도중에 마르티노프 박사와 마주쳤는데, 그는 일체의 다른 이야기는 하지 않고, 좀 더 현장에 머물면서 그림을 자세히 관찰해 보라고 하셨다. 이 암각화는 동쪽으로 향한 바위에 그려져 있었으며, 그림 중의 일부는 감실과 같은 바위그늘 아래에도 그려져 있었다. 바로 그 아래는 거대한 톰강의 물결이 넘실거리며 흘러가고 있었다. 밤 9시가 되고 10시가 가까워지면서 서쪽에 있던 태양의 빛살이 물결 위로 쏟아지자 갑자기 물결은 거대한 반사경이 되어, 그 빛을 바위그늘로 향해 되비추기 시작하였다. 일렁이는 물결에 따라 빛살도 일렁거리면서 이전에 어디에서도 경험해 보지 못한 환상적인 광경을 연출해 내고 있었다.

그동안 나는 바위그림 유적지 가까이에 물이 있는 점을 몇 차례 지적한 바 있으며,[49] 물과 유적지가 상호 불가분의 관계를 맺고 있음을 주목하고, 그 이유가 무엇인지 궁금해 하고 있었다. 그런데 그날 저녁에 나는 이전에 어디에서도 본적도 들은 적도 없는 색다른 물의 모습을 생생하게 목격할 수 있었다. 한낮이라도 직접 빛이 닿지 않았던 바위그늘(감실)이 저녁 9시를 지나자 물에 비친 빛의 반사광선으로 인하여 환상적인 분위기를 만들었던 것이다. 물이라고 하는 거대한 반사경에 의해 바위그늘 속은 기묘한 광경이 연출되었으며, 그 속의 형상들은 또 다른 모습으로 사람들의 눈길을 끌었던 것이다.

데블레트 박사는 무구르 사르골 성소의 암각화 가운데서 가장 중요한 그림은 이 유적의 중심에 있는 바위라고 하였다. 데블레트 박사에 의하면, 이 바위를 지역민들은 신성한 곳으로 인식하고 숭배를 한다고 하였다. 바위의 윗부분에는 아이를 낳는 여성이 그려져 있으며, 그 아래에 굽 동물들이 그려져 있다고 하였다. 이 여성상을 두고, 데블레트 박사는 종족을 낳아 준 어머니의 모습을 그렇게 형상화한 것이라고 하였다. 또한 현지 주민들은 홍수가 나서 강물이 불고 바위가 물속에 잠기면, 그 어머니 상을 비롯한 형상은 죽는 것이며, 다시 물이 빠지면서 바위가 드러나면, 그에 따라서 죽었던 형상들은 부활한 것이라고 믿었다는 것이다.[50] 그러니까 홍수에 의해 이 암면 속의 형상들은 죽음과 부활을 끊임없이 되풀이 하고 있는 셈이다.

레나 강변의 쉬쉬키노 바위그림[자료 75]을 조사하면서, 현지의 L. 멜니코바Mel'nikova 박사와 여러 가지 이야기들을 나눌 수 있었다. 멜니코바 박사는 이 유적을 10년 이상 조사하였는데, 그 결과 봄날에는 어떤 그림이 잘 보이고 가을날 오후에는 어떤 형상들은 잘 보이는지를 알 게 되었다고 하였다. 멜니코바 박사의 이 말은 그림이 계절과 시간 그리고 햇빛의 각도 등과 밀접히 관련되어 있음을 뜻하는 것이다. 그러니까 특정 계절의 특별한 시간이 되면, 이전에 볼 수 없었던 분명한 모양으로 되살아난다는 형상이 있다는 것이다. 이렇듯, 그림들은 빛과 물의 들고 남 등 자연현상에 따라 끊임없이 죽음과 재생을 되풀이하고 있는 것이다.

울산에서 발족한 반구대 포럼[51]에서 지역의 원로 사진작가 서진길 선생님과 만나게 되었는데, 그는 경주 남산을 전문으로 촬영하였고, 또 울산 관련 기록 사진 자료집[52]을 출간한 바 있다. 대곡리 암각화의 발견 초기의 상황 및 경주 남산 등지의 불상 관련 이야기를 나누던 도중에, 촬영하고자 하는 형상이 빛의 각도에 따라 드러나기도 하고 또 안 보이기도 하는 현상에 대한 자신의 경험담을 들려주었다. 뿐만 아니라 그는 이렇듯 보이다가 안 보이는 형상에 관한 마을 할머니들의 믿음도 같이 전해주었는데, 그것은 마음씨가 착한 사람에게는 보이고, 그렇지 않은 사람들에게는 안 보인다는 것이었다. 마을 할머니들은 형상이 빛의 각도에 따라 드러나기도 하고 또 감추는 현상을 광학 및 시지각적 메커니즘이 아니라 심성적인 차원에서 이해하였던 것이다.

경계지대

1994년 9월의 일이었다. 당시 몽골과학아카데미 역사연구소 고고학연구실에서 바위그림을 연구하던 나는, 1993과 1994년 사이의 두 해 여름을 고비 알타이 아이막(행정단위 도에 해당) 할리운 솜(행정단위 군 또는 읍에 해당)에서 '하난 하드Khanan Khad' 암각화를 발견하고 또 그것을 조사·연구하였다.[53] 몽골의 서쪽 끝 호브드 아이막 호브드 시에서 1994년 9월에 개최된 갈단 보시크트Galdan Bosigt 왕 탄생 350주년 기념 국제학술회의에 초청을 받아 그동안 조사하였던 하난하드 암각화에 관해 발표하였다. 당시 역사연구소의 A. 오치르Ochir 소장(현 몽골유목문화연구소 소장)과 고고학연구실에서 바위그림을 지도해 주신 D. 체벤도르지Tseveendorj 선생님(전 고고학연구소 소장) 등은 호브드 아이막 방문에 필요한 모든 편의를 제공하여 주었다.

호브드 아이막에는 만항 솜의 '이쉬긴 톨고이Ishigin Tolgoi'[자료 103]와 '호이트 쳉헤르Khoid Chenkher 동굴',[자료 104] 그리고 호브드 시 외곽의 '찬드만 하르 우주르Chandman Khar Uzur'와 '바타르 하이르항Bataar Khairkhan', 에르뎅 부렝 솜의 '조스틴 하드Zostin Khad'[자료 105] 등의 선사 및 고대 암각화와 동굴벽화 유적지들이 있다. 이 중에서도 이쉬긴 톨고이 암각화[54]와 호이트 쳉헤르 동굴 벽화 등은 그 제작 시기가 구석기시대의 것[55]으로 알려졌었기 때문에 언젠가 기회가 된다면 꼭 답사해 보고 싶은 유적으로 분류해 놓고 있었다. 그런데 갈단 보시크트 왕 탄생 기념 학술회의는 이들 유적지들을 답사할 수 있는 기회를 앞당겨 주었다. 회의가 끝나고, 나는 오치르 소장께 현지에 남아 유적지 몇 곳을 더 조사하고 싶다는 희망을 전하였는데, 그는 흔쾌히 비행기 표를 교환해 주었고, 숙소 그리고 현장 답사시 타고 다닐 차량 등을 마

자료 103 순록과 영양
(이쉬긴 톨고이, 몽골)

자료 104 영양
(호이트 쳉헤르 동굴, 뭉뷸)

자료 105 사슴과 개마무사
(조스틴 하드, 몽골)

자료 106 게르(유목민 집, 몽골)

련해 주었다.

　이쉬긴 톨고이와 호이트 쳉헤르 동굴 등 두 유적지의 조사를 마치고 호브드 시로 돌아가던 도중에 목동 한 명과 만났는데, 그는 스스로를 하늘 아래 첫 번째 집의 목동이라고 하면서, 자신의 집을 방문해 줄 것을 요청하였다. 그의 방목지는 해발 3,000m가 넘는 높은 지점에 위치해 있다고 하였다. 그날은 9월 7일이었다. 산 정상 바로 아래의 편평한 곳에 두 채의 유목민 집 '게르'자료 106가 세워져 있었다. 하나는 우리를 초대한 목동의 집이었으며, 다른 하나는 그의 어머니 집이었다. 우리가 도착했을 때는 짧은 오후의 마지막 햇볕이 긴 그림자를 남기는 시각이었다. 산 정상의 여기저기에는 군데군데 눈이 쌓여 있었다. 태어나서 처음으로 보는 9월 초의 눈을 나는 만년설로 착각하여 사진을 찍고, 또 비디오로 촬영하기에 여념이 없었다.

　유목민의 게르와 산 정상 사이의 약간 비탈진 산등성이를 오르던 도중에 풀을 뜯는 양떼를 보았는데, 이상하게도 양들이 일정한 높이 이상 오르지 않는 점을 살피게 되었다. 분명히 바로 위에는 풀들이 길고 또 촘촘히 나 있었으나, 양들은 그 풀을 뜯어 먹지 않았으며, 또 풀이 많이 자란 위쪽으로 는 오르지도 않았다. 울타리와 같은 장애물이 설치되어 있었던 것도 아니었 으며, 그렇다고 사람들이 지키고 있었던 것은 더더욱 아니었다. 그런데도 양들은 일정한 높이 이상은 오르지 않았고, 아래에 난 풀들만 뜯어먹고 있 었던 것이다.

그로부터 3년 후인 1997년 여름에 나는 하카시야의 서북쪽에 있는 페 치쉐Pechishe 강변의 살라비요프 암각화를 조사하게 되었다. 그 해에는 1996 년부터 시작하였던 슐렉크 암각화Сулекская Писаница의 형상들을 모두 채록하 였다. 그 후, 나는 인근의 우스틴 키노Ustin Kino 마을 주민들로부터 일대의 선사시대 바위그림 유적에 관한 새로운 정보를 구하였다. 그런데 현지 초등 학교 교사 한 분이 슐렉크의 맞은 편 살라비요프Salaviev 산에도 암각화 유적 이 있다고 하였다. 나는 들은 대로 살라비요프 산의 암각화 유적지를 찾아 나섰다. 그 선생은 살라비요프 산의 두 번째 암맥의 바위에 그림이 그려져 있다고 하였다.

넓은 스텝의 이곳저곳에서는 건조봉 쑥베기가 한상이었고, 또 느문느 문 마른 풀 더미^{자료 107}가 보였으며, 평지로부터 약간 위의 산기슭에는 사람 의 키만큼이나 높이 풀이 자라 시야를 가로 막았다. 그런데 가축들은 절대 로 그 지점을 통과해 속으로 들어가지 않았다. 이곳의 어디에도 철조망이라 든가 울타리 같은 인공적인 차단 장치는 설치되어 있지 않았다. 바로 그 지 점이 가축이 풀을 뜯을 수 있는 한계선이었으며,⁵⁶ 그 너머는 야생의 공간이 펼쳐져 있었던 것이다. 키만큼 자란 풀밭은 가축과 야생 동물의 서식공간을 갈라놓는 경계 지점이자 완충지대인 셈이었다. 그 지점을 넘어서면, 소위

자료 107 건초더미(페치쉐 강변의 스텝, 러시아)

'일상적인 공간'이 아니라 사슴이나 늑대 등이 사는 '야생'의 시스템이 가동되는 미지의 공간이었던 것이다.

그런데 몽골이나 시베리아 등지의 여행을 해 본 경험이 있는 사람이라면 알겠지만, 이 지역 산의 동남쪽 사면에는 나무 대신에 풀이 자라고 있고, 서북쪽 사면에는 나무들이 무성히 자라 울창한 숲을 이루고 있다. 자료 108 그날 나는 두 번째 암맥을 차례로 살피고 또 뒤졌지만 암각화는 찾지 못하였고, 나중에는 산 전체를 뒤졌지만 그것마저도 실패로 끝났다. 그리고 되돌아 나오다 숲과 민둥산이 서로 만나는 경계 지점에서 커다란 바위를 발견하고, 망설임 없이 그곳으로 다가갔다.[57] 물론 그곳에는 그림이 그려져 있다. 자료 89 그리고 민둥산과 숲이 서로 만나는 그 지점의 저 아래쪽에는 청동

자료 108 **살라비요프 산(하카시야, 러시아)**

기시대의 무덤 하나가 자리잡고 있었다.

　　그날 나는 모든 공간이 똑같이 서로 균질한 것은 아니라는 점을 다시 한 번 확인하게 되었다.[58] 그냥 평범하게 보이는 초원이나 산등성이 등에도 가축과 야생동물이 사는 공간은 엄격히 구분되어 있다. 두 세계 사이에는 완충지대가 필요하였으며, 그 지점을 경계로 삼아 양쪽에는 서로 이질적인 세계가 펼쳐지고 있었던 것이다. 또한 숲과 민둥산의 사이에 있는 바위는 그곳이 이쪽과 저쪽의 경계지점이자 동시에 연결점임을 천 마디 말보다도 더 강렬하게 각인시켜 주었다.[59]

　　그리고 2003년도에 아네가Onego 호 안의 베소프 노스Besov Nos 암각화 유적지를 조사하면서, 유적지와 관련한 나의 그와 같은 산발적인 경험들로

자료 109 조사 장면(베소프 노스, 러시아)

부터 경계 지점이 입지 선정의 중요한 요건 가운데 하나였음을 확신하게 되었다. 그림은 아네가 호숫가에 누워 있는 너럭바위, 그 중에서도 특히 수면과 맞닿은 바위에 주로 그려져 있다. 여러 가지 제재들 중에서 특히 백조는 물과 맞닿은 지점에 그려져 있었는데, 그런 까닭에 형상들은 밀려오는 물결에 자맥질하였다가 물이 빠지면 떠오르는 듯한 장면을 연출하고 있었다. 자료 109

수면과 수면 위로 드러난 바위의 경계지점에 그림이 새겨져 있었는데, 그런 이유로 조사를 하면서 겪어야 했던 고초는 이루 말할 수 없다. 물속의 바위 표면은 미끄러웠고, 일렁이는 물속의 바위에 서서 사진을 찍는 일은 곁에서 도와주는 사람이 없다면 시도조차 할 수 없는 상황이었다. 또한 출렁이는 물결에 끊임없이 잠겼다 드러나는 형상들을 채록한다는 것은 애당초 불가능한 것이다. 이 유적지 조사를 하면서 겪었던 고심참담한 일들을 어찌 다 말할 수 있을까?

　　이렇듯 우리를 둘러싸고 있는 공간은 어떤 것을 기준으로 삼던 간에 모두가 동질의 조건을 지니고 있는 것은 아니다. 일상적인 공간 속에서 살펴지는 이질적인 요소들은 특별한 공간을 선정하는 데 중요한 판단의 준거가 되었음을 상기의 몇몇 사례들이 증명해 주고 있다. 세계 각지에 분포하고 있는 바위그림 유적지들도 그와 같은 특별한 요건을 갖춘 공간 가운데 주로 그려져 있었던 것이다. 그것들 가운데 또 하나가 경계 지점이었으며, 그곳은 나만이 아니라 서로 이질적인 존재들이 함께 모여 소통을 꾀하는 모두의 공간, 즉 그것은 바로 '경계지대'이자 동시에 '경계 없는 세상'[60]이었던 것이다.

바위그림 유적지의 공간학

바위그림 유적지에서 반복적으로 관찰되는 몇 가지 공간적 특징들을 살펴보았다. 이를 통해서 바위그림 유적지가 주로 바위그늘을 이루고 있는 점과 소리 증폭 현상이 관찰되는 점, 삼계가 하나로 응축된 공간으로서의 우주산宇宙山 = 世界山과 우주강世界江과 같은 통합의 구조를 취하고 있는 점, 특정한 계절과 시간대의 햇빛이나 물(홍수)의 들고 남 등에 따라 되풀이하여 형상들이 모습을 감췄다가 드러내는 점(재생의 반복) 그리고 바위그림 유적지가 대부분 이쪽(지상계·속계)과 저쪽(천상계·성聖의 세계 또는 야생의 세계)의 경계지점에 위치하는 점 등을 몇몇 사례를 통하여 살펴보았다.

이와 같이 바위그림 유적에서 반복적으로 관찰되는 몇 가지의 특이한 사항들은, 그것들이 몇 곳의 한정된 유적에서만 살펴지는 특수한 현상이 아니라 유럽이나 아프리카, 아메리카, 오세아니아, 그리고 아시아 등 세계의 전 대륙에서 동일하게 관찰되는 보편적인 현상이라는 것이다. 그와 같은 조건들을 나는 스칸디나비아와 카렐리야 지역, 톰·예니세이·레나 등의 강변, 몽골의 고비 알타이 지역이나 알타이 산록, 카자흐스탄과 키르기스스탄, 아프리카, 그리고 오스트레일리아 등지의 바위그림 유적을 조사하는 과정에서 반복적으로 관찰하고 또 확인할 수 있었다.

이렇듯, 세계 각지의 바위그림 유적이 공간적으로 동질성을 띠고 있다는 것은, 선사 및 고대의 화가들이 그와 같은 곳을 특별히 선택하였음을 반증하는 일이 아니고 무엇이겠는가? 바위그림 유적지에서 살펴지는 가장 보편적인 공간성은 경계 또는 완충지대 등 중간지점의 성격을 갖춘 곳이다. 다시 말하자면, 그것은 안(동굴·속·실내)과 바깥(한데·겉·실외)의 중간 지점(바위그늘)이자, 이쪽과 저쪽의 경계지점이고, 하늘과 땅 또는 물과 뭍 등의 이질적인 세계 사이의 완충지대이다. 그러한 점을 바위그늘과 우주산(우주강), 경계지대 등의 예를 통해서 확인할 수 있었던 것이다.[61]

또한 바위그림 유적지는 형상들이 반복적으로 재생을 되풀이 하는 곳이다. 그곳은 햇빛과 홍수의 들고 남 등 자연 현상에 의해서 그의 온전한 모습이 사라졌다가 되살아나는 공간이다. 어둠(밤)이나 홍수 등은 존재하는 모든 것을 감추거나 사라지게 하는데, 이렇듯 시각적으로 보이지 않는 것은 곧 그것들이 상징적으로 죽는 것이다.[62] 사람들은 눈으로 볼 수 없거나 손으로 만질 수 없는 것을 죽은 것, 존재하지 않는 것으로 인식한다.[63] 다시 말하자면, 있다가 없는 것은 죽은 것이며, 보이지 않다가 보이는 것은 되살아난

것이다.[64]

그런 까닭에, 이른 아침이건 혹은 백야의 늦은 밤이건 간에 햇볕을 받아 형상들이 모습을 드러내면, 그것은 다시 살아난 것復活이다. 그리고 수면 아래에 잠겼다가 드러나는 것도 또한 죽은 것이 다시 되살아나는 것이다. 빛 또는 물의 들고 남에 의해서 형상들이 죽고 또 살기를 되풀이하는 곳, 그곳은 끊임없이 재생이 되풀이 되는 곳이며, 바로 그런 공간이 바위그림의 터로 선정되었던 것이다.

바위그림 유적지의 공간적 특성 가운데 또 하나는 소리의 울림 현상 강하게 일어나는 곳이다. 바위그늘과 병풍처럼 좌우로 이어진 바위, 뒤가 높은 담처럼 막혀 있고, 앞으로는 물이 흐르는 곳 등은 서로 어우러져 소리를 가두고, 또 증폭시키는 역할을 하였다. 에코현상은 그곳에 참여한 사람들에게 공간의 신비감을 증대시켜 준다. 메아리처럼 여운을 남기며 되돌아오는 소리의 울림 현상은 일상적인 공간에서는 그다지 잘 관찰되지 않는다. 그런데 바위그림 유적에서는 소리의 증폭현상이 관찰되었다는 것이다. 그와 같은 곳에서 거행되는 비의秘儀와 그 과정에서 발생하는 소리의 반향, 또는 긴 여운 등은 사람들의 간절한 기도에 대한 신들의 화답으로 간주되었을 것이다.[65]

대곡리 암각화는 한실 마을 앞 '건너각단'에 위치해 있다. 그림은 대곡천의 수면을 경계로 삼아 피라미드처럼 우뚝 솟은 산[자료 110]의 병풍처럼 이어진 바위 가운데 그려져 있다. 그림이 그려진 암면의 바로 위는 특이하게도 지붕의 처마처럼 앞으로 튀어나와서 바위그늘[자료 111]을 이루고 있다. 그림이 집중된 암면 앞의 너럭바위는 비스듬히 경사를 이루며 대곡천과 맞닿아 있다. 대곡천은 하류에서 상류로 거슬러 올라가면서 아홉 개의 구비九曲[자료 112]

자료 110 대곡리 암각화 유적 원경

를 이루고 있다.[66] 그림이 그려져 있는 '건너각단'은 물을 건너지 않으면 갈
수가 없는 곳이다.

　이렇듯 대곡리 암각화도 앞에서 살펴보았던 몇 가지 바위그림 유적의
공간적 특성들을 고루 갖추고 있다. 피라미드처럼 솟은 산은 대곡천의 물속
에 그 뿌리를 두고 있다. 그다지 넓지 않은 너럭바위를 기반으로 삼아 병풍
처럼 꺾어진 바위들이 수직으로 늘어서 있으며, 산과 연결된 지점에서 바위
는 앞으로 처마처럼 튀어나왔는데, 그것은 비바람과 눈보라로부터 바위와
그 표면에 그려진 그림을 보호한다. 바로 이 처마처럼 튀어나온 바위[67] 때문
에 대곡리 암각화는 수 천 년의 기나긴 시간 동안 거친 비바람을 견디고 오
늘 우리 앞에 모습을 드러낼 수 있었다.

자료 111 바위그늘(대곡리 암각화)

　　대곡리 암각화 유적은 산과 물 사이의 경계지점에 위치해 있다.[68] 바위 그늘은 안과 바깥의 중간, 즉 문턱[69]과 같은 의미를 지니고 있다. 대곡천을 기반으로 솟아 있는 산은 완벽한 피라미드 모양을 이루고 있고, 그 꼭대기는 하늘에 닿아 있다. 하늘, 산, 땅 그리고 물이 수직으로 응축되어 있는 곳이다. 그러므로 이 산은 스스로 우주를 구현하고 있는 셈이다. 아홉 개의 구비가 휘돌아 흐르는 대곡천도 또한 스스로 우주강을 이루고 있다. 그런데 하류에서 상류로 거슬러 올라가면서 후대의 누군가가 아홉 개의 구비에 각각 '곡曲'을 새김으로써[70] 대곡천은 아홉 개의 구비를 보다 분명하게 갖춘 우주강이 되었다.

물론, 그림은 물과 맞닿은 바위에 그려져 있다. 그림이 그려진 바위는 산과 물이 만나는 경계지점이고 또 물과 하늘 사이의 완충지대이다. 두 세계의 중간지점, 즉 그림이 그려진 암면에는 이른 봄 오후의 늦은 시간에 짧은 순간 햇빛이 들었다가 사라진다. 바로 그 순간, 이 암면의 형상들은 긴 잠에서 깨어 새롭게 되살아나는 것이다. 그날부터 해가 길어지면서 빛이 형상들을 희롱하는 시간도 점차 늘어난다. 그때 우리들은 이 암각화 속의 형상들이 전해주는 갖가지 이야기들을 엿들을 수 있다. 날이 길어짐에 따라서 암면에 빛이 머무는 시간은 그만큼 늘어나는 것이다.

그러나 하지 이후 다시 낮의 길이가 짧아짐에 따라 바위그림도 어둠 속에 모습을 감추는 시간이 늘어나게 된다. 그리고 다시 동지를 기점으로 날이 다시 길어지면서 대곡리 암각화도 기지개 켜기를 되풀이했음을 이 유적지의 공간이 분명히 보여주고 있다. 시간의 사이클을 통해서도 끊임없이 죽음과 부활을 되풀이한 셈이다. 또한 사연댐으로 인하여 수면 속에 잠기기를 되풀이 하는 이 암각화가 아주 먼 과거에도 홍수나 바닷물의 들고 남 등의 이유로 물속에 잠겼는지는 알 수 없다. 만약에 그랬다면, 지금처럼 이 암각화 속의 형상들이 홍수 때문에 죽었다가 가뭄 때 다시 살아나는 일을 되풀이하였을 수도 있었을 것이다.

그리고 또 대곡리 암각화 유적지 앞에서 이야기를 하면, 그 소리들이 울리고 또 메아리가 되어 오는 것을 알 수 있다. 이 유적과 그 주변의 공간성, 즉 바위그늘과 피라미드처럼 솟은 산, 병풍처럼 꺾어지면서 계곡을 따라 늘어선 바위들, 긴 띠를 이루며 흐르는 물, 그리고 그 앞으로 터널처럼 길게 패인 골과 그 외곽을 둘러싼 나지막한 산들이 소리를 머금고 있다가 다시 내뱉는 것이다. 마치 이 암각화 속에 깃들어 있는 영[71]들의 속삭임처럼

여운을 남기면서.[72]

　선사시대의 대곡리 암각화 제작 집단과 그 화가들은 바로 이와 같은 공간 조건을 갖추고 있는 이 '건너각단'을 선택하여 그들이 육안과 심안 그리고 영안靈眼으로 보았던 세계와 아울러 품었던 생각, 당대 문화 주인공의 모습 등을 조형 언어로 번역시켜 놓았던 것이다.[73] 따라서 조형 언어로 기술된 선사시대 태화강과 울산만 사람들의 그림 서사시 속에는 당연히 당대 문화인들이 향유하였던 세계가 기록되어 있으며, 그러므로 우리들은 이 도상 언어 하나하나를 통하여 제작 집단의 생활모습과 물질문화, 신화와 이상, 그리고 그 밖의 많은 것들을 읽고, 또 유추해 낼 수 있는 것이다.

1 木村重信,「イメージの復權」,『藝術新潮』75 1月, 新潮社 , 104~115쪽(사하라의 탓
   실리·아제르나 인도의 비마베트카 등지의 수백 개 바위그늘岩陰에 그림이 발견되
   었다); 木村重信,『美術の始原』, 思文閣出版, 1999, 59쪽 이하. 木村重信은 '암음
   미술'을 동굴 속이 아니라 바위그늘에 장식된 미술이라고 하고, 그 중에서도 특히
   부조를 이른다고 하였다.

2 장석호,「페치쉐(Pechishe) 강변의 암각화」,『중앙아시아연구』6, 중앙아시아학회,
   2001, 119~133쪽.

3 이 유적을 일부 연구자들은 '튜리Тюри', '술렉크의 아가씨(Sulekskaya devka)'
   라 부르기도 한다(Н.В.Леонтьев·В.Ф.Кафелько,ЮН.Есин, Изваяния и стелы
   окуневской культуры, Абакан. 2006, 90쪽).

4 장석호,「술렉크스카야 바위그림 연구」,『한국암각화연구』2, 한국암각화학회,
   2000, 153~185쪽.

5 장석호, 앞의 글(2001), 130쪽.

6 동북아역사재단,『중앙아시아의 바위그림』, 동북아역사재단, 러시아과학아카데미
   물질문화사연구소, 2007.

7 DAVID COULSON & ALEC CAMPBELL, AFRICAN ROCK ART, HARRY N.
   ABRAMS, INC., PUBLISHERS, 2001, 90~91쪽.

8 Я.Я.Рогинский, Об истоках возникновения искусства, ИМУ, 1982, 7쪽.

9 요코야마 유지 지음, 앞의 책(2005), 270~272쪽.

10 土取利行,『壁畵洞窟音』, 靑土社, 2008, 58~62쪽.

11 土取利行, 앞의 책(2008), 62~64쪽.

12 アンドレ・ランガネー, ジャン・クロット, ジャン・ギレーヌ, ドミニク・シモネ
   著, 木村惠一 譯, 池內了 解說,『人類のいちばん美しい物語』, 筑摩書房, 2002, 120쪽.

13 후베르트 필저 지음, 김인순 옮김, 『최초의 것』, 지식트리, 2012, 156~174쪽.

14 이희수, 『이희수 교수의 세계 문화 기행』, 일빛, 2000, 85~91쪽; 스티븐 버트먼 지음, 박지훈 옮김, 『세상의 과학은 어떻게 시작되었는가』, 예문, 2012, 119쪽.

15 이에 관한 정보는 일본 오사카중앙교회 고영수 목사 내외분을 통하여 청취하였다. 관련 사진도 고영수 목사께서 제공하였음을 밝힌다. 이종헌 글·사진, 『우리가 미처 몰랐던 터키 여행 기행』, 소울메이트, 2013, 237~242쪽.

16 스웨덴의 여름 휴양지 Rattvik 지역에 있는 야외 음악당 'Dalhalla'도 눈여겨 볼만하다. 이 음악당은 석회암 채석장을 활용하여 만든 것이다. 음악당은 지표면에서 아래로 60m 지점에 위치하며, 크기는 400m×180m로 약 4,000명을 수용할 수 있다고 한다.

17 이들 유적들은 일찍이 M.A. 데블레트 박사에 의하여 조사 연구되었으며, 〈Петроглифы Мугур-Саргола, Москва, 1980〉, 〈Петроглифы на дне Саянского моря, Москва, 1988〉, 〈Листы каменной книги Улуг-Хема, Кызыл, 1990〉, 〈Петроглифы Енисея, Москва, 1996〉 등의 단행본이 발간되었다. 2006년에 현지 연구자 N.보코벤코, M.킬루노브스카야 등과 함께 조사하였고, 그 결과물로 『중앙 아시아의 바위그림』(동북아역사재단, 2007)을 발간하였다.

18 장석호 지음, 『몽골의 바위그림』, 혜안, 1995.

19 블라지미르 D. 쿠바레프, 이헌종·강인욱 번역, 최몽룡 감수, 『알타이의 암각 예술』, 학연문화사, 2003, 25~28쪽(V.D. 쿠바레프는, 투루 알타 Turu-Alta 유적이 삼면이 산으로 둘러 싸여 고대 반원형 극장을 연상시키며 훌륭한 음향 효과가 있는 점과, 추이 분지 남쪽의 잘그이즈 토베 Zhalgyz-Tobe 역시 반원형 극장을 형성하고 있는데 소리 강화 효과가 있음을 지적하였다)

20 마가레테 브룬스, 앞의 책(2009), 72쪽(분별없이 아무 곳에나 그림을 그린 게 아니라 소리가 잘 들리거나 잘 보이는 장소를 골라 동굴의 정령이 지닌 의지를 드러내는 장소에 그림을 그렸다는 사실을 말해주고 있다).

21 유사한 관념을 니브흐(길약) 족의 신화 가운데서도 살필 수 있다. 이에 관해 이정재, 『시베리아의 부족 신화』, 민속원, 1998, 108~109쪽 참조.

22 Равжирын Равжир, Алмас сурвалжисон тэмдэглэл, Улаанбаатар, 1990.

23 마이달, 추르템, 『몽골 문화사』, 47쪽(훈그루스, 설인, 예티); Жеребина, 앞의

책, 33~34쪽(제레비나에 따르면, 자우랄의 모르드바족 신화에는 '숲의 어머니'를 'Vir-Ava'라고 하는데, 그녀는 사냥꾼을 지켜준다고 한다. 사냥감이 어디 있는지 과실이나 열매 따위가 어디에 있는지 알려주지만, 만약에 그녀의 맘에 들지 않으면 유인하여 죽인다고 한다. 캄차다르의 신화에는 '아름다운 처녀' 무하모르(Mukhamor)가 사냥꾼을 유인하여 죽인다고 한다.

24 『삼국유사』, 「기이」, '고조선'(檀君乃移於藏唐京, 後還隱於阿斯達爲山神)

25 『삼국유사』, 구지가도 같은 유형의 설화라 할 수 있다.

26 조지프 캠벨, 앞의 책(2008), 238쪽(중심축이 되는 지점이나 기둥의 이미지의 본질은 움직임에서 정지로, 시간에서 영원으로, 분리에서 통합으로 가는 길이나 장소를 상징하는 것이다).

27 В.И.Молодин, Н.В.Полосьмак, Т.А.Чикишева и др., ; Е.А. 뻬레도드치꼬바 저, 정석배 역, 『스키타이 동물 양식』, 학연문화사, 1999, 114쪽(뻬레보드치꼬바는 이 시기의 알타이 지역 문화를 마이에미르 문화로 본다).

28 N.V. 플로스막 지음, 강인욱 옮김, 『알타이 초원의 기마인』, 주류성, 2016, 39쪽.

29 加藤九祚, 『北・中央アジアの歷史と文化』, 日本放送出版協會, 1987, 67쪽.

30 Жеребина, 앞의 책, 28쪽(윤회의 세계에서 새는 천상, 동물은 지상, 물고기와 뱀 그리고 도마뱀 따위는 지하의 세계를 상징한다.

31 장석호, 「선사 및 고대 미술 속 하이브리드 형상 연구」(2014), 2쪽.

32 Jean Clotte, World Rock Art, Los Angeles, 2002, 2쪽; 마가레테 브룬스, 앞의 책(2009), 53쪽.

33 요코야마 유지 지음, 장석호 옮김, 『선사 예술 기행』, 사계절, 2005, 104~106쪽.

34 르네 위그 저, 김화영 역, 『예술과 영혼』, 열화당, 114쪽(르네 위그는 빛은 사물을 존재하게 하고, 어둠은 사물을 현상학적인 무(無) 속으로 빠뜨려버린다고 하였으며, 이어서 '빛이 없다면 질료는 마치 존재하지 않는 것 같이 되어버릴 것'이라고 하였다(같은 책, 135쪽); 土取利行, 『壁畵洞窟の音』, 靑土社, 34쪽(츠치도리 도시유키(土取利行)는 빛에 의해 순록이나 말 등 서로 뒤얽힌 형상들이 선명하게 떠오른다고 하였다.

35 마가레테 브룬스, 앞의 책(2009), 71~72쪽(불빛에 의해서 그림이 생생하게 되살아나는, 활동적인 그림의 제시를 가능하게 만들었다).

36 도르도뉴 남부의 돔 동굴의 천장에 빛을 비추자 1m 크기의 매머드 형상이 새겨
져 있음을 발견하였다. 그동안 사람들이 지나다녔으나 몰랐던 것이다(アンドレ・
ランガネー, ジャン・クロット, ジャン・ギレーヌ, ドミニク・シモネ 著, 앞의
책(2002), 80~81쪽). 그뿐만 아니라 빛과 그 그림자에 의해 그려지는 제3의 형
상도 쇼베 동굴 가운데서 살필 수 있다. 관련하여 Marc Aze´ma, La Pre´histoire du
cine´ma, e´ditions errance, 2011, 72쪽.

37 르네 위그, 앞의 책, 113~135쪽(빛이 없다면, 질료는 마치 존재하지 않은 것 같이
되어버릴 것이다).

38 港千尋, 『洞窟へ一 心とイメージのアルケオロジー』, せりか書房, 2001, 47쪽(캅 브
랑의 걸작도 제작자들은 해와 달의 빛에 따라 생기는 음영효과를 생각하면서 만든
것임에 틀림없다).

39 래리 J. 짐머맨 지음, 김동주 옮김, 『북아메리카 원주민』, 창해, 2001, 13쪽.

40 Leo Frobenius & D.C.Fox, Prehistoric rock picture in Europe and Africa, New York,
1937, pp.22~23(허버트 리드 저, 김병익 역, 『도상과 사상』, 열화당, 1982, 31쪽
재인용).

41 조셉 캠벨・빌모이어스・이윤기 옮김, 『신화의 힘』, 고려원, 1992, 157쪽.

42 허버트 리드, 앞의 책(1982), 32쪽.

43 래리 J. 짐머맨, 앞의 책(2001), 13쪽.

44 동북아역사재단, 『중앙아시의 바위그림』, 동북아역사재단・러시아과학아카데미물
질문화사연구소, 2007, 170~205쪽.

45 백야현상이 있다.

46 アレクセイ・パウロウィチ・オクラドニコフ 著, 앞의 책(1968), 66쪽(태양이 지평
선으로 기울어 감에 따라 화면은 점점 명확하게 되고, 주름 투성이의 바위표면은 저
물어가는 석양을 받아 마치 되살아 난 것 같았다).

47 А.П.ОКЛАДНИКОВ, А.И.МАРТЫНОВ, СОКРОВИЩА ТОМСКИХ
ПИСАНИЦ, МОСКВА, 1972.

48 Анатолий Иванович Мартынов, Писаница на Томи, Кемерево, 1988.

49 장석호 지음, 『몽골의 바위그림』, 혜안, 1995.

50 М.А.Дэвлет, Петроглифы Мугур Саргола, Москва, 1980, 45~46쪽.

51   반구대포럼 창립준비위원회, 『반구대 포럼 창립총회 및 창립 기념 세미나』, 반구대 포럼 창립준비위원회, 2013, 25쪽.

52   서진길, 『서진길 사집집 울산 100년』, 울산사진문화연구소, 2009.

53   장석호, 앞의 책(1995), 79~152쪽.

54   Д. Цэвээндорж, Ишигин Толгойн хадны зураг // Археологийн судлал, ШУА хэвлэл, 1982, 6~12쪽.

55   А. П. Окладников, Центрально-Азиатский очаг первобытного искусства, Новосибирск, 1972, 31~52쪽.

56   존 아이언멍거 장편 소설, 이은선 옮김, 『고래도 함께』, 현대문학, 2016, 463쪽(선이 그어질 때가 있었다. 그 선을 넘으면 모든 게 달라질 거라고 인생은 얘기할 것이다. 이쪽은 우리 모두가 아는 세상이다. 저쪽은, … 다른 곳이다).

57   조셉 캠벨·빌 모이어스, 이윤기 옮김, 『신화의 힘』, 고려원, 1993, 276쪽(영웅은 살던 집을 떠나 다른 세계와의 문턱에 이르게 되고, 이 문턱은 호수나 바닷가의 가장자리이며, 그 문턱에는 심연의 괴물이 영웅을 기다린다); 엠마누엘 아나티, 앞의 책(2008), 448쪽(E. 아나티는 그림이 그려진 유적지가 두 개의 세계를 넘나드는 중간지의 같은 인상을 풍긴다고 하였다).

58   하효길, 앞의 책(2012), 17쪽.

59   래리 J. 짐머맨, 앞의 책, 88쪽(중간적인 세계 in between world, 제 3의 중간적인 세계로 정령과 살아 있는 사람 사이를 이른다)

60   김우룡, 「고래를 위하여」, 『당대 비평』 19, 생각의 나무, 2002, 291쪽(필자는 TV에서 흘러나오는 월가의 풍경과 영광 원전촌이 동시에 조망되는 점을 그와 같이 표현하였다. 그와 같은 표현은 그의 글 속에서 반복적으로 사용되었다).

61   장석호, 앞의 책(1995). 장석호, 「바위그림 유적지의 공간과 제재의 상징성 연구」, 『역사민속학』37호, 한국역사민속학회, 2011, 169~206쪽.

62   기디온, 레지스 드브레, 25~26쪽. 이미지는 …부식될 수 없는 살아 있는 것이다. 결국 믿을 만한 것이다.

63   레지스 드브레 지음, 정진국 옮김, 『이미지의 삶과 죽음』, 시각과 언어, 1994, 22쪽. 그리스 사람들에게 산다는 것은 우리들처럼 숨 쉰다는 것이 아니라 본다는 것이었고, 또 죽는다는 것은 시력을 잃는 다른 것을 뜻했다.

64 개구리·뱀·곰 등의 겨울잠을 자는 동물들이 신성시 되었던 이유도 또한 이와 같은 속성들을 지니고 있었기 때문이다(말리노으스키 지음, 서영대 옮김, 『원시 신화』, 민속원, 1996, 62쪽).

65 엠마누엘 아나티 지음, 이승재 옮김, 『예술의 기원』, 바다출판사, 2008, 384~398쪽. 엠마누엘 아나티는 선사시대의 화가들은 그림이 그려진 바위를 매우 철저한 과정을 거쳐 선정하였음을 여러 차례 지적하고, 또 장소와 물리적 매체의 기울기, 작품이 완성된 후의 자연적인 형태 등 세 가지 측면을 크게 고려하는 등 장소의 특성을 화가가 세밀하게 파악하였음도 부언하였다.

66 성범중, 「울산의 구곡과 구곡시」, 『자연에서 찾은 이상향 구곡문화』, 울산대곡박물관, 2010, 177~197.

67 이기길, 「울주 대곡리 바위새긴그림」, 『박물관휘보』1, 서울시립대학교박물관, 1986, 17쪽(이기길도 대곡리, 천전리 그리고 서산마애불 등이 바위그늘의 구조를 띠고 있음을 주목하였다).

68 엠마누엘 아나티는, 인간이 조형예술작품을 자신에게 주어진 공간의 한계 지점에 남겼음을 분명히 지적하였다(엠마뉴엘 아나티, 앞의 책, 376쪽).

69 엠마누엘 아나티, 앞의 책, 448쪽. 바위그림 유적지 등 그림으로 장식된 영역으로 들어가는 길은 서로 다른 두 개의 '세계'를 넘나드는 중간 지대와 같은 인상을 풍긴다.

70 이런 장소는 이전부터 경승처 또는 가경처로 알려져 있던 곳이다(최종현, 「주자의 무이구곡도」, 『역사와 실학』, 역사실학회, 2001, 721쪽). 물굽이에 이름을 붙이는 행위를 통해 황무지는 '인간화'된다. 황폐하고 의미 없는 공간이 보다 익숙하고 의미있는 공간으로 인식되기에 이른다(이효숙, 「구곡 문학 연구와 장소성」, 『국제 어문학회 학술회의 자료집』, 국제어문학회, 2013, 97쪽)

71 엠마누엘 아나티는 바위가 영혼을 담는 그릇이라고 하였으며(아나티, 앞의 책, 376쪽), 장 클로트도 같은 생각을 피력하였다.

72 이러한 메커니즘을 모르는 개발론자들은 차수벽이나 유로변경, 그리고 카이네틱 댐 등의 건설을 서슴없이 입에 담고 있다.

73 David Lewis-Williams·Thomas Dowson, Images of power: Understanding Bushman Rock Art, Southern book publishers, 2012, 36쪽(그림이 있는 곳은 영적

세계와 이어져서 힘이 저장되는 공간이며, 사람을 치료하고, 비를 내리게 하고, 동물을 조종하면서 인류를 지탱하는 곳이다.

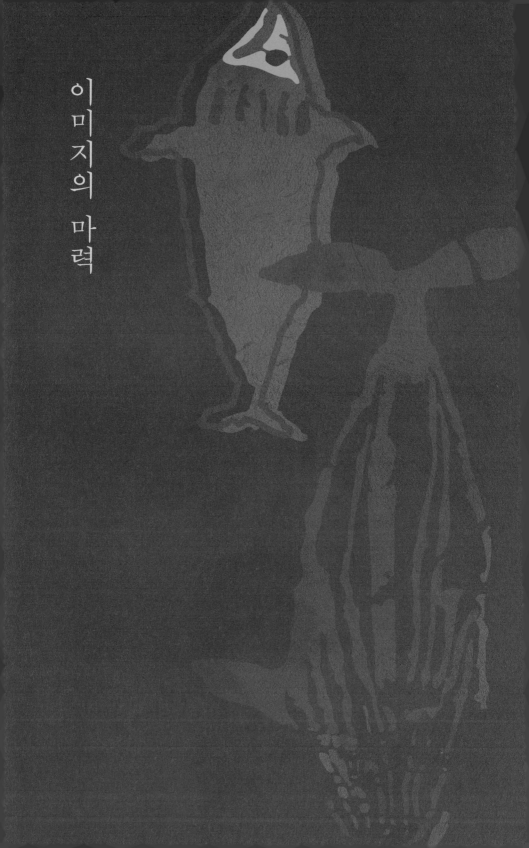

이미지의 마력

이미지란 무엇인가?

이미지가 없었던 시대가 있었을까? 인류사에서 이미지가 없었던 시대는 원칙적으로 존재하지 않는다. 눈으로 보는 것을 비롯하여 만지고, 냄새 맡고, 또 듣는 등의 감각 기관이 갖추어진 그 순간부터 인류는 어떤 형식으로든 삼라만상을 구성하는 물상들을 지각하고, 또 그것들의 모양과 구조, 소리, 맛과 냄새, 그리고 재질감 등에 대한 경험들을 축적하여 왔다. 그러나 정작 인류가 그것들로부터 획득한 이미지를 조형 언어로 번역[1]하여 형상화하기 시작한 것은 겨우 3만 5천 년 전부터이다.[2] 기나긴 인류 문명사에 비한다면, 이미지를 창출하기 시작한 것은 그다지 먼 과거의 일이 아니다. 선사시대의 인류가 문자 기록을 남기지 않았으니, 후기 구석기시대 이전의 사람들이 무슨 생각을 하였고, 또 어떻게 생활하였는지 등에 대해서는 매우 편협한 추정을 할 수밖에 없다.

그 추정 가운데 대부분이 세계 각지의 박물관 구석기실에 진열되어 있다. 그것은 동물 가죽으로 중요한 부위를 가리고 불을 피우거나, 또 돌이나 뼈로 만든 작살 등의 사냥용구로써 어로나 사냥을 하는 반쯤은 동물 상태의 먼 조상들의 모습이며,[자료 113] 안타깝지만 우리들은 그와 같은 모습을 통해서 선사시대의 인류에 대한 또 하나의 부정확한 이미지를 '참'으로 고착시켜 가고 있는지도 모른다. 어느 누구도 그것이 참인지 혹은 거짓인지 모르는데도 말이다.[3]

그러나 만약에 석기시대의 인류가 불을 지피고, 창이나 작살을 만들었으며, 또 가죽으로 옷을 지어서 입었다고 한다면, 이미 그와 같은 것들에 대한 개념이 머릿속에 형성되어 있었음을 의미하는 것이며, 그때를 기점으로

자료 113 **구석기인 복원**(Robert Claiborne, 1973)

인류는 야생의 세계에서 벗어나 문명의 길을 걷기 시작하였다고 할 수 있다.

주변 세계에 대한 시각적 판단이 전제되지 않으면 무언가에 대한 인식이란 생길 수 없는 것이다.[4] 그리고 시각적 판단은 이미지를 낳는다. 이미지가 없었다면, 인류가 어떻게 불을 피우고 또 작살이나 창을 만들 수 있었겠는가? 아니 그와 같은 것들을 만들 생각을 할 수가 있었겠는가? 그리고 또 세상에 이미지가 없었다면, 아마 '생각'이라는 말조차도 지구상에는 존재하지 않았을 것이다.[5] 그러니까 '생각하는 것'은 먼저 이미지가 전제되어야 하며, 그것이 없다면 사람들은 어떠한 것도 머릿속에 그려낼 수 없다.[6] 생각이란 무언가의 구체적인 이미지를 머릿속에 떠올리는 일이기 때문에 '생각한다'는 말을 다르게 표현하면, 그것은 곧 '이미지를 떠올린다'는 말이 되는 것이다.[7]

후기 구석기시대 이전 인류가 손으로 제작한 이미지들이 아직까지 확인되지 않고 있다.[8] 이처럼 후기 구석기시대 이전의 인류가 남긴 조형예술이 확인되지 않는다는 것은, 한편으로는 그와 같은 것들이 제작되지 않았을 가능성이 있고, 또 다른 한편으로는 그것들이 만들어졌음에도 불구하고 우리들이 그것을 알아채지 못하였거나, 아니면 아직도 그것을 찾아내지 못하였을 수도 있다. 그리고 그 원인이 전자의 경우라면, 인류가 야생의 시스템 속에서 생활하는데 대해 큰 불편함을 느끼지 못하였거나, 혹은 불편하였을지라도 그것을 극복할 뚜렷한 대안을 모색해 내지 못했을 가능성도 있다.

그런데 동굴벽화와 같은 조형예술이 제작되었다는 것은, 곧 인류의 삶에 획기적인 변화가 이루어졌음을 의미하는 것이다. 그것은 사람들이 생각할 수 있게 되었고, 또 그 과정에서 떠 올린 이미지들을 제3의 형식으로 정착시킬 수 있는 방법을 알게 되었음을 의미하는 것이다. 원래는 신이나 자연만이 창출할 수 있었던 이미지를 인간이 만들어 낼 수 있게 된 것이며, 그에 따라서 그때까지 존재하지 않았던 인공의 세계가 새로이 구축되기 시작하였다는 것이다.[9] 이렇듯, 인간의 손에 의해 이미지가 형상화되기 시작하면서부터 인간은 비로소 자연과는 구별되는 문명의 걸음을 시작한 것이다.[10]

인류의 문명사는 동굴벽화와 같은 조형예술이 제작되면서부터 시작되었다고 할 수 있다.[11] 이미지가 없는 문화나 문명이란 있을 수도 없고, 생각조차도 할 수 없다. 따라서 이미지의 등장을 기준으로 하여 그 이전과 이후를 각각 혼돈Chaos의 시대와 질서logos의 시대로 구분해도 틀리지 않을 것이다. 여기에서 '질서'라는 말은 개개의 물상들이 모두 저마다의 고유한 이름을 갖기 시작하였음을 의미하는 것이기도 하다.[12] 그것은 곧, 사람들이 물상 하나하나의 차이를 변별하기 시작하였고, 그 속성을 파악하였으며, 그에 따라서 고유한 이름을 부여하였음을 의미하는 것이다. 그리고 그 이름 하나하나는 곧 이미지의 또 다른 표상인 것이다.[13]

이미지image의 어원은 '이마고imago'이다.[14] 이 말은 원래 '인물의 영상' 또는 '초상'을 뜻하는 것이었으나, 미술사에서는 사물 자체의 상, 또는 사람의 손에 의해 만들어진 모든 도상들도 포괄하고 있다.[15] 이미지를 획득하기 위해서는 반드시 분명한 지각 대상물이 전제되어 있어야 한다. 또한 그것을 파악할 수 있는 최소 조건으로서의 빛도 필요하다. 인간의 감각기관은 그런 조건들이 구비된 후에 비로소 그것을 지각할 수 있다. 그러니까 이 가운데 어느 하나라도 갖추어지지 않으면, 사람들은 이미지를 붙들어 내거나 얻을 수 없는 것이다.

인간에게는 시각을 비롯하여 청각, 후각, 미각 그리고 촉각 등 오관이라고 하는 감각기관이 있다. 지각 주체와 객체에 따라 감각기관에 의해 획득되는 정보와 그로부터 구축된 이미지의 내용은 서로 다르다.[16] 서로 다른 감각기관에 의해 획득되는 정보의 질량이 꼭 서로 일치한다고 할 수는 없다. 동일한 현상이나 물체를 두고도 그것을 지각하는 사람들의 기질 차이에 따라서 획득되는 이미지의 총량도 천차만별이다.[17] 물론 지각 대상물도 그것을 둘러싸고 있는 외적인 환경에 따라 그 생김새가 시시각각으로 변할 수 있다.[18]

그런데, 이 가운데서 시각 이미지[19]를 제외한 나머지는 구체적인 모양이나 크기, 그리고 색깔 등을 갖고 있지 않다. 청각이나 후각에 의한 소리나 냄새 등에도 독특한 이미지가 형성될 수 있지만, 그런 것들을 시각적인 이미지로 번역하기란 결코 쉽지 않다.[20] 반면에 시각의 이미지는 구체적인 윤곽을 갖고 있기 때문에 이를 통해서 특정한 사실을 기록할 수 있으며, 그 정보를 제3자에게 전달하여 공유할 수 있고, 또 오랜 시간 동안 보존할 수 있다. 그리고 지각 대상물로부터 획득된 갖가지 감정들까지도 그 속에 담아낼 수 있는 것이다.

이미지의 생명력

이미지 가운데서 가장 오래된 것은 동굴 속의 천장이나 벽[자료 114], 동물의 뿔이나 뼈,[자료 115·116] 이빨,[자료 117] 돌멩이,[자료 118] 그리고 바위 표면[자료 119] 등에 형상화된 것들이다. 이와 같은 이미지들의 원천은 자연 속에 존재하는 갖가지 생명체와 그것들이 빚어내는 온갖 현상들이다. 그와 같은 이미지들은 자연

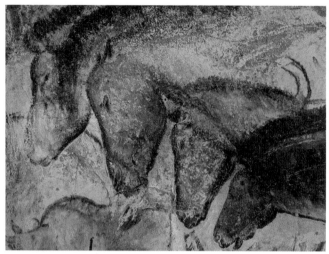
자료 114 말
(쇼베 동굴, 프랑스)

자료 115 얼굴
(점말용굴, 손보기)

자료 116 바이슨
(상 제르맹 앙레, 프랑스)

자료 117 매머드
(라 마들렌, 프랑스)

자료 118 곰
(Louis-René Nougier, 1982)

자료 119 동물
(아폴로 11호 유적, 나미비아)

의 힘이 아니라 사람의 의식 속에서 발현되었고, 또 그의 손에 의해 제작된 것들이다. 물론 그와 같이 이미지를 형상화하는 일은 그 이전의 어디에도 존재하지 않았던 새로운 문화 현상이라는 점에서 특별한 의미가 있는 것이다.

후기 구석기시대의 인류가 특정 물상의 이미지를 제3의 공간 속에 형상화한 순간, 인류의 운명은 급변하게 된 것이다. 인류는 마침내 그가 생각하였던 세계, 즉 눈앞에 펼쳐진 현상계는 물론이고 비가시적인 존재와 세계까지도 가시적인 형상으로 바꿀 수 있게 되었으며, 이로써 그동안 순간적으로 떠올랐다 덧없이 사라져갔을 숱한 영감과 비전들이 지속 가능한 형상으로 바뀌어 우리 앞에 남아 있을 수 있게 된 것이다. 바로 그 순간부터 비로소 문명이라는 독특한 세계를 구축할 수 있게 되었으며, 그 기점으로 하여 인류의 문명사는 대장정의 막을 올리게 된 것이다.

만약에 인류의 먼 조상들이 자연계 가운데 실재하는 물상들의 개별적인 가치와 특징 등을 분별할 수 없고, 그것들을 이미지화 하는 방법을 알지 못했다고 한다면, 또 포착한 사물들을 제3의 형식으로 번역하여 형상화시키는 방법을 창출해 내지 못하였다고 한다면, 인류는 아마도 아직껏 동물계의 최하층에 머물러 있을지도 모를 일이다. 그런 섬에서 스스로의 힘으로 이미지를 형상화해 낼 수 있느냐의 여부가 곧 동물과 인간을 구분하는 중요한 바로미터이기도 한 셈이다.[21]

그런 까닭에 인류가 사물을 지각하고, 또 그것을 형상화한 일은 곧 인류 문명사, 그 가운데서도 특히 인문과학은 물론 자연과학의 발달 과정을 기록한 일인 셈이다. 따라서 인류가 갖가지 이미지를 형상화해 온 일은 동·식물을 포함하여 주변의 갖가지 자연현상들에 대한 개념 규정의 과정이었으며, 만약에 그와 같은 과정들이 축적되어 있지 않았다고 한다면, 오늘날의 인류는 지금 누리고 있는 '보편적인 지식'의 향유[22]는 물론이고 광케이블과 같은 최첨단의 정보전달 시스템 구축 및 이용 따위는 불가능하였을 지도 모른다.[23] 그러므로 문명의 여명기에 인류가 인지하고 남긴 하나하나의 형상은 곧 오늘날의 문자 메시지나 동영상 등과 동질의 의미를 지니고 있는 것이다.

인류의 가장 오래된 조형 예술은 동굴 속의 벽이나 천장, 동물의 뼈와 뿔과 이빨, 그리고 돌멩이나 바위 표면 등에 시문되어 있었다. 그밖에도 나무나 동물의 가죽 등 쉽게 부식될 수 있는 유기질 재료를 이용하여 그와 같은 이미지들을 형상화시켰을 가능성은 많다. 이미지를 고착시키는 데 필요한 바탕재로서의 동굴 벽이나 천장, 뼈나 뿔 그리고 바위 등은 저마다의 고유한 성질을 지니고 있다. 그런데 흥미로운 점은 바로 그와 같은 매체를 바탕재로 삼고, 그 위에 특정 물상의 이미지를 형상화하는 순간, 그 이미지는 그의 바탕이 되어준 물질이나 공간 등을 모조리 지배하기 시작한다는 것이다.[24] 그리하여 이미지는 배경이 된 물질의 전면으로 나서게 되고, 바탕재는 아이러니컬하게도 저만큼 뒷전으로 물러서거나, 심지어는 시야에서 영원히 사라져 버린다. 이런 점에서 이미지는 그것 이외의 다른 것들과도 공존하는 것을 꺼려하는 점을 알 수 있다. 바로 그런 이유 때문에 이미지는 매우 이기적이라고 할 수 있다. 뿐만 아니라 사람들도 어떤 공간이나 물질 위에 특정 이미지가 시문된 경우, 그 공간이나 바탕재, 그리고 그 물성보다는 이미지에만 전념하는 점도 지적할 수 있다.

특정 공간을 점유한 이미지는 그 공간을 지배하는 것으로도 만족하지 않는다. 그것은 처음에는 그 공간과 물성을 지배하지만, 이후에는 적극적으로 그의 존재를 드러내기 시작한다. 이미지는 사람의 감성에 호소하기 시작하는 것이다. 사람들은 그가 본 이미지와 그것의 원형을 동일시하며, 이전에 그가 원형을 통해서 획득한 온갖 경험과 감정들을 그 속에 투사하기 시작하는 것이다.[25] 그 순간, 이미지는 곧장 실물과 동격이 되어 그것을 대신하게 되는 것이다.[26]

이미지가 갖는 바로 이와 같은 능력, 즉 그것이 지니는 실물에 버금가는 힘 때문에 사람들은 그것을 함부로 취급할 수 없었다.[27] 왜냐하면 그것은 실물의 또 다른 드러남이고 또 그 속에 영이 깃들어 있기 때문이다.[28] 그래서 사람들은 눈앞에 당당이 자리를 차지하고 있는 형상들을 두려워하였고,[29] 또 그것에 경배하였으며,[30] 그것을 위하여 희생 제물을 바쳤다. 또한 실물과 동격인 이미지에 상처를 입히면 실제의 동물이나 사람 등 생명체들이 고통을 받을 것이라고 여겼으며,[31] 그에 따라서 고의적으로 그 이미지를 살해하기도 하였고,[32] 또 다른 한편으로는 그것에 접근하는 것조차도 꺼려하는 등 그에 대한 극심한 두려움과 공포감을 갖기도 하였다.[33] 물론 이와 같은 인식의 연장선상에서 '동종주술同種呪術'[34]이나 '타부taboo, 禁忌'[35] 등의 개념이 파생되었다고 볼 수 있다.

바로 이와 같은 이유 때문에 선사 미술 속의 각종 형상들을 실물의 '대역對役'이라고 해석하기도 하였다.[36] 동굴 속 벽면, 뼈나 뿔 등에 시문된 각종 형상들 가운데 일부에는 창이나 사냥 용구에 찔린 흔적^{자료 120}이 있고, 사냥 연습용 모형^{자료 121}을 만들어 모의사냥을 펼친 흔적^{자료 122}을 살필 수 있으며,[37] 또 그 주변에는 돌멩이 무더기 확인되기도 하였다.[38] 또 몇몇 선사시대의 동굴벽화 중에는 덧그려진 형상들이 여러 개의 층위를 이루기도 하였는데,^{자료 123} 미술사학자 가운데 일부는 이렇듯 차례로 덧그려진 형상들이 지속적으로 거행된 모의 살해 등 사냥 의례와 관련되어 있음을 지적하기도 하

자료 120 창에 찔린 소
(니오 동굴, 프랑스)

자료 121 사냥용 표적
(몽테스팡, 프랑스)

자료 122 모의사냥의 표적이 된 말
(몽테스팡, 프랑스)

자료 123 겹 그려진 형상들
(동굴)

였다.[39]

　의례를 거행할 때마다 신상 또는 사냥 대상물 등 실물을 대신할 형상이 필요하였으며, 의례의 끝마침과 더불어 그것들이 맡았던 역할도 끝났다는 것이다.[40] 그리고 새로운 의례를 거행하기 위해서 그 목적에 합당한 새로운 대역의 제작이 필요하였던 것이다. 그런 점에서 선사 미술 가운데 표현된 이미지들의 성격은 오늘날의 회화나 디자인 속의 그것과는 기본적으로 궤도가 달랐음을 알 수 있다.

이미지 살해

현장 조사를 하다 보면, 바위그림 유적지에는 비밀스럽게 놓아둔 동물의 머리,[자료 9] 뼈 구덩이[자료 124] 등이 있음을 살필 수 있다.[41] 또한 바위그림 유적지 가운데 몇몇 곳에서는 희생 제물로 바쳐진 동물[자료 125]이 아직도 완전히 썩지 않은 채 남아 있는 것들도 있었다.[42] 물론 그와 같은 제물들은 극히 최근에 바쳐진 것들이다. 이렇듯 바위그림 유적지 앞에 유뇩 농물의 유제遺體 및 뼈[자료 126]들이 많이 관찰되는 점은 곧 누군가가 특별한 목적에 따라 그것을 반복적으로 바쳤음을 의미하는 것이다. 그리고 그와 같은 뼈들은 바위그림 유적지, 그 중에서도 특히 현지 주민들이 숭배하는 특정한 이미지와 깊이 관련되어 있음을 추측하게 하여준다.[43]

　이와 같은 희생제물의 흔적들을 통해서 유적지 인근 주민들의 이미지에 대한 인식의 일면을 엿볼 수 있다. 현지인들은 그림 속의 이미지들을 아무런 목적 없이 휘갈긴 무의미한 낙서나 무료한 시간을 때우기 위한 심심풀

자료 124 뼈 구덩이(하르 야마트, 몽골)

자료 125 희생 제물-나무에 매달린 양
(투바, 러시아)

자료 126 암각화 유적의 뼈무더기
(바타르 하이르항, 몽골)

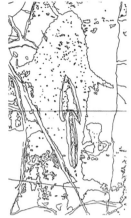

자료 127 작살이 그려진 고래(대곡리)

이의 흔적[44] 따위로는 보지 않는다는 것이다. 그들은 그림 속의 이미지 하나 하나에 영이 깃들어 있다고 믿는 것이다. 그리고 그 이미지가 온전한 이상, 영은 그 속에 계속 머물러 있기 때문에 형상들이 살아 있다고 보았다. 그리 하여 사람들은 이미지를 앞에 두고 정기적으로 또는 특별한 날에 의례를 거 행하면서 희생 제물을 바쳤던 것이다.[45] 그런 까닭에 바위그림 유적지 앞에 놓여 있는 뼈 무더기나 희생 제물의 흔적들은 지속적으로 의례가 거행되고 있다는 반승이다.

선사 및 고대 미술 속에는 화살이나 창, 그리고 작살 등이 꽂힌 형상들 이 많이 보인다.[46] 대곡리 암각화 속에도 몸통에 작살이 그려진 고래 한 마 리가 그려져 있다. 자료 127 유사한 사례들을 프랑코 칸타브리아 미술은 물론 이고 스칸디나비아 반도, 중앙유라시아, 시베리아, 그리고 호주 등 세계 각 지역의 선사 미술 유적지 가운데서 얼마든지 살필 수 있다. 모의사냥의 표 적이 된 형상들은 구석기시대부터 그려지기 시작하여 지금까지도 지속적으 로 그려지고 있으며, 바로 그런 이유 때문에 사람들은 그와 같은 형상들에 대하여 더욱 주목하는 것이다.

바위그림 유적지를 조사하다 보면, 특정한 동물 형상의 주둥이, 뒷머리 그리고 심장 부위 등을 고의로 쪼거나 짓이겨서 훼손시킨 흔적들도 살필 수 있다. 예를 들면 남부시베리아의 술렉크 암각화 가운데는 순록과 산양 등의 주둥이나 뒷머리를 고의로 쪼아서 훼손시킨 동물들이 여럿 그려져 있다. ^{자료 128} 산지 알타이의 '추이 오오즈Chui Ooz' 암각화 속에서도 유사한 예를 살필 수 있다. ^{자료 129} 이와 같이 고의적으로 동물 또는 사람 형상들을 훼손한 사례의 가장 이른 고형은 프랑스의 '몽테스팡' 동굴 속에 그려진 말과 곰 형상이다. 그 중에서도 특히 곰의 몸통에는 무려 42개의 구멍 흔적이 남아 있는데, 연구자들은 이 흔적을 모의사냥과 결부시키고 있다.[47] 유사한 예들을 뼈 막대의 동물 선각이나 조각, 바위그림, 흙으로 빚은 소조 가운데서도 볼 수 있다.[48]

대곡리 암각화 속의 작살이 그려진 고래 형상의 경우도, 작살의 끝은 고래의 심장 부분을 가리키고 있다.[49] 이렇듯 선사 및 고대 미술에서 동물 형상의 뒷머리나 심장 등 특정 부위가 훼손되어 있거나, 그 부분에 공격용 무기가 그려져 있는 점은 곧 그것을 살해하고자 한 의도가 반영된 것이다. 그리고 그와 같은 이미지 살해의 동기는, 그런 동물 형상들이 실물과 같다는 인식이 전제되어 있다. 이렇듯 짧지 않은 기간 동안 인류는 이미지와 실물을 적극적으로 구분하지 않았던 시기가 있었다. 그 점은 적敵이나 사냥감 등 실물을 죽이거나 사냥하기 위해서, 먼저 그의 대역으로서의 이미지를 만들고[50] 또 그것을 훼손하였던 사례들을 통해서 확인할 수 있다.[51]

'무고巫蠱의 옥(숙종 27년, 1701)'은 그 좋은 예이다. 잘 알려진 것처럼, 이 사건의 발단은 장희빈이 인현왕후를 '무고'한 일이 발각되면서 비롯된

자료 128 이미지 살해(술렉크, 러시아)

자료 129 이미지 살해(추이 오오즈, 러시아)

것이다. 장희빈은 궁인과 무당을 시켜 인현왕후의 초상을 그리고 또 그것을 과녁으로 삼아 활을 쏘는 등 저주를 하였던 것이다.[52] 이와 유사한 예를 장예모張藝謨 감독, 공리鞏悧 주연의 1991년 개봉 영화 〈홍등紅燈〉 가운데서 살필 수 있다.[53] 앞에서 언급한 바 있는 아프리카 피그미족의 사냥 주술도 같은 유감 주술의 한 가지다.[54]

20세기 중엽에 시베리아의 퉁구스족 사회에서 민속 조사를 펼쳤던 러시아의 민속학자 V. A. 투골루코프Tugolukov의 저술 속에도 주목할 만한 내용이 담겨 있다. 그의 조사에 의하면, 침엽수림 지대의 바위나 돌에 주술을 위한 사냥감이 그려져 있었으며, 동물 형상 중에는 총탄 자국이 나 있는 것도 있었고, 또 주변에는 소구경 총이 보자기에 싸여 있었다고 한다. 이렇듯 퉁구스족 사냥꾼들이 사냥감인 큰사슴의 형상을 그린 다음, 그것을 향하여 모의사냥하는 이유는, 실제사냥에서 생길지도 모를 불운을 예방하고 또 성공적인 사냥을 기원하기 위함이었다고 한다.[55]

이와 유사한 사례들을 세계 각지의 수렵민족 사회에서 어렵지 않게 살필 수 있다. 아프리카 멘드Mende족은 그들을 괴롭히는 레오파트 사냥을 하기 위하여 그 모형을 만든 다음, 그것을 두고 모의사냥을 벌였다.[56] 북미 대륙의 만단족 사냥꾼들도 들소 사냥을 위하여 모두 들소 가장을 한 다음, 실제로 들소를 죽일 때까지 들소 춤^{자료 130}을 추면서 사냥 의례를 거행하였다고 한다.[57] 시베리아의 에벵키족[58]이나 오비 강변의 우그르족[59] 사냥꾼들도 그들의 축제 기간 중 사냥 의례를 거행하며, 이때 부족 구성원들 중 누군가가 사냥감으로 가장을 하고, 사냥꾼들은 그것을 향해 모의사냥을 한다고 한다.

이와 같은 사례들은 모두 먼저 사냥 대상물의 모형을 만들고 또 그린 다음, 그것을 표적으로 삼아 모의사냥을 하였고, 이러한 의례를 통해서 실

자료 130 만단족의 들소 춤(G.Catlin)

제 사냥의 성공과 안전을 기원하였던 것이다. 사냥 주체에 따라 사냥감과
사냥 방법 등은 달랐지만, 모두가 먼저 사냥감을 형상화한 다음, 그것을 표
적으로 삼아 활이나 창 또는 총을 쏘는 등 모의사냥 의례를 벌였던 것이다.
그리고 그와 같은 사냥 의례의 전통은 아직도 오지의 수렵민족 사회에 남아
있으며,[60] 일부는 저주의 마술로 둔갑하였고[61] 또 일부는 특정 집단의 축제
마당 가운데서 놀이로 변형되어 있기도 하다.

　　이렇듯, 선사 및 고대인들, 그 중에서도 특히 수렵민족들은 끊임없이
사냥감의 이미지를 형상화하였으며, 그런 다음 의례의 과정에서 또 그것을
망설임 없이 살해하였다. 그 이유를 연구자들은 '생명주의의 현현顯現'[62]이
라거나 '융즉融卽의 법칙'[63] 등으로 설명하기도 하였다. 동물의 이미지를 죽
이는 일은 곧 그 동물의 살아 있는 혼을 죽이는 것과 같다거나[64] 혹은 그 동
물의 형태를 소유하는 일은 곧 그 실물을 소유하는 일과 같다는 것[65]이 그것
이다.

바위그림 유적지의 저주

바위그림 유적에 희생 제물이 바쳐져 있고, 뼈 무더기가 관찰되고 있으며, 일부 동물 형상들의 몸통에 화살이나 창, 그리고 작살 등이 그려져 있는 점, 특정 동물 형상의 뒷머리나 주둥이, 가슴, 그리고 뒷다리가 강력한 타격에 의해 짓이겨져 있거나 파여져 있는 등 고의적으로 훼손이 자행된 점 등을 통해서 선사 및 고대인들이 그림 속의 형상을 실물과 동일시하였고, 그것을 앞에 두고 의례를 거행하거나 모의사냥을 하는 등 지속적으로 이미지 살해를 하였음도 살펴보았다.

이러한 점으로써 선사 및 고대 수렵 및 유목민들이 지녔던 이미지에 대한 관념의 일단을 엿볼 수 있었다. 그들은 특정 동물이나 사람의 이미지가 조형언어로 번역되는 순간, 그 형상 속에는 영혼이 깃들게 되며,[66] 그것은 실물과 똑같은 또 하나의 존재가 된다고 믿었던 것이다.[67] 그런 이유 때문에 제작 집단이나 그들의 후예들은 정기적으로 그 유적이나 형상 앞에 제물을 바치면서 의례를 거행하는 등 그것을 신성하게 여겼으며, 때에 따라서 고의로 그것을 훼손하는 등 이미지 학대 내지는 살해하였던 것이다.[68]

바위그림을 비롯한 선사 및 고대 조형예술 유적을 둘러싼 갖가지 금기나 비일상적인 현상 등도 연구자들 사이에 전설처럼 전해지고 있다. 사례 대부분은 현장조사를 하는 과정에서 유적지 부근에 거주하는 주민들로부터 들을 수 있으며, 그 밖에도 예기치 않은 순간에 연구자들이 조사지에서 직접 겪는 고초라든가 어려움 등 후일담인데, 이 중에서 후자를 연구자들은 서슴없이 그 유적 또는 형상의 '저주詛呪'라고 한다.

그 중에서 첫 번째는 금기와 관련된 것이다. 이는 대부분 유적 속의 형상들을 무서워하며, 그것에 함부로 접근하는 것을 두려워하는 경우이다. 아무르 강변의 '시카치 알랸'[69] 암각화 유적을 들 수 있는데, 강변에 흩어져 있는 바위들에는 얼굴[자료 131]을 중심으로 하여 순록, 호랑이 등이 그려져 있다. 그런데 현지 주민인 나나이족은 아직까지도 이 암각화 속의 얼굴 형상들을 '악마의 얼굴'이라고 여기며,[70] 그 속에는 악마의 영이 깃들어 있다고 믿고 있었다. 이와 같은 인식에 따라 특정 형상이나 성물 등에 잘못 접근하면, 금기를 어긴 죄로 벌을 받는 예도 살필 수 있다.[71]

남부시베리아의 술렉크 암각화 유적지는 지금도 비밀리에 그림들이 그려지고 있는데,[자료 132] 조사 과정에서 현지의 유목민들에게 새롭게 그려진 그와 같은 형상들을 누가 그리느냐고 묻자, 그들은 서슴없이 하카스Khakas족의 샤먼들이라고 하였다.[72] 뿐만 아니라 그림 위에는 수많은 낙서와 사람 이름 등이 덧 씌어져 있었는데, 그러한 글씨를 두고 현지 주민들은 '이 그림 위에 낙서를 하면 60세를 못 넘기고 죽는다'는 소문이 전해지고 있다고 하였다.[73] 그림에 낙서를 하면, 그 속에 깃들어 있는 영들이 노하고, 동티[74]가 나는 등 불운하게 된다는 것이었다.

두 번째는 저주와 관련된 것이다. 1997년 여름에 나는 레나 강변의 쉬쉬키노 바위그림 유적을 조사하였다. 당시 나는 이르쿠츠크대학교의 G. 메드베데프Medvedev 교수와 현지의 바위그림 전문가 멜니코바 박사,[자료 75] 쉬쉬키노 바위그림 유적지 보호 관리소 직원 등의 도움을 받아 현장 조사를 하였다. 이 조사에 멜니코바 박사가 동행을 하였으며, 3일 간의 현장 체류 기간 중 그녀가 이 유적의 조사 과정에서 겪은 갖가지 경험담 등을 들려주었다. 멜니코바 박사는 러시아의 고고학자 오클라드니코프 박사의 사후, 이 유적을 전문적으로 조사하고 연구한 학자이다.

쉬쉬키노의 회랑을 거닐면서, 산기슭의 샤먼 바위[75] 위에 예물을 바치면서, 그리고 별들이 쏟아져 내리던 시베리아의 여름날 저녁에 모닥불을 피워놓고 우리들의 대화는 끊임없이 이어졌다. 그런 과정에서 그녀가 이 유적을 조사하게 된 경위, 그때까지 새롭게 파악한 내용과 선행 연구자들이 남긴 도면의 문제점, 바위의 성질과 제작 기법의 상관성, 빛의 각도에 따라 드러나고 감춰지는 형상들, 조사 과정에서 혼자 곰과 만났던 위기의 순간, 발정기의 암컷 순록들이 수컷을 부르는 소리 등을 흥미진진하게 전해주었다.

그 중에는 무신론자였던 그녀가 이 바위그림 속의 형상들이 영험을 지닌 신령한 존재임을 믿게 된 과정도 포함되어 있었다. 사회주의 시절에 교육을 받았던 그녀는 당시 무신론자였고, 당연히 귀신 따위는 믿지도 않았다고 하였다. 그러던 어느 해에 조사를 마치고, 다음에 올 때는 맛있는 것을 준비해서 바치겠다고 혼잣소리로 중얼거렸다고 한다. 그리고 다시 방문하였을 때는 이전에 한 말을 새까맣게 잊고 있었다는 것이다.

당시에는 유적 보호 관리소가 세워지기 이전이었고, 그래서 텐트를 치고 조사를 하여야 했는데, 갑자기 돌개바람이 불고 날씨가 사나워져 결국 조사를 포기하고 돌아가게 되었으며, 그 순간 그녀는 머리카락이 솟고 소름이 돋는 무서움을 강하게 느꼈다는 것이다.[76] 그때까지 한낱 형상 이상도 이하도 아니었던 것들이 새로운 모습, 즉 영이 깃들어 있는 또 다른 존재물로 인식되었다는 것이다. 그러면서 그녀는 초콜릿과 비스킷 그리고 불을 붙인 담배 등을 샤먼 바위 위에 얹어 놓고, 잠시 동안 무언의 기도를 하였다.

2003년도 여름에는 아네가Onega 호숫가의 베소프 노스 유적을 조사하였다. 그 유적은 '스타라야'와 '노바야' 등 잘라부르가와 더불어 카렐리야 지방의 대표적인 암각화 유적이다. 거대한 아네가 호숫가의 동쪽 기슭에는

자료 133 **백조(베소프 노스, 러시아)**

베소프 노스를 중심으로 하여 페리 노스Пери Hoc 등의 암각화 유적들이 산재해 있다. 그 중에서도 베소프 노스 유적에는 전체 형상의 30%에 이르는 백조들과 함께 주술사, 수달, 모캐(대구과의 민물고기) 등이 그려져 있으며, 이들은 그 크기가 실물대에 이른다. 자료 133·134

그림은 호숫가에 비스듬히 누워있는 넙적 바위에 주로 그려져 있는데, 일부 백조들은 물과 맞닿은 지점에 그려져 있기도 하였다. 한낮의 직사광선 아래에서는 형상 파악이 어렵고 또 햇살이 뜨거워서, 나는 아침 일찍 암각화 속 형상들의 사진 촬영을 하고 또 그것들을

자료 134 **주술사**
(베소프 노스, 러시아)

채록하였다. 거대한 샤먼 형상의 위에는 동방정교 선교사들이 십자가를 새겨놓았으며,[77] 그것을 중심으로 하여 좌우에 수달과 모캐가 그려져 있었다. 그 밖에도 이들 사이사이에는 목이 기다란 백조와 배 등이 보다 작은 크기로 그려져 있다.

두 명의 도우미와 함께 조사를 마친 나는 호안가의 넙적 바위를 따라 베이스캠프로 되돌아갔으며, 도중에 물때 묻은 바위에 미끄러져 순식간에 물속에 빠지고 말았다. 그런 와중에도 카메라 가방으로 물이 들어가지 않도록 그것을 두 손으로 치켜들고 바깥으로 나가고자 발버둥 쳤으나 그럴수록 물결에 휩쓸려 점점 안으로 빠져 들어갔다. 동행했던 칼메크인 도우미 K.블라디미르Bladimir 사진 91 도 나를 구하기 위하여 물속으로 뛰어들었고, 나는 그에게 카메라 가방을 넘겨준 후 간신히 그곳을 헤어나왔다. 우리의 이야기를 전해들은 현지의 연구자들은 망설임 없이 '베소프 노스의 저주'라고 하였다.

이미지의 마력

베소프 노스 암각화 유적의 조사를 마치고 되돌아오다 물에 빠진 바로 그날부터 나의 비디오카메라는 작동되지 않았다. 물론 그 당시에 잘라부르가 암각화 조사 과정에서 찍었던 동영상 자료는 한 번도 재생되지 못한 채 폐기되었다. 허겁지겁 물에서 나오자마자, 필름을 빼고 카메라를 해체하여 말리는 등 부산스럽게 움직였지만, 비디오카메라는 어떤 작동도 하지 않았고 또 어떻게 할 수도 없었다. 바로 그 순간부터 나의 비디오카메라는 화석처럼 굳어버렸고, 더 이상은 열리지 않았던 것이다. 더욱이 발굴 조사를 나온 몇 사람을 빼면, 완전히 무인도와 같은 아네가 호숫가에서 우리들이 취할 수 있었던 대책은 아무 것도 없었으며, 설령 우리들이 가까운 도시로 나간다 해도, 그것을 수리할 뾰족한 방법도 없었다.

베소프 노스의 '저주'는 사람이 상하게 하는 것 말고도 또 하나가 더 있었는데, 그것이 바로 이 암각화 속 신상의 온전한 모습을 담아가지 못하게 한다는 것이었다. 찍었던 사진이 쓸모없이 된다든가 채록하였던 도면이 못 쓰게 되는 일들이 그것이다. 그런데 그 일이 있고 나서 얼마 후, 남부시베리아의 투바에 있는 '비지크티그 하야Бижиктиг Хая' 암각화 유적을 조사하게 되었는데, 당시 그 유적의 조사에 동행하였던 킬루노브스카야 박사는, 이 암각화에 관하여 연구자들 사이에서 떠돌고 있던 흥미로운 이야기 하나를 해 주었다.

그 암각화 속에 그려진 커다란 새 한 마리를 둘러싼 이야기다. 그 새는 마치 몇 개의 얼굴을 품고 있는 듯한 모습으로 그려져 있다. 자료 135 그런데 그 새의 형상의 온전한 모습을 제대로 찍은 사람이 별로 없다는 것이다. 연구자들은 그 이유를 그 새 형상이 영험한 힘을 지니고 있기 때문일 것이라고 추측하였다는 것이다. 그러니까 현장조사 및 형상 채록의 어려움, 그리고 조사 과정에서의 사고 등은 모두 이미지의 마력과 관련되어 있다고 본다. 이렇듯 믿기에는 난감한 일들이지만, 이와 유사한 이야기들은 도처에서 전해지고 있다.[78]

베소프 노스 암각화 유적의 조사를 마치고 7년이 지난 2010년 10월에 한국 암각화 발견 40주년 기념 국제 암각화 학술회의를 국립중앙박물관에서 개최하였다. 당시 노르웨이에서 이 학술회의에 참석하였던 암각화 보존

자료 135 새(비지크티크 하야, 러시아)

전문가 앙 소피 히겐과 크누트 헬츠코크 등과 이런 저런 이야기를 하던 중, 베소프 노스 암각화의 조사에 관한 이야기도 하게 되었다. 그러자 그들은 대뜸 베소프 노스의 악명 높은 저주담에 맞장구를 쳐 주었다. 팔다리가 부러져서 고생하였거나 차가 전복되어 구사일생으로 살아난 경우 등 이름만 들어도 알만한 전문가들의 고생담이 이 유적과 관련되어 있었으며, 그 가운데 나의 경험담이 하나 더 더해지게 된 셈이다.

이 이야기들은 모두 형상의 마력과 관련된 것들이다. 새롭게 모양을 갖춘 이미지들로 인하여 벌어진 몇 가지 사례들은 이미지가 지닌 또 다른 유형의 마력을 살피게 한다. 그것은 다름이 아니라 이미지가 살아있는 존재로 탈바꿈한다는 내용들이다. 그 대표적인 예 가운데 하나는 피그말리온Pygmalion과 갈라테이아Galateia의 사랑 이야기이다.

이 이야기는 그리스 신화 속에서 살필 수 있는데, 조각가인 피그말리온이 상아로 조각한 여성상자료 136을 자신의 아내로 만들어 달라고 여신 아프로디테에게 간절히 기도하자, 조각상에 온기가 돌고 마침내 사람으로 바뀌

자료 136 **갈라테이아**
(장 레옹 제롬, 토머스 불핀치, 2017)

었다는 이야기이다.[79] 피그말리온은 온 힘을 다하여 그가 꿈꾸는 이상적인 여성을 조각하였고, 마침내 완성된 조각상의 아름다움에 반하여 그것을 사랑하게 되었으며, 그것이 진정한 사람이 되기를 희망하였던 것이다. 그리고 이로 인하여 '피그말리온 효과pigmalion effect'[80]라는 현상까지도 파생하게 되었다. 그것은 무엇이든 온 정성을 다하여 간절히 원하면 이루어진다는 것이다.

또 하나의 흥미로운 이야기는 중국의 궁정에서 벌어진 일이다. 궁정의 벽에 폭포를 그릴 것을 주문한 황제는, 마침내 폭포 그림이 완성되자 만족하였으나, 다음 날 아침에 다시 그 폭포를 지우라고 명령을 내리게 된다. 이유인 즉, 밤 새 그 폭포에서 떨어지는 물소리 때문에 잠을 제대로 이루지 못하였다는 것이다.[81] 길지 않은 이 이야기는 이미지의 마력을 단순 명쾌하게 설명해 주고 있다. 궁정의 빈 벽에 그려진 폭포 그림으로 인하여 황제는 폭포와 관련된 온갖 연상을 하게 되었고, 그런 중에 폭포에서 떨어지는 웅장한 물소리까지 듣게 되었던 것이다.

그런데 주위를 둘러보면, 소재는 다르지만 이미지가 실물처럼 살아났다는 유형의 이야기들이 결코 적지 않게 전해지고 있다. 잘 알려진 '화룡점정畵龍點睛'도 그것의 좋은 예 가운데 하나이다. 이 말은 양나라의 화가 장승요張僧繇가 용을 그린 후, 마지막으로 눈에 동자를 그려 넣게 되었는데, 그러자 그 용이 날아갔다는 이야기에서 유래한다.[82] 그 밖에도 흙으로 빚은 남편의 소조상塑造像과 과부 사이에서 아이가 태어났다거나, 종이나 나무로 만든 말들이 실제로 뛰어다녔다는 이야기[83] 등도 기본적으로 같은 구조, 즉 이미지가 실물이 되었다는 줄거리를 지니고 있다.

뿐만 아니라, 실물이 바위나 돌 등으로 바뀌는 예도 또한 살필 수 있다. 『삼국유사』 「탑상塔像」의 '흥륜사 벽화 보현'[84]이나 「감통感通」의 '진신수공眞身受供'[85] 조에는 왕이나 사람들이 부처와 제석 등을 실견하는 장면과 더불어 그와 같은 존재들이 그림이나 돌로 바뀌는 과정 등이 묘사되어 있다. 부속에서 무당이 접신을 하고 몸 주의 모습자료 137을 목격하는 일[86]도 넓은 의미에서 같은 범주에 든다고 할 수 있다.

인류는 구석기시대부터 지금까지 지속적으로 이미지를 만들었고, 또 그것을 숭배하였으며, 때로는 가차 없이 그것을 파괴하기도 하였다.[87] 뿐만 아니라 이미지로부터 온갖 저주 관련 이야기들이 파생되었으며, 심지어는 그로 인한 동티로 생명이 위독해지는 사례들도 있다.[88] 그리고 또 이미지가 실물처럼 살아 움직였다는 일들도 기록 가운데 남아 있으며,[89] 그래서 결국

자료 137 무신상(성하신당, 울릉도)

은 그것을 지우거나 파괴하지 않으면 안 되는 경우도 발생하였다.[90]

이렇듯, 이미지를 둘러싸고 갖가지 일들이 벌어졌는데, 그것은 이미지가 실물을 대신한다는 것이었다. 야페가 지적한 바와 같이 이미지는 실물의 대역인 것이다.[91] 이러한 인식에 근거하여 사람들은 피하고 싶은 일들을 그것으로써 대신하게 하였다. 희망과 염원을 그 속에 담아서 이루고자 하였으며, 이미지를 처참하게 짓이기도 하였고, 이미지 속에 갇힌 영을 해방시키기 위하여 그것을 가차 없이 파괴^{자료 138}하기도 하였던 것이다.[92]

자료 138 이미지 살해(래리 J. 짐머맨)

이와 같은 일들은 인류가 축적해 온 긴 조형예술의 역사 가운데 고스란히 남아 있다. 그런 과정에서 이미지는 스스로 생명력을 갖게 되었으며, 온갖 의미와 상징 그리고 타부 등이 그 속에 기생하기 시작하였다. 그리고 마침내 이미지는 그것의 시각적인 외양, 즉 껍데기 속에 인류가 구축하여 온 정신 세계의 모든 것을 담아 넣고 말았던 것이다. 그리하여 어느 순간, 이미지는 그 본래의 생김새보다도 그것이 내포하고 있는 많은 의미 때문에 진정한 모습이 무엇인가를 밝히는 일이 어렵게 되었고, 또 원래의 모습을 되찾는 일이 오히려 더 시급한 과제로 바뀌고 말았다.

1   클로드 레비스트로스, 28쪽(클로드 레비스트로스는 '하나의 언어로 표현된 것을 또 다른 언어로 바꾸어 표현한 것'을 번역이라고 하였다).

2   이 연대는 쇼베 동굴의 제작 시기를 기점으로 삼은 것이다. 지금까지 연구를 종합하면, 이 연대는 수정될 가능성이 매우 높다.

3   허버트 리드 저, 김병익 역, 『도상과 사상』, 열화당, 1982, 24쪽; 마가레테 브룬스, 앞의 책(2009), 57쪽(그들은 결코 어깨 위로 곰 가죽을 두른 야만인들이 아니었다).

4   W.J.T. 미첼 지음, 임산 옮김, 『아이코놀로지: 이미지, 텍스트, 이데올로기』, 시지각, 2005, 18쪽('관념'이란 단어는 그리스어로 '보다'라는 동사에서 유래했으며, 고대의 광학, 지각이론의 기초 개념인 '에이돌론 eidolon)', 즉 '가시적 이미지'와 자주 연관한다); 레지스 드브레 지음, 정진국 옮김, 『이미지의 삶과 죽음』, 시각과 언어, 1994, 22쪽(그리스 사람들에게 산다는 것은, … 본다는 것이었고, 또 죽는다는 것은 시력을 잃는다는 것을 뜻했다).

5   미셸 로르블랑셰 지음, 김성희 옮김, 『예술의 기원』, 알마, 2014, 53쪽(…이때 사용된 기술은 단순하긴 하지만 머릿속으로 모티프를 먼저 떠올리는 과정이 전제되어 있다).

6   조르주 바타유 지음, 조한경 옮김, 『종교 이론』, 문예출판사, 2015, 29쪽(우리는 의식을 전제하지 않고는 사물을 떠올릴 수 없다); 山下涉登, 『捕鯨』, 51쪽(알려지지 않은 것은 그리지 않는다).

7   루돌프 옷토 지음, 길희성 옮김, 『성스러움의 의미』, 분도출판사, 2009, 34쪽. 대상은 어떤 방식으로든 파악될 수 있음에 틀림없다. 만약 그렇지 않다면 우리는 그것에 대하여 도대체 아무 것도 말할 수 없을 것이다.

8   미셸 로르블랑셰, 앞의 책(2014), 37쪽(…괄목할 만한 형태의 예술이, …현생 인류의 출현이나 부재와 절대적으로 직접적 관계에 있는 것으로 보이지는 않는다); 손

보기, 「바위그림 이전의 예술: 이른 옛 사람과 지닐 예술품」, 『박물관 기요』15, 3~5쪽

9   마가레타 브룬스, 앞의 책(2009), 64~65쪽(그것은 신들로부터 그들의 특권 중의 하나인 창조성을 빼앗은 프로메테우스의 행동과 마찬가지이다).

10 김현미, 「루시에서 사이보그까지– 인간 진화 이야기」, 『처음 만나는 문화 인류학』, 일조각, 2011, 56쪽('도구'를 만들어 낸 것이 인간을 '자연의 범주'로부터 '문명의 범주'로 전이시키는 결정적인 역할을 했다).

11 H. 리드, 김병익 역, 『도상과 사상』, 열화당, 1982, 22쪽(이미지인 기호가 존재함으로써 하나의 사건을 다른 사건에 조응시키는 무언의 희망 속에서 동시대성을 정립하게 되었다).

12 르돌프 옷토, 앞의 책, 33쪽. '이름'이란 곧 개념에 해당하는 말이다.

13 レビ. ブルュル著, 山田吉彦譯, 『未開社會の思惟』, 小山書房, 67쪽(레비 브륄은 우리들의 말, 그것이 없이는 우리들은 무엇도 생각하여 떠올릴 수 없고, 또 우리들은 논리하는 것도 안 된다고 하였다); 우메다 가즈호 지음, 『이미지로 본 서양 미술사』, 시각과 언어, 1997, 23쪽(우메다 가즈호는 A. 르로아 구랑의 〈Le geste et la parole. Ⅰ–Technique et langage , AlbinMichel, Paris, 1964〉 속의 '이미지는 눈으로 보는 언어이다. 일반 언어와 마찬가지로 그것은 인류의 근본과 관련된다. …., 미래에 인간적인 것은 바로 이미지의 탐구이다'라는 구절을 인용하면서 이미지의 의미와 중요성을 상기하였다).

14 레지스 드브레, 앞의 책(1994), 레지스 드브레는 '이마고는 유령을 사트롰나'(21쪽)고 하고, '이미지는 그림자이며, 그림자는 사본과도 같은 것'(22쪽)이라고 하였다. 또한 '이미지는 고품질의 양분을 섭취한, 부식할 수 없는 살아 있는 것'(25~26쪽)이라고 하였다.

15 남금우, 「시각 미술에서 이미지의 문제 연구」, 『예술문화』17, 계명대학교 예술문화연구소, 2005, 5~30쪽.

16 송태현 지음, 『이미지와 상징』, 라이트 하우스, 2005, 11쪽; 진형준, 『성상 파괴주의와 성상 옹호주의』, 살림, 2003, 29쪽(우리는 우리의 오감을 통하여 지각한 것을 그 어떤 방식으로 재현한다)

17 하인리히 뵐플린 지음, 박시형 옮김, 『미술사의 기초 개념』, 시공사, 2000, 15~31쪽.

18 그러한 점을 회화로써 구현하고자 한 화가가 바로 모네이다. 그는 똑같은 대상물이 맑은 날과 흐린 날, 그리고 비 오는 날 등의 기상 상황에 따라 다르게 보이는 점을 회화로써 증명해 보였다. 다니엘 킬, 앞의 책, 125쪽 참조)

19 진형준, 앞의 책(20030, 32쪽(시각 이미지는 직접적이고 포괄적이며 원초적이다).

20 루돌프 아른하임, 김춘일 옮김, 『미술과 시지각』, 홍성사, 1982, 132쪽; 파울 클레, 박순천 역, 『현대 미술을 찾아서』, 열화당, 1979, 3쪽.

21 허버트 리드, 앞의 책(1982), 36쪽.

22 루돌프 아른하임, 김춘일 역, 『미술과 시지각』, 홍성사, 61쪽(몇 개의 선택된 표시 가 어떤 복잡한 사물을 능히 상기시켜줄 수 있다. 실제로 그것들은 어떤 사물의 형 상임을 알아보는데 충분할 뿐만 아니라, '실재' 사물의 완벽한 존재의 생생한 인상 도 지닐 수 있다).

23 이와 같은 시스템 또한 수년 뒤에는 보다 빠르고 정교한 시스템으로 대체될 것이다.

24 장석호, 『몽골의 바위그림』, 혜안, 1995; 마가레테 브룬스, 앞의 책(2009), 25쪽(우 리들은 어떤 것을 실제 그것과는 다른 사물로 본다. 바위를 코브라로, 종이 위의 검 은 선을 인물화로 본다. … 원래 있지 않은 다른 어떤 것이 힘과 의미를 지닌 쪽으로 잡아 당겨 '형상'이 되는 것이다).

25 E.H.곰브리치 지음, 차미례 옮김, 『예술과 환영』, 예경, 2002, 110~128.

26 레지스 드브레, 앞의 책(1994), 40쪽.

27 우메다 가즈호(梅田一穗) 지음, 이영철 옮김, 『이미지로 본 서양 미술사』, 시각과 언 어, 1997, 22쪽(이미지 그 자체가 주술의 원형이다).

28 주강현, 「한국 무속의 생사관」, 『동아시아 기층문화에 나타난 죽음과 삶』, 민속원, 2001, 78쪽; 피어스 비텝스키 지음, 김성례·홍석준 옮김, 『샤먼』, 창해, 2005, 18쪽.

29 V.프리체 지음, 김휴 옮김, 『예술사회학』, 온누리, 1986, 28쪽; E.H.곰브리치, 백 승길·이종승 옮김, 『서양미술사』, 예경, 2002, 303쪽. 아무르 강변 사카치 알얀 암 각화 속의 얼굴 형상들을 나나이족들은 '악마의 얼굴'이라고 여기면서 접근하는 것 을 두려워 하였다. 곰브리치가 상기시킨 영국의 '가이 포커스데이'도 같은 의미를 지닌다.

30 진형준, 앞의 책(2003), 5쪽.

31 H.W.잰슨 저, 김윤수 외 역, 『미술의 역사』, 삼성출판사, 1980, 22쪽.

32 장석호, 「이미지 살해」, 『역사민속학』34호, 한국역사민속학회, 2010, 355~393쪽.

33 우메다 가즈호(梅田一穗) 지음, 이영철 옮김, 『이미지로 본 서양 미술사』, 시각과 언어, 1997, 18쪽(이미지, 또는 이미지의 기호는 주술을 행하기 위한 수단이 아니라 그 자체가 주술의 원형이다).

34 제임스 조지 프레이저, 이용대 옮김, 『황금가지』, (주)한겨레출판, 2006, 86쪽; A. 야페 저, 이희숙 역, 『미술과 상징』, 열화당, 1983, 28~29쪽(그림에서 이루어진 그대로 될 것이라는 이중의 실현성을 그림을 통해서 기원하는 의식이다).

35 터부는 본래 폴리네시아에서 'tapu'로 발음되었다. 타부는 ta(표시하다)와 pu(뚜렷하게, 강하게)가 합성된 말이며, 이상한 일이나 비일상적인 것으로 명확히 표시한다는 뜻으로 해석할 수 있다(야마우치 히사시 지음, 정성호 옮김, 『터부의 수수께끼』, 사람과 사람, 1997, 12쪽).

36 A. Jaffe, 연별길·이부영 역, 『인간과 무의식의 상징』, 집문당, 243쪽(동굴에 그려진 그림은 대역double의 기능을 가지고 있다).

37 А. Столяр, Происхождение изобразительного искусства, М., 1985, 180~195쪽; И. А. Химик, Художественная культура первобытного общества. Санкт-Петербург, 1994, 305쪽

38 А. Столяр, 앞의 책(1985), 187쪽.

39 H. W. 잰슨, 앞의 책(1980), 22쪽.

40 조셉 캠벨·빌 모이어스 지음, 이윤기 옮김, 『신화의 힘』, 고려원, 1992, 157쪽; А. А. Формозов, Наскальные изображения и их изучение, М., 198/(중첩된 예는 제례와 관련되어 있고, 의례가 끝 난 후에는 다시 새로운 그림을 그린다).

41 О. Н. Вадер, Жертвенное место под писаным камнем на реке Вишере, 1954. 241~258쪽.

42 희생제물의 예는 지속적으로 관찰되었다. 그것들은 일반적으로 매우 은밀한 곳에 바쳐져 있기 때문에 주의를 기울이지 않으면 살필 수 없다.

43 М. А. Дэвлет, 앞의 책(1998), 214~215쪽(신상이 그려진 바위그림 앞에 흠이 없는 동물 '으드이크'를 바치면서 의례를 거행한다); 바타르 하이르항 유적은 라마교의 형상들과 경문들이 덧그려져 있었으며, 그 앞에는 검은 산양 한 마리가 제물로 바쳐져 있었고, 산 정상에는 지금도 토템폴과 같은 비단이 장식된 나무기둥이 세워져 있

었다.

44   Г. Ф. Миллер, Исторические замечания / Сибирские древности / Материалы по археологии России №. Т., 1 В. В. Раздлов, СПб., 1894, 60~98쪽.

45   Г. А. Помаскина, Когда боги были на земле, Кыргызстан, 1976, 17쪽; Н. А. Боковеко, Новые петролифы личин окуневского типа в Центрльнй Азии // Проблемы изучения окуневскй культуры, СПб., 1995, 32~37쪽. 장석호, 「이미지 살해」, 『역사민속학』34호, 한국역사민속학회, 2010, 357~393쪽.

46   그 가장 고형이 라스코 동굴 우물 속의 내장이 튀어나온 소 형상의 몸통에 그려진 창이다. 러시아의 바위그림 연구자 체레미신은 '상징적인 공격'의 표시라고 하였다 (Д. В. Черемисин, Исследование наскальных изображений на юге Горного Алтая в 1999г. / Вестник САИПИ выпуск 2, 2000, 5~7쪽).

47   A. 야페 저, 이희숙 역, 『미술과 상징』, 열화당, 1983, 28쪽.

48   장석호, 「이미지 살해」(2010), 356~393쪽.

49   「여우와 신포도」, 1992.12, 27쪽.

50   В. А. トウゴルコフ著, 加藤九祚 解說, 齊藤晨二 譯, 『トナカイに乗った狩人たち－北方ツングス民族誌』, 刀水書房, 1993, 167쪽(사냥꾼은 작은 동물상을 만들어 사냥 나갈 때 그것을 지니고 다니며, 다른 사람에게는 보이지 않는다).

51   И. А. Химик, Художественная культура первобытного обшества, Санкт-Петербург, 1994, 306쪽.

52   『숙종실록』

53   영화 〈홍등(RAISE THE RED LANTERN)〉 가운데 넷 째 부인 송련(공리 역)의 시녀가 주인의 인형을 만들고, 그것에 바늘을 찌르는 저주 장면이 등장한다.

54   허버트 리드, 앞의 책(1982), 31쪽.

55   В. А. トウゴルコフ, 앞의 책(1993) 160-161쪽.

56   И. А. Химик, 앞의 책, 307~308쪽.

57   レビ・ブルュル, 山田吉彦 譯, 『未開社會の思惟』, 小山書店, 昭和 14年, 39~40쪽.

58   А. Ф. Анисимов, Рлигия Эвенков в историко-генетическом изучении и проблемы происхожения первобытных верований. М-Л., 1958, 26~33쪽; М. А. Дэвлет, Петроглифы и первобытная магия / Древние культуры Центральной Азии и

Санкт−Петербург, СПб., 1998, 164∼168쪽.

59 А.П.Окладников, А.И.Мартынов, Сокровища Томских писаниц, М., 1972, 196쪽.

60 А.Ф.Анисимов, 앞의 책(1956), 26∼33쪽;

61 レビ・ブルュル, 앞의 책(昭和 14), 39∼40쪽.

62 허버트 리드, 앞의 책(1982), 30∼32쪽.

63 レビ.ブルュル, 앞의 책, 73∼77쪽(이 말은 레비 뷰률이 쓴 파르티시파시옹 participation을 일본인 역자가 옮겨 쓴 것으로, '세계의 객관성과 타인의 타자성을 의식하지 않고, 현존하는 것 이상의 존재에게 자기를 합체시키는 상태'를 이르는 말이다).

64 A.야페 저, 이희숙 역, 『미술과 상징』, 열화당, 1983, 28∼29쪽.

65 H.W.잰슨, 앞의 책, 22쪽.

66 レビ.ブルュル, 앞의 책, 40쪽.

67 피터 버크, 앞의 책, 86쪽. 이미지는 그 자체가 기적을 일으키고, 숭배의 대상이 되는 적극적인 작인(作人)인 것이다.

68 래리 J. 짐머맨, 앞의 책(2001), 103쪽(뉴멕시코 밈브레스 강 유역의 선사시대 인디언들이 만든 그릇이 무덤에 넣기 전에 구멍을 뚫어 그 속에 그려진 것을 고의적으로 살해하였음을 사진과 함께 소개하였다).

69 나나이족의 말로 '멧돼지의 언덕'을 뜻한다. 학술 도서 가운데는 '사카치 알랸'이라고도 소개되어 있다.

70 A.야페, 앞의 책(1983), 27쪽. 시카치 알랸 유적은 1997년 이후 여러 차례 현장을 답사하였으며, 지난 2015년에는 E.데블레트 박사와 정밀 조사와 촬영을 하였다. 현지인들이 이 유적에 접근하는 것을 두려워한다는 이야기는 이미 1997년도에 전해 들었다. 당시 동행하였던 데류긴 박사는 현지인들이 이 유적에 그려진 얼굴 형상들을 '악마의 얼굴'이라고 여긴다고 하였다. 아무르 강에서 멱을 감던 어린이들도 암각화가 있는 곳으로는 접근하기를 꺼려하였다.

71 야마우치 히사시, 앞의 책, 54쪽.

72 H・キューン, 角田文衛 譯, 『古代文明の開花』, みすず書房, 昭和34年, 64쪽.

73 장석호, 앞의 글(2010), 366쪽.

74 신재효 지음, 김장진 옮김, 『변강쇠가』, 지식을 만드는 지식, 2009, 52쪽 이하 참조.

75 예니세이 강변의 오글라흐트이 암각화 유적 아래의 산기슭에 넓적한 바위가 하나 놓여져 있는데, 현지인들은 이를 '샤먼바위(шаманский камень)'라고 부른다. 그것은 마치 신전 앞의 제단과 같은 역할을 하는 것처럼 여겨졌다. 그런데 돌이켜 보면, 미누신스크의 세들로비나 몽골 고비알타이 올란 올 솜의 하난 하드 등도 그랬고, 심지어는 키르기스스탄의 코크 사이 등 여러 유적에서도 그런 점을 살필 수 있었다.

76 루돌프 옷트 지음, 앞의 책(2009), 50쪽(어떤 켕기는 것(uncanny)에 대한 느낌 가운데서 종교적 두려움은 처음 싹트기 시작한다); 조르주 바타유, 앞의 책(2015), 45쪽(인간은 신성의 감정에 빠지면, 거기에 대해 일종의 무능한 공포를 느낀다).

77 М.А. Дэвлет, петроглифы и первобытная магия Древние культуры Центральной Азии и Санкт-Петербург, СПб., 1998, 168. 쪽; 장석호, 「문화사 속의 팔림세스트」, 『동북아역사문제』(통권 80호), 동북아역사재단, 2013. 11월호, 2~12쪽.

78 レビ・ブリュル, 앞의 책(昭和十四年), 77쪽.

79 오비디우스 지음, 천병희 옮김, 『변신 이야기』, 도서출판 숲, 2006, 477~480쪽; 토머스 불핀치 지음, 노태복 옮김, 『그리스 로마 신화를 보다』, ㈜리베르스쿨, 2017, 174~178쪽.

80 피그말리온 효과는 '자기 충족적 예언(Self-fulfilling prophecy)'과 같은 개념이라고 할 수 있다. 심리학에서는 타인이 나를 존중하고, 나에게 기대하면 그 기대에 부응하기 위하여 노력한다는 의미이다.

81 레지스 드브레, 앞의 책(1994), 9쪽: 백낙청 외 엮음, 『마치 잔칫날처럼』, ㈜ 창비, 2016, 444~445쪽(「그 폭포소리」에는 이와 관련한 이야기를 시어(詩語)로 아름답게 묘사해 놓고 있다).

82 장언원 지음, 조송식 옮김, 『역대명화기』하, 시공사, 2008, 195~200쪽.

83 レビ・ブリュル, 앞의 책, 39~40쪽; A. 하우저, 14쪽.

84 『삼국유사』, 제4「塔像」 중 〈興輪寺壁畵普賢〉

85 『삼국유사』, 제7「感通」 중 〈眞身受供〉

86 심진송 지음, 『神이 선택한 여자』, 백송, 1995, 51~61쪽.

87 래리 J. 짐머맨 지음, 김동주 옮김, 『북아메리카 원주민』, 창해, 103쪽.

88 심진송, 앞의 책(1995), 62쪽(굿을 하는 집 주인이 부정해서 화를 입었다든지, 부정한 몸으로 성역에 들어갔다가 급사를 하였다든지, 제를 잘못 지내서 산이 덧났다든지 하는 것을 보면 설명이 가능한 것이다). 변강쇠 이야기도 참고.

89 피터 버그, 91쪽.

90 래리 J. 짐머맨, 앞의 책(2001), 103쪽.

91 A.야페, 앞의 책(0000년), 243쪽.

92 래리 J. 짐머맨, 앞의 책(2001), 103쪽.

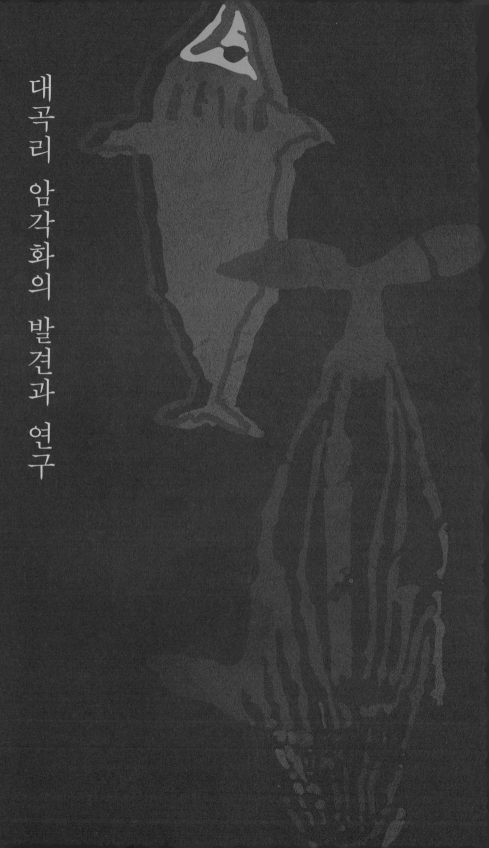

대곡리 암각화의 발견과 연구

암각화의 발견

1971년 12월 25일. 크리스마스에 김정배·문명대·이융조 등 세 학자는, 바로 1년 전인 1970년 12월 25일에 발견된 천전리 암각화를 답사하고, 대곡천 하류 지역을 조사 하였다. ^{자료 139} 당시 이미 5년 전에 범서면 사연리에 세워진 사연댐이 만수위에 육박하여, ^{자료 140} 이들은 어로용 배를 타고 대곡천 사연호의 산기슭에 늘어선 바위들을 조사하였으며, 반구대盤龜臺에서 하류로 1km 지점의 '건너각단'에서 거북과 사람 등의 형상들을 발견하였다. 바로 그 날, 지난 수천 년의 망각 속에 묻혀 있었던 대곡리 암각화가 비로소 그 존재를 세상에 알리게 되었다.[1]

일반적으로 선사 및 고대의 유적들은 수천 수백 년, 심지어는 수만 년의 세월 동안 까맣게 모르고 있다가 우연히 발견되는 경우도 있고, 또 특정 지역에 터를 잡고 대대로 살아오던 현지 주민들 사이에는 예사롭던 것이지만, 어느 날 역사 문화적으로 가치 있는 것으로 판명되는 경우도 있다. 전자

자료 139 대곡리 암각화 발견(김정배, 이융조, 문명대 등, 김정배 제공)

자료 140 사연호(드론촬영, 우충식 제공)

는 경우에 따라 외관상 선사 및 고대 인류가 남긴 유의미한 흔적들을 발견하기가 어렵지만, 고고학자를 비롯한 선사 문화 탐험가들의 끈질긴 노력에 의해서 찬란했던 과거의 흔적들이 세상에 모습을 드러낸 것들이다. 후자의 경우는, 선사 및 고대의 언젠가 인류가 첫발을 내디딘 이후, 지속적으로 후속 세대들의 주목을 받았던 곳이다.

　　대곡천을 중심으로 분포해 있는 선사 및 고대 유적들은 둘 중 후자에 속하는 곳이다. 이미 알려진 것처럼, 대곡리 암각화로부터 상류로 2km 지점에 천전리 암각화가 있다. 두 유적 사이에는 반구 9곡 중 5곡에서 7곡의 표시가 남아 있으며, 옛 영화를 짐작케 하는 절터의 '탑신'이 천전리 암각화의 건너편 산답에 아직도 남아 있고, 또 근방에는 유명한 고찰이 있었던 것도 확인되었다. 집청정 건너편의 병풍바위에는 '반구盤龜'를 포함하여 이곳을 찾은 이름을 포함한 글과 그림이 여전히 향기를 풍기고 있다. 인근에는 불상도 있었던 것으로 알려졌다. 또한 포은 유허비^{자료}

141와 집청정, 그리고 반구서원繁龜書院 등이 옛 자리를 지키고 있다.

천전리 암각화를 발견한 문명대가 대곡천 한실大谷 마을을 찾은 이유도 반구대 인근에 있었을 것으로 추정된 반고사磻高寺 관련 불교 유적 조사 때문이었다.[2] 집청정에 머물면서 제실 주인이자 마을 한학자였

자료 141 **포은 유허비(반구대)**

던 최경환 옹을 통해 일대의 불교 관련 정보를 전해들을 수 있었던 것이다. 탑신이 있는 탑 거리를 찾아 가던 도중에 최경환 옹이 전해준 이야기, '저기도⋯⋯, 그림인지 무엇인지 희미한 형태가 있다'는 말이 바로 천전리 암각화 발견의 결정적인 제보가 되었기 때문이다.

바로 그날, 1970년 12월 25일에 한국 최고의 선사 미술 중 하나인 천전리 암각화가 발견되었다. 이 암각화가 발견됨으로써 그동안 그야말로 미스터리 속에 묻혀 있었던 한반도 선사 미술과 문화의 실존을 논할 수 있는 계기가 마련되었다. 그로부터 1년 후인 1971년 12월 25일. 김정배·문명대·이융조 등 세 사람의 학자는 천전리 암각화 유적으로부터 아래로 2km 지점에서 대곡리 암각화를 발견하였다.

문명대의 표현을 빌리면, 이 암각화의 발견은 '크리스마스의 기적'이었다.[3] 그러나 대대로 이곳을 터로 삼고 살아온 지역 주민들에게는 그것이 특별히 새로울 것이 없는 주변의 인문 경관 중의 하나일 뿐이었다. 지금도 이

암각화를 '글씨 바위'라거나, 어린시절 유적 앞에서 '멱을 감고 천렵川獵을 하였다'는 등의 이야기를 마을주민들로부터 들을 수 있다. 다만, 현지의 주민들 사회는 그와 같은 유적이나 옛 사람의 흔적들과 관련하여 전해져오는 전설이나 금기 등을 기억할 뿐, 그것이 지니는 문화사적 의미와 가치 등에 대해서는 무관심하였다.

중생대 쥐라기jirassic piriod의 어느 시기에 이 계곡의 하류를 향해 공룡들이 지나갔고,자료 142 다시 억겁의 시간이 지난 후의 어느 날, 이 계곡과 울산 앞바다를 삶의 터전으로 삼았던 한반도 최초의 문명인들이 대곡천 '건너각단'과 천전리에 그들의 성소를 만들었으며, 그들의 삶과 염원을 그림 문자의 형식으로 새겼다. 또 다시 얼마간의 시간이 흐른 뒤에는 신라 왕가와 화랑도, 그리고 고승 대덕들의 순례가 이어졌다. 기도처와 절이 들어섰고, 무당과 승려들의 비원도 이 계곡 구석구석에 남아있다. 물론 시인 묵객들의 글과 그림도 마찬가지이다. 공업화의 바람에 따라 이 계곡에는 댐과 인공호수가 만들어졌다. 근년에는 이 계곡의 상류에 댐이 하나 더 만들어졌으며,자료 143 그 구제 발굴 도중에 수습한 유물과 암각화를 위하여 대곡박물관과 암

자료 143 대곡댐
(드론촬영, 우충식 제공)

자료 144
암각화 박물관 원경

각화 박물관^{자료 144}도 각각 들어섰다.

대곡리 사람들은 이러한 일들 가운데 오래된 것에 대해서는 조상들로
부터 전해 들어서 알고 있었고, 또 그 중의 일부는 직접 눈으로 지켜보았으
며, 그러면서도 그들의 일상생활을 변함없이 영위하였다. 그러나 암각화가
발견되고 난 뒤의 대곡리와 대곡천, 그리고 주민들은 그 어느 때보다 시끌

벅적 소란스러웠고, 또 생태 및 인문 환경이 급속하게 바뀌는 변화의 과정 속에 처해 있다. 이전의 대곡리 반구대는 명승지였지만, 지금의 이 계곡은 한국 선사 문화의 메카로 거듭나고 있으며, 두 개의 암각화는 우리 민족의 문화적 자긍심을 드높였을 뿐만 아니라, 공업도시 울산의 이미지를 역사문화도시로 탈바꿈시키는 주역이 되었다.

대곡리 암각화 조사

황수영·문명대의 『반구대 암벽 조각』[5]에 의하면, 1971년 12월 25일에 대곡리 암각화가 발견되고 나서, 조사가 완료된 1977년까지 온전한 모습을 드러낸 것은 1975년과 1977년 2월 등 두 차례였다고 한다.[6] 그 이유는 두 말할 필요도 없이 바로 아래에 세워진 사연댐의 담수 때문이었다. 홍수가 지고 만수위가 되면, 암각화는 완전히 물속에 잠기는 상태였으며, 가뭄이 들어 수위가 낮아지지 않는 한 유적의 침수 상태를 피할 수 없었다. 그에 따라 암각화가 완전히 물 바깥으로 드러나는 것은 짧은 갈수기에만 가능한 일이었다.

그런 과정에서 발견된 이 암각화의 조사는 발견자 중 한 사람인 문명대와 동국대학교가 맡았다. 문명대는 발견 직후인 1972년 3월에 사진 촬영과 탁본, 그리고 흙으로 모형 뜨기 등의 방법으로 조사를 진행하였으나, 암각화가 모두 물 바깥으로 드러나지 않았고, 또 비까지 내려 유적의 전모를 제대로 살피지는 못했다고 밝혔다. 1974년 2월에도 3일간 탁본 뜨기 등의 조사를 하였지만, 여전히 그림의 일부는 물속에 잠긴 상태였다. 그러다가

1977년 3월 25일부터 3일간 암면이 바깥으로 완전히 드러났고, 또 날씨까지도 좋아 전모를 살피면서 전체 그림의 조사를 할 수 있었다고 하였다.

조사단은 네 차례의 조사를 통해서 탁본 치기와 도면 그리기,^{자료 145} 그리고 사진 촬영을 하였으며, 이를 기반으로 하여 암각화와 개개 형상들의 전모를 파악하였다. 조사단은 이 암각화 속에 분명한 것 187점을 포함하여 200여 점의 형상이 그려져 있음을 확인하였고,⁷ 또 그것들을 사람, 동물, 그리고 도구 등으로 대분하였다. 이 중에서 사람은 탈 2점을 포함하여 8점이며, 배를 타고 어로행위를 하는 사람까지 포함한다면 그 수치는 더 많아진다는 점도 밝혔다. 바다동물은 모두 75점이며, 이 중에는 48점이 고래이거나 그와 비슷한 형상이라고 하였다. 육지동물은 88점인데, 그 중에서 사슴이 41점으로 절반에 가깝다고 하였다. 이에 더하여 울타리(목책)^{자료 146} 4점을 비롯하여 그물, 배, 기타 등 191점을 분류하였다(분류표 참조).

일련의 조사를 통하여 문명대는, 이 암각화는 암면을 조기彫器로 쪼아서pecking style 제작한 것이라고 하고, 부연하여 그 기법을 '조탁법彫啄法을 사용한 마애조각 기법'이라고 하면서, 이를 다시 모두 쪼기와 선 쪼기로 나눴다. 이 중 모두 쪼기는 다시 모두 쪼기와 맞선 모두 쪼기로, 선 쪼기는 윤곽선 쪼기, 투시 및 내선 쪼기, 쪼아 갈기로 세분하였다. 그리고 선 쪼기와 모두 쪼기를 혼용한 혼합기법도 같이 적용된 것으로 보았으며, 이 역시 두 가지로 세분하였다. 이 암각화 속 형상들을 현실주의(자연주의)와 도식주의로 이행해 가는 과도기 양식 등 두 가지 타입으로 구분하였다. 그 중에서 동물 형상들은 측면에서 바라본 모습이고, 이들은 동적이며, 일부는 서로 중첩되어 있는 점을 파악하였다.

동물과 어로 장면 등을 통하여 이 암각화를 수렵어로 미술이라고 규정

자료 145 대곡리 암각화 도면(황수영·문명대, 1984)

하면서, 그 제작 시기를 신석기시대에서 청동기시대 사이라고 보았다. 그 근거로 세계 여러 지역 사냥 미술과의 비교 및 형상 간의 중첩 관계 등을 들었다. 선 쪼기의 자연주의적인 형상들이 면 쪼기의 자연주의적 형상들 위에 덧그려져 있음을 밝히면서, 내부기관 등 투시기법으로 그려진 선 쪼기의 형상들은 신석기시대 후기에 해당하는 수렵미술 제2양식에 해당한다고 하고, 이로써 모두 쪼기로 그려진 자연주의적인 형상들은 신석기 후기 이전에 제작된 것으로 보았다. 그에 더하여 신석기시대 유적 출토 동물상과 암각화 속 동물상이 서로 일치하는 점을 살피면서, 이 암각화의 제작 년대를 그와 같이 추정하였다.

이와 함께 문명대는, 이 암각화를 수렵 어로민 집단이 남긴 것으로 보면서, 그림 속 사람이나 탈 등의 형상에 주술과 샤먼적 성격이 있음을 지적하였다. 또한 사슴과 고래 형상이 많은 점과 신석기시대 유적 가운데서 사슴과 고래 뼈 등이 많이 출토되는 점을 연계시키면서 이들이 식용동물이었음을 거듭 지적하고, 동물의 사냥 장면이나 배, 그물, 목책 등의 형상으로써 사냥 방법, 식량 분배 등 집단적 수렵어로 활동과 같은 당대 생활상을 파악할 수 있는 점 등을 피력하면서, 바로 이런 점에 이 암각화의 의의가 있다고 하였다.[8]

대곡리 암각화의 제작 기법

이 암각화는 이후 보다 많은 연구자들의 주목과 관심을 끌었으며, 여러 각도에서 조망한 논문들이 발표되는 등 학술 연구 활동이 이어졌다. 초기의 연구에서 주로 이용되었던 형상 파악의 방법은 탁본 치기였다. 이 암각화에 대해 알고 있었던 초기의 많은 식자들과 학술기관, 그리고 박물관 등은 앞을 다투어 탁본을 쳤고, 그리하여 대곡리 암각화의 탁본이 그동안 얼마나 많이 쳐졌는지 조차도 제대로 파악되지 않을 정도였다. 그러다 보니 암각화의 조사는 당연히 탁본을 치는 일로 여겨질 정도였다. 그 여파로 한때 암면은 시퍼렇게 멍이 들 정도였다. 자료 147

문명대의 네 차례 조사 이후에도 공식적으로는 물론이고 비공식적으로

자료 147 탁본으로 검게 변한 대곡리 암각화

도 여러 차례 탁본 치기를 포함한 조사가 이루어졌다. 후속 연구자들은 문명대의 연구 결과인 종합보고서를 기초 자료로 삼고, 그 가운데 언급된 내용에 대한 검토를 통하여 제작기법이나 순서, 시기, 형상의 개체 수, 도상 분석을 통한 생업 복원, 그리고 그 밖의 문제들에 대해 이견 및 새로운 주장들이 펼쳐졌다. 이에 관하여, 그간에 제기된 주장들 가운데서도 특별히 연구사적으로 주목되는 것 몇 가지를 간략히 소개하고자 한다.

우선 이 암각화 속에 그려진 형상의 개체 수에 관한 것이다. 앞에서도 언급한 바와 같이 문명대는 이 암각화 속에 불분명한 형상을 더하여 모두 200여 점의 형상이 그려져 있으며, 그 중 판독 가능한 형상은 191점임을 밝혔다. 이와 같은 수치는 이후 연구자에 따라 조금씩 증가되었는데, 장명수는 이 암각화 속의 형상을 모두 217개라고 하였다. 2000년도에 울산대학교가 탁본 조사를 펼친 후 발간한 보고서에 따르면, 이 암각화 속에는 모두 297점의 형상들이 그려져 있다고 하였다(형상 분류표 참조 표 1).[9]

늘어 난 형상의 수를 보면, 우선 임세권은 이 암각화 속에 사냥꾼 11점이 그려졌다고 하였는데,[10] 이는 문명대가 판독한 사람 형상보다 그 개체 수가 세 개 더 늘어난 것이다. 장명수는 이 암각화 속에 모두 217개의 형상이 그려졌다고 하였는데, 그 중에 육지동물은 128점, 바다동물이 89점이라고 하였으며, 이 수치 속에는 배, 작살, 그물 등 소위 '도구류'도 포함되었다.[11] 문명대의 분석 및 판독 내용과 비교하면, 육지동물 중 호랑이가 20개로 거의 배 이상이 증가하였다. 사람 형상도 모두 17점이 그려져 있다고 밝혔는데, 이 또한 문명대의 그것보다 무려 배 이상 증가한 것이다.

문명대가 1984년에 밝힌 200여 점의 형상은, 발견 후 30년이 경과되면서 울산대학교 박물관에 의해 약 100여 점이 증가되어 297점을 헤아리게

<표 1> 형상 분류표

		문명대	임세권	장명수	울산대	장석호
육지 동물	사슴	41		49	우제목 57	44
	호랑이	11		20	식육목 26	23
	멧돼지	10		13		18
	소	3		3		3
	토끼	1		1		
	족제비(여우)	2		2		2
	개	–		1		
	동물미상				41	
	기타	17		7		5
	소계	85		96	124	95
바다 동물	고래	48		49	58	63
	물개	5		5		2
	거북	6		5	6	6
	어류	14		10	2	3
	펭귄					2
	기타	2			78	1
	소계	75		69	144	77
사람	사냥꾼	6	11	12	12	14
	탈	2	2	5	2	2
	소계	8	17	14	16	
도구	배	4		4	5	10
	노			1		부표 5
	작살			1	1	1
	그물	2		2	2	2
	울타리	4		6	2	
	소계	10		14	10	17
기타	새	1		1	3	2
	기타	9		8	1	46
	소계	13		9	4	48
합계		191		205	296	253

되었다.[12] 그런데, 울산대학교 박물관이 밝힌 형상의 개체 수 및 일부 판독 내용에는 수긍하기 어려운 부분이 있다. 보고서 속 도면과 사진 가운데는 판독이 불가능한 것도 있고, 또 특정 동물로 분류된 형상에서 종의 특징을 찾아내기 어려운 것도 있다. 특히 제시된 것 가운데 어떤 것은 바위의 균열 선이나 깨어진 부분들도 포함되어 있는데, 이와 같은 점은 아마도 이 암각 화 제작 집단의 조형 매너에 대한 이해 부족에 기인한 것이라고 여겨진다.

대곡리 암각화의 제작 기법도 한때 주요 연구 주제 가운데 하나였다. 문명대는 이 암각화의 제작 기법을 크게 선 쪼기, 면 쪼기, 선과 면의 혼합 쪼기 등 세 가지로 분류한 바 있다. 그 후 황용훈은 한반도에서 발견된 암각 화의 제작 기법을 크게 쪼기·긋기·갈기 등 세 가지가 있다고 하고, 이 중 쪼기는 폭이 1~3cm, 깊이 1cm 내외로 쪼며, 신석기시대 수렵민이 주로 썼 다고 하였다. 긋기는 폭이 1cm 미만이며, 청동기시대의 암각화 가운데서 많 이 보인다고 하였으며, 그 제작 도구는 금속기라고 하였다. 갈기는 쪼기와 긋기에 비해 폭이 넓고, 또 깊이는 상대적으로 얕다고 하면서, 이 기법은 스 칸디나비아에서 청동기시대 중기에 나타난다고 하였다. 그러면서 이와 같 은 제작 기법은 쪼기 → 긋기 → 갈기의 순서로 발전한 것으로 보았다.[13]

이에 비하여 임세권은 암각화 제작 기법을 면각과 선각으로 구분하면 서, 면각 속에는 면 쪼기와 면 갈기를, 선각 가운데는 선 쪼기, 선 갈기, 선 긋기를 포함시켰는데,[14] 그의 기법 분류 기준은 형상에 면적감이 있느냐의 여부였다. 그의 분류는 아마도 그려진 형상이 모두 쪼여졌는지 아니면 윤곽 만 쪼았는지에 초점을 두고 시도된 것으로 보이나, 면각이 면 쪼기를 말하 는 것인지, 선각이 선 그림을 말하는 것인지 구분하기가 어려울 뿐만 아니 라 쪼기와 긋기, 그리고 갈기와 같이 엄연히 서로 다른 기법의 차이를 제대로 인식하지 못하였음을 보여주었다.

그 이후 이 암각화의 제작 기법과 관련하여 특별히 주목을 끄는 주장은 없었다. 다만, 장명수는 신앙의 발전 단계와 연계시켜 암각화의 제작 기법을 이해하려 하였다. 그는 기법이 저급한 신앙 단계에서는 쪼기가, 고도의 신앙 단계에서는 갈기가, 그리고 신앙성이 퇴조하는 시기에는 긋기가 이용되었다는 주장을 펼쳤다.[15] 이러한 주장은 황용훈의 시대에 따른 기법 발전론을 그대로 차용한 것이며, 그림의 제작 기법 변화를 신앙의 낮고 높은 단계와 관련되었다는 논리를 펼쳤다.

사실, 선사 미술은 크게 벽화와 조소彫塑 등 두 가지로 구분할 수 있다. 물론 벽화는 동굴벽화와 바위그림으로 구분할 수 있으며, 둘 가운데서 바위그림Rock Art은 암각화petroglyph와 암채화rock painting로 다시 나눌 수가 있다. 이 둘 중에서 전자는 단단한 바위 표면에 형상을 남겨야 하기 때문에 쪼기pecking, 긋기engraving, 그리고 갈기grinding 등의 방법을 이용하였다. 그리고 이들 세 가지 기법은 이미 석기시대부터 모두 이용되었으며, 어떤 곳에서는 쪼기나 갈기만 이용되기도 하였고, 또 어떤 곳은 긋기만 이용하여 그리기도 하였다. 뿐만 아니라 어떤 형상자료 148은 쪼기와 갈기 그리고 긋기가 동시에 이용되기도 하였다.

그런데, 우리나라 초기의 연구자들은 대곡리 암각화의 제작 기법을 면 쪼기와 선 쪼기 등 둘로 구분하면서, 이 둘이 서로 다른 기법인 것처럼 인식하였다. 그러나 이 둘은 다 같이 쪼아서 제작된 형상 중 윤곽만 쪼았는지(선 쪼기) 혹은 윤곽선과 그 내부도 모두 쪼았는지(면 쪼기)의 차이만 있다. 대곡리 암각화만 하더라도, 고래의 몸통에 그려진 작살자료 148은 긋기, 쪼기, 갈기가 혼용되었으며, 밑으로 향하는 고래자료 149는 쪼기와 갈기가 함께 이용되

자료 148 **작살(자료 127의 부분)**

자료 149 **고래(대곡리 암각화)**

었다. 그러므로 앞에서 살펴본 황용훈이나 임세권, 그리고 장명수 등의 주장이 바르지 않음을 지적할 수 있다.

또 한 가지 주목을 끄는 것이 중첩 관계의 분석에 따른 형상들의 선후 관계 파악이다. 이 문제에 대해서도 문명대가 처음으로 기술하였다. 그것은 소위 '면 쪼기'로 그려진 형상들 위에 '선 쪼기'의 형상들이 덧그려져 있는데, 이를 근거로 삼아서 대곡리 암각화는 고래 등 면 쪼기의 형상들이 먼저 그려졌으며, 선 쪼기의 형상들이 나중에 그려졌다는 주장이었다.[16] 이러한 주장은 임창순,[17] 임세권[18] 등에 의해서 거듭 제기되었으며, 이후 대부분의 연구자들은 이러한 주장을 그대로 차용하여 면 쪼기로 그려진 그림과 선 쪼기로 그려진 그림을 구분하는 등[19] 후속 연구에 활용하였다.

이 암각화는 왼쪽에서 오른쪽으로 이동하면서 세 차례 내지 네 차례에 걸쳐 순차적으로 그려진 것으로 보았으며,[20] 바다동물과 육지동물이 좌우 대립하는 구도를 두고는 계절별 생업을 나타낸 것으로 보기도 하였다.[21] 정동찬과 장명수 등은 이 암각화 속의 형상들을 임의로 그루핑하여 어로와 사냥 장면을 나타낸 것으로 보았다.[22] 일부 연구자들은 이 그림을 신화와 주술, 그리고 의례와 밀접히 관련된 것으로 보기도 하였으며,[23] 현실의 생활을 사실적으로 그린 것으로 보기도 하였다.

또한 이 암각화의 제작 시기에 대해서도 다양한 주장들이 제기되었다. 문명대는 이 암각화가 신석기시대에서 청동기시대에 걸쳐 오랜 기간 제작되었고 보았다.[24] 이후, 연구자들은 이 암각화 속에는 울타리(목책)가 있고, 또 고삐 매인 가축_{자료 150} 등이 있다

자료 150 **고삐 매인 사슴**
(황수영·문명대, 1984)

고 하면서, 이와 같은 제재의 그림들은 곧 정착생활 단계에 나타나는 주제라 하고, 그에 따라서 이 암각화의 제작 시기를 청동기시대라고 보았다. 그런가 하면, 일부 연구자는 이 암각화가 청동기시대 후기에서 원삼국시대 사이에 제작된 것으로 보기도 하였다.[25] 그와 같은 주장의 근거는 주변 국가들의 유사 유물이나 소위 'X - 레이' 기법[26]이 이용된 점, 그리고 제작 도구가 철기인 점을 들었다. 이렇듯 제작 시기에 대해서는 학자 사이에 이견이 크다.

1 황수영·문명대, 앞의 책(1984), 197쪽(이 조사에 관한 최초의 보도는 1972년 1월 27일자 중앙일보에 실렸다고 한다).

2 황수영·문명대, 앞의 책(1984), 146쪽.

3 한국생활사박물관 편찬위원회, 『한국생활사박물관』, 사계절, 2000, 71쪽.

4 세계 각지의 암각화 유적을 부르는 이름들은 모두 그 뜻이 '글씨바위'이다. 바위 그림을 몽골어로는 '비치크틴 하드(бичигдын хад), 투바어로는 '비지크티그 하야(бижиктиг хая), 하카스어로는 '벤규 하야(бенгю хая)' 또는 '피치크티그 하야(пичиктиг хая)', 키르기스어로는 ''우조르느이 카멘(узорный камень), 그리고 러시아어로는 '피사니차(писаница)'인데, 이들은 모두 '글씨바위'를 뜻한다.

5 문명대, 「한국의 선사 미술」, 『한국 사상사 대계 Ⅰ』, 한국정신문화연구원, 1991, 481~488쪽(문명대는 '암각화'를 '암벽조각'으로 이해한 듯 보인다. 그는 '바위에 그린 그림을 암벽화, 바위에 새긴 것을 암벽조각이라고 하는데, 이를 합성해서 암각화 하기도 한다'고 하고, '우리나라에는 아직 암벽화는 발견되지 않았고, 암벽조각은 몇 곳 발견되었다'고 하면서, '대곡리 암벽조각'이라고 하였다).

6 황수영·문명대, 앞의 책, 200쪽.

7 문명대, 「울산의 선사시대 암벽 조각」, 『문화재』75호, 1973, 문화재관리국, 3~40쪽. 문명대는 발견 당시의 글에서 이 암각화 속에 약 150여점의 형상이 그려진 것으로 보았으나, 조사가 완료된 후에는 그 수치가 증가하였다. 황수영·문명대, 앞의 책(1984), 210쪽).

8 문명대, 앞의 글(1973), 3~40쪽; 황수영·문명대, 앞의 책, 241~246쪽.

9 최근에는 보다 증가하여 307개, 343개 등이 그려져 있다는 언론보도가 있었다.

10 임세권, 「한국 선사시대 암각화의 성격」, 단국대학교 대학원 박사학위 청구 논문, 1994, 105쪽.

11 장명수, 「울산 대곡리 암각화인들의 생업과 신앙」, 『인하사학』5, 인하사학회, 1997, 86~115쪽.

12 울산대학교 박물관, 『반구대 암각화 탁본 및 실측조사 보고서』, 울산광역시, 2000, 22쪽.

13 황용훈, 「한국 선사시대 암각화의 제작 기법과 형식 분류」, 『고고미술』127, 1975, 2~13쪽; 황용훈, 「한국 선사 암각화 연구」, 경희대학교 대학원 박사학위 청구 논문, 경희대학교 대학원, 1977, 137~164쪽; 황용훈 저, 『동북아시아의 암각화』, 민음사, 1987, 49~64쪽.

14 임세권, 「한국 선사시대 암각화의 성격」, 단국대학교 대학원 박사학위 청구 논문, 단국대학교 대학원, 1994, 19~29쪽.

15 장명수, 「암각화에 나타난 성 신앙의 모습」, 『고문화』50, 한국대학박물관협회, 1997, 346쪽.

16 황수영, 문명대 저, 앞의책, 243쪽.

17 임창순, 앞의 책(1984), 38~40쪽.

18 임세권, 「우리나라 선사시대 암각화의 연대에 대하여」, 『남사 정재각 박사 고희기념 동양학 논총』, 1984, 523~525쪽.

19 임창순, 앞의 책(1984), 16쪽 삽도 참조; 정동찬, 앞의 글(1986), 1~154쪽.

20 김원룡, 「울주 반구대 암각화에 대하여」, 『한국 고고학보』9, 한국고고학회, 1980, 5~22쪽.

21 임장혁, 「대곡리 암벽조각의 민속학적 고찰」, 『한국민속학』24, 1991, 171~195쪽.

22 장명수, 「울산 대곡리 암각화인들의 생업과 신앙」, 『인하사학』5, 인하사학회, 1997, 86~115쪽.

23 김열규, 『한국문학사』, 탐구당, 1983, 108~129쪽.

24 황수영, 문명대 저, 앞의책, 244쪽; 장명수, 앞의 글(1997), 145~146쪽.

25 김원룡, 앞의 글(1980), 16~22쪽.

26 X-레이기법은 '내부 투시기법'이라고 할 수 있다. 선사시대의 동굴벽화나 바위그림 가운데는 사람이나 동물의 몸통 속 심장이나, 임신 중인 여성이나 동물의 태중에 새끼를 표현한 예들이 있는데, 이와 같이 시각상으로 볼 수 없는 것을 그린 그림을 이르는 말이었다. 이는 '지적 사실주의'라는 말로도 설명할 수 있다(관련하여 장

석호, 「한국 선사시대 암각화에 나타난 형상성의 특징에 관한 문제: 대곡리 암각화를 중심으로」, 『시각예술에서 이미지란 무엇인가』, 눈빛. 2003, 103~125쪽); 小川勝, 「東北アジア先史岩面畵」, 『民族藝術』vol., 16, 民族藝術學會, 2000, 35쪽(小川勝,은 대곡리 암각화 속의 형상들은 체내 모습에 대응하는 표현이 없다고 하였다).

카오스의 캔버스

바위 도화지

누구라도 태고의 자연 경관과 어우러진 대곡리 암각화를 대하면, 이곳을 휩 싸고 감도는 신비로운 분위기에 마음이 가다듬어질 것이다. 마치 누군가가 정성을 다해 연마해 놓은 듯 매끈한 재질감을 보여주는 이 바위 도화지! 병 풍처럼 좌우로 이어진 절벽 가운데 오직 '건너각단'의 이 바위 표면에만 그 림이 집중적으로 그려진 점이 특별히 신기할 것이다. 더욱이 그 형상 하나 하나가 일관성 있는 조형 방식에 의거해 그려졌으며, 또 수 천 년도 더 전의 화가들에 의해 남겨진 것이라는 것을 알게 된다면, 누구라도 시간의 간극을 뛰어넘는 이 유적의 불가사의한 현전現傳에 놀라지 않을 수 없을 것이다.

그러면서 수천 년도 더 전 그림이 그려질 당시에는 이 바위 표면이 지 금보다도 훨씬 부드러운 재질감을 지니고 있었던 것은 아닐까 하는 엉뚱한 상상을 할 수도 있을 것이다. 아울러 선사시대의 화가들은 마음만 먹으면 언제든지 공중부양을 하였거나, 혹은 물속을 무한 잠수할 수 있었던 것은 아닌지, 그리고 그들은 정녕 무비movie 카메라의 렌즈와 같은 눈을 가졌거 나, 필요하면 언제고 또 무엇이는 재생시켜낼 수 있는 녹음기나 영사기 같 은 기억력을 지니고 있었던 것은 아니었는지! 하는 의구심도 들 수 있을 것이 다. 그러니까 특별한 능력을 갖고 있었던 것은 아닐까 하는 의문이 든다 는 것이다.

그도 그럴 것이 사람의 키보다 두세 배의 높은 수직 절벽에 그림이 그 려져 있고, 그 바위 표면은 딱딱하기 그지없기 때문이다. 서로 다른 제재와 포즈로 그려진 하나하나의 형상들이 내뿜는 통일감과 완결성을 대하면, 더 욱이 그것들이 바위 표면에 하나씩 점을 찍어서 그린 것이라는 사실을 알게 되면, 그것도 한 두 개가 아니라 250여 점²에 이르는 형상들이 그렇게 그려져 있다는 것을 살피게 되면, 게다가 그림의 제재 또한 육지와 바다 등 서로 다른 환경 속에 사는 동물들이며, 그것도 살아 움직이는 듯 생동감을 띠고 있음을 알게 된다면, 그런 생각이 꼭 허황하다고만은 할 수 없을 것이다.

그림이 그려진 '건너각단'은 선사시대 바위그림 유적에서 살필 수 있는 공간의 보편성을 고루 갖추고 있다. 계곡과 물, 바위와 산, 그리고 하늘 등이 수직으로 응축되어 있는 공간의 앞뒤좌우로 첩첩이 늘어선 산들의 불변의 구조, 수시로 변하는 햇빛과 물빛, 그리고 어둠 등이 시간의 경과에 따라 서로 교차되면서 만드는 공간의 신비감, 그에 곁들여 수천 년도 더 전에 이곳을 선택하여 그림을 남긴 선사시대 화가들의 조형 능력, 그리고 도상들로써 표출시킨 사유 방식 등이 복합적으로 어우러진 이 유적 앞에 서면, 누구라도 매우 특별한 공간 속에 자신이 들어서 있음을 느끼게 된다.

바로 이 대곡리 바위 도화지 앞에는 수천 년 전의 화가와 함께 그가 속한 사회 구성원들도 서 있었을 것이며, 비록 단속적이기는 하였겠지만, 그이후에도 오랜 기간 동안 서로 다른 생각을 품었던 사람들이 발길을 내디뎠을 것임도 추측할 수 있다. 그러므로, 하나의 공간 가운데는 시간을 관통하여 헤아릴 수 없을 만큼 많은 이야기들이 층위를 이루며 쌓여 있음과 더불어, 그것들이 오늘의 우리와 어떤 방식으로든 관련되어 있음을 알게 된다. 이 유적과 그 속의 형상 하나하나가 시간적으로 수천 년 전의 먼 과거에 그려진 것일지라도, 그것이 결코 우리와 무관하다 할 수 없음도 알게 된다.

시선을 이제 바위 도화지^{자료 151} 위로 옮기면, 어느 누구라도 그것의 크기에 놀라지 않을 수 없을 것이다. 높이 약 4m에 너비 약 8m의 이 도화지는 수직으로 서 있다. 이 도화지 가운데 무엇이 그려져 있는지 확인하려고 한

사진 151 대곡리 암각화 중심 암면(이선종 제공)

다면, 사람들은 어쩔 수 없이 이리저리 자리를 옮기고 시선을 옮기며 하나 하나의 형상들을 더듬어서 살펴야 한다. 그도 그럴 것이, 높은 곳의 형상은 지상 4m 지점에 그려져 있고, 바로 밑의 바닥은 그다지 넓지 않다.ᵃ료 152 또 양 가장자리에 있는 형상들은 서로 8m 가량 떨어져 있다. 그러니 암면 가까 이에 서서 이 암각화 속의 형상들을 한눈에 조망하는 일이란, 우리의 신체 구조로는 처음부터 불가능하다. 게다가 일부 형상들은 바위 표면 중 오목한

자료 152 대곡리 암각화와 대곡천(물 건너편 풀이 자란 부분)

곳이나 혹은 뒤로 꺾어진 부분까지 연결되면서 그려져 있다.

이 정도 크기의 그림을 한눈에 조망하려면 바위 도화지와 일정한 거리를 유지해야 하는데, 바로 아래에는 그럴만한 공간이 없다. 그러므로 이 그림을 한 눈에 제대로 조망하려면, 물 건너편에서 바라봐야 한다. 그런데 대곡천은 일정한 폭을 유지하며 흐르고 있고, 또 이미 이 암각화가 발견되기 전에 만들어진 사연댐의 담수 상황에 따라 계곡의 폭은 넓어지기도 하고 또 좁아지기도 한다. 담수 양이 많은 때는 그 폭이 넓어져서 맞은 편 관리소 앞에 설치된 망원경을 이용하지 않으면 볼 수 없다. 게다가 몇몇 형상들을 제외하면, 대부분의 형상들은 40cm 전후이며, 어떤 것은 10cm가 채 안되는 것도 있다.

그리고 이 도화지 위의 형상들은 대부분 한점 한점 바위 표면을 쪼아서

자료 153　배(대곡리)

그렸으며, 그 점들도 3~4mm 전후의 깊이로 쪼여져 있다. 최초의 화가들은 이 바위 도화지의 표면을 아주 가볍게 타격하여 원하는 이미지를 완성하였다. 하나하나의 점들이 모여서 어떤 것은 사람이 되고, 또 어떤 것은 고래가 되었으며, 또 다른 것들은 배^{자료 153}가 되는 등 이 암각화를 구성하는 개별 형상으로 바뀐다. 더욱이 이 형상들은 빛의 각도에 따라 그의 존재감이 선명하게 드러나기도 하고, 또 모습을 감추기도 한다. 따라서 관찰자의 위치와 태양과 같은 광원光源의 위치 등이 형상 파악의 중요한 요인이 된다.

　그러니, 이 암각화 속에 어떤 그림이 그려져 있는지를 한 번에 맨 눈으로 살펴낸다는 것은 애당초 불가능한 일이다. 아무리 시력과 눈썰미가 좋다고 하더라도, 이 암각화 속의 형상들을 모두 한눈에 조망하기에는 바위 도화지가 너무 크고, 또 그 속에 그려진 형상들의 수도 많다. 따라서 이 도화지의 그림은 감상용이 아니었음을 짐작할 수 있고, 또 어쩌면 이러한 점 역시 이 그림을 남긴 제작자들의 의도 가운데 하나였는지도 모를 일이다.[3] 그러므로 누구라도 이 속에 무엇이 그려져 있는지 알고자 한다면, 반드시 시점을 바꾸면서 이 바위 도화지 위의 형상들을 하나씩 더듬어 나가지 않으면 안 된다.

이 도화지 속의 형상들을 전부 살필 수 있는 길은 오직 연구자들이 만든 도면이나 탁본, 그리고 전문 사진가들이 찍은 특별한 사진 등을 통하는 것 밖에 없다. 누군가가 '건너각단'의 바위그늘 아래에 서서 이 암각화 속의 특정 형상들이 각각 어디에 그려져 있는지를 확인하고 또 알고자 한다면, 많은 시간을 갖고 이곳저곳으로 자리를 이동하면서 세세하게 살펴야 하며, 그나마 도면이나 사진의 도움을 받을 경우 시간을 줄일 수 있다. 또한 높은 곳의 형상들을 직접 확인하기 위해서는 특별히 사다리나 발판 등을 설치하지 않으면 안 된다. 그렇지 않으면 형상들의 온전한 이미지를 살필 길이 없다.

결국 이 암각화와 그 속의 형상들을 하나씩 육안으로 직접 본 사람들이란 손가락으로 꼽을 만큼 극소수에 지나지 않는다. 대부분은 조사 자료집 속의 도면이나 사진, 박물관 속의 축소 모조품, 그리고 탁본 등을 통해서 형상들을 파악하고 있는 것이다. 이 점이 국내의 다른 암각화 유적은 물론 세계의 바위그림과 다른 점이다. 아무르 강변의 시카치 알랸이나 레나 강변의 쉬쉬키노, 키르기스스탄의 촐폰 아타[자료 154] 및 사이말르이 타쉬,[자료 155] 몽골의 아랄 톨고이,[자료 156] 우즈베키스탄의 사르미쉬[자료 157] 등 총 연장 수킬로미터에 이르는 대규모가 암각화 유적지들도 있지만, 그것들은 대부분 길게 띠를 이루며 여기저기 흩어져 있는 크고 작은 바위에 그려져 있다.

따라서 그와 같은 유적들의 바위 표면에 그려진 각각의 형상들은 모두

자료 154 촐폰 아타 암각화 유적 전경(키르기스스탄)

자료 155 의례 광경(사이말르이 타쉬, 키르기스스탄)

자료 156 동물들(아랄 톨고이, 몽골)

자료 157 동물들(사르미쉬, 우즈베키스탄)

한눈에 파악이 가능하다. 그러나 대곡리의 암각화는 하나의 거대한 수직 절벽을 도화지로 삼아서 그린 것이며, 이와 비슷하거나 더 큰 규모의 바위그림 유적은 그다지 많지 않다.[4] 또한 이 암각화 속에 그려진 형상들은 마치 바다 속의 세계에 육지 동물들을 오버랩시킨 것처럼 보이는데, 이렇듯 하나의 바위 표면에 서식 환경이 다른 동물들을 함께 구성한 암각화 또한 예가 많지 않다. 게다가 그것들은 각각 몸통의 비례, 해부학적 특징, 생태적 특성, 그리고 당시의 제작 집단이 향유한 지식 등을 기반으로 하여 그렸기 때문에 모두가 마치 눈앞에서 움직이는 듯한 생동감을 띠고 있다.

무질서의 집적

대곡리 암각화는 그 도화지가 너무 크고 또 그림을 쪼아서 그렸기 때문에, 그 가운데는 어떤 형상들이 있는지를 한눈에 살피기는 사실상 불가능하다. 그래서 이 암각화 속에 어떤 형상들이 어떻게 그려졌고, 또 그것들은 모두 몇 개나 되며, 각각의 형상들은 서로 어떤 관련을 맺고 있는지, 그리고 전체적으로 어떤 통일감이 있는지 등을 살피는 일은 결국 현장 조사 과정에서 수집한 정보를 통해서 이루어질 수밖에 없다. 그 정보 획득의 방법은 눈으로 형상을 더듬어 살피는 일과 아울러 그것을 하나씩 정밀하게 채록하는 일, 그리고 사진을 촬영하는 일 등이다.

그동안 문명대의 조사보고서 속 도면을 비롯하여 몇 개의 공식·비공식 도면들과 아울러 탁본 등이 학계에 소개되었다. 대곡리 암각화에 대한 각종 학술적 연구 성과물들은 바로 이와 같은 도상 자료들을 기반으로 하여 이루어진 것이며, 이를 통하여 이 바위 도화지 위에는 사슴, 멧돼지 그리고 호랑이 등의 육지동물과 고래나 거북 등 바다동물, 사람, 그 밖의 생활이기 등이 쪼기 방법으로 그려져 있음을 알게 되었다. 개별 제재 중 가장 많이 그려진 것은 고래이며, 그것들은 주로 위로 향하고 있다. 육지동물의 주요 제재는 사슴이며, 그것들은 주로 오른쪽이나 왼쪽 등 수평의 방향성을 띠고 있다.

고래는 왼쪽에 집중적으로 그려져 있으며, 육지동물들은 오른쪽에 많이 그려져 있다. 그러나 그것들은 같은 종별로 명확히 무리grouping를 짓고 있는 것은 아니다. 고래들 사이사이에 호랑이나 사슴, 멧돼지, 그리고 심지어는 사람이 그려져 있다. 그뿐만 아니라 사슴이나 멧돼지 등 육지동물들 사이에도 고래나 거북 등과 같은 바다동물이 그려져 있기도 하다. 그 중의 어떤 것은 주위의 형상들과는 다른 방향을 취하고 있기도 하고, 또 어떤 것은 비스듬히 대각선을 따라 그려져 있기도 하다. 종과 종 사이의 객관적인 비례도 무시되어 있는데, 거북이 사람보다 크거나, 고래와 호랑이가 서로 비슷한 크기로 그려져 있기도 하다. 자료 29

그러나 각각의 형상들은 모두 종의 고유한 신체 비례를 비교적 바르게 갖추고 있으며, 자료 158 그렇기 때문에 각 제재의 외적 특징이 잘 드러나 있다.[5] 심지어 일부 동물 형상들은 그것들이 움직일 때 보이는 순간적인 모습도 절묘하게 포착하여 표현하였다. 자료 159 그래서 이 그림을 남긴 화가들의 놀라운 기억력과 섬세한 표현력 등을 높이 평가하지 않을 수 없다. 그런데 이 선사시대의 바위 도화지 위에 그려진 형상들이 서로 모여서 이룬 총화 자료 160는

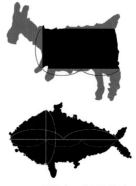

자료 158 **동물과 고래 몸통 분석도**

자료 159 북방긴수염고래(대곡리 암각화)

자료 160 사람과 동물들(대곡리 암각화)

어느 면에서 그와는 달리 부자연스럽고 또 생뚱맞기까지 하다. 그 이유는 이 제재들이 현실 세계에서는 결코 서로 뒤섞일 수 없으며, 더욱이 같은 바위 표면에 그려진 종 및 개체 간의 비례 등이 완전히 무시되어 있기 때문이다.

게다가 이 도화지 위에는 그림이 여러 차례에 걸쳐 덧그려졌다. 그 덧그려진 상태를 살펴보면, 두 겹 또는 세 겹, 그리고 또 어떤 곳은 네 겹 등 먼저 그려진 것과 나중에 그려진 형상들이 서로 중첩되어 있다. 그래서 먼저 그려진 몇몇 형상들 중 일부는 나중에 그려진 것에 의해 윤곽이 훼손되기도 하고,[자료 161] 더 심한 경우는 무엇이 그려져 있는지 조차 살피기가 어려운 부분[자료 162]도 있다. 그러므로 같은 도화지 위에 그려져 있다고 하여도, 각 형상 별 제작 시기가 모두 같을 수는 없다. 앞에서도 살펴보았듯이, 연구자들은 바로 이런 층위를 분석하여 특정 암각화 속 형상들의 상대적 선후 관계를 밝히기도 한다.

또한 그려진 형상들의 포착 시점도 저마다 다르다. 그런 까닭에 개개의 형상들이 보여주는 공간 정향orientation, 즉 각 형상들이 띠고 있는 방향에 일관성을 살필 수 없다. 다시 말하자면 어떤 것은 수직 방향을 띠고 있고, 또 어떤 것은 수평 방향을 취하고 있다. 그리고 또 어떤 것은 주조적인 방향에 역행하는 모습이고, 또 어떤 것은 바위의 균열선이나 가장자리를 따라 그렸다. 그러니까 개개 형상들은 저마다 서로 다른 바탕 선 위에 그려져 있는 것이다.[6]

바로 이런 이유 때문에 선사 미술에 공간 개념이 없었다는 주장이 제기되었으며, 이 주장은 한동안 많은 연구자들의 지지를 받았다. 그 주요 골자는 선사 미술에 축선軸線이 없고, 그러므로 공간 개념이 없었다는 것이다. 이와 같은 주장은 이미 1898년에 모리츠 훼르네스Moritz Hoernes에 의해 제

자료 161 중첩 - 동물 형상(면 쪼기) 위에 범고래(선 쪼기)가 덧그려짐

자료 162 중첩(대곡리 암각화 왼쪽 아래 부분)

기되었다. 그는 그때까지 알려진 선사 미술을 조사한 후, 이들 시원미술 속에는 질서와 통일감 있는 방향성 등이 없는 다양성의 인상을 받는다고 하면서, 그림 속의 동물들이 서 있는 기본선은 수평에서 45도 내지는 90도로 기울어져 있는 등 모든 질서와 통제가 결여되어 있고, 또 결합이나 구성에 대한 능력이 없었다고 하였다.[7]

모리츠 휘르네스의 주장은 이후 H.A. 그로쉐베겐 - 프랑크포르트 Groenewegen Frankfort와 H. 리드Read. 등에 의해 지지를 받고 또 보완되었다. 그로쉐베겐 프랑크포르트는 선사 미술에서 형과 배경 사이에는 어떠한 관계도 없으며, 하나하나의 형상들이 단순히 혼돈 속에 대응하고 있을 뿐이라고 하였다.[8] 리드도 마들렌느기에는 질서와 구성 의식이 없었으며, 그것은 신석기시대의 추상 기하학에서 처음 나타났다고 하였다. 그는 선사시대 미술을 선의 미술이자 윤곽의 미술이라고 하였으며, 대상의 묘사에서 필수적인 횡각橫刻과 종각縱刻은 공간에 원시적인 구조화를 부여하지만, 그것들을 유기적으로 배열하려는 끈질긴 의도가 없었다고 하였다.[9]

르네 위그Ren'e Huyghe도 기본적으로 동일한 입장을 취하고 있다. 그는 형태가 윤곽을 가지게 된 것은 지성이 개입되었기 때문이라고 하면서, 선사시대에 남겨진 작품들은 당시의 화가들이 시계視界 전체를 분석하고, 그 속에서 서로 구별하여 지각한 형태들을 구성할 수 있는 능력을 지녔다는 증거라고 하였다. 그러면서도 그는 여전히 공간적인 연결 상태는 매우 불안정한 것으로 보았다. 그 이유는 형상들이 아직 공통의 바탕, 즉 공통의 축을 지니지 못하였기 때문이며, 그런 이유로 그 형상들은 땅 위에 차분하게 놓여있지 못하고, 마치 수면 위의 쓰레기들처럼 서로 가까운 곳에서 흔들리고 있다고 하였다.[10]

이와 같은 견해는 많은 미술사가들의 저술 속에 그대로 반영되어 있다. 예를 들어 H.W. 잰슨Janson은 수많은 짐승들이 무질서하게 얽혀 있다고 하였으며,[11] E.H. 곰브리치Gombrich는 원시인들이 이미 그려진 한 마리의 소 형상 위에 다른 소를 그려 놓는 등, 아무런 질서나 구성이 없이 흔히 뒤죽박죽으로 그려 놓는다고 하였다.[12] 물론 이러한 주장들은 이후 바위그림 연구에도 차용되어 20세기 후반까지 지속적으로 되풀이되었는데, 그 대표적인 연구자가 러시아의 고고학자이자 바위그림 연구자인 A.A. 포르마조프 Formozov와 M.L. 파돌스키Podolskyi 등이다.

포르마조프는 동굴벽화에는 경계가 있지만, 바위그림에는 경계가 없으며, 그래서 어디에서 시작하여 어디에서 끝이 나는지 모른다고 하였다. 중심과 바탕선도 없고, 그러므로 형상들이 공중에 떠 있는 모습이며, 원근법과 비례 등이 무시되어 있기 때문에 형상들은 다양한 위치와 크기로 그려졌다고 하였다.[13] 파돌스키도 바위그림에는 중심이나 아래 위가 없으며, 각각의 형상들은 서로 간에 독립적으로 그려졌다고 한다. 그래서 형상들 사이에 멀고 가까움을 살필 수 없는데, 그런 이유로 선사시대의 화가들이 무계획적으로 그림을 그렸다고 보았으며, 그러므로 바위그림 속에는 구성 체계가 없다고 하였다.[14]

형이상학적 또는 신화적 공간

그로세베겐 프랑크포르트를 비롯한 몇몇 연구자들이 선사 미술에 공간 개념이 없었다는 주장들을 펼쳤는데, 그와 같은 주장의 근거는 선사 미술 속에 소위 '수직'과 '수평' 등의 '축선'이 결여되어 있으며, 그에 따라서 형상 들이 동일한 바탕 선을 기반으로 하여 그려지지 않았고, 더 나아가 형상들 은 상호 간에 아무런 관련도 없이 무질서하게 뒤섞여 있다는 것이다. 그리 하여 각각의 형상들은 저마다의 위치와 크기, 그리고 방향 등을 띠고 있으 며, 이들이 서로 모여서 이룬 총화는 한마디로 무질서하다는 것이다. 다시 말하자면, 의식적으로 공간을 구성한 흔적이 보이지 않는다는 것이다.

　S.기디온Giedion은 '선사 미술에 공간 개념이 없었다'는 그와 같은 주장 에 분명한 반대를 표명하였다. 그는 선사 미술에 틀이 없는 점을 인정하였 다. 그러나 선사 미술 속의 형상들은 어떠한 지시에도 속박되지 않는 절대 적인 방향의 자유를 가지고 있다고 하였다. 그는 세계를 파괴할 수 없는 상 호관계의 체계로 보았으며, 모든 것이 그 속에서 서로 결합되어 있음을 지 적하였다. 그러면서 신성함이란 바로 그 상호관계로부터 분리되지 않는 세 계 단일성의 개념을 띠고 있는 것이라고 하였다. 더 나아가 그는 오히려 그 와 같은 여러多 방향의 공간 개념을 우리들이 어떻게 잃게 되었고, 또 수직 의 개념(질서)이 동등의 개념(다 방향)을 어떻게 지배하게 되었는가를 되물 었다.[15]

　기디온에 따르면, 선사시대의 사람들은 사각형의 틀에 맞춰 보는 방법 을 알지 못하였으며, 또 애매함·모순성·시간 개념 등이 없는 사건들의 뒤 섞임이 선사 미술의 본질이라고 하였다. 그는 시원미술이 '자신과 무관'하 게 사물을 바라보고 제작한 것이라고 하였으며, 그것은 무질서가 아니라 다 른 형식의 질서라고 하였다. 선사시대의 화가는 눈앞의 자연 가운데서 그가 구하던 것을 파악하고, 긋기나 파기 또는 색 칠하기 등의 방법으로 그것을 드러나게 하였다는 것이다. 선사 미술 속 형상들은 서로 제약이 없었으며,

그것들은 마치 무한의 공간을 연행하는 별의 질서에 가까운 모습이라고 하였다.[16]

'황금 분할'이나 '남녀 양성 대치설'도 선사 미술의 공간 구성을 논하는 주장들 가운데 눈 여겨 볼 것들이다. 둘 중에서 '황금분할'은 M.라파엘 Raphael에 의해서 제기되었다. 그는 동굴벽화 속 동물의 등背 윤곽선, 그 중에서도 특히 등선의 들고 남[凹凸]을 주목하고 구조를 분석하였는데, 그 결과 등선은 동물의 종과 무관하게 1:1, 1:2, 2:3, 2:5, 3:4, 3:5, 3:7, 4:7 등의 비율로 그려져 있음을 알게 되었다. 이 가운데서 2:3, 2:5, 3:5 등은 황금 분할에 해당하기 때문에 그는 바로 이러한 점이 의식적인 구성이라고 보았던 것이다. 그러나 그의 주장은 선사시대 화가들이 주어진 바탕을 교묘하게 활용한 예들이 확인됨에 따라 설득력을 잃게 되었고, 또 형상 간의 공간 구성 문제를 논한 것은 아니었다.

A. 르로아 구랑Leroi Gourhan과 A. 라망 앙프레르Laming Emperaire 등은, 구석기 시대의 그림이 남녀 양성을 서로 대치시켜서 구성하였다는 주장을 펼쳤다. 르로아 구랑은 프랑코 칸타브리아 지방의 동굴벽화 가운데 72개를 조사하였다. 그는 동굴 속의 형상과 그것이 차지하고 있는 위치를 통계학적 방법으로 조사하고, 형상과 내부 구조 사이의 상관성을 분석하였다. 그는 동물 형상의 빈도수에 따라 A그룹의 말, B그룹의 바이슨과 오록스(소과), C그룹의 사슴·매머드·야생 산양·순록, D그룹의 곰·고양이과 동물·코뿔소 등으로 분류하였다. 또한 동굴 내부에 그려진 기호도 선 모양 기호(남성, α그룹)와 도상 기호(여성, β그룹)로 구분하였다. 자료 163

또한 그는 동굴 내부의 지형 요건을 ① 비교적 평평하고 또 벽면이 정리된 중앙부(①-a)와 주연부(①-b), ② 깊은 구석의 입구(②-a), 깊은 구석

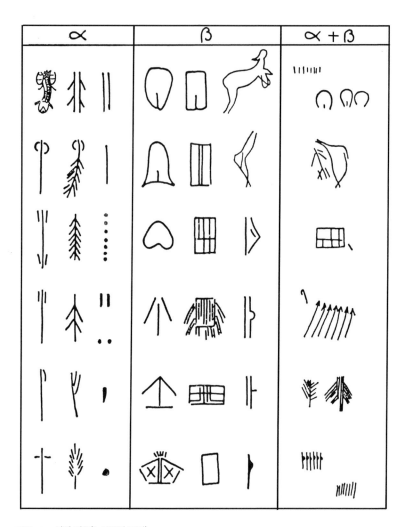

자료 163 성적 기호(A.르로아 구랑)

의 내부(②-b), 동굴 맨 뒷부분(②-c), ③ 벽면이 나눠진 곳과 그림이 처음으로 나타나는 지점(③-a), 폭이 좁은 부분 내지 통랑通廊의 굽은 부분(③-b), 가장 깊은 곳의 그림이 있는 곳(③-c) 등으로 구분하고, 그것과 벽화 속 형상들과의 상관성을 분석하였다. 그 결과, 말 그림이 중앙부나 주연부에 위치하고 있는 점, 소과 동물의 약 90%가 중앙부에 그려진 점, 도상 기호의 90%가 주연부 또는 깊은 구석에 보이는 점 등을 확인하였다.

그 밖에도 C그룹의 동물들은 중앙부에서는 드물지만 주연부에서는 최고치를 보였으며, 통랑의 구부러진 곳에서는 13~24%의 비율을 보이는 점과 함께 수사슴이 배경 동물의 역할을 하는 점도 알게 되었다. 그리고 D그룹의 비율은 상대적인 가치밖에 지니지 않는 점도 확인하였다. 이를 통해서 말과 소과 동물이 서로 관련되어 있고, 같은 도상 집단에 속하는 점을 들어 이 둘이 도상 배치에서 주역 또는 대항자로 그려졌으며, 양 기호군도 말馬과 소牛과 동물의 분포와 비슷함을 파악하였다. 그리하여 그는 α그룹 기호와 A그룹 동물이 β그룹 기호와 B그룹의 동물과 함께 중앙부에 배치되었음을 주장할 수 있게 되었다.

이들 기반으로 하여 르로아 구랭은, 구석기시대 예술의 중심적인 주제는 말과 바이슨, 또는 말과 야생 소를 쌍으로 한 이항 대립적 관계를 나타낸 것이며, α-β그룹의 기호와 A와 B그룹의 동물 형상들이 구석기 시대의 상징체계를 풀어낼 열쇠라 하였다. 그는 동굴 벽화 속의 모든 동물 형상과 기호들은 남성적 상징과 여성적 상징의 형이상학적이자 신화적 체계를 이루고 있으며, 그것들은 서로 보완하면서 대립하는 의미 있는 그룹으로 배치되어 있다고 보았던 것이다.[17] 이와 같은 르로아 구장의 주장은 선사미술이 무질서하며 공간 개념이 없었다는 그간의 주장을 완전히 뒤엎는 것이

었다. 자료 164

　그는 동굴벽화 속 말 형상이 남성을, 소과 동물이 여성을 상징하는 것으로 본 셈이며, 또 이 두 가지 항이 대립하는 구도는 곧 선사시대의 화가들이 남녀 양성을 상징적으로 대치시켜서 공간을 구상하였다는 점을 말해 준다고 보았다. 라망 앙프레르도 이와 같은 입장을 견지하고 있다. 그에 따르면, 말은 여성의 상징이며, 바이슨은 남성의 상징인데, 바위그늘에서는 다산의 보편적인 원리인 여성상 내지는 말이 중심에 그려져 있고, 그 주변에 바이슨이 위치하는데, 그것이 자체적으로 통일된 구도를 이루고 있다고 하였다.[18] 라망 앙프레르도 르로아 구랑과 같이 양성 대치설을 주장하였지만, 각론에서 말과 소의 상징 의미가 뒤바뀐 점이 서로 다르다.

　프랑스의 선사미술 연구자 조르주 쇼베는, 선사 미술을 환유와 은유 두 개의 축으로써 해석하고자 하였다. 그는 선사 미술 속에는 동물의 몸통에 투창기가 그려졌거나 상처를 입은 동물들이 그려져 있는데, 이 중에서 투창기는 남성기호, 상처는 출혈을 수반하기 때문에 여성을 상징한다는 르로아 구랑의 양성 대치설을 차용하여 상처와 여성, 투창과 남성을 은유의 축이라고 보았다. 또 남자의 성기는 삶, 투창과 상처는 죽음을 상징하는 환유의 축으로 보면서, 선사 미술은 은유와 환유 등 두 개의 축을 통해서 해석된다고 하였다. 그러니까 쇼베는 동굴벽화를 비롯한 선사 미술이 삶과 죽음의 이중주를 상징적으로 표현한 것으로 이해하였던 것이다.[19]

　키무라 시게노브木村重信는 라파엘의 '황금분할설'이나, 르로아 구랑의 말과 소로 대표되는 중심 제재와 동굴 내부 중심부와 외곽 등의 상관성, 그리고 남녀 양성의 대치론, 라망 앙프레르의 소와 말로 상징되는 남녀양성 대치론 등의 문제점들을 차례로 지적하면서 '배열arrangement'론을 주장하였

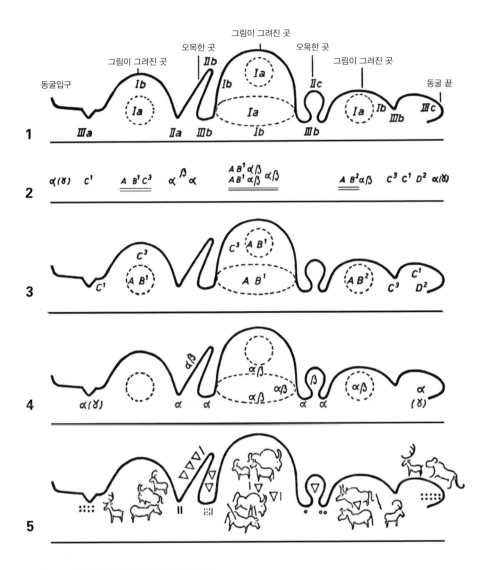

자료 164 동굴 내 벽화 분포도(A.르로아 구랑)

다. 그는 이 용어를 '꽃꽂이flower arrangement'에서 차용하였다. 그에 따르면, 동굴벽화 속 동물 형상은 그 자체가 현실적인 '것'으로서 스스로 완결되었으며, 그것이 즉자적으로 충족하면서 주술적 의미를 띠는데, 그 이유는 구조물construction이 아니라 '배열'이기 때문이라고 하였다. [20]

트랜스 또는 임사臨死 체험 중 목격한 참의 세계

미셸 로르블랑셰Michel Lorblanchet는 예술의 기원이라고 할 수 있는 행위, 즉 손질이 가해진 '형상석形象石'이 남아프리카공화국 마카판스가트Makapansgat 계곡에서 발견되었는데, 그것은 지금으로부터 300만 년 전의 것으로 판명되었음을 전제하고, 바위그림 혹은 동굴벽화는 인류가 200만 년도 넘는 시간 동안 정신적 이미지를 만들어내고 구체화하는 과정 끝에 출현하였다고 하였다. 최초의 예술가들이 보여준 예술은 자연의 예술과 마찬가지로 공간을 무대로 삼아 선線·조각·입체감·재료·색 등을 모두 활용한 종합 예술이었다고 하였다. [21]

    D. 루이스 윌리엄스Lewis Williams와 T. 도슨Dowson 은, 아프리카 산족[22]이 남긴 바위그림은 샤먼이 트랜스 상태에서 목격한 세계를 그린 것이라는 획기적인 주장을 펼쳤다. 그들은 산족에 관한 문헌자료, 북방 산족에 관한 인류학적 조사 자료, 그리고 현대의 신경정신의학 연구 성과 등을 활용하여, 바위에 남겨진 그림들이 모두 트랜스 상태에서 샤먼이 보고 체험한 것을 직접 그린 것[23]이라고 주장하면서, 그와 같은 그림들이 서구의 과학자들 눈에는 트랜스 상태에서 본 환각에 지나지 않을지 모르지만, 산족의 입장에

서는 보통 사람들에게는 보이지 않는 진짜 세계의 모습이라고 하였다.

루이스 윌리엄스 등에 따르면, 트랜스 상태는 세 단계로 구분되는데, 그 중에서 첫 번째는 '엔톱티크entoptic 현상(내시현상)'이라 불리는 안구 속 혈관 운동 신경에 경련이 일어나며, 이때 지그재그·평행선·격자·파도무늬·'U'자형 등의 번쩍이는 선이나 광점이 보인다고 한다. 두 번째는 지그재그를 뱀이나 톱니바퀴라는 등, 보고 느낀 것에 대해 의미를 붙이는 단계이며, 사람에 따라 부여하는 의미가 다르다고 하였다. 세 번째는 정도가 가장 심한 복합적 환각 단계이며, 샤먼에 따라 귀 울음[耳鳴]·두통·피부 통증 등을 느끼면서 몸[身體]이 회전하거나 소용돌이에 빨려들기도 하고, 또 공중을 날거나 물속에 잠수하는 것 같은 환각상태에 든다고 한다.

루이스 윌리엄스 등은 바위그림 가운데 지그재그 형의 선이나 격자, 평행선, 그리고 다수의 점들은 트랜스 상태의 첫 번째 단계에서 목격한 엔터옵티크 현상을 그린 것이라고 하였다. 그림 가운데 지그재그형의 뱀은 두 번째 단계의 '의미 붙이기'에 해당하며, 또 새나 물고기 등이 그려진 경우는 세 번째 단계에서 공중을 날거나 물속을 잠수한 환각을 표현한 것이라 하였다. 그뿐만 아니라 벌떼가 날고 있는 그림은 '귀울음'을 나타낸 것이며, 머리나 몸통에 난 길고 짧은 선과 점 등은 환각 상태에서 느낀 화살에 찔린듯한 두통과 피부가 욱신거리는 듯 한 통증을 표현한 것이라 하였다. ^{자료 165}

루이스 윌리엄스 등에 따르면, 산족의 바위그림들은 트랜스 상태에서 본 세계를 샤먼이 깨어난 후 그린 것이며, 그것은 그간의 연구자들이 가시적인 세계를 기반으로 하여 그린 그림이라는 전제 아래에서 내려진 선사 미술의 공간 개념 유무 논의와는 근본적으로 차원을 달리하는 해석이었다. 순록이나 소 등 동물과 사람이 합성된 소위 '하이브리드' 형상은 동

물 가장을 한 사냥꾼이라고 보았던 그동안의 해석들이 근본적으로 부정된
것이다. 또 현대 신경정신의학의 연구 성과를 차용하여 환각상태를 세 단
계로 구분하고, 그것을 샤먼이 엑스터시 상태에서 보고 또 체험한 내용과
비교하면서 각 단계별 특징들을 제시한 것은 주목할 만한 주장이라 할 수
있다.

　　장 클로드Jean Clottes도 루이스 윌리엄스와 같은 주장을 펼친다. 그는 선
사 미술 속에는 태양·달·구름·별 등 하늘 세계, 나무나 풀 등 식물과 풍경,
집과 사람들이 노래를 부르면서 춤을 추거나 음식물을 익히는 등의 일상생
활 장면 등이 그려지지 않았음을 지적하고, 그런 이유로 선사 미술은 '묘사
의 예술'이 아니라고 하였다. 또한 선사시대의 화가들이 어떤 즐거움 때문
에 동굴 깊숙한 곳에 그림을 그린 것이 아니라 의례·신화·세계상 등을 동

반하는 엄밀한 지식 계승 시스템, 즉 진실의 의미에서 종교가 존재했기 때문에 그린 것이라고 하였다. 그러면서 그는 순서상 종교보다도 예술이 선행하는 것으로 보았다.[24]

장 클로드는, 오늘날 널리 연구되고 있는 '임사臨死 체험'[25]은 샤먼의 환상에 상당하는 현상이며, 일부 민족은 죽음을 트랜스 상태와 비유한다고 하였다. 환각제 복용·끊임없이 이어지는 북소리와 노래의 선율·지각 신경의 마비·단식·추위·고통 등을 통하여 트랜스 상태에 들어간 샤먼은 우선 제1단계로는 현실에서 점점 멀어져 가면서 심한 두통과 함께 무수한 점·지그재그·격자·곡선·직선 등을 보게 된다고 한다. 제2단계에 접어들면, 1단계에서 보았던 것들이 하나로 뭉치기 시작하며, 제3단계에서는 터널을 통과하여 눈부신 빛을 향해 나가는 경험을 하게 된다는 것이다.[26]

제3단계의 터널 앞에 이르면, 그곳이 바로 피안, 즉 내세이다. 그곳에서는 날거나 춤을 출 수 있으며, 동물들도 말을 하고,[27] 또 샤먼도 스스로 동물로 변신하기도 한다. 물론 제3단계에 들어가도 자아의 일부는 사람인 채로 남아 있기 때문에 겪었던 일들을 기억하고, 나중에 그가 겪은 것을 이야기할 수 있다. 따라서 동굴 벽에 남겨진 다수의 기호들은 바로 제1난세에 대응하는 것이고, 또 동물 그림들은 제2·제3단계에서 목격한 광경을 그린 것인 셈이다. 동물과 사람의 모습이 결합된 형상들도 있는데, 자료 166 이는 피안의 세계에서 인간과 동물이 합해진 것이며, 이것은 그야말로 변신한 샤먼의 모습이라고 하였다.

그러니까 루이스 윌리엄스나 장 클로트 등은 그동안 제기되었던 선사 미술의 표현 대상 및 관련 구성을 포함한 일체의 해석들을 근본적으로 부정하였다. 우선 표현 대상이 제작 주체의 일상생활과 관련된 현실 세계가 아

자료 166 **주술사**
(레 트로아 플레르 동굴)

니라 환각 상태에서 목격한 비현실의 세계임을 분명하게 주장한 것이다. 그에 따라서 '공감 주술'에 기반을 두고 설명되었던 모의사냥이라든가 풍요로운 번식 등과 관련된 각종 의례 등은 물론이고 과학적 방법에 따른 데이터 수집 및 분석을 통한 '남녀 양성 대치설'과 '형이상학' 내지는 '신화적 세계', 그리고 '은유와 환유'의 상징 체계 등 그간의 여러 주장들을 근본적으로 부정된 것이다.

그러면서도 트랜스 상태에서 목격한 세계, 즉 초현실적 세계를 보다 구체적으로 구분하고, 각 단계별 지각 내용과 선사 미술 속의 도상들을 서로 결부시킨 점, 부족 성원의 공리를 위하여 춤과 노래 그리고 환각제 등을 이용하여 샤먼은 의도적으로 그와 같은 엑스터시에 돌입하며, 타계 여행 과정에서 목격한 일체의 현상과 체험 등이 허구가 아니라 참의 세계로 인식한다는 점, 선사 미술 속의 각종 기호와 동물, 그리고 반수인을 포함한 각종 도상들이 샤먼에 의해서 제작되었다는 점 등을 제시하였다. 이와 같은 주장은 선사 미술과 선사 샤머니즘 사이의 상관성을 이해하는데 중요한 기폭제로서의 역할을 하였다.

통사론적 구성

엠마누엘 아나티Emmanuel Anati는 예술가가 공간에 대해 어떤 개념을 가지고 있었는지 안다면 그 속에 그려진 작품에 대해 보다 잘 이해할 수 있을 것이라고 하였다. 그에 따르면, 인간은 자신에게 주어진 공간의 한계 지점에 예술작품을 남겼다는 것이다. 바위그림이 그려진 공간, 즉 바위 표면이 일반인들의 눈에는 더 이상 아무것도 볼 수 없는 최종적인 공간이지만, 선사 예술가나 부족 예술가의 눈에는 그것이 또 다른 공간(차원)의 시작이라는 것이다. 아나티는 대부분의 부족민들이 바위가 영혼을 담는 그릇이라고 여기는 점을 상기시키면서, 바위 속에는 초자연적인 힘이 깃들어 있음을 분명히 지적하였다. 그런 까닭에 그는 바위 표면의 형상들은 그 힘을 향해 선하고자 하는 메시지라고 하였다.

　　아나티는 선사 예술가들이 그림이 그려진 장소를 매우 신중하게 선택하였으며, 그 속에 그려진 선사 및 부족 예술의 기호들이 그림이 그려진 물리적 공간의 자연적 형태를 보완하는 기능을 수행하였기 때문에 공간과 도상을 별개의 것으로 이해하는 것은 불가능하다고 하였다. 덧붙여 그는, 시각언어(부호)는 전 세계에서 동일한 체계를 갖고 있는데, 그렇게 보는 이유는 제작 집단이 사고 및 표현 방식 등에서 서로 동일한 논리의 체계를 지녔기 때문이라고 하였다. 이미지와 기호의 결합체인 선사 및 부족 미술의 주제는 크게 성性·식량·영토 등으로 구분되며, 이 셋은 모든 사람들이 의무적으로 알아야 할 이야기, 즉 부족이나 민족의 기원과 관련된 신화와 서사를 암시적으로 표현한 것이라고 하였다.

그는 그림 속의 형상과 기호, 그리고 문자소 등은 유형학을 대두시켰으며, 이들 요소들은 한 문장을 구성하는 단어와 같은 역할을 하는데, 이들 문자소의 결합에 따라 구성된 전체는 하나의 통사론을 형성한다고 하였다. 또한 기원적 기호를 그는 그림문자·표의문자·심리문자 등 셋으로 구분하고, 이 세 가지가 결합하여 시각 언어의 구조를 만든다고 하였다. 셋 중에서 그림문자는 인간·동물·지형학적 형태·지붕·도구 등을 이른다. 표의문자는 해부학적 유형·개념적 유형·수적數的 유형 등 셋으로 다시 세분하였다. 남근·음부·손자국 등을 해부학적 유형으로는 묶었고, 십자가나 원 등을 개념적 유형 속에 포함시켰으며, 점과 선 등은 수적 유형이라 하였다. 심리문자는 감상자에게 예술가의 느낌을 전달하는 것을 의미한다.

그는 서양식 사고방식에서는 자신들이 세워놓은 순서와 개념에 부합하지 않는 모든 것들을 무질서한 것으로 간주하는 경향이 있다고 하면서, 오스트레일리아 토착민aborigine들이 나무껍질樹皮에 그려놓은 회화적 구성 요소들이나, 콩고의 피그미족이 타파tapa 천에 그린 구성 요소들은 일반적으로 아래쪽이라는 개념을 가지고 있지 않음을 상기시켰다. 그러면서 모든 사물에 밑면, 안과 바깥 등을 규정하려는 행위는 서양식 사고방식에 해당하는 점을 명확히 하였다. 더하여 서양 학문의 개념에서는 여러 형상들의 상대적인 비율이 모든 도상에 단일한 물리적 단위로 적용되는 점도 환기시켰다. 곧 선사 및 부족, 그리고 토착민의 공간 개념과 현대 서구인의 그것이 다름을 지적한 것이다.

이런 점을 전제하면서 그는, 고대 수렵인의 미술 속에 그려진 동물 형상이 다른 형상들에 비해 전체 공간 속에서 차지하는 위치는 오늘날 우리들이 상상하는 것처럼 자연적인 현실을 그대로 반영하지 않는 점도 분명히 지적하였다. 이들 도상들의 배치에는 분명히 포괄적인 의미가 있고, 또 그것은 현대식 문화의 구성방식과 해석을 따르지 않는다고 하였다. 전체 구도 중에서 동물 형상들이 마치 공중에 떠 있거나 매달려 있는 것 같은 인상을 주는 것도 있는데, 이는 해당 동물의 '영혼'을 표현하였거나 은유적 의미가 담겨 있을 수 있다는 것이다. 또한 여러 겹 덧그려진 형상들은 캔버스와 같은 매체에 새로운 힘을 부여하거나 구성 내용을 풍성하게 해주는 일종의 '기준 확립'의 과정을 떠올리게 한다고 하였다.

선사 미술의 공간 구성에 대한 초기 연구자들의 주장들은 겉으로 드러난 형상 간의 관계를 주목하고 내린 것들이었다. 초기의 연구자들은 마치 오늘의 회화 작품처럼 선사 미술을 바라보았으며, 그에 따라 사각형의 프레임 속에 설정된 단일 기저선, 멀고 가까움에 따른 차등 지각 등이 철저히 무시된 공간 구성 방식에서 커다란 생소함을 느꼈던 것으로 보인다. 이와 같은 견해를 피력한 연구자들은 한결같이 개개 형상의 뛰어난 묘사력과 완결성은 인정하면서도, 그것들이 하나의 중심선(수직과 수평의 축선)과 프레임에 의거하여 구성되지 않았음을 지적하였다.

공간 개념이 없었다고 보았던 초기의 연구자나, 그러한 견해에 동조한 연구자들은 모두 원근법에 따라 표현 대상물들이 배치된 구성에 익숙해 있었고, 그것들이 바르며 질서 있는 것으로 인식하고 있었던 것이다. 그런데 이들은, 선사 미술 속에서는 원근법적 지각 방식에 의거한 표현으로는 결코 획득할 수 없는 공간 구성을 목격하게 되었는데, 그것은 다름이 아니라 제재 간의 비례 무시·원근감 무시·비현실적인 구성(예를 들면, 육지와 바다동물이 같은 선상에 배치된 것)·공간 정향 무시(주조적인 운동방향과는 무관하게 거꾸로 서 있거나 대각선으로 배치된 형상) 등이다.

그러나 이와 같은 주장들은 그 후 반론에 직면하였게 되었는데, 그것은 선사 미술이 오늘의 회화와는 기본적으로 다른 여러 방향의 공간 개념에 의거하여 제작되었다는 인식에 따른 것이다. 선사 미술은 '자신과 무관하게' 사물을 파악하여 표현한 것이며, 그렇게 표현된 공간은 또 다른 질서를 갖는데,[28] 우리가 그와 같은 지각 방식을 어떻게 하여 잃게 되었으며, 어떤 계기로 원근법적인 지각 방식이 여러 방향 지각 방식을 대체하게 되었는지를 오히려 되묻기에 이르렀다. 그리고 이어진 연구들은 그 질서가 무엇인지 밝히기 위하여 다양한 방법론을 동원하였는데, 통계학적 방법에 따른 구성 양상 분석이나 형상과 소리의 관계를 밝히려는 시도, 신경의학과 샤먼의 트랜스 상태 비교 연구, 그리고 문자로서의 통사론적 구성과 의미전달 등의 접근 방법이 그것들이다.

이미 많은 연구자들도 지적한 바 있듯이, 분명한 것은 선사 미술이 감상용으로 제작되지 않았다는 점이다. 선사 미술 속 도상 하나하나는 스스로 완결된 의미소이며, 문자의 역할을 하는 점을 인식하기에 이른 것이다. 개개의 형상들은 저마다 고유한 의미를 지니고 있으며, 그 의미를 극대화시키기 위하여 선사시대의 화가들은 표현 대상물의 특징이 가장 잘 드러나는 부분을 추출하여 화면 가운데 제시하고자 하였다. 그에 따라 하나의 독립된 형상일 지라도 그것의 고유성이 드러나는 부분이 다르다면, 그 부분을 표출시키기 위하여 때로는 시점을 달리하여 그것을 포착하고多視點, 그것을 재구

자료 167 형상 간 기저선 차이(대곡리 암각화)

성하였다. 그러므로 여러 개의 제재로 화면을 구성해야 할 경우, 이들 하나
하나의 시점이 서로 같을 필요를 그들은 느끼지 않았던 것이다.

얼핏 보았을 때, 무질서하기 이를 데 없었던 대곡리 암각화도 하나의
시점─視點, 즉 원근법적인 지각 방식으로 형상들을 표현하여 구성한 것이
아님을 알 수 있나. 표현하고자 하는 내상물의 표징 하나하나가 가징 질 드
러나는 부분들을 찾아서, 그것을 화면 가운데 제시하고자 하였으며, 그런
까닭에 이 암각화 속에 그려진 완성된 형상들이 무엇을 나타낸 것인지 누구
라도 금방 알 수 있다. 뿐만 아니라 완결성을 갖는 형상들은 서로 간에 간섭
을 받지 않도록 기저선이 다르게 배치되었다. 그러므로 어떤 것은 위로 향
하고 있고, 또 어떤 것은 그와 반대로 배치되어 있으며, 어떤 곳에는 바다동
물과 사람이 함께 배치되는 등 여러 개의 시점과 공간이 하나의 도화지 속
에 공존할 수 있었던 것이다. 자료 167 이렇듯 대곡리 바위 도화지 위에는 인간

중심이 아니라 물체 중심의 지각 방식이 작동하고 있는 것이다. 이 공간 속으로 나는 한 걸음 더 들어가 보려한다.

1   木村重信,「イメージの復權」,『藝術新潮』, 藝術新潮社, 1975.1, 113쪽(키무라 시
     게노브는 로르테 출토 뼈 막대에 그려진 순록과 연어를 두고, 순록의 다리는 고속
     셔터로 찍은 사진과 같이 순간 묘사가 이루어졌다고 하면서, 당시의 화가들이 렌즈
     와 같은 관찰안과 기억력을 갖추고, 카메라처럼 직접 정착시켰다고 하였다).

2   이 암각화 속 형상의 개체 수가 점차 증가되었음을 앞에서 약간 언급한 바 있으나,
     이 수치에 대해서는 뒷장의 형상의 개체 수를 논할 때 다시 언급할 것이다.

3   마가레테 브룬스, 앞의 책(2009), 56쪽.

4   王克荣·邱钟仑·陳遠璋 著,『广西左江岩画』, 文物出版社, 1988, 7쪽; 班澜·冯军
     晔,『中國岩画艺朮』, 内蒙古人民出版社, 2008, 26쪽; 金开诚 主编, 孙凌晨 編著,
     『中國岩画』, 吉林文史出版社, 2010, 63~64쪽.

5   이와 같은 점은 곧 이들 형상들이 저마다 개체적으로 그려져 있음을 의미하는 것이
     며, 그러므로 이들은 동일한 기저선을 배경으로 그려져 있다고 할 수 있고, 그것은
     이 바위 도화지 위에 그려진 형상 간에는 원근감이 없다고 할 수 있다.

6   엠마누엘 아나티, 앞의 책, 386~388쪽.

7   S.ギーディオン, 江上波夫·木村重信 譯,『永遠の現在: 美術の起源』, 東京大學出
     版部, 1968, 516쪽 재인용.

8   Groenewegen-Frankfort, H.A, Arrost and Movement, London, 1951, 15쪽(S.ギー
     ディオン, 앞의 책, 517쪽 재인용)

9   허버트 리드, 앞의 책(1982), 27~62쪽.

10   르네 위그 저, 김화영 역,『예술과 영혼』, 열화당, 1981, 89~92쪽.

11   H.W. 잰슨 저, 이일 편역,『서양미술사』, 미진사, 1995, 11쪽. 수많은 짐승들이 무
     질서하게 뒤엉키고 있다.

12   E.H. 곰브리치, 최민,『서양미술사』, 열화당, 1978, 32쪽

13 A.A.Формозов, Что такое наскальные изображения / Панорама Искусств 8, М.,
    1985, 32-34쪽.

14 М.Л.Подольский, Овладение бесконечностью / Окуневский сборник, СПб.,
    1997, 168-180쪽.

15 S.ギーディオン, 앞의 책, 6~7쪽.

16 S.ギーディオン, 앞의 책, 514~536쪽.

17 A.ルロア=グラン著, 蔵持不三也訳, 『先史時代の宗敎と藝術』, 日本エディタース
    クール出版部, 1985, 100~122쪽.

18 A. Laming-Emperaire, La Signification de l'Art Rupestre Paléolithique, 1962, 238
    쪽(木村重信, 『美術の始原』, 思文閣出版, 1999, 128쪽에서 재인용).

19 요코야마 유지, 앞의 책, 301~302쪽.

20 木村重信, 앞의 책, 122~132쪽.

21 미셸 로르블랑셰 지음, 김성희 옮김, 『예술의 기원』, 알마, 2014, 65~105쪽.

22 소위 '부시맨'이 스스로를 일컫는 말이다.

23 David Lewis-Williams·Thomas Dowson, Images of Power- Understanding
    Bushman Rock Art, Southern book publishers, 1989, 36쪽(all the paintings had
    been done by shamans); アンドレ·ランガネー, ジャン·クロット, ジャン·ギレ
    ーヌ, ドミニク·シモネ 著, 木村惠一 譯, 池內了 解說, 『人類のいちばん美しい物
    語』, 筑摩書房, 2002, 115쪽(동굴미술도 부분적으로는 샤먼이 환각 상태에서 본 것
    을 그린 것이다).

24 アンドレ·ランガネー, ジャン·クロット, ジャン·ギレーヌ, ドミニク·シモネ
    著, 앞의 책(2002), 91~107쪽.

25 アンドレ·ランガネー, ジャン·クロット, ジャン·ギレーヌ, ドミニク·シモネ
    著, 앞의 책(2002), 115쪽. 임사체험은 'near death experience'를 번역한 말로, 심
    정지 상태에서 소생한 4~18%가 임사 체험을 진술한다고 하는데, 그 내용은 빛 체
    험, 인생회고, 지각 확대 등이 보고된다고 한다(타치바나 타카시 지음, 윤대석 옮김,
    『임사체험』, 청어람미디어, 2003).

26 카를로스 카스타네다 지음, 추미란 옮김, 『자각몽, 또 다른 현실의 문』, 정신세계사,
    2013, 98~116쪽.

27   김선자, 『변신 이야기』, 살림, 2003, 52쪽; 황석영, 『바리데기』, 창비, 2017, 52쪽
이하.

28   모리스 메를로-퐁티, 남수인·최의영 옮김, 『보이는 것과 보이지 않는 것』, 동문선,
2004, 229쪽('우리'와 '존재하는 것' 사이의 만남을 크게 '존재하는 것 가운데의 우
리의 포괄'과 '존재하는 것의 우리 가운데의 포괄'로 양분하는데, 이러한 만남이 없
으면 우리는 어떤 물음도 제기하지 않을 것이다).

대곡리 암각화의 조형 세계

대곡리 암각화의 정밀 채록

지난 2000년 5월, 나는 예술의 전당의 지원과 울산광역시의 협조를 받으며, 대곡리 암각화를 정밀하게 채록하였다. 당시 나는 그동안 전통적으로 고수되어 오던 탁본 조사방법을 피하고, 폴리에틸렌(투명비닐)을 이용하여 형상 하나하나를 직접 옮겨 그리는 방법을 취하였다. ^{자료 168·169} 비닐로 암각화 속의 형상을 채록한다는 것은 그때까지 국내 학계에서는 이해도 안 되었고, 상상하지 못했던 일이었다. 당연히 비닐로 암각화 속의 형상을 채록해 본 사람도 없었다.

그때까지만 해도 금석문은 물론이고 암각화 연구를 위한 자료 획득의 방법은 전통적으로 해오던 탁본치기가 전부였으며,[1] 이를 통하여 그것들의 기초적이자 기본적인 자료를 수집·획득하였던 것이다. 그리고 그것만이 유일하고 또 절대적인 방법인 것처럼 인식되었다. 그런 상황 속에서 내가 시도하였던 대곡리 암각화 조사 방법은 지역뿐만 아니라 관련 학계에 조그마한 파문을 불러일으켰다. 그때 벌어졌던 온갖 웃지 못 할 에피소드는 앞으로의 후일담으로 남겨두고자 한다.

크게 두 가지에 주안점을 두면서 대곡리 암각화의 조사를 진행하였다. 첫 번째는 그림이 그려진 암면에 어떠한 인위적인 흔적도 남기지 않는다는 것이었다. 조사를 위한 발판飛階은 암면과 50센티미터의 간격을 유지하면서 설치하였으며, ^{자료 170} 발판 설치를 담당하였던 관계자들이 암면에 못을 박는다든가, 무언가의 처치를 하는 것을 엄금하였다. 조사를 마친 후에는 발판 설치용 나무 등 일체의 관련 장비를 바로 철수시켰다. 형상 채록을 위한 기본적인 장비는 폴리에틸렌과 그것을 접착하기 위한 소위 '마스킹 테이프

자료 168
형상 채록(대곡리 암각화)

자료 169
형상 채록(성기진, 우형순)

자료 170
조사용 발판 설치 광경

masking tape' 그리고 유성 펜이 전부였다.

두 번째는 모든 조사대원이 형상에 대한 어떠한 선입견도 갖지 않고 조사에 임하게 하는 것이었다. 그 이유는 물론 조사자에 의한 형상의 왜곡을 최소화하기 위함이었다. 모든 조사원에게 요구하였던 것은 타격 흔적 하나하나를 있는 그대로 충실하게 옮겨 그리라는 것뿐이었다. 미리 형상을 파악하고, 또 그것을 자의적으로 해석하게 되면, 옮겨 그려진 형상 속에는 조사자의 주관이 깃들 수 있기 때문이었다.[2]

거기에 곁들여 나는, 처음부터 채록 도구로 색이 다른 유성 펜을 사용하였다. 그 이유는 이 암각화 속의 형상들이 몇 가지 서로 다른 유형의 타격 흔적을 가지고 있었기 때문이었다. 타격 흔적이 다르다는 것은 곧 그 형상을 남긴 제작자와 제작 시기, 그리고 도구 등이 서로 달랐음을 의미하는 것이다. 일부 형상들은 부분적으로 서로 겹쳐져 있었는데, 바로 그러한 부분들은 형상들의 선후 관계, 제작자들 사이의 조형 매너 차이 등을 살피는 데 중요한 단서가 된다. 그러므로 조사를 시작하면서 채록의 가이드라인을 정하고, 그에 따라서 서로 다른 색으로 대곡리 암각화의 형상들을 충실하게 모사하였던 것이다.

지금도 마찬가지지만, 당시 나는 탁본을 통한 암각화 연구에 반대 입장을 취하고 있었다. 그 이유는 첫 번째는 탁본이 그림이 훼손의 주범 가운데 하나이며,[자료 147] 두 번째는 하나하나 독립되어 있는 형상들의 온전한 형태를 떠내는 데는 큰 무리가 없지만, 대곡리 암각화처럼 시로 중첩되어 얽히고설킨 부분이나, 타격 흔적이 미미한 형상들을 떠내는 데는 한계가 있기 때문이다. 그리고 세 번째는 탁본을 치는 사람의 주관에 따라 형상의 왜곡이 심하게 이루어지기도 한다는 점 때문이었다.

바위이나 암각화를 연구하는 사람이라면 누구나 알고 있는 사실 중의 하나는, 바위도 마치 사람의 살갗처럼 껍질表皮이 있다는 것이다. 자료 171 살갗에 상처가 나면 속살이 곪듯이, 바위도 껍질에 흠집이 생기면 곧장 풍화가 진행된다. 자료 172·173 그런데 탁본을 치기 위해서는 음각된 형상의 오목한 부분에 종이를 압착시켜야 하는데, 이를 위해 물 먹인 종이를 그 부분에 대고, 솜방망이나 솔 등을 지속적으로 두드리는 방법을 취한다. 그리고 종이가 마르기를 기다렸다가 다시 먹물 먹인 솜방망이로 음각 이외의 부분을 두드리면서 새겨진 이미지를 떠내는 것이다.

이 과정에서 물을 먹은 종이는 팽창했다가 수축하게 되는데, 이때 바위의 표피는 물리적으로 강한 압력을 받게 된다. 특히 풍화가 진행 중인 바위 표면은 이때 큰 타격을 받게 되며, 심한 경우는 그 표피가 떨어져 나가게 된다. 대곡리 암각화의 경우는, 상대적으로 풍화가 심하게 진행 중인 암면의 아래쪽자료 172·173과 중심 암면에 이어진 왼쪽 암면자료 174 등이 가장 큰 영향을 받는다. 그것뿐만 아니라 형상들의 섬세한 타격 흔적들도 동시에 마모되면서 윤곽이 무뎌지는 등 훼손되는 것이다.

또한 탁본으로는 여러 차례 무질서하게 덧그려진 형상들이나 보다 오목한 부분 또는 틈새 등에 새겨진 형상들을 떠내는 일이 거의 불가능하다. 그러니까 그러한 부분들, 즉 탁본이 놓치고 만 부분이나 여러 차례 중첩된 부분의 형상을 연구하는 데는 분명히 한계가 있다. 그에 더하여 타격의 흔적이 극히 미미한 형상과 암면 자체가 요철이 심한 경우 등도 그것을 온전히 떠내는 일은 거의 불가능하다. 그리고 탁본으로 떠낸 형상을 도면화하기 위해서는 그것을 다시 종이 등 다른 매체에 옮겨 그리지 않으면 안 된다.

탁본 연구의 또 한 가지 문제점은, 그것을 뜨는 사람의 주관이 깊게 반

자료 171 바위 표피

자료 172 풍화된 바위
(대곡리 암각화 아래 부분)

자료 173 풍화된 바위
(대곡리 암각화 아래 부분)

자료 174 풍화된 바위
(대곡리 암각화 주 암면 왼쪽 바위)

영된다는 것이다. 기본적으로 탁본은 암면과 쪼여진 형상 사이에서 보이는 요철의 차이를 구분하는 방법을 취하는데, 이때 탁본을 치는 사람이 먹墨을 묻힌 솜방망이를 어떻게 두드리느냐에 따라 드러나는 형상은 이렇게도 되고 또 저렇게도 된다. 강한 타격 흔적 옆에 있는 작고 미세한 타격 흔적들은 경우에 따라서 무시되기도 하고, 또 애매한 형상일수록 자의적인 해석에 따른 탁본이 이루어지기도 한다.

그동안 무분별하게 이루진 탁본 뜨기와 그에 따른 여러 가지 폐해를 우리 학계는 심각하게 인식하지 않았다. 뿐만 아니라 일부 양식 없는 연구자들은 아직까지도 탁본 치는 것을 주저하지 않으며, 심지어는 그것을 자랑으로 여기기까지 한다. 그러나 세계의 선사학계에서는 탁본 치기의 그러한 폐해를 이미 오래 전부터 인식하고 있었으며, 그런 이유 때문에 불가피한 상황이 아니라면 탁본 뜨기에 의한 형상 채록을 지양하고 있다.

한국 학계의 그와 같은 상황 속에서, 나는 처음으로 폴리에틸렌을 통한 대곡리 암각화의 형상 채록을 하였다.[3] 국내에서는 처음으로 폴리에틸렌을 이용하여 대곡리 암각화 속의 형상들을 모두 채록하였으며, 이를 통하여 제작한 도면은 예술의 전당 「'신화', 그 영원한 생명의 노래」 전에 전시되었다.[4] 그리고 조사 과정에서 파악한 내용은 그 해 8월에 개최된 국제학술회를 통해 발표하였다.[5] 물론 폴리에틸렌을 통한 대곡리 암각화의 조사는 그때까지 진행되어 온 학계의 연구 성과와 통설을 송두리째 뒤집는 획기적인 결론을 얻게 해 주었다.

그 첫 번째는 이 암각화 속에 그려진 형상의 개체 수 증가였다. 대곡리 암각화 속에는 그동안 알려진 217개 보다 무려 30여 개가 증가된 253개의 형상들이 그려져 있음을 밝혔다. 두 번째는 면 쪼기에서 선 쪼기로 바뀌었다던 주장과는 달리, 이 암각화의 제작 기법은 선 쪼기에서 면 쪼기와 절충 쪼기 그리고 다시 선 쪼기 등의 순서로 층위를 이루고 있는 점, 기존의 울타리[자료 146]나 사슴의 목에 매인 고삐,[자료 150] 그리고 사슴의 뿔이라고 보았던 형상 등은 작살잡이와 어부들이 타고 있는 배였던 점, 그리고 이 암각화를 최초로 남긴 제작자는 선단을 구성하여 난 바다에서 고래를 잡았던 사람들이었다는 점 등을 밝힌 것이다.[6]

도면 제작 및 제재 분석

현장 조사가 끝나고, 폴리에틸렌으로 채록한 형상들을 모두 트레이싱 페이퍼 위에 옮겨 그렸다.[자료 175] 트레이싱 페이퍼에 옮겨 그릴 때도 채록 과정에서 썼던 컬러 유성 펜을 그대로 활용하였다. 그런 다음, 하나하나의 낱장들을 연결시켜서 대곡리 암각화의 전체 도면을 완성시켰다. 이렇게 완성된 초본으로써 세 가지 작업을 수행하였다. 하나는 전시용 도면의 제작이었고, 다른 하나는 실측도면을 만드는 것이었다. 마지막 하나는 형상 하나하나와 바위의 윤곽 등을 모두 일러스트 파일로 DB화하는 것이었다.

　도면 제작이나 일러스트 파일 작업 모두 전문성과 노동력, 그리고 시간을 요하는 일이다. 전시용 도면은 예술의 전당이 2000년 당시에 기획한 「'신화', 그 영원한 생명의 노래」 전에 활용하기 위하여 제작하였으며, 1:1 크기에 암각화의 제작 순서를 구분하여 그 층위별로 색을 다르게 하였다.[자료 176] 이를 위한 바탕 재는 한지 전지 중 3합지를 썼으며, 안료는 석채(분채)를 사용하였다. 한지는 아교포수를 한 다음, 그 위에 옮겨 그리기를 하고,

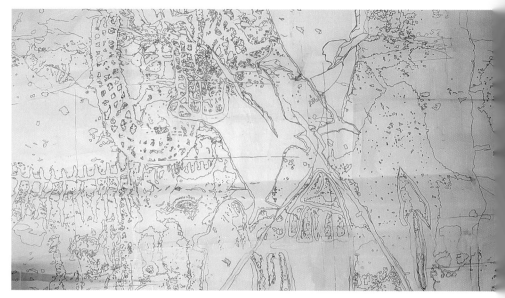

네 차례의 덧그려진 층위를 구분하여 채색을 하였다. 그렇게 하여 제작한 도면은 당시 개최된 전시회의 도입부를 장식하였다.[7]

전시용 도면 제작 이후, 일러스트 파일화와 병행하여 대곡리 암각화의 연구용 실측 도면을 새로이 제작하였는데,[8] 그것은 개개 형상의 윤곽을 1:1 크기로 먹 선으로 옮겨서 만들었다. 자료 177 일러스트 파일화 작업은 채록한 원본을 스캐닝하고, 그것을 일러스트 프로그램으로 다시 그려서 만들었다. 또한 암각화 속의 제재 구분, 형상의 수 파악, 그리고 제작 시기 분석 등을 위하여 제재 별로 서로 다른 색을 지정하였다. 자료 29 [9] 그것은 1971년 12월 에 대곡리 암각화가 발견된 이후, 형상 하나하나를 직접 눈으로 보고, 손으로 그 윤곽을 더듬어 그린 최초이자 유일한 도면이다. 이로써 개별 형상의 크기 및 윤곽·형상 상호 간의 중첩 상황·형상 간의 구성 양상·제작자의 조

자료 176 도면 제작 광경(송정화, 이진희 등)

자료 177 실측 도면 제작(이진희)

형 매너, 형상의 개체 수 등을 보다 분명하게 밝힐 수 있게 되었다.

1:1 크기의 전시용 도면을 만들고 난 다음, 조사와 도면 제작에 참여하였던 공동연구원들과 형상의 개체 수 파악 및 제재 분석 작업을 하였다. 이 과정에서 대곡리 암각화 속에는 모두 253개의 형상이 그려져 있음을 파악하였다. 중심 암면에서는 모두 213개의 형상을 헤아렸다. 중심 암면에 연이어진 오른쪽의 일부 바위 표면에도 모두 16개의 형상들이 확인되었다. 마찬가지로 중심 암면의 왼쪽 바위에서는 모두 24개의 형상들이 확인되었다. 총 253개의 형상 중 온전한 형태를 갖춘 것은 212개였으며, 미완성된 것은 41개였다. 또한 253개의 형상 중 제재 구분이 불가능한 형상도 50개가 있었다.

그런 다음, 이들 253개의 형상을 유와 종별로 분류를 하였다. 분류는 1984년에 문명대가 제시한 방법을 차용하였는데, 그 이유는 그가 제시한 분류 및 개체 수 등을 이후의 후속 연구자들이 지속적으로 차용하여 왔고, 또 그것을 기준으로 삼아 연구자별로 증감된 수치가 수정되어 왔기 때문이다. 기왕에 알려진 내용과 연구자별 분류 내용 및 형상의 개체 수 등의 차이점을 살피기가 용이하다.

253개의 형상을 크게 사람과 동물, 도구, 그리고 기타 등으로 분류할 수 있다. 분류 방법은 유와 종의 고유한 속성屬性[10]을 구분하여 같은 것끼리 묶는 것이었다. 사람의 경우, 머리에 두 팔과 다리, 그리고 몸통이 있는 형상이며,자료 178 얼굴(마스크)은 두 눈과 코 그리고 입이 있는 형상자료 179이 이에 해당한다. 동물의 경우는 포유류와 어류 등의 분류가 필요하나, 대곡리 암각화의 경우는 그동안 육지동물과 바다동물로 구분하였다. 육지동물도 초식과 육식 등의 구분이 필요하지만, 두 개의 귀에 목과 몸통, 꼬리 그리고

자료 178 손발이 과장된 사람 형상(대곡리 암각화)

자료 179 얼굴(대곡리 암각화)

네 개(또는 두 개)의 다리를 갖추고 있는 것들을 묶었으며, 뿔과 굽(발톱), 그리고 꼬리의 모양에 따른 세분을 하였다.

선사 미술에서 동물 분류는, 일반적으로 두 개의 뿔이 모여서 동그라미를 이루는 것은 소이며, 나선형의 뿔이 난 것은 산양이고, 여러 개의 가지가 있는 뿔은 사슴이다. 사슴과 산양 등은 꼬리가 짧으며, 소와 말은 꼬리가 길다. 긴 코가 달린 것은 코끼리이며, 뿔은 없고 목과 꼬리가 긴 굽 동물은 말이다. 두 귀에 주둥이가 뾰족하고 목이 짧으며, 위로 치켜세웠거나 아래로 내린 길지도 짧지도 않은 꼬리가 달린 것은 멧돼지이다. 위로 솟은 두 귀에 둥글고 크지 않은 머리, 어깨뼈 부위가 부풀어 오른 몸통에 긴 꼬리에 끝이 위로 말린 것은 고양이 과科의 맹수이다. ^{자료 180} 바로 이와 같은 부분들이 특정 동물의 종을 구분해 내는 속성이다.

바다 동물도 그와 같은 속성을 통하여 구분할 수 있다. 고래는 폭(몸통의 높이)이 전체 길이(체장)의 1/3에 이르는 유선형 몸통에 가슴과 꼬리지느러미를 갖추고 있는데, 이들은 때에 따라서 분기공으로부터 수증기가 뿜어져 나오기도 하고, 또 등지느러미와 특색 있는 입 모양을 띠고 있다. 거북은 직사각형의 몸통에 머리와 네 발 그리고 꼬리가 달려 있다. 물개와 바다표범 등 기각류는 유선형 몸통에 가슴지느러미와 발가락 사이에 물갈퀴가 있는 발이 특징이다. 물고기는 아가미에 가슴과 꼬리지느러미가 있고, 조류는 부리와 날개가 가장 뚜렷한 표징이다. ^{자료 181} 그밖에도 배나 작살, 그리고 그물 등의 도구류도 보이는데, 이들도 인간이 만들어서 쓴 생활이기로서의 고유한 표징을 지니고 있다.

이와 같은 속성에 근거를 두고, 대곡리 암각화 속에 그려진 형상들의 유와 종을 분류하게 되는데, 이들도 다시 신체 세부에서 드러나는 특징의

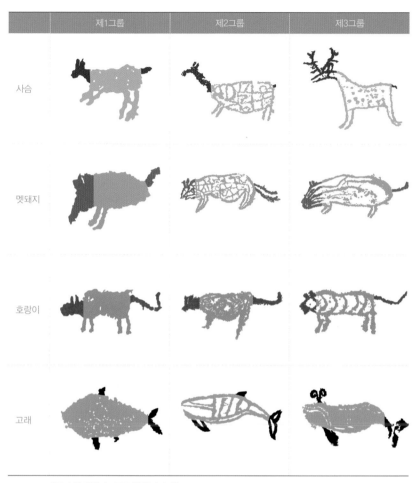

	제1그룹	제2그룹	제3그룹
사슴			
멧돼지			
호랑이			
고래			

자료 180 대곡리 암각화 속 동물 형상의 속성

거북	고래	상어	물개

자료 181 대곡리 암각화 속 바다동물

차이로써 속과 종을 세분할 수 있다. 예를 들어 고래목의 경우는 이빨 고래 과와 수염 고래과의 두 그룹으로 구분되는데, 이는 입 속에 이빨이 있는가 아니면 소위 수염 판이 나 있는가의 차이에 따른다. 그리고 이빨 고래도 부리의 모양, 가슴지느러미의 생김새, 몸통의 생김새와 무늬 등을 통해 다시 모두 27종으로 구분한다. 수염고래도 입 모양, 가슴·등背·꼬리 등 지느러미의 생김새, 몸통의 줄무늬, 그리고 분기공에서 솟아오르는 수증기의 모양 등으로 다시 세분한다.

대곡리 암각화 속의 형상 하나하나를 분석하면, 얼굴 2점을 포함하여 사람은 모두 16점이 확인된다. 육지동물 중에는 사슴 42점, 멧돼지 18점, 호랑이 23점, 그리고 기타 등 7점이 헤아려진다. 바다동물은 고래 63점, 거북 6점, 물개 2점, 그리고 상어 2점을 포함한 물고기 5점이 살펴진다. 펭귄 _{자료 182} 2점을 포함하여 새도 4점이 그려져 있다. 또한 배 10점, 부표 5점, 작살 1점, 그물 2점 등의 도구류들도 살필 수 있다. 그밖에도 미완성되었거나 속성이 드러나지 않아 판독이 불가능한 형상들도 50여 점에 이른다. 이렇듯 대곡리 암각화 속에는 253개의 형상들이 그려져 있다.

50점의 불분명한 형상들 가운데는 육지동물로 보이는 것이 4점이며, 또 기호 혹은 무언가를 온전히 형상화하였으나, 그 자체가 무엇을 형상화한 것인지 애매한 것도 16점에 이른다. 제재별 형상의 점유율을 살펴보면, 사람 형상은 전체의 약 6.3%에 해당한다. 육지동물은 전체의 약 37%, 물고기를 포함한 바다생물은 약 30%에 이른다. 도구류도 전체의 7%의 형상 점유율을 보인다.

그 가운데서도 가장 많은 점유율을 보이는 제재는 63점이 고래이며, 이는 전체 형상의 25%에 이른다. 이 수치는 대곡리 암각화 속 형상 넷 중의 하

자료 182 펭귄과 고래(대곡리 암각화)

나가 고래임을 말해주는 것이다. 사슴과 동물 형상은 모두 42점이 헤아려졌는데, 이는 전체의 약 17%에 해당한다. 그 뒤를 이어서 호랑이와 멧돼지 등의 동물이 각각 9%와 7.1%를 차지한다. 따라서 대곡리 암각화의 핵심적인 제재는 고래였으며, 그에 이어서 사슴, 호랑이, 그리고 멧돼지 등이 중요한 제재였다고 할 수 있다.

형상 재검토 및 판독

대곡리 암각화 속의 형상을 채록하고 또 도면을 제작하면서, 그동안 알려진 형상 판독 및 제재 분류, 그리고 해석 내용 등에 수긍하기 어려운 점이 몇 개 발견되었다. 그 중에는 울타리木柵를 치고 가축을 기르는 모습을 형상화한 것으로 본 것,^{자료 146·183} 고래가 새끼를 업고 있는 모습을 형상화한 것이라고 본 것,^{자료 184} 거대한 뿔이 난 사슴이라고 본 것,^{자료 185} 물고기를 사냥한

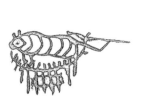

자료 183 울타리
(황수영·문명대, 1984)

자료 184 고래
(황수영·문명대, 1984)

자료 185 사슴
(황수영·문명대, 1984)

자료 186 물개
(황수영·문명대, 1984)

자료 187 사슴
(정동찬, 1996)

자료 188 개구리
(정동찬, 1996)

자료 189 돌고래
(황수영·문명대, 1984)

물개 형상이라고 본 것,^{자료 186} 몸통에 점무늬가 찍혀있는 사슴이라고 본 것, ^{자료 187} 물고기(개구리)라고 본 것,^{자료 188} 그리고 고래라고 본 것^{자료 189} 등이다.

우선 울타리 속에 동물이 그려져 있다고 판독한 것^{자료 146}인데, 이 형상이 만약 울타리를 나타낸 것이라면, 그것은 세로로 일정한 높이의 나무 말뚝을 박고, 그 말뚝들의 높이 약 1/4 지점에 가로로 긴 나무를 고정시킨 모양을 그렸다는 전제를 하여야 한다. 그렇다면, 가로선을 기준으로 하여 위와 아래의 수직선들은 서로 짝을 이루어야 하고 또 수직을 이루어야 한다. 그런데 이 형상에서 위와 아래의 세로선들은 서로 어긋나 있거나, 심한 경우에는 짝을 맞추기가 어렵다. ^{자료 190·191} 다시 말하자면, 위의 세로선은 모두 15개이나 아래의 것은 14개이다. 따라서 수직선들이 울타리용 말뚝을 나타낸 것이라고 보기는 어렵다.¹¹

자료 190 그물과 배(대곡리 암각화 왼쪽 위)

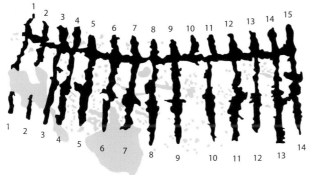

자료 191
배 분석(대곡리 암각화)

게다가 소위 '울타리' 가운데는 동물이 한 마리 있다고 판독하였다. 그에 따라서 그동안의 연구자들은 울타리 안에 동물이 갇혀 있기 때문에 이를 가축우리[12]나 방어용 목책,[13] 그리고 사냥용 덫[14] 등으로 보았던 것이다.[15] 그런데, 그동안 동물이라고 판독하였던 부분을 자세히 살펴보면, 사람이 쪼아서 동물을 형상화하였다고 할 수 있는 타격 흔적을 살펴낼 수 없다. '동물'이라고 판독한 부분의 세부 모양을 살펴보면, 그것은 바위의 자연 균열선과 깨진 자국 등이다. 따라서 이 형상을 두고 그동안 제기되었던 가축우리나 방어용 목책 혹은 덫 등의 주장은 바르지 않다.

이 형상[자료 191]을 검토해 보면, 그것은 사람들이 배를 타고 노를 젓는 모습임을 살펴낼 수 있다. 가로선은 배船이며, 윗부분의 세로선은 사람들이 배를 탄 모습이고, 아래의 세로선은 사람들이 젓고 있는 노를 나타낸 것이다. 암각화 가운데 그려진 배는 일반적으로 가로로 짧은 수직선을 그어서 사람이 타고 있음을 나타내었다. 물론 배의 모양은 조금씩 차이가 있는데, 어떤 것은 수평선에 가깝고,[자료 192·193] 어떤 것은 이물과 고물이 위로 휘었으며,[자료 194] 또 다른 어떤 것은 선체가 두꺼운 면적감을 띠기도 한다.[자료 195] 그러한 예를 대곡리 암각화 속의 배 형상[자료 196] 가운데서도 살필 수 있다. 그리고 또 어떤 경우에는 앞에서 살펴본 것과 같이 사람들이 노를 젓는 모습을 나타낸 것도 있다.[자료 197]

대곡리 암각화 속에는 유사한 모양의 배 형상이 네 개나 더 보인다. 그것들 가운데 셋은 그동안 울타리라고 보았던 것들[자료 183·198·199]이며, 나머지 하나는 사슴의 뿔이라고 판독한 것[자료 200-1·200-2]이다. 이들의 기본적인 구조는 앞에서 검토한 것과 비슷하다. 넷 중에서 하나가 형태상 약간의 차이를 보이는데,[자료 200-1·200-2] 그것은 배에 사람만 타고 있는 모습이다. 따라서 그

자료 192 배(금장대, 경주)

자료 193 배(살라볼리노, 러시아)

자료 194 배(솔베르그, 노르웨이)

자료 195 배(잘라부르가, 러시아)

자료 196 배(대곡리 암각화)

자료 197 배(벤텐지마, 일본, 國分直一)

자료 198 고래들 사이의 배(대곡리 암각화)

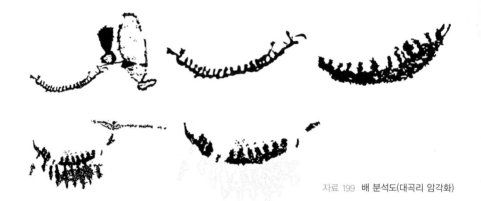

자료 199 배 분석도(대곡리 암각화)

자료 200-1 배(황수영·문명대, 1984)

자료 200-2 배 분석도

자료 201　고래와 기생 물고기
(대곡리 암각화)

자료 202　겹 그려진 소(탐갈르이, 카자흐스탄)

동안 울타리 또는 가축우리라고 보면서 정착 생활과 연결시켰던 해석은 수
정되어야 한다.

　　이 암각화의 왼쪽 위에는 돋을새김 기법으로 물고기를 그리고, 그 주위
를 쪼아서 고래를 그린 형상이 있다.^{자료 201} 이 형상은 특정 제재의 이미지를
남겨두고, 그 주위를 쪼아서 그린 것인데, 이로써 두 개의 이미지를 동시에
표현할 수 있게 되었다. 이와 같이 특정 이미지의 윤곽 속에 다른 형상을 돋
을새김 한 예를 다른 유적에서도 살필 수 있다.^{자료 202} 그런데 이 고래 형상
의 경우, 몸통 속에 물고기의 이미지가 그려진 까닭에 한 때는 임신한 고래
를 형상화한 것이라고 보았으나,[16] 중첩된 위치가 자궁 부위가 아니라 머리
인 점을 들어 새끼를 업고 있는 고래를 형상화한 것이라는 반론이 제기되었
다.[17] 그밖에도 영혼을 표현한 것이라거나[18] 범고래가 물고기를 통째로 삼킨
것[19]이라는 주장도 제기된 바 있다.

자료 203 **혹등고래 어미와 새끼**
(Takaji Och, 2011)

자료 204 **겹 그려진 고래와 물고기 비교**

　연구자 중에는 포유동물인 고래는 숨을 쉬어야하기 때문에 정기적으로 물 바깥으로 나와야 하며, 특히 어미 고래는 갓 태어난 새끼의 호흡 돕기와 보호 등을 위해 등에 업고 다니는 점^{자료 203}을 들어, 이 형상이 새끼를 업고 있는 모습을 그린 것이라고 보았다. 그러나 만약에 돋을새김 된 형상이 새끼라고 한다면, 둘이 서로 닮아야 한다. 그런데 이들 둘은 서로 전혀 닮지 않았다.^{자료 204} 이 암각화를 제작한 화가의 조형 능력을 고려한다면, 더욱이 이 암각화 속 고래 형상들이 보이는 뛰어난 사실성과 생동감 등을 전제로 한다면, 새끼와 어미고래가 닮지 않은 점을 설명할 방법이 없다.[20] 따라서 고래 몸통 속에 돋을새김된 것은 기생 물고기 가운데 어떤 것을 형상화한 것^{자료 205}으로 보는 것이 바르다.

자료 205 기생 물고기

암면의 중간 부분에는 거대한 몸통의 고래와 함께 그 좌우에 각각 물개가 그려져 있다고 하였다.^{자료 182} 그 중의 한 마리는 입에 물고기를 물고 있는 모습이다. 이들 두 형상의 세부를 살펴보면, 그것들은 모두 부리와 타원형의 몸통, 그리고 날개 등으로 이루어져 있다. 따라서 이 형상은 기각류인 물개^{자료 206}의 머리와 가슴지느러미, 그리고 긴 유선형의 몸통 등과는 큰 차이가 있다. 부리와 날개가 달린 이 형상은 당연히 새鳥類의 한 가지를 나타낸 것이다. 특히 이 두 형상은 목이 없고, 부리와 타원형 몸통이 바

자료 206 물개

자료 207 가마우지

로 연결되어 있다. 조류 가운데서 이와 같은 몸통 구조를 하고 있는 것은 펭귄뿐이다. 일부 연구자들은 이 형상을 가마우지로 보기도 하였는데,[21] 그렇다면 목이 있어야 하는 점을 지적하지 않을 수 없다.^{자료 207}

연구자들은 이 암각화의 중간 아래 부분에 얼룩 사슴 또는 점박이 사슴^{자료 187·208}이 그려져 있다고 하였다. 이들의 견해에 따르면, 오른쪽으로 향하여 뛰어가고 있는 사슴인데, 몸통 가운데 여러 개의 점들이 찍혀 있기 때문

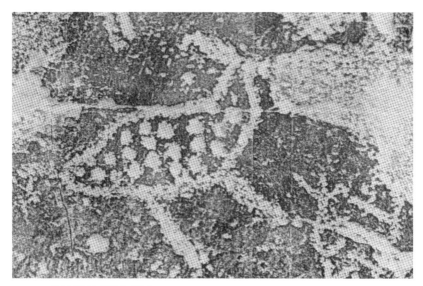

자료 208　사슴(황수영·문명대, 1984)

에, 이를 얼룩이[22] 또는 점박이 사슴을 그린 것으로 판단하였다.[23] 그러나 이 암각화를 제작한 대곡리 화가의 조형 매너와 캐논을 이해하기만 하면, 이 형상이 육지 동물이 아님을 금방 알 수 있다. 형상 분류 과정에서 이미 밝힌 바 있듯이, 이 암각화 속의 육지동물은 반드시 두 개의 귀와 종을 구분할 수 있는 꼬리가 그려져 있다.

후술하겠지만, 대곡리 암각화를 남긴 화가들은 육지 동물을 형상화할 때 그 몸통 구조 중 등선에서 엉덩이 부분, 그리고 뒷다리는 'ㄱ'자 꼴을 이루도록 하였다. ^{자료 209} 바로 이러한 점이 이 암각화를 남긴 화가의 조형 매너이자 그들이 견지한 캐논이었으며, 바로 그런 점

등선

엉덩이선

자료 209　**동물 형상 몸통 구조**

으로써 세계 유일의 대곡리식 동물 양식도 추출해 낼 수 있는 것이다. 그런데 얼룩이 또는 점박이 사슴이라고 본 이 형상에서는 귀도 하나 밖에 없고, 또 엉덩이에서 뒷다리로 이어지는 부분도 캐논에 부합하지 않는다. 더욱이 꼬리도 없고, 뒷다리는 유선형 몸통의 1/3지점에 나 있다. 사슴의 특징에 부합하는 점이 하나도 없다. 따라서 이 형상은 사슴이 아니다. 이와 같은 몸통 구조를 갖고 있는 것은 고래뿐이다. 그동안 사슴의 머리라고 보았던 부분은 고래의 꼬리지느러미에 해당하며, 엉덩이에 해당하

자료 210　혹등고래(Takaji Ochi, 2011)

는 부분은 고래의 머리 부분이었던 것이다. 또한 다리라고 보았던 것은 고래의 가슴지느러미를 나타낸 것이었다. 고래 가운데서 가슴지느러미가 다리처럼 긴 것은 바로 혹등고래이다. [자료 210] 이 점에 관해서도 고래 형상들을 논할 때 다시 한 번 자세히 살펴보고자 한다.

　　대곡리 암각화의 중간 아래 부분에는 물고기 또는 개구리라고 본 형상 24이 있다. [자료 188] 그동안의 연구자들은 이 형상의 온전한 모습을 살펴내지 못한 듯하다. 이 형상은 윤곽을 쪼아서 그렸으나, 부분적으로는 더 깊게 쪼기도 하였는데, 그것이 온전한 형상 파악의 방해요소로 작용된 듯하다. 이 형상도 가슴지느러미, 등지느러미, 그리고 꼬리지느러미를 잘 갖춘 고래를 나타낸 것이다. [자료 211] 그 밖에도 문명대가 고래라고 분류한 형상 중 둘을 나는 물개[자료 212]로 보고자 하였다. 이들 둘의 형태적 특징은 문명대가 판독

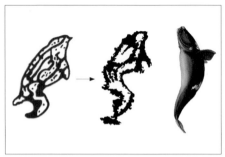

자료 211 **새로운 형상 해석**
(물고기→고래)

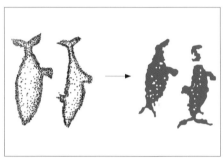

자료 212 **새로운 형상 해석**
(고래→물개)

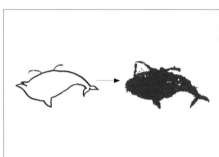

자료 213 **새로운 형상 해석**
(돌고래→수염고래)

한 것과 완전히 다르다. 돌고래라고 본 형상도, 수염고래를 잘 못 판독한 것이다. 자료 213

동물 형상 분석

형상의 개체 수와 공간 점유율 그리고 각각의 형상들이 제시하는 장면, 구성 내용 등을 놓고 볼 때 고래·사슴·돼지·호랑이 등은 이 암각화의 중심적인 제재임을 이미 밝힌 바 있다. 이들 가운데서 육지 동물은 모두 측면에서 바라본 모습이지만, 고래는 위와 아래, 그리고 옆 등 여러 각도에서 바라본 모습들이 동시에 살펴진다. 이들을 종별로 분류하고 또 그 형태를 분석해 보면, 비록 서로 같은 종일지라도 크게 세 가지 서로 다른 양식으로 그려져 있음을 알 수 있다.

첫 번째(제1그룹)는 자연주의적인 양식의 형상이다. 여기에서 '자연주의'라 함은 각 동물의 신체 비례나 그 개개 동물들이 지니고 있는 고유한 특징들을 크게 왜곡하지 않고, 또 그 비례를 유지하면서 그린 것을 이르는 말이다. 이미 밝힌 바 있듯이, 육지동물은 모두 종별로 고유한 속성들을 갖추고 있다. 그런데 종이 다를지라도 그 몸통은 가로 변이 긴 직사각형을 이루고 있는데, 그 비율은 2:1이다. 머리끝에서 목까지의 길이와 다리의 길이는 몸통의 세로 변과 동일하다. _{자료 158}

고래는 유선형의 몸통 구조를 보이고 있다. 몸통의 폭은 가슴지느러미를 기준으로 하여 머리로 향하면서 급격히 좁아지지만, 그것이 꼬리 쪽으로 가면서는 서서히 좁아진다. 머리끝에서 꼬리지느러미의 'V'자형 홈까지, 즉 몸통의 중심에 가상의 축선을 그으면, 가슴의 폭은 체장의 1/2 정도이다. 몸통을 삼등분하면, 앞가슴지느러미는 체장의 1/3지점에 나 있으며, 꼬리자루는 2/3지점부터 시작된다. 중심축을 기준으로 하여 몸통은 좌우 대칭을 이루고 있어서 시각적으로 안정감을 준다.

이렇듯 사슴이나 돼지 그리고 호랑이 등 육지동물은 물론이고 바다동물인 고래의 몸통은 가로(고래의 경우, 체장)와 세로(고래의 경우, 체고)가 각각 2:1의 비율을 띠고 있다. 그리고 그 몸통에 저마다의 속성이 내포되어 있는 머리와 꼬리 그리고 다리가 붙어 있는 것이다. 물론 고래는 가슴·등·꼬리지느러미가 붙어 있다. 이들 동물들의 신체 세부와 그 비례는 원래의 그것과 비교적 유사하다.

두 번째(제2그룹)는 첫 번째 그룹의 변화형이다. 우선 육지 동물의 몸통은 제1그룹에서 2:1로 직사각형을 이루던 것이 크게 바뀐다. 어깨 뼈 부분의 융기와 더불어 그로 인해 약간의 요철이 생겼거나 혹은 바깥으로 휜 등선과 함께 가슴에서 배로 이어지는 윤곽선 역시 바깥으로 완만한 곡선을 이루는데, 이에 따라서 몸통은 전체적으로는 아래로 휜 변형 반달형을 이루고 있다. 동물의 종에 따라 조금씩 차이는 있지만, 제1그룹에 비할 때 목은 보다 가늘고 또 길어졌으며, 앞다리는 몸통과 목의 크기에 비할 때 상대적으로 짧아졌고, 등선에서 엉덩이와 뒷다리로 이어지는 모양은 여전히 'ㄱ'자꼴^{자료209}을 유지하고 있다.

고래도 제 1그룹의 유선형이던 몸통이 크게 변하여 좌우의 균형감을 살필 수 없게 되었으며, 몸통에서 꼬리자루로 가면서 급격하게 가늘어졌다. 등과 배의 선이 모두 곡선이지만, 상대적으로 배선이 더 심하게 바깥으로 휘어져 있다. 이와 같은 점은 사슴과 같은 초식동물의 몸통 가운데서도 살필 수 있다. 그러니까 이 암각화의 제작 집단은 제2그룹의 형상들이 제작되는 과정에서 육지 동물과 바다 동물의 몸통 구조가 기본적으로 서로 유사하다는 인식을 하였던 것으로 보인다. ^{자료 214}

세 번째(제3그룹)의 형상들은 장식성이 강조되었다. 이 그룹은 앞의 제1

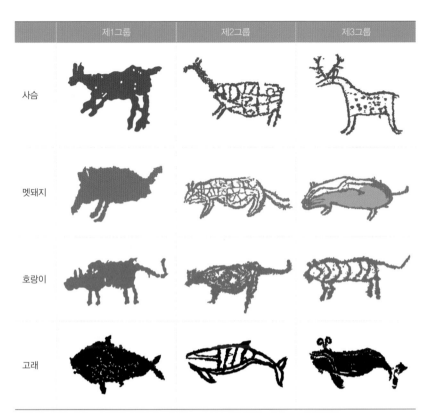

	제1그룹	제2그룹	제3그룹
사슴			
멧돼지			
호랑이			
고래			

자료 214 **양식 분류표**

과 2그룹에 비할 때, 몸통의 구조적 동질성은 상대적으로 약화되었다. 다시 말하자면, 서로 종이 다른 동물일지라도 제1과 2그룹에서 보이던 직사각형 또는 변형 반달형과 같은 몸통의 구조적 동질성을 살피기가 어렵다. 그러나 이 그룹의 형상들은 각 종별로 그 형태적인 속성들이 특별히 강조되어 있다. 사슴은 뿔과 몸통의 꽃무늬, 멧돼지와 호랑이는 몸통의 줄무늬 등이 강조되어 있다.

고래도 제1과 2그룹에서 살필 수 없었던 수증기 뿜는 모습이나 입의 모습 등이 추가되었으며, 몸통은 심하게 요동치는 모습으로 바뀌었다. 제 1그 룹의 좌우 대칭형 몸통과는 뚜렷이 대비될 뿐만 아니라 제2그룹의 고래에서 보이던 유려한 몸통과도 구별되는 형태를 보이고 있다. 물론 고래가 갖고 있는 특별한 속성, 즉 가슴이나 꼬리지느러미 등은 변함없이 중요한 세부의 특징으로 남아 있다.

대곡리 암각화 속에 표현된 형상들을 그 몸통의 생김새에 따라 세 개의 그룹으로 분류할 수 있다. 이와 같은 분류를 통해서 사슴·돼지·호랑이·고 래 등이 세 가지 서로 다른 몸통 구조를 띠고 있음을 읽어낼 수 있었다. 제1 그룹의 동물 형상들은 직사각형 또는 좌우대칭의 유선형을 띠고 있었지만, 제2그룹에서는 몸통의 생김새가 바뀌어 육지동물은 사각형 몸통이 아래로 휜 변형 반달형으로 바뀌었고, 고래는 좌우대칭의 유선형 몸통이 균형을 잃 는 대신 운동감을 획득하게 되었다. 그에 따라서 제2그룹의 형상들은 각각 그 어디에서도 살필 수 없는 독특한 구조의 몸통을 만들고 있다. 더욱이 육 지 동물과 고래의 몸통은 기본적으로 동일한 구조를 띠게 되었다. ^{자료 215}

제3그룹의 경우, 각각의 동물들에서 통일성 있는 몸통의 구조를 살피 기는 어려웠지만, 제1 및 2그룹에 비해 상대적으로 종의 속성이 더 강조되 어 있음을 확인할 수 있었다. 그 속성은 다름이 아니라 사슴의 뿔과 몸통의 점 무늬 장식, 돼지와 호랑이의 줄무늬와 꼬리 그리고 고래가 내뿜는 수증 기 모양 등이다. 이러한 속성들을 통해서 그것들이 사슴·돼지·호랑이·고 래임을 더욱 강조하였다. 그러니까 제1과 2그룹에서 보이던 동일한 구조의 몸통, 즉 제재를 불문하고 동질성을 보였던 직사각형이나 아래로 휜 변형 반달형의 몸통 구조가 제3그룹에서는 상대적으로 약화된 것이다. 그러나 그것이 무엇을 형상화한 것인지를 분명히 밝히기 위하여 뿔이나 몸통의 무

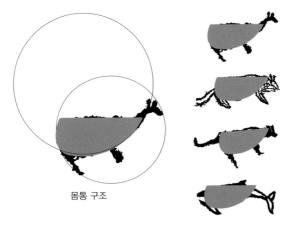

몸통 구조

늬, 꼬리의 길거나 짧음의 정도, 그리고 입의 생김새나 수증기 등을 강조하였음도 살필 수 있었다.

이와 같은 일련의 변화 과정을 통해서 대곡리 암각화의 제작 집단은 제재가 된 동물들의 속성에 대한 명확한 파악을 하고 있었음도 알 수 있다. 우선 사슴은 두 개의 귀와 긴 목 그리고 짧은 꼬리가 특징이다. 멧돼지는 길거나 뭉뚝한 주둥이에 두 개의 귀, 짧은 목 그리고 꼬리를 지니고 있으며, 호랑이는 작은 머리, 두 개의 귀, 솟아오른 어깨뼈 부위 그리고 끝이 위로 감긴 꼬리 등이 특징이다. 한편 고래는 유선형 또는 그 변형의 몸통에 가슴지느러미와 꼬리지느러미 등이 절대 불변의 속성이다.

대곡리 암각화 제작 집단은 그와 같은 불변의 속성들을 적절하게 변형시키면서 그들의 조형 세계를 구축하였는데, 그것은 그룹별 몸통의 구조, 종별로 특색이 있는 뿔과 귀, 몸통의 구조, 목의 길이와 두께, 꼬리의 길이와 구부러짐의 정도, 그리고 몸통 장식 등을 통해서 확인할 수 있다. 이와 같은 신체 세부의 특징을 재해석하여 이 암각화의 제작 집단은 세상에 단 하나 밖에 없는 '대곡리식 동물 양식'[자료 215]을 창출하였던 것이다.

대곡리식 동물 양식

대곡리식 동물 양식! 그것은 오직 울산 대곡리 암각화 속에서만 살필 수 있는 조형 예술의 양식이다. 또한 그것은 이미 형상 분석 과정에서 논한 바 있는 제2그룹의 '아래로 휜 변형 반달형' 몸통에 각 동물의 고유한 속성들이 결합되어 이루어진 형상을 이르는 말이다. 그 아래로 휜 변형 반달형의 몸통은 대곡리 암각화 제작 집단이 지니고 있었던 동물에 대한 인식과 그 몸통에 대해 품었던 관념, 그들이 향유하였던 당대의 미의식, 그림 속의 제재들과 더불어 고락을 함께 하였던 제작 집단의 애환 등이 복합적으로 어우러진 것이다.

이미 앞에서 고래를 비롯하여 사슴과 돼지, 그리고 호랑이 등 네 개의 핵심적인 제재들을 동일 선상에 놓고, 그것들을 몸통 구조의 차이에 따라 세 개의 그룹으로 분류한 바 있다. 그 과정에서 제1그룹은 자연주의적인 형상이었으며, 그 몸통 구조는 육지동물의 경우 가로 세로 2:1의 직사각형이었고, 고래도 가로(체장) 세로(체고) 2:1의 몸통에 좌우대칭의 유선형이었음을 확인하였다. 제2그룹의 몸통 구조는 아래로 휜 변형 반달형이며, 그것은 직사각형과 유선형이던 제1그룹의 몸통 구조 중 목과 배선이 완만하게 휘어진 변형 반달형으로 바뀌었음을 살펴보았다. 또한 제3그룹은 몸통의 구조에서 서로 간의 동질성이 약해지는 대신에, 뿔이나 몸통의 무늬 그리고 고래의 경우 수증기 뿜기나 입의 구체적인 모양 등과 같은 신체 세부의 특징 들이 특별히 강조되었음도 확인한 바 있다.

이 과정에서 특별히 주목할 것은, 제1그룹의 직사각형과 유선형, 제2 그룹의 반달형 등의 예에서 살필 수 있었듯이, 각 그룹 별 동물의 몸통 구조 는 비록 그 종이 서로 다를지라도 모두 같은 모양을 띠고 있다는 점이다. 그 럼에도 불구하고, 어떤 형상은 사슴이 되고, 또 어떤 것은 돼지가 되며, 다 른 어떤 것은 호랑이나 고래가 되는데, 이렇듯 서로 간의 몸통 구조가 동일 할지라도 개개의 형상들이 서로 구별되는 것은 각각의 형상 속에 개별 동물 들의 불변하는 속성들이 표현되어 있기 때문이다. 물론 사람들은 바로 그와 같은 특징을 통해서 그 종을 판별해 내는 것이다.[25]

동물 가운데 어떤 것은 머리에 뿔이 있고, 또 어떤 것은 없는 것도 있 다. 어떤 동물은 발굽이 나 있는 반면에, 또 어떤 것은 발가락과 발톱이 있 다. 뿐만 아니라 어떤 동물은 꼬리가 짧고, 어떤 것은 길며 또 다른 부류의 어떤 동물은 꼬리가 위로 휘었거나 끝이 말린 것도 있다. 이와 같은 부분의 차이가 동물들의 유와 종을 구분하는 기준이 되며, 그와 같은 특징이 없는 경우, 우리는 결코 그것이 무엇을 형상화하였는지 알 수 없다.[26]

바로 이와 같은 특징들, 즉 뿔·목·발굽·발톱·꼬리 등을 통해서 그것 이 어떤 동물인가를 구분하는 것이다. 그런 까닭에 동물의 뿔과 목, 발굽과 발톱 그리고 꼬리 등의 생김새와 그 차이는 곧 그것이 어떤 동물인지를 알 게 해 주는 고유한 속성이자 표징標徵인 셈이다.[27] 그런데 만약에 어떤 동물 형상 가운데서 이와 같은 속성들을 살필 수 없다면, 그것이 무엇을 형상화 한 것인지 판독할 수는 없다. 반대로 몸통이 추상적이거나 기하학적 도형 으로 표현되었다고 할지라도, 그것의 뿔이나 꼬리 등이 특정 동물의 그것을

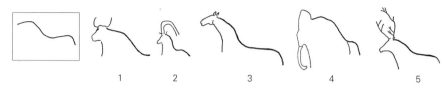

자료 216 **동물 양식(A.르로아 구랑)**

자료 217 **동물양식(사이말르이 타쉬 암각화, Ya.쉐르)**

분명히 제시해 주고 있다면, 그것이 무엇을 형상화한 것인지 금방 구별할 수 있는 것이다. ^{자료 216·217}

대곡리 암각화 속 동물 형상의 분류도 바로 그와 같은 동물의 고유한 속성을 통해서 구분하였음을 이미 밝혔다. 이 암각화 속에 그려진 거북^{자료 218}이나 물개, 펭귄[28] 그리고 고래 등의 바다 동물과 사슴, 멧돼지 그리고 호랑이 등의 육지 동물, 나아가 배나 뱃머리에 서 있는 작살잡이 등의 형상 분석^{자료 219}과 분류는 저마다의 고유한 속성들을 갖추고 있는가의 여부를 통해서 이루어진 것이다. 이 암각화 속에는 253개의 형상들이 표현되어 있지만, 그 가운데서 약 50여 개의 형상들은 종이 불분명한 것으로 분류되어 있는데, 그 이유는 그 각각의 형상들 속에서 그것이 무엇임을 말해주는 속성이 없거나 혹은 뚜렷이 드러나 있지 않기 때문이다.

자료 218 **세 마리의 거북**
(대곡리 암각화)

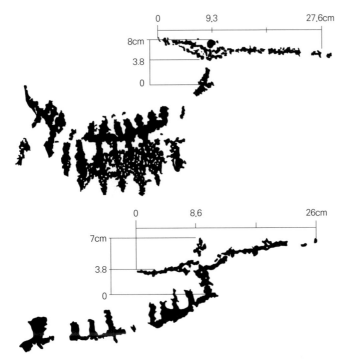

자료 219 작살잡이 분석(대곡리 암각화)

그러므로 특정 동물을 형상화하기 위해서는 반드시 그 동물이 갖고 있는 고유한 속성들이 표현되어야 한다. 이미 제1·2·3의 그룹을 통해서 확인한 바 있듯이, 몸통의 구조는 제작자와 시기 등의 차이에 따라 직사각형에서 아래로 휜 변형 반달형으로 바뀌었지만, 사슴과 돼지 그리고 호랑이 등의 속성, 즉 길고 짧은 목과 끝이 휘어졌거나 짧은 꼬리 등은 불변하는 요소이며, 그것들은 몸통 구조의 변화 여부와 무관하게 지속적으로 표현되었다. 이렇듯, 몸통의 생김새와는 무관하게 신체 세부의 고유하며 불변하는 속성들에 의해서 속과 종 등의 구분을 하는 것이다.

한편, 각 동물의 몸통은 제작자와 그 제작 시기의 차이에 따라서 변하였음을 동시에 확인할 수 있었다. 이를 통해서 특정 동물을 표현하는데 몸통은 그다지 큰 역할을 하지 않는 점도 또한 알 수 있다. 바로 이와 같은 점을 통해서, 선사시대의 화가들은 각 제재별 불변하는 속성들을 파악하고, 그것으로써 그가 표현하고자 한 특정 제재를 형상화하였음과 더불어 몸통의 구조를 변화시켜서 동물에 대해 품었던 관념과 동시에 특정 시대의 공동체가 향유하였던 미감 등을 표출시켰던 것이다. 그런 까닭에 몸통의 구조를 통해서 시대별 조형예술의 양식 파악이 가능한 것이다. 다시 말하자면, 시대 양식이란 각 동물들의 고유하며 불변하는 속성 가운데서 표출되는 것이 아니라 제작 주체와 시대에 따라 새롭게 디자인된 몸통의 구조나 다리, 그리고 목의 모습 가운데서 살펴낼 수 있는 것이다.

대곡리 암각화 속의 동물 형상들은 직사각형과 유선형 몸통 구조에서 아래로 휜 변형 반달형으로 바뀌면서 육지 동물은 물론이고 바다 동물인 고래와도 양식적으로 동일한 모습을 갖추게 되었다. 그러면서도 육지 동물은 반드시 두 개의 귀가 나 있고, 또 등선과 엉덩이가 'ㄱ'자 형으로 연결되어 있다. ^{자료 209} 그러나 고래는 좌우로 나뉜 꼬리지느러미에 변화가 심한 꼬리자루와 변형 유선형 몸통이 결합되어 있다. 이와 같은 형상들을 통하여 대곡리 암각화 제작 집단이 고수하였던 캐논이 무엇인지도 확인할 수 있다.

형상 상호 간의 선후 관계 분석

그동안 대곡리 암각화 속에는 단 두 개의 제작 층위가 있는 것으로 알려졌다. 이 암각화 속의 전체 형상들은 두 번 시차를 두고 제작된 것으로 보았다는 것이다. 이와 같은 층위 구분은 문명대에 의해 시도되었고, 임창순과 임세권 등이 구체화시켰다. 문명대는 왼쪽 위의 선 쪼기로 그려진 그물 등이 면 쪼기의 고래를 덮고 있는 점을 비롯하여 유사한 사례를 지적하면서, 면 쪼기로 그려진 형상들이 선 쪼기로 그려진 것들에 비해 상대적으로 먼저 그려졌다고 하였다. 임창순과 임세권 등은 문명대의 이와 같은 지적을 재확인하였다.

이와 같은 그의 분석과 주장은 대곡리 암각화의 제작 시기에 따른 층위 구분에 큰 기여를 하였다. 그리하여 이 주장에 대해 한동안 이견이 없었으며, 이후의 연구자들은 대부분 문명대 등의 분석 결과를 그대로 차용하여 저마다의 연구를 펼쳤고,[29] 또 보충적인 의견을 개진하였다. 그리하여 연구자들은 대곡리 암각화 속 형상들을 면 그림과 선 그림 등 둘로 나눠 보기에 이르렀다.[30]

물론, 면 쪼기로 그려진 형상들 위에 선 쪼기의 형상이 덧그려져 있다는 문명대 등의 주장은 부분적으로 보면 바르며, 당시로서는 주목할 만한 분석이자 주장이었다. 그러나 이들은 이 암각화 전체의 중첩 관계를 바르게 분석해 내지는 못하였다. 이들이 주목하고 분석하였던 부분들을 보다 세세하게 되살펴보면, 알려진 것과는 사뭇 다른 중첩 관계가 있음을 살펴낼 수 있다. 그것은 다름이 아니라 그가 이 암각화에서 먼저 그려진 것이라고 보았던 고래 등 면 쪼기로 그려진 형상들 아래에는 그것들 보다 더 앞선 시기

에, 그것도 윤곽만 쪼아서 그린 형상들이 깔려 있었던 것이다.[31]

다시 말하자면, 면 쪼기로 그려진 고래 형상들 위에 그물이나 표범 등이 덧그려져 있는 것은 틀림이 없지만, 그 고래들 아래에는 보다 작은 점으로 윤곽을 쪼아서 그린 고래와 배 등의 형상들이 이미 자리를 차지하고 있었음을 간과하고 말았던 것이다. 그러니까, 그동안 먼저 그려진 것이라고 보았던 면 쪼기의 고래 형상들은 오히려 더 이전에 선 쪼기로 그려진 고래나 배 등의 형상들을 훼손하면서 그것들 위에 덧그려져 있었던 것이다. 이와 같은 점을 다음의 두 가지 사례를 통해서 분명하게 살필 수 있다.

사례 1자료 220

'사례 1'은 대곡리 암각화 중 왼쪽 윗부분에 그려져 있다. 이 가운데서 가장 먼저 눈에 띄는 것은 그물이다. 그물은 이 부분의 다른 어떤 형상들보다도 강하고 또 선명하게 그려져 있다. 뿐만 아니라 이 형상은 그 안의 호랑이나 오른쪽과 아래에 그려진 고래 형상 등을 부분적으로 뒤덮고 있다. 그에 따라서 호랑이나 고래 등 주위의 형상들이 부분적으로 훼손되어 그 원래의 모습을 살필 수 없다. 물론 그물은 선 쪼기로 그려졌으며, 고래들은 면 쪼기로 그려졌다. 바로 이런 이유 때문에 문명대와 임세권 등은 면 쪼기의 고래가 선 쪼기의 그물보다 먼저 그려졌다는 주장을 펼쳤던 것이다.

이들은 그물과 그 주변에 그려진 고래와의 관계를 특히 주목하였는데, 이 부분에서는 틀림없이 선 쪼기의 그물이 면 쪼기로 그려진 고래의 몸통 중 일부분을 훼손하였다. 그러나 이들은 고래의 좌우에 그려진 두 척의 배 형상을 포함하여 서로 연관된 주변의 형상들에 대해서는 주목하지 않았다. 고래의 좌우에 그려진 두 척의 배는 면 쪼기의 고래를 그리면서 이물 또는

자료 220 중첩 분석 1(대곡리 암각화)
■■ 제일 먼저 그려진 것
■■■ 두 번째 그려진 것
■ 세 번째 그려진 것

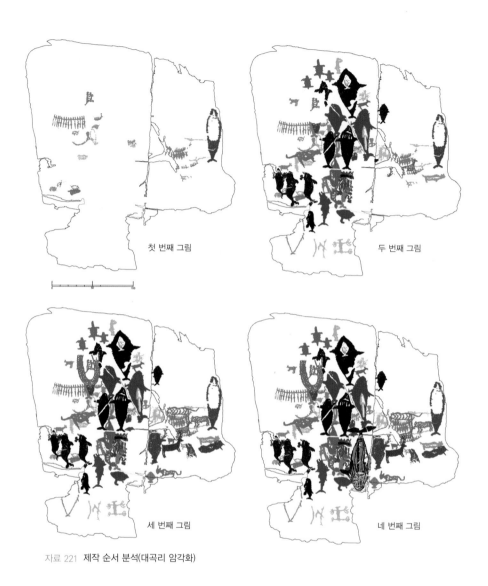

첫 번째 그림

두 번째 그림

세 번째 그림

네 번째 그림

자료 221 제작 순서 분석(대곡리 암각화)

고물의 일부가 훼손되고 말았다. 그런데 고래의 좌우에 그려진 배는 선 쪼기 방법으로 그려졌다. 이와 같은 점은 곧, 선 쪼기로 그려진 배들이 면 쪼기로 그려진 고래보다 먼저 그려진 것임을 의미하는 것이다.

뿐만 아니라, 그물 아래의 고래 꼬리지느러미는 바로 그 아래에 선 쪼기로 그려진 고래의 머리 부분을 침범하였다. 여기에서 다시 선 쪼기로 그려진 고래 형상을 보다 자세히 살펴보면, 위에 그려진 고래의 꼬리지느러미뿐만 아니라 그 오른쪽에 있는 고래의 왼쪽 가슴지느러미, 그리고 아래에 그려진 호랑이의 귀 등에 의해 윤곽이 부분적으로 훼손되었다. 바로 이와 같은 점은 선 쪼기로 그려진 배와 고래 등이 면 쪼기와 절충식 쪼기로 그려진 고래나 호랑이보다도 먼저 그려진 것임을 증명해 주는 것이다. ^{자료 221}

사례 2^{자료 222}

'사례 2'는 대곡리 암각화의 중심에서 약간 왼쪽에 위치해 있다. '사례 2'도 그동안 많은 연구자들의 주목을 끌었던 부분 가운데 하나였다. 이 부분에는 호랑이와 표범으로 보이는 맹수 두 마리와 더불어 몸통 가운데 일부를 남겨

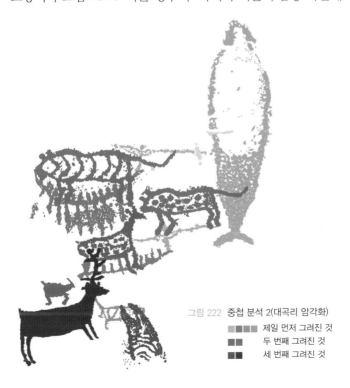

그림 222 **중첩 분석 2(대곡리 암각화)**
■■■■■ 제일 먼저 그려진 것
■■ 두 번째 그려진 것
■■ 세 번째 그려진 것

두고 쫀 고래 형상 등이 서로 어우러져 있다. 그리고 호랑이와 표범 등은 온전한 모습이지만, 이 둘과 어우러진 나머지 형상들은 부분적으로 훼손되어 있다. 특히 표범의 꼬리는 고래의 꼬리자루 위에 덧그려져 있다. 문명대와 임세권 등은 바로 이 부분을 주목하였던 것이다. ^{자료 223} 그 이유는 면 쪼기로 그려진 고래의 꼬리자루 위에 선 쪼기로 그려진 표범의 꼬리가 덧그려져 있었기 때문이다.[32]

자료 223 **고래 위에 표범**

물론, '사례 2' 가운데서 이 부분만 떼어놓고 본다면, 절충식 쪼기의 고래 형상이 선 쪼기의 표범보다 먼저 그려진 것임이 틀림없다. 그리고 바로 그러한 점으로써 문명대와 임세권 등은 고래 형상이 먼저 그려졌고, 선 쪼기의 표범 형상이 나중에 그려졌다는 주장을 펼칠 수 있었던 것이다. 그러나 이들은 '사례 2'의 여러 형상 가운데서 표범과 고래의 관계만 주목하였지, 그것을 둘러싸고 있는 주위의 나머지 형상들의 상관관계는 살피지 못하였다.

'사례 2'에서 형상 상호 간의 선후 관계는 '사례 1'과 마찬가지로, 그간의 주장과는 크게 다르다. 이 부분에서 제일 먼저 그려진 것은 그동안 '울타리'라고 판독하였던 것^{자료 183}과 사슴의 목에 매인 '고삐',^{자료 150} 그리고 앞으로 자란 사슴의 '뿔'^{자료 185} 등이다. 그리고 그것들은 모두 선 쪼기로 그려진 것이다. 그런데 호랑이와 표범 등이 그 위에 각각 덧그려진 것이다. 바로 이런 점으로써 면 쪼기의 형상들이 먼저 그려졌다는 그동안의 주장과 그것을 근거로 삼아 제기된 갖가지 주장들도 설득력을 잃게 되었다.

대곡리 암각화 속에는 제작 시기의 선후 관계를 분석해 내는데 유용한

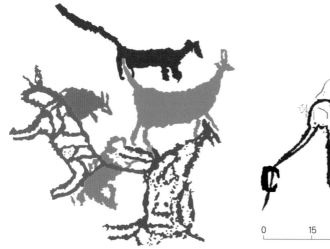

자료 224 **중첩 분석 3(대곡리 암각화)**
■■ 먼저 그려진 것
■■ 두 번째 그려진 것

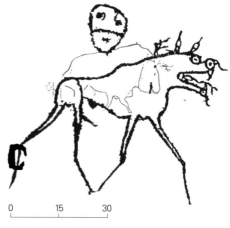

0   15   30

자료 225 **중첩 사례**
(살라비요프, 러시아)

예들이 몇 개 더 있다.^{자료 161·224·225} 이들 중첩 관계는 '사례 1'과 '2'와 이와
대동소이하다. 바로 이런 예들을 통하여, 이 암각화는 두 겹의 층위가 있고,
그 중의 첫 번째는 면 쪼기의 형상들이며, 나중에 그려진 것이 선 쪼기의 형
상들이라는 그간의 주장이 바르지 않음을 지적할 수 있다. 또한 이와 같은
중첩 관계 분석을 통하여, 이 암각화 속에서 제일 먼저 그려진 것은 선 쪼기
로 그려진 배들이었으며, 그것들에 이어서 다양한 종류의 고래들이 그려졌
고, 보다 나중에는 선 쪼기로 그려진 동물이나 그물 등이 그려졌음을 알 수
있다.^{자료 221}

층위 분석을 통한 제작 순서 복원

동굴벽화나 바위그림 속 형상들의 제작 시기를 분석하는 일은 무척 어렵다. 더욱이 서로 다른 양식으로 그려진 형상들이 무질서하게 뒤섞여 있을 경우, 그것들의 선후 관계를 분석해 내는 일은 결코 쉽지 않다. 그것을 분석해 내기 위해서는 고고학적인 발굴 성과들, 제작 시기가 판명된 그림이나 고고유물, 그리고 조형예술의 시대별 양식과 그 특징에 대한 풍부하고도 바른 지식 등이 필수적이다. 그런 까닭에 연구자들은 다른 유적지에서 발견된 형상의 제작 시기나, 편년이 확정된 고고유물 등을 주목하였다. 뿐만 아니라, 한때는 일부 연구자들이 쪼여진 형상들의 색, 즉 그것들이 햇볕에 그을린 정도의 차이[자료 226]로 특정 암면 속에 그려진 형상들의 상대적 선후 관계를 분석하기도 하였다.[33]

그런데 하나의 암면 속에 여러 시기에 걸쳐 그려진 형상들이 서로 중첩되어 있을 경우, 그것들의 중첩 관계를 분석하면, 먼저 그려지고 또 늦게 그려진 형상들 사이의 상대적인 선후 관계를 보다 쉽게 판독해 낼 수 있는 것이다. 층위를 이루며 덧 그려져 있는 형상 하나하나를 중첩된 순서대로 정리하면, 그것이 곧 상대적인 선후 관계를 밝히는 일이 되기 때문이다. 그래서 대다수의 연구자들은 주제 및 양식 등이 서로 다른 형상들이 복잡하게 어우러진 경우, 우선적으로 덧 그려진 형상들의 선후 관계 파악에 진력한다. 물론, 그것들의 제작 시기를 밝히기 위해서는 고고 유물을 포함하여, 그와 관련된 다양한 자료들과의 비교 연구도 필요하다.

앞에서 대곡리 암각화의 상대적인 선후 관계를 검토한 바 있다. 그것은 면 쪼기가 선행하는 기법이며, 선 쪼기가 그 뒤를 이은 것이라는 기존의 통

자료 226 마차 위에 사슴(노곤 혼드, 몽골)

설과는 달리, 선 쪼기→면 쪼기와 절충식 쪼기→선 쪼기 등의 방식으로 그려진 형상들이 차례로 덧 그려져 있었고, 그 위에 보다 크고 또 강하게 그려진 고래 형상들이 덧그려져 있나.[자료 221] 그리고 그러한 형상들 사이에는 이미 이전에 그려진 형상들을 흉내 낸 형상들이 몇 개 더 확인되고 있다.[자료 227] 이로써 이 암각화 속에는 최소 다섯 개의 다른 양식으로 그려진 형상들이 혼재해 있음을 지적할 수 있다.

따라서 이와 같은 덧그려진 형상들의 순서를 기초로 하여 이 암각화의 제작 순서를 복원할 수 있고, 또 같은 시기에 그려진 형상들을 묶어서 그룹화 할 수 있다. 만약에 제작 순서가 복원된다면, 그것은 곧 이 암각화 제작 주체와 그들의 문화상, 나아가 그것들이 어떤 과정을 거치면서 지금과 같은

자료 227　호랑이(탁본, 황수영 · 문명대, 1984)

모습을 갖추게 되었는지 등을 밝힐 수 있다. 또한 제작 시기가 같은 형상을 그룹화 함으로써 제작 집단의 조형 방식, 즉 시대 양식을 특정할 수 있고, 동시에 양식의 변화 과정도 밝힐 수 있다. 물론 시대 양식을 통해서는 시대별 문화의 키워드와 모드, 사람들의 지각 방식, 세계관 등도 같이 짚어낼 수 있다.

　형상들의 층위 분석을 통하여 확인한 바 있듯이, 이 암각화에서 제일 먼저 그려진 형상들은, 여러 명의 사공들이 노를 젓고 있는 모습의 배, 고래를 끌고 가는 배, 작살을 치켜든 작살잡이가 있는 두 척의 배 그리고 고래와 고래 사이의 배[자료 228] 등 모두 배와 고래잡이 장면[자료 221(첫번째 그림)]의 그림이다. 이와 같은 형상들은 주로 암면의 가운데 왼쪽에 집중적으로 분포되어 있다. 이로써 이 암면에 제일 먼저 그림을 남긴 사람들은 고래잡이를 하였던 어부들이었음을 알 수 있다. 그들은 배와 작살 등을 만들 수 있는 능력은 물론이고 배를 타고 난바다에 나가 직접 고래를 잡았던 사람들이었다.

그 다음에는 면 쪼기나 절충식 쪼기 등으로 그려진 고래나 호랑이, 그리고 사슴 등이 그 뒤를 이었다. 여기에서 '절충식 쪼기'로 그려진 형상들이란, 머리나 목 등 특정 부분은 모두 쪼고 또 다른 부분은 윤곽만 쪼아서 그린 것이다. 절충식 쪼기로 그려진 형상은 주로 호랑이^{자료 229}나 사슴 등이다. 고래를 비롯하여 적은 수의 바다 동물도 포함되어 있다. 그러나 바다 동물들은 입 주위나 배 등은 남겨두었고, 꼬리와 가슴지느러미 등은 모두 쪼기를 하였다. ^{자료 228} 면 쪼기로 그려진 고래 형상들은 좌우 대칭을 이루고 있으며, 그런 까닭에 동작이 정지된 듯한 모습이다. 두 번째 그룹의 그림을 남긴 제작 집단은 육지 동물과 바다 동물을 모두 주목하였지만, 그 중에서도 중심적인 제재는 여전히 바다동물이었다.

세 번째 단계의 그림은 다시 선 쪼기로 그려진 것들이다. 그런데 이 단계의 형상들은 첫 번째 제작 집단이 남긴 것들과 비교할 때 훨씬 더 강한 타격 흔적을 보이고 있다. 이 시기의 주요 형상으로는 그물, ^{자료 230} 호랑이, ^{자료 231} 그리고 고래^{자료 232} 등이 있다. 첫 번째와 두 번

째 단계와 비교할 때 육지 동물의 수가 크게 증가했다. 이들 동물 형상들의 몸통 구조는 좌우 균형이 어그러져 있는데, 이는 곧 이들 형상들이 심하게 움직이는 모습을 형상화하였음을 의미하는 것이다.

자료 232 범고래
(대곡리 암각화)

중첩된 형상들의 선후 관계만 놓고 본다면, 네 번째로 그려진 것은 머리를 아래로 향하고 있는 고래이다. 자료 233 이 형상은 선 쪼기와 면 쪼기 그리고 갈기 등을 동시에 혼용한 것이다. 그리고 또 이 형상은 여러 가지 기법으로 그려진 다른 형상들 위에서 온전한 모습을 하고 있다. 이 형상은 다른 것들 보다 분명하고 또 깊게 쪼거나 갈아서 형상화하였다. 이로 인하여 먼저 그려진 주변의 형상들이 모두 부분적으로 또는 완전히 훼손되어 있다. 바위그림이나 동굴벽화와 같이 하나의 벽면에 그려진 선사 및 고대 미술의 경

자료 233 대왕고래
(대곡리 암각화)

자료 234 호랑이
(대곡리 암각화)

우, 일반적으로 늦게 그려진 형상들이 먼저 그려진 것보다도 더 크고 또 분명하게 그려져 있다.

그리고 마지막으로 등장한 것은 이미 이전에 그려진 형상들을 흉내낸 것들이다. 그것은 호랑이, 자료 234 사슴 등이다. 이들 형상들은 이 암각화 속에서 일관되게 유지되고 있는 조형 방식, 즉 대곡리 암각화 제작 집단이 갖고 있었던 조형 매너와 캐논規範을 제대로 이해하지 못하였기 때문에 주조적인 형상들과는 형태적으로 이질감을 보이고 있다. 이렇듯, 이 암각화 속에

는 뚜렷하게 보이는 다섯 차례의 덧그리기가 이루어졌다. 이로써 이 암각화
가 어떠한 제작 과정을 거치면서 지금 현재의 모습을 갖추게 되었는지도 말
할 수 있다.

미 주

1 울산대학교 박물관, 『반구대 암각화 탁본 및 실측 조사 보고서』, 울산광역시, 2000, 4~5쪽.

2 港千尋, 앞의 책(2001), 126~127쪽(형상 채록은 사람이 하며, 그의 모든 것을 총 동원하여 수행하지만, 그래도 주관성을 배제할 수 없다. 그 결과 수만 년 전의 미가 결여된다).

3 그로부터 2년 후인 2002년에는 같은 방법으로 국보 제147호인 '천전리 각석'의 조 사들 하였다(한국선사미술연구소, 『국보 제147호 천전리 각석 정밀 조사』, 울산광 역시, 한국선사미술연구소, 2003).

4 예술의 전당, 울산광역시, 『신화, 그 영원한 생명의 노래』, 예술의 전당, 2000.

5 장석호, 「울산 암각화의 형상 분석과 양식 비교」, 『울산 암각화 발견 30주년 기념 암각화 국제 학술대회 논문집』, 예술의 전당·울산광역시, 2000, 34쪽.

6 장석호, 「새로운 형상 채록 기법이 밝혀낸 암각화의 비밀」, 『아름다운 친구』 Vol. 301, 예술의 전당, 2000년 7월호, 38~39쪽; M.A.데블레트, 「예술작품으로 형상 화된 고대인의 영적인 삶」, 『아름다운 친구』 vol. 133, 예술의 전당, 2000년 9월호, 38~39쪽.

7 이 도면의 제작에 성기진, 우형순, 송정화, 이진희 등의 공동연구원들이 참여하 였다.

8 이 도면은 당시 도면 제작에 참가한 이진희 공동연구원이 2000년 여름에 폴리에틸 렌으로 채록한 원본을 모본으로 삼아 제작하였다.

9 이 분석 도면을 한국선사미술연구소의 박민량 소장이 폴리에틸렌으로 채록한 원본 을 기본으로 하여 사진, 탁본 등의 자료를 보조 자료로 이용하여 제작하였다. 여러 차례의 검토 과정을 거쳐 완성한 도면은 현재 각종 연구의 기본 자료로 활용하고 있 으며, 이미 국내는 물론이고 세계 학계에 소개되어 있다. 실측 및 일러스트 파일화

작업은 모두 오랜 기간 검토·분석하고 토론하면서 만들었는데, 이를 위하여 함께 노력한 이진희, 박민량 등의 두 분은 물론이고, 함께 형상 채록과 트레이싱 페이퍼에 옮겨 그리기 등 일련의 과정에 동참해 준 공동연구원과 보조원, 그리고 도면 제작 시 작업 공간을 제공해 준 남금우 전 계명대 교수 등에게 감사의 마음을 표한다.

10 M. 그로써 지음, 오병남·신선주 옮김, 『화가와 그의 눈』, 서광사, 1987, 37쪽(화가들은 선·형태·매스의 결합과 이 결합이 우리에게 가져다 주는 운동신경적 의미와 정서적 의미를 사용함으로써 자기가 본 유사성의 특징을 묘사할 수 있는 것이며, 또한 우리로 하여금 그 특징을 느끼게 해 줄 수가 있는 것이다); 모리스 메를로-퐁티, 앞의 책(2004), 231쪽(우리 앞에 현전하는 어떤 것을 사물이라 할 때, 그것은 감각적 지각의 차원을 넘어 다양한 특성들의 독자적 원리가 있으며, 적어도 일정한 한계 내에서 그 특성들의 변용들을 내포하고 있다); 허버트 리드, 앞의 책(1982), 42쪽(동물의 형태는, …그것이 생존할 수 있게끔 하는 기능— 새의 비상, 사슴의 민첩함, 황소의 머리에의 힘의 집중— 과불가분의 관계가 있으며, 선사 미술가는 그 동물을 묘사함에 있어 그 동물의 형태에서 가장 의미 있는 것을 자동적으로 과장한다).

11 장석호, 앞의 글(2007), 136쪽.

12 임장혁, 앞의 글(1991) 192쪽.

13 김원룡, 앞의 글(1980), 14쪽; 황수영·문명대, 앞의 책(1984), 239쪽.

14 임세권, 앞의 글(1984), 520쪽. 정동찬, 앞의 책(1996), 140쪽.

15 장명수, 「한국 암각화의 문화상에 대한 연구」, 인하대학교 대학원 박사학위 논문, 2001, 80쪽, 149~150쪽(장명수는 이 형상을 두고 '선 새김 어렵 그림'이라고 하면서, 울타리는 가축이든 사람이든 위해로부터 보호하는 기능이 있음을 상기하면서 '벽사 신앙'과 결부시켜 보기도 하였다)

16 황수영·문명대, 앞의 책(1984), 229쪽; 임세권, 앞의 책(1999), 57~58쪽.

17 정동찬, 『살아 있는 신화 바위그림』, 혜안, 1996, 80~83쪽.

18 김열규, 『한국 문학사』, 탐구당, 1992, 113쪽.

19 В.А.Раков, Наскальные изображения гигантских морских животных в неолите на юге Корейского полуострова / Мир древних образов на дальнем востоке, Владивосток, 1998, 67쪽.

20 캄차카 원주민들의 고래 사냥 그림 속에는 고래 및 배, 그리고 포수 등의 형상들이

그려져 있다. 그 중의 한 마리는 몸통 가운데 새끼가 그려져 있다. 그런데 어미와 새끼는 크기만 다르지 생김새는 꼭 같다. (조지 커넌 지음, 정재겸 역주, 『시베리아 탐험기』, 우리역사연구재단, 2011, 5쪽, 그림)

21 В.А.Раков, 앞의 글(1998), 75~76쪽. 라코프는 이를 바다 갈매기라고 하였다.

22 황수영·문명대, 앞의 책(1984),

23 정동찬 지음, 앞의 책(1996), 116쪽.

24 정동찬 지음, 앞의 책(1996), 116쪽.

25 모리스 메를로-퐁티, 앞의 책(2004). 232쪽('핵적 특성'의 유일한 기초는 어떤 속 박도 없이 우리 눈앞에 이 특성을 제시할 준비가 되어 자신을 표현하고 있거니와, 그것은 이 특성들이 그 기초에서 파생하기 때문이다).

26 루돌프 아른하임, 앞의 책(1982), 61쪽(몇 개의 선택된 표시가 어떤 복잡한 사물을 능히 상기시켜줄 수 있다. 실제로 그것들은 어떤 사물의 형상임을 알아보게 하는데 충분할 뿐만 아니라 '실재' 사물의 완벽한 존재의 생생한 인상도 지닐 수 있다).

27 Я.А.Шер Петроглифы Средней и Центральной Азии, Москва, 1980, 28~30쪽 (쉐르는 동일한 문화기 혹은 시기의 동물 형상들이 '표준적 블록стандартные блоки' 을 갖추고 있음과 각 동물의 속성은 발굽이나 이빨 등으로 발현되는 점을 지적하 였다).

28 펭귄과 물개 등은 바다와 육지를 넘나드는 조류이자 포유동물이지만, 바다동물로 그룹화 하였다.

29 김원룡, 앞의 글(1980), 21쪽; 정동찬, 앞의 글(1988), 409쪽; 임장혁, 앞의 글 (1991), 193쪽; 장명수, 앞의 글(1997), 78쪽.

30 임창순 편저, 앞의 책(1984), 삽도 9, 10 참조; 정동찬, 「울산 대곡리 선사 바위그림 연구」, 『손보기 박사 정년 기념 고고인류학 논총』, 지식산업사, 1988, 421쪽; 장 명수, 「울주 대곡리 암각화인들의 생업과 신앙」, 『인하사학』5, 인하사학회, 1997, 114쪽.

31 장석호, 「울산 대곡리 암각화의 새로운 해석」, 『한국인의 원류를 찾아서』, 계명대 학교 아카데미아 코레아나, 2001, 321~327쪽; 장석호, 「한국 선사시대 암각화의 양식 연구」, 『역사민속학』16, 한국역사민속학회, 2003, 327~352쪽; S.H.Jang, Prehistoric painting of Whale-hunting in Korean Peninsula: Petroglyphs at Daegok-

ri / Мир наскального искусства, Москва, 2005, 355~358쪽; 장석호, 「국보 제 285호 대곡리 암각화 도상 해석학적 연구」, 『선사와 고대』27, 한국고대학회, 2007, 131~163쪽.

32   문명대, 앞의 글(1973), 38쪽; 임창순, 앞의 책(1984), 14쪽; 임세권, 앞의 글(1984), 523~525쪽.

33   Б. Н. Пяткин, А. И. Мартынов, Шалаболинские Петроглифы, М., 1985, 114쪽.

한반도 신석기 문화의 아이콘

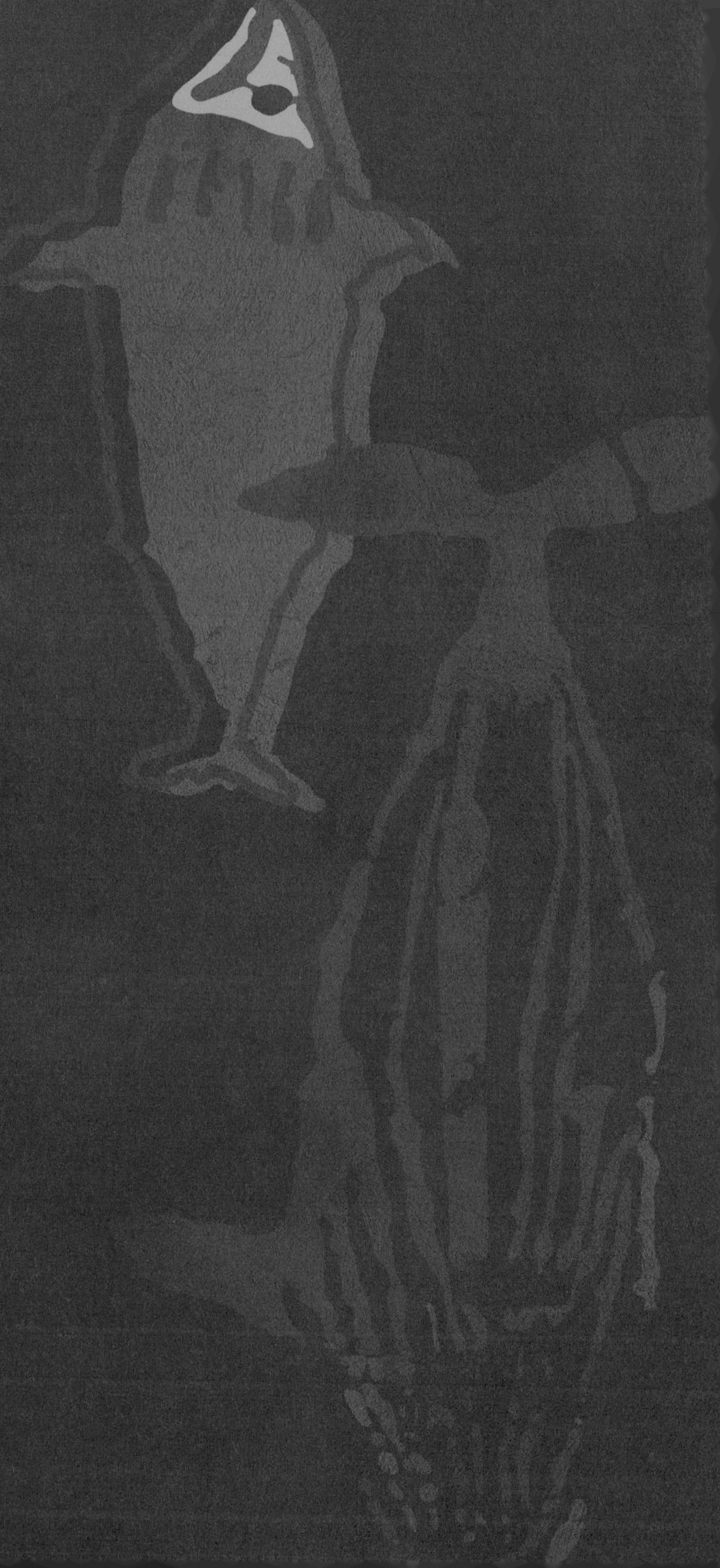

대곡리 암각화 편년 설정의 키워드

대곡리 암각화 속에는 제작 당시의 문화상을 엿볼 수 있는 몇 개의 단서들이 그려져 있다. 그것은 이 암각화 속에 그려진 사람[자료 235·236]과 동물 그리고 도구 등의 형상들이다. 이로써 당시 사람들이 이룩한 물질문화의 세계, 한반도에서 서식하였던 동물상, 사람들의 관심 사항, 시대 양식 등을 살펴 낼 수 있다. 이들은 모두 제작 당시에 이 암각화를 남긴 집단의 눈에 비친 물질 및 비물질 문화의 편린이기 때문이다.

이 가운데서 물질문화의 세계를 살필 수 있는 것은 그물·작살·배 등이다. 암각화 속의 그와 같은 형상들은 동 시대의 물질문화 유산 속에도 시

자료 235 **독침 쏘는 사람**(왼쪽, 대곡리 암각화)

자료 236 **독침 쏘는 사람**(중간, 대곡리 암각화)

문되어 있고, 또 유사한 유물이 출토될 수밖에 없다. 그래서 나는 그동안 한 반도에서 출토된 몇 가지 유물들을 주목하였다. 그것은 울산 서생면 신암리 출토 유물 중 흙으로 빚은 여인상, 동삼동 패총 출토 토기 파편 속의 그물 과 사슴 형상, 여수 안도 패총 출토 토기 파편 속의 고래 형상, 통영 욕지도 에서 출토된 흙으로 빚은 멧돼지, 울산 황성동 출토 고래 뼈와 그 속에 박힌 작살, 그리고 창녕 비봉리 출토 배와 노 등이다.

울산 서생 신암리 출토 여인상

높이 3.6cm의 자그마한 여인 소상塑像^{자료 36} 하나가 국립중앙박물관 전시실 에 전시되어 있다. 이 소상이 출토된 곳은 울산 서생면 신암리이며, 〈여인상 土製女人像〉이라는 이름이 붙어 있다. 머리도 팔다리도 없으나 적당히 발달한 젖가슴과 골반 부위 그리고 잘록한 허리 등을 놓고 볼 때, 그것이 여인을 빚 은 것임을 알 수 있다. 발굴 보고서 이외에는 이 상에 관하여 언급된 자료가 없는 듯하다. 물론 이와 같은 소상을 전문적으로 정리하고 소개해 놓은 자 료집도 없는 실정이다.[1]

이 여인상은 국립중앙박물관이 1974년 8월에 울산광역시 서생면 신 암리 서생초등학교 교정을 조사하는 과정에서 발견한 것이다. 보고서에 따 르면, 이 상의 출토 지점은 신암리 2지구이며, 그곳은 구릉 아래쪽 바닷가 에 형성된 낮은 충적 지대이다. 이 여인상과 함께 출토된 유물들은 신석기 시대의 중기에 해당하는 것이라고 한다. 조사자들은, 이 여인상에는 처음부 터 머리와 사지가 없었던 것으로 보았고, 또 석영과 장석이 섞인 점토를 이용하여 빚었으며, 다시 그것을 구웠다고 한다.[2] 이 상은 처음부터 앉아 있는 모습을 빚은 것으로 보인다.

이 여인상은 구석기시대부터 만들어져 오던 여성 비너스 상의 신석기식 변형이었다. 부분적으로 약간 떨어져 나갔지만, 여성으로서 갖춰야 할 기본적인 성징들은 잘 갖추고 있는데, 이로써 당대 한국인 여성의 체형 등을 살펴낼 수 있다. 이 여인상은 유라시아 대륙의 전 지역에서 출토되고 있는 신석기시대 여성 비너스 상의 한반도식 결정체이다.[3]

구석기시대부터 인류는 돌멩이나 뼈, 그리고 뿔 등을 이용하여 자그마한 여인상을 만들었다.[4] 이들 비너스 상들은 대체적으로 눈과 코 그리고 입 등 얼굴의 세부가 생략되었다. 성징 표현의 차이에 따라서 이들을 두 가지 그룹으로 나눌 수 있다. 첫 번째 그룹은 젖가슴과 배 그리고 엉덩이 등을 매우 풍만하게 표현한 것들이다. 다른 한 그룹은 전자와는 달리 매우 야윈 여인상이다.[5] 둘 사이의 이와 같은 외적 차이에도 불구하고, 그것이 여성임을 보여주는 생식기는 삼각형 또는 타원형으로 분명하게 표현해 놓았다. 이와 같은 조소상들을 일반적으로 '비너스'라 부른다.[6] 이들의 크기는 10cm 전후인네, 시금까지 발견된 것 가운데서 가장 작은 것은 4.7cm 정도이며, 또 큰 것은 22cm에 이르는 것도 있다.[7]

이들은 모두 환조의 지닐 미술動産美術이지만, 어떤 것은 정면, 또 어떤 것은 측면에서 볼 때 그 여성적 성징이 보다 뚜렷이 드러난다.[8] 정면에서 볼 때 여성성이 잘 나타나는 것으로는 레스퓨그Lespugue의 비너스자료 237를 들 수 있으며, 반대로 측면에서 잘 드러나는 것은 샤비냐노Sabinyano의 비너스자료 238이다. 서유럽의 오리냐크

자료 237 비너스
(레스퓨그, 프랑스)

Aurignacian와 페리고르Perigord기의 유적에서 이들이 주로 출토되었으나, 이후 코스티엔키Kostienki나 가가리노 Gagarino 등 동유럽과 말타Malta^{자료 239} 등 바이칼 호안에 서도 출토됨으로써 비너스 상 제작이 범지구적인 문화 현상이었다고 할 수 있다.

이들 중에서도 가장 낯익은 것은 1908년에 오스트리아의 빌렌도르프Willendorf에서 발견된 비너스^{자료 240}이다. 그것은 크기 10cm 정도의 돌멩이를 활용하여 만든 것으로, 비만형 비너스 상의 가장 대표적인 것이라고 할 수 있다. 가장 작은 것은 그리말디Grimaldi에서 출토된 소위 '꼭두 인형'^{자료 241}으로 겨우 4.7cm에 불과하다. 이 작은 형상은 측면에서 볼 때 그 특징이 가장 잘 드러나는 데, 크기는 비록 작을지라도 발달된 가슴과 배 그리고 엉덩이 등을 분명하게 확인할 수 있다.

한편 야윈 비너스 상 가운데 대표적인 것은 로주리 바스Rozuri Vas의 마들렌느Magdalen 기 문화층에서 뷔브레Vibre에 의해 발견된 비너스^{자료 242}이다. 이 형상의 크기는 8.2cm인데, 앞의 빌렌도르프의 비너스와 같은 풍만한 여성성은 살필 수 없다. 젖가슴은 생략되었고 또 배와 엉덩이 등은 빈약한 모습이다. 그러나 그것이 여성임을 살필 수 있는 생식기만은 삼각형으로 또렷이 표현하였다. 이렇듯 야윈 이 여인상을 두고 '조신하지 않은 여자'라는 별명이 붙어 있다.⁹

자료 238 비너스
(사비냐뇨, 이탈리아)

자료 239 비너스(말타, 러시아, 에레미타쥬박물관)

자료 240 비너스
(빌렌도르프, 오스트리아)

이들 비너스 상을 어머니 숭배, 성 생활의 수호자, 풍요의 여신, 출산의 성性 등의 상징으로 보거나, 뚱뚱한 것은 결혼한 여성을, 야윈 것은 미혼 여성을 나타낸 것, 그밖에도 임신한 여성이 자신의 모습을 바라보고 형상화한 것 등 여러 가지 설들이 제기되었다. 서유럽에서부터 동쪽의 바이칼 호안에 이르는 광대한 지역에서 발견된 이와 같은 비너스 상들을 통하여 제작 집단이 여성을 어떻게 인식하였는지를 엿볼 수 있다. 뚱뚱한 여성과 야윈 여성 형상 사이에는 틀림이 없이 체형의 차이가 있지만, 생식기를 반드시 표현함으로써 그것이 여성임을 분명히 하였다.

자료 241 비너스 (그리말디, 프랑스)

구석기시대부터 만들어지기 시작한 여성 비너스 상은 이후 신석기와 청동기시대에도 변함없이 제작되었다. 달라진 것은 돌이나 뼈 그리고 뿔 등을 주로 이용하였던 것에서 흙으로 빚어서 만들었거나 빚은 다음 구은 테라 코타terra cotta제 비너스 상이 등장하기 시작하였다는 것이다. 또 한 가지의 차이는 전 시대에는 서 있는 모습이었으나, 신석기시대가 되면서 앉아 있는 모습으로 바뀐 점이다. 여전히 가슴과 배 그리고 엉덩이는 과장되었고, 생식기도 빠뜨릴 수 없는 중요한 표징으로 분명하게 표현되었다. 자료 243

자료 242 비너스(로주리 바스, 프랑스, Jc.Dornemech)

신석기시대의 비너스 상 가운데서 가장 이른 시기의 것으로는 이라크 북부 지역의 샤탈 휘이크Catal

자료 243 비너스(알란가치 테베, 투르크메니스탄, 에레미타쥬박물관)

Huyuk^{자료 244}나 쟈르모Jarmo 마을에서 발견된 것 등이
며, 제작 시기는 대략 기원전 5천 년 경이다.[10] 그에
이어서 기원전 4천 년 경에 제작된 것으로 추정되는
이집트 나가다Nagada 시대의 여인상도 전해지고 있
다. 그러나 기원전 3천 년 경이 되면서 이와 같은 비
너스 상에는 보다 많은 변화가 왔는데, 그것은 다름
이 아니라 그동안 지속적으로 강조되어 왔던 가슴이
추상화되기 시작하였다는 것이다. ^{자료 245}

자료 244 여인상
(샤탈 휘이크, 이란)

청동기시대가 되면서 비너스 상은 앞 시대와는
또 다른 양상으로 변하는데, 그것은 목이 길어졌으
며, 얼굴에는 눈과 코 그리고 입 등이 묘사되기 시작
하였다. 몸통에서 상체는 역삼각형으로, 하체는 원형
또는 타원형으로 바뀌었다. 젖가슴은 추상적으로 표
현되었으나, 여성기는 변함없이 삼각형으로 표시하
였다. 이와 같은 유형의 여성상을 두고 '바이올린' 모
양^{자료 246}이라 명명하기도 하였다.[11] 여성 신체에서 바
이올린과 같은 이미지를 추출해 낸 당시 제작자들의

자료 245 추상화된 비너스
(키크라테스, 에레미타쥬박물관)

창의적인 상상력은 이후 여성의 신체를 바이얼린(첼
로)으로 대체 시킨 회화 작품^{자료 247}[12]이나 퍼포먼스로 연결된다.[13]

신암리에서 출토된 이 여인상^{자료 36}은 이라크 북부, 이집트, 중앙아시아
의 여러 지역에 산재되어 있는 소위 '테베Tebe(신석기시대 이후 오랜 기간 이용
되었던 취락 폐허지로 작은 언덕을 이루고 있음)' 에서 출토된 흙으로 빚은 비너
스 상들과 여러 가지 측면에서 동질성을 띠고 있다. 그것들은 대부분 흙으

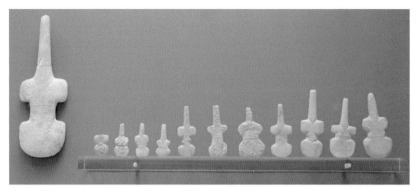

자료 246 **바이올린형 비너스(키크라테스, 그리스국립고고학박물관)**

로 빚어서 만들었으며, 앉아 있는 모습이고, 젖가슴과 배 그리고 엉덩이 등
이 강조된 특징을 지니고 있었다. 물론 그러한 특징들을 신암리에서 출토된
여성 토르소도 고루 갖추고 있다.

　따라서 신암리에서 출토된 여인상은 구석기시대부터 제작되어 오던 비
너스 상의 한 종류이며, 그것은 중동과 내륙 아시아 여러 지역에서 발견된
신석기시대의 여성 소상 속에 포함되는 것으로 보아도 무방한 것이다. 이
상은 한반도에서 발견된 여성 소상 중 가장 고형이며, 이로써 신석기시대
한반도 여성의 신체적 특징을 살필 수 있다. 물론 신암리의 여인상은 유럽
이나 중동 그리고 아프리카 등지의 여성 가운데서 보이는 소위 '지방둔증脂
肪臀症, steatopygia[14]이라 오해 받았던 구석기시대의 비너스 상이나 신석기시대
의 중동과 내륙 아시아 등지에서 발견된 것들과는 달리 아담하게 균형 잡힌
몸매의 여성이었음을 알 수 있다.

자료 247 첼로 연주자(M,샤갈, 1939)

토기 파편 속의 그물자국

동삼동 패총은 한반도의 남부지역에 거주하였던 신석기시대 사람들의 삶을 복원할 수 있게 해준 중요한 유적이다. 이 유적이 주목을 끈 것은 이미 1900년대 초반이었지만, 그 후 실시된 몇 차례의 발굴 조사 및 유물 정리 과정에서 새로운 사실들이 하나씩 밝혀졌다. 이 유적에서 발견된 주거지·토기·석기·골각기·조개 팔찌, 그 밖의 각종 장신구 등은 신석기시대 동삼동 사람들의 생활상은 물론이고, 이들이 원양어업을 하였고, 또 바다 건너 일본과의 교역에 관해서도 증명해 주는 신뢰할만한 자료들로 평가받고 있다.[15]

발굴된 유물 가운데서 가장 많은 양을 차지하고 있는 것이 토기 파편들이다. 주지하는 바와 같이 토기는 흙의 속성을 인위적으로 변성시킨 것이기 때문에, 이로써 당시 사람들의 제작 기술이나 미감 등을 동시에 엿볼 수 있다. 파편 하나를 통해서 태토의 성질 및 채취 방식, 그릇을 빚고 또 굽는 기술, 나아가 주요 생계 수단, 분업화의 정도 등을 파악하여 복원한다.[16] 또 그릇의 모양 및 표면에 시문된 무늬 등으로 당시 사람들의 관심 사항과 주조석인 부늬, 그리고 그 조형 양식 등도 읽어낼 수 있다. 게다가 토기는 흙으로 빚는 까닭에 때로는 원치 않았던 일조차 지문처럼 남겨짐으로써 당시 제작 집단 및 그들의 생활과 관련된 많은 것을 살필 수 있다.

그런데 발굴된 토기 파편 가운데 하나에는 흥미롭게도 그물이 찍혀 있었다. 이 파편은 1970년 2차 조사 때 국립중앙박물관이 동삼동 패총 북쪽 끝 구역을 발굴하던 과정에서 출토되었으며, 그 크기는 7.2cm 정도이다. 발굴 보고서에 의하면, 이 파편은 제2문화층에서 발굴되었다.[17] 그물 자국은 토기의 입술 아래쪽 2.5cm 지점에 찍혀 있는데, 이로써 그물의 모양과 코의 크기 그리고 제작 방식 등을 살필 수 있다.

사실 유기물로 제작된 신석기시대의 생활 용품들이 아직까지 남아 있을 확률은 거의 없다. 그동안의 발굴 과정에서는 방추차나 뼈바늘, 그리고 그물추 등 부식과 파손의 위험이 상대적으로 낮은 것들이 주로 수습되었으며, 이를 통해서 그물을 비롯한 각종 생활이기들이 실제로 제작되었음을 짐작하였다. 그러나 실이나 옷감 그리고 그물 등에 대해서는 간접적인 자료들을 통하여 개략적인 추정을 할 수밖에 없었다.

그런데 토기 파편 가운데 남아 있는 그물 자국은 제작 과정에서 실물에 의해 찍힌 것이기에, 이 한 조각의 파편을 통하여 당시 사람들이 직접 그물을 만들었음과 그때 썼던 그물 모양이 어떠하였는지 분명하게 살필 수 있다. 그렇기 때문에 이 토기 표면의 그물 자국은 실물에 버금가는 가치와 의미를 지니고 있는 것이다. 뿐만 아니라 당시의 그물이 오늘날 그것과 큰 차이가 없음도 살필 수 있다.

무엇보다도 주목을 끄는 것은 이 토기 파편이 포함되었던 문화 층위이다. 그 이유는 출토 층위가 토기의 제작 시기 판명을 위한 가장 신뢰할만한 단서가 되기 때문이다. 그것이 출토된 문화 층위가 신석기시대 중기라고 한다면, 토기는 그와 같은 시기이거나 아니면 그것보다도 더 이른 시기에 제작되었음을 말해주기 때문이다. 이로써 이미 신석기시대 중기에는 그물이 폭넓게 확산되었으며, 또 그것을 활용하여 어로 생활을 하였음도 분명하게 주장할 수 있게 된 것이다.

주지하는 바와 같이, 대곡리 암각화 속에는 두 개의 그물이 그려져 있다. 하나는 중심 암면의 왼쪽 위에 'U'자형으로 그려진 것[자료 248]이다. 이 부분은 최소 세 겹의 덧그리기가 이루어졌는데, 그물은 그 중에서 제일 늦게

자료 248 그물(대곡리 암각화)

자료 249 그물(대곡리 암각화 왼쪽 암면)

그려진 것이다. 다른 하나는 중심 암면과 이어진 왼쪽 암면에 그려져 있다.
^{자료 249} 이 그물은 고래와 같이 구성되어 있는데, 이로써 그물 포경의 개시시
기에 대해서도 논할 수 있다.

　　그동안의 연구를 종합해 보면, 작살로 고래를 잡기는 하였으나, 멀리
난바다로 나가서 포경을 하였다고는 생각하지 않았다.[18] 뿐만 아니라 일부
연구자들은 연안으로 좌초되어 온 고래를 대상으로 하여 포경을 하였을 것
이라는 시각을 견지하기도 한다. 그러나 포경 방법 중에는 여러 척의 배들
이 고래를 얕은 물가로 쫓아 작살을 던지는 방법도 있다. ^{자료 250} [19] 일본에서
도 그물로 고래를 가둬 잡는 '아미토리網取り식' 포경^{자료 251} [20] 방법을 이용하
는데, 와카야마켄和歌山県 타이지太地에서는 아직도 그 방법을 유용하게 활용
하고 있다.

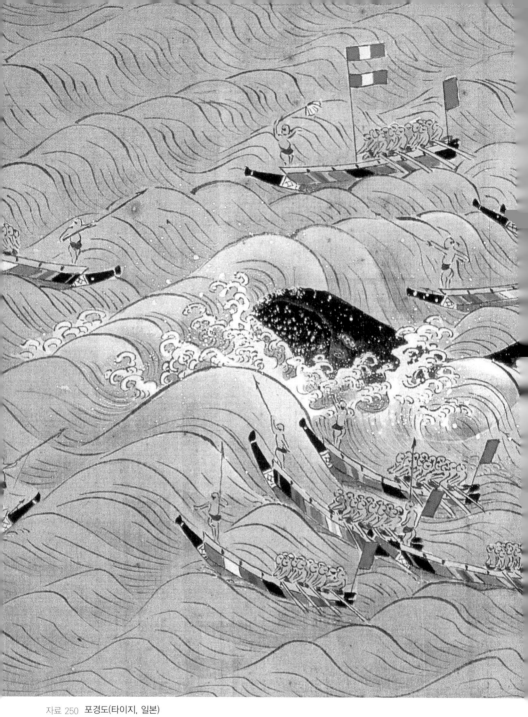

자료 250 **포경도(타이지, 일본)**

자료 251 **그물 포경(일본)**

동삼동 패총 출토의 그물이 찍힌 토기 파편은 썩어 없어진 신석기시대 중기 이전의 그물 그 자체와 마찬가지이다. 이 자국을 통하여 제작방법과 그물의 구조 등에 관하여 살필 수 있었음은 물론이고, 당시 사람들의 어로활동에 관한 보다 많은 논의를 가능하게 해 주었다. 더욱이 그것이 신석기시대 중기라고 하는 확정된 문화 층위 속에서 출토됨에 따라 한반도에서의 그물 제작시기의 하한을 설정하게 하여 주었다.

토기 파편 속의 사슴 형상

2003년 어느 날 나는, 부산 동삼동 패총 속에서 사슴 형상이 새겨진 토기 파편이 발견되었다는 소식을 접하였다. 사진과 함께 소개된 기사의 요지는 이 파편 가운데 그려진 사슴 형상이 대곡리 암각화의 편년 연구에 중요한 단서가 될 것이라는 내용이었다. 깨진 토기 파편에 남아있는 것이기는 하지만, 사슴 두 마리를 살필 수 있었다. 그 무렵, 나는 대곡리 암각화의 양식에 관한 연구 논문[21]을 발표한 바가 있었기 때문에 관련 기사가 몹시 흥미로웠다. 무엇보다도 주목을 끌었던 것은 이 토기가 출토된 문화층의 편년이었다. 그것은 기원전 3,200년경[22]이라고 하였다.

이 파편 속 사슴 형상의 발견 경위는 매우 드라마틱하다. 토기 파편은 이미 1999년도의 조사 과정에서 수습한 것이라고 한다.[23] 당시 부산 복천박물관 조사보존실장이었던 하인수 박사(현 박물관장)의 조사 후일담에 따르면, 그때 수습한 토기들은 '흙 반 유물 반'이라 할 정도로 정리가 안 되었는데, 2003년도에 묻어있는 흙을 제거하는 과정에서 상기의 사슴 형상을 확인하게 되었다고 하였다.[24] 그 형상을 확인하는 순간 '손이 떨렸다'고 하인수 관장은 그때를 회상 하였다. 사슴 형상은 뼈나 대칼 같은 날카로운 도구를 이용하여 선으로 그린 것인데, 선의 두께는 2~3mm 전후라고 한다. 또한 사슴 형상은 그 특징만을 추출하여 묘사하였기에 이미지가 간결·단순하고, 머리와 목 그리고 몸통을 연결하는 윗선을 두 번에 걸쳐 길게 그린 후, 뿔과 입 그리고 나리 등 득성 부위가 위치하는 깃을 가볍게 터치하여 사슴을 형상화하였다고 한다. 최초의 선 1/3지점에 수직선을 그어 목과 몸통을 구분하고, 몸통은 사다리꼴로, 뿔과 머리는 선으로써 형상화한 것으로 하인수 관장은 추측하고 있다.[25]

이 사슴 형상은 대곡리 암각화의 양식과 편년을 연구하는 데 귀중한 자료이다. 이 형상을 발견함으로써 비로소 대곡리 암각화 속 동물 형상과 직접 비교하면서 연구할 수 있는 도상자료 하나를 확보하게 된 것이다. 더욱이 토기 파편이 출토된 문화층의 절대 연대 측정 결과는 대곡리 암각화의 편년을 설정하는 데 무엇보다도 중요한 역할을 할 것으로 판단된다. 하인수 관장은 이 형상이 대곡리 암각화의 오른쪽 아래에 새겨진 사슴 형상과 회화적 특징이 비슷함을 지적하였다.[26]

토기 파편 속의 고래

지난 2017년 6월 20일과 21일 사이에 '고래와 암각화'라는 주제로 울산에서 열린 '2017년 반구대 암각화 국제학술회의'에서 나는 「대곡리 암각화 속에 표현된 고래 형상」이라는 주제의 논문을 발표하였다.[27] 이 학술회의의 토론자로 참가한 복천박물관 하인수 관장과 토기 파편 속 사슴 형상을 비롯하여 대곡리 암각화 관련 여러 가지 이야기를 나누었다. 대화 도중에 하 관장은 여수 안도 패총에서 출토된 토기 파편 가운데는 고래가 시문된 것도 있다는 정보를 전해 주셨다. 그러면서 복천박물관이 2014년도에 기획한 특별전 도록『고대의 언어 그림』(복천박물관, 2014)의 PDF 파일을 보내주셨다.[28]

파일 가운데는 '고래문 토기'라고 이름 붙은 안도 패총 출토 토기 파편도 소개되어 있었다. 또한 이 파편 속의 고래 형상에 대해서도 약간의 설명이 부기되어 있었다. 그것은 호형 토기의 몸체에 선과 점으로 그린 그림이 있는데, 일부만 남아 있어서 불분명하나, 떨어져 나간 부분과 남아 있는 그림으로써 추정할 때, 반구대(대곡리) 암각화 속의 몸체가 뒤집혀 죽은 고래를 형상과 비슷하여, 자료 252 고래를 묘사했을 가능성이 있다는 것이다. 그리고 이 토기는 이른 신석기시대의 전반기

자료 252 고래(오른쪽 암면)

것으로 보았다.[29]

확실히 이 토기 파편 가운데는 선으로써 윤곽과 내부 분할을 한 후, 머리와 등^背 위의 세 곳을 부분적으로 남겨두고, 나머지 부분들을 짧은 점선으로 그어서 그 내부를 채운 형상이 하나 시문되어 있다. 가슴지느러미와 등지느러미로 추정되는 것이 몸통의 앞과 등 부위에 각각 그려져 있다. 하 관장이 이 형상을 고래라고 본 이유는 대곡리 암각화 중 오른쪽 바위에 그려진 고래 형상^{자료 252}과 닮은 점 때문인 듯하다. 한편, 안도 패총 조사 보고서 속에는 이 형상에 관하여 압인의 추상 무늬가 시문되어 있다고만 기술해 놓았다.[30]

나는 이 형상이 고래를 그린 것이라고 본 하 관장의 판단을 지지한다. 그 이유는 이 형상이 범고래의 속성을 잘 제시하였기 때문이다. 그것은 다름이 아니라 가슴과 등지느러미, 몸통에 표현된 흰 반점 무늬 등이다. 이 가운데서 가슴지느러미는, 몸통과 연결되는 부분에서 폭이 좁지만, 중간부분에서 넓어졌다가 끝에서 좁아지는 부드러운 세모꼴을 하고 있다. 등지느러미는 몸통의 중간부분에서 세모꼴로 솟아 있다. 그리고 눈과 등^背 주위의 세 곳은 여백으로 처리되었는데, 이런 특징은 범고래^{자료 253}에서만 살필 수 있기 때문이다.[31]

자료 253 **범고래**

멧돼지 소상

그동안 국내에서 발견된 선사시대 동물 소상塑像 중 주목을 끄는 것 가운데 하나는 경남 통영시 욕지도의 신석기시대 유적에서 출토된 멧돼지 소상^{자료} ³⁷이다. 이 상의 발견 경위는 이렇다. 1988년 7월에 경남 통영시 욕지면 동 항리 528과 529번지에 한국전력공사 경남지사가 관내 욕지출장소 사옥 신 축공사 정지 작업을 하던 중에 신석기시대 유물이 발견되었으며, 이에 국립 진주박물관이 1988년 12월 21일부터 1989년 4월 사이에 두 차례에 걸쳐 이 유적을 발굴하게 되었다. 모두 네 개의 층위가 확인되었는데, 그 중 4층 의 무포함 층과 1층의 경작 층을 제외한 2층과 3층에서 돌무지 시설·조가 비 층·무덤·각종 토기·생활용 석기·몸돌·격지 등이 출토되었다고 한다.[32]

그 밖의 흐트러진 층에서도 토기와 석기 등이 발견되었는데, 그 가운데 는 흙으로 빚은 두 개의 돼지도 포함되어 있었다고 한다. 보고서에 따르면, 둘 다 부분적으로 훼손되었으나 튀어나온 주둥이가 돼지의 특징을 보이고 있다고 하였다. 또한 손으로 집어서 등날과 귀를 세웠고, 꼬리와 뒷다리 부 분에 각각 한 개 혹은 두 개의 구멍이 뚫려 있다고 하였다.[33] 현재 이 소상은 국립중앙박물관에 전시되어 있다.

발이나 꼬리 등은 보이지 않는다. 전체 길이는 4.2cm이며, 그 중 머리 는 1.3cm 정도로 추정된다. 따라서 머리는 전체의 약 1/3 정도 크기이다. 엉덩이 부분은 거의 수직선을 이루고 있고, 또 몸통의 지름은 신체 길이의 약 1/2 정도이다. 이와 같은 신체 비례는 대곡리 암각화 속의 돼지 형상 등 동물 형상들의 몸통 구조와 큰 차이가 없다.^{자료 214} 조사 보고서 속에는 이 상이 당시인들의 신앙이나 수렵생활과 관련된 것으로 보고 있다.[34]

이 돼지 소상은 앞에서 살펴보았던 여인상^{자료 36}과 함께 한반도에서 발견된 신석기시대 소조상의 대명사나 마찬가지이다. 그런데 앞에서 확인한 바 있는 세 개의 토기 파편 속에 남겨진 그물이나 사슴과 고래 형상 등은 신석기시대 한반도 동남부 지역 사람들과 그들의 물질문명 그리고 조형예술의 세계를 한 눈에 파악할 수 있도록 해주었다. 더욱이 이와 같은 형상들은 답보 상태에 빠진 대곡리 암각화의 조형성과 양식 그리고 편년 연구의 절대적인 준거가 된다. 그런 점에서 이와 같은 파편들의 중요성을 다시 한 번 주목한 것이다.

고래 뼈에 박힌 작살

2010년 8월에, 울산에서 작살이 박혀 있는 고래의 어깨뼈와 등뼈가 출토^{자료 35}되었다는 기사가 지역 언론을 달구었다. 그것도 지금으로부터 8천 년 전에서 6천 년 전 사이로 추정되는 유적이라고 하였다. 이 소식은 울산 발로 지난 2010년 8월 17일에 세상에 알려진 것이다. 정말로 의외의 발견이었고 또 그와 같이 수천 년을 거슬러 올라가는 선사시대 포경의 증거물이 남아 있다는 것이 경이로운 일이 아닐 수 없다.

그런데 한편으로는 이런 유물이 출토되는 일이 마땅하고도 당연한 일이 아닌가 여겨지기도 한다. 왜냐하면, 우리에게는 제작 시기의 상한이 어디까지 올라가는지 확정하기 어려운 대곡리 암각화가 있으며, 더욱이 그 속에는 작살을 들고 고래를 잡는 작살잡이^{자료 40}와 등에 작살이 그려진 고래 형상,^{자료 228} 그리고 잡은 고래를 끌고 가는 배^{자료 41} 등이 그려져 있기 때문이다. 이와 같은 형상들은 곧 그러한 일들이 실제로 이루어졌음을 의미하는 것이다. 그러니 그것을 증명해 주는 관련 유물들이 발굴되는 것은 너무나 당연한 일이라는 뜻이다.

작살이 꽂힌 고래 뼈 속에는 사람·고래·작살 그리고 그것의 사용 방법 등에 관한 복합적인 함의가 내포되어 있다. 그렇기 때문에 이 발견이 지니는 가치와 의미 등이 실로 크고도 중요한 것이다. 이것들은 한국문물연구원 (원장 정의도)이 처용암 앞의 울산 신항만 부두 연결도로 개설공사 현장 중 A 구간 2pit의 Ⅵ-3층을 발굴하던 중에 발견한 다량의 고래 뼈를 약품으로 처리하는 과정에서 확인한 것이다.[35] 이 때 등뼈(경추)와 어깨뼈(견갑골)에 각각 사슴 앞다리 뼈를 갈아서 만든 골촉이 꽂혀 있음을 확인한 것이다.[36]

고래 뼈들이 발견된 Ⅵ층은 해발 -0.9m에서 -2.2m의 지표 속이며,[37] 신석기시대 초기의 것으로 추정되는 토기들이 함께 출토되었다고 한다. 그리고 유적의 절대 연대를 검토하기 위한 방사성 탄소연대 측정 결과에 의하면, A구간은 B.C. 4290~B.C. 3830년이고, 그 중에서도 Ⅵ층은 B.C. 3890~B.C. 3830년이라고 한다.[38] 조사 보고서에 따르면, 이 유적에서 골촉이 박힌 고래 뼈가 출토되자 대곡리 암각화 속 고래잡이 장면과 결부시켜 이 수습 유물들은 주목을 받았다.

발굴 보고서에 의하면, 작살이 박힌 두 개의 고래 뼈 이외에도 작살 또는 자돌구의 흔적으로 추정되는 고래 머리 뼈와 아래턱 뼈 등이 보이는 점을 들어, 이들 고래 뼈들이 포경에 의한 획득물로 보고자 하였다.[39] 그러나 한편으로는, 당시의 기술로 작살이 두꺼운 지방층을 통과하여 뼈 속에 박힐 수 있었는지에 대해 회의적인 시각이 제기되기도 하였다. 이들의 논지를 요약하면, 작살이 박힌 부분은 찌르기 어려운 곳이고, 또 가죽과 지방 그리고 고기를 뚫어야 하는데, 당시에 그런 도구가 있었는지 의문스러워 하면서, 적극적인 포경에 대해 여전히 부정적인 시각을 견지하였다.[40]

이와 같은 주장의 밑바닥에는 신석기시대의 인류에 대한 편견이 깔려 있다. 그러나 선사시대의 인류와 그들이 남긴 문화의 선진성과 정교성, 그리고 기술력 등은 언제나 우리들을 놀라게 하였고, 바로 그런 점 때문에 많은 오해와 불신을 받았다. 그리고 때로는 위작설의 시비에 휘말리기도 하였지만, 나중에 그러한 오해들은 대부분 불식되었다. 아직도 신석기시대 울산만 고래잡이들의 포경에 관한 세세한 정황은 불분명하지만, 암각화 제작 집단은 그들의 일상생활을 암각화의 형식으로 기록해 놓았다. 그것은 앞에서도 살펴본 바 있듯이, 두 척의 배가 협력하여 고래를 잡는 장면과 또 잡은 고래를 끌고가는 모습 등이다.

작살이 박힌 두 개의 고래 뼈는 한반도 포경의 시원을 밝히는 움직일 수 없는 증거물이다. 이로써 아무리 낮추어도 지금으로부터 5800년 전에는 이미 고래의 뼈까지 뚫을 수 있는 정교하고도 강력한 작살 포경이 이루어졌음을 주장할 수 있게 되었다. 이 작살은 시간적으로는 수천 년도 더 전에 완성되었고, 기술적으로는 상상을 초월하는 높은 수준에 도달하였음을 확인하게 해 주었다. 한반도 신석기시대 사람들의 생활과 첨단산업의 전반적인 수준이 어느 정도인지를 가늠할 수 있게 해 준 것이다.

전통적인 작살 포경은 창끝에 매달려 있던 작살이 창과 분리되면서 고래의 몸통에 작살 촉이 박히게 되고, 이때 포수는 부구[자료 254]가 달린 줄을 풀어 주어 고래가 지쳐서 죽기를 기다리다 끌어오는 것이다.[41] 이와 같은 방식은 한반도의 동해안이나 일본 그리고 베링해협 등지에서 대대로 고래잡이를 하던 어로민 세계에서 살필 수 있다. 물론 작살 포경 방식은 나중에 작

자료 254 **부구(쿤스카메라, 러시아)**

살포를 이용한 포경으로 바뀌었으나, 근본적인 메커니즘이 바뀐 것은 아니었다.

이 작살이 박힌 고래 뼈의 실물과 복제품이 국립중앙박물관과 울산시립박물관 등에 전시되어 있다. 발굴 과정에서 수습한 뼈는 대형고래 가운데 어느 종의 것으로 추정된다고 한다.[42] 작살 박힌 이 고래 뼈는 분명히 대곡리 암각화 속의 포경 장면의 신뢰성을 한 층 높여 주었다. 그것은 마치 블랙박스처럼 지금으로부터 약 6천 년 전 이전에 대곡리 사람들이 행한 포경의 실체를 간직하고 있다.

창녕 비봉리 패총 출토 배와 노자료 38

2004년에 경남 창녕군 부곡면 비봉리 44번지에 위치하는 신석기시대 패총을 발굴하는 과정에서 배 두 척이 발굴되었다. 양·배수장 신축부지 공사 중 패총과 유물이 드러나면서, 창녕군의 요청에 의해 국립김해박물관이 시굴 조사를 거쳐 같은 해 11월부터 이듬해 8월 중순까지 실시한 조사(단장 성낙준) 과정에서 배 두 척이 발굴된 것이다. 한 척은 Ⅱpit 45층 제 5패층 아래에서 출토되었으며, 그것은 현재 수면보다 2.1m 아래의 지점이다. 다른 한 척은 Ⅳ와 Ⅵpit 사이에서 출토되었다. 제5패층은 비봉리에서 제일 아래층이며, 신석기시대 조기에 해당한다고 한다.

보고서에 의하면, 둘 중 전자는 최대 길이 310.0cm, 최대 폭 62.0cm, 두께 2.0~5.0cm에 이르는데, 수령 200년의 소나무를 파내어 만든 환목주丸木舟라고 하면서, 원래는 4m를 넘었을 것으로 추정하였다. 불에 태운 흔적焦痕이 보이는데, 이는 쉽게 깎고 또 병충해의 방지를 위하여 베풀어진 것으로 보았다. 돌 자귀로 깎고 또 돌礐石로 연마하였다고 하면서, 비봉리에서 출토된 이 배가 우리나라에서 가장 오래된 것이라고 한다.[자료 38] 다른 한 척의 배도 소나무를 이용해서 만들었으며, 잔존길이 64.0cm, 너비 20.0cm, 두께 1.2~1.7cm의 측면 일부가 남아있다고 한다.[43]

2010년 3월에서 10월 사이는 비봉리 유적의 2차 조사(단장 송의정)가 실시되었는데, 그 목적은 이 유적의 문화층 범위와 성격을 명확히 하고, 또 신석기시대의 문화재와 학술자료를 확보하기 위함이었다. 이 유적에서도 다수의 토기와 석기, 흑요석, 그리고 나무로 만든 노櫓[자료 38] 등이 발굴되었다. 보고서에 따르면, 노는 2패층에서 출토되었으며, 그 크기는 길이 178.4cm, 너비 0.5~7.5cm, 두께 2.9~5.95cm에 이르는데, 모양은 손잡이 부분이 둥글지만, 나머지는 이등변삼각형이라고 한다. 덧붙여 이 노는 선사시대 항해기술을 밝힐 최초의 최고 실물 자료라고 한다.[44]

보고서에서도 밝히고 있듯이, 이 배는 우리나라 최고의 배로, B.P.8,000년으로 비정되는 중국 콰후챠오跨湖橋, Kuahuqiao 출토 나무배와 함께 세계 최고의 배이다.[45] 더욱이 같은 유적의 2차 발굴 과정에서 출토된 노는, 당시의 사람들이 실제로 배를 타고 이동하였음을 보여주는 실증 유물인 것이다. 이들 두 척의 배와 노는 지금으로부터 8,000년 전인 신석기시대 조기의 창녕을 중심으로 한 내륙 지방에서도 배를 이용한 이동과 어로 등을 증명해 주는 것이다. 물론 이 두 척의 배와 노가 대곡리 암각화 속 배 형상들과는 직접적으로 관련이 없지만, 신석기시대 중에서도 이른 시기의 사람들이 갖춘 조선술과 이용 등의 전모를 짐작할 수 있다.

유물의 증언

어느 시대이건, 조형예술 속에는 그것이 제작되었던 시대의 생활 전반이 그 속에 반영되기 마련이다. 특정 시대의 생활 문화란 동시대의 구성원들이 꾸었던 꿈과 향유하였던 보편적인 가치관들의 총화이며, 그런 까닭에 각 문화기별 조형 예술 속에는 제작 당시의 사람들이 지녔던 독특한 미감이 반영되어 있는 것이다. 사람이나 동물, 주변 지형 및 자연 현상, 각종 생활 용구 등에 관한 동시대 사람들의 지각 방식과 사유체계, 그리고 인식 내용 등이 조형 예술 속에서 지속적이고 또 일관성 있는 형태로 표현되었을 때, 우리는 그 속에서 특정한 시대의 조형 양식을 파악해 낼 수 있다.

앞에서 나는 중첩된 형상들의 선후 관계를 분석하고, 이를 통하여 암각화 속 형상들의 제작 시기를 세 단계로 구분하였으며, 각 시기별 형상들의 구조적인 특징을 논하면서 '대곡리식 동물 양식'[자료 215]의 특징을 제시하였다.[46] 그러나 그것이 이 암각화에 한정된 것인지 혹은 동시대의 한반도에서 제작된 조형 예술의 전반에서 보이는 보편적인 양식이었는지, 그리고 그와 같은 양식이 시간적으로 어느 시기에 해당되는 것인지 등의 문제를 논하는 데는 한계가 있었다.

그런데 앞에서 검토한 그물이 찍힌 토기 파편, 사슴과 고래가 새겨진 토기 파편, 여인 및 멧돼지 소상, 그리고 작살이 박힌 고래 뼈 등은 한반도 신석기시대의 문화상을 살피는데 중요한 자료일뿐만 아니라 대곡리 암각화 속에 그려진 형상들과 양식적 동질성 또는 이질성을 검토하는 단서가 되기도 한다. 토기 파편 가운데 찍힌 그물은 그 사실성이 오늘의 그것과 견주어도 손색이 없는 것이었는데, 암각화 속의 그물과 직접 견줄 수 있는 것들이다. 마찬가지로 고래 뼈 가운데 박힌 작살은 그동안 회의적인 시선으로 보았던 원양 포경의 실체를 살피게 하는 것이었다. 몇 차례 언급한 바 있듯이, 이 암각화 속에는 두 척의 배가 협동하여 고래를 잡는 장면, 포획한 고래를 끌고 가는 장면 등이 그려져 있다.

신석기시대 전기의 유적으로 편년된 여수 안도 패총 출토 토기 속의 고래 형상은 가슴지느러미와 등지느러미, 그리고 몸통의 군데군데 남아 있는 여백 등으로써 멈그내림을 살필 수 있었다. 그런데 이 형상은 암각화 속 고래 중 두 번째 단계 또는 세 번째 단계에 해당한다고 할 수 있다. 동삼동 패총 출토 토기 파편 속에 그려진 사슴은 그 절대 연대가 기원전 3,200년 경으로 편년되었다. 그런데 그 사슴은 대곡리 암각화의 첫 번째와 두 번째 그룹의 중간 단계에 해당한다고 할 수 있다. 그 이유는 대곡리 암각화 속 두 번째 그룹의 사슴에서 목이 길어지고 몸통이 아래로 휜 변형 반달형으로 바뀌기 때문이다.

이러한 점들을 종합할 때, 대곡리 암각화는 이미 신석기시대 전기 이

전부터 제작되었다는 주장을 펼칠 수 있다. 그 이유는, 이들 몇 개의 유물이 한반도 남부 지역 신석기시대의 문화상과 시대 양식을 살피게 하는데, 대곡리 암각화의 제재 및 양식 등과 부합하는 부분이 있기 때문이다. 그러나 여전히 이 암각화와 완전한 양식적 일치를 보이는 도상이나 유물들이 아직은 발견되지 않은 까닭에 조심스러운 추정만 할 수밖에 없다는 점도 밝힌다. 이 암각화는 검토한 몇 가지 유물들을 놓고 볼 때, 최소한 신석기시대 전반 이전부터 제작되었으나, 그 상한이 어디까지 거슬러 올라가는지는 더 많은 자료들과의 비교 연구가 필요하다는 것이다.

1 이 소상에 관해서는, 김성명·김상태·임학종·정성희·양성혁, 『한국미의 태동 구석기·신석기』, 국립중앙박물관, 2008, 114쪽 참조.

2 국립중앙박물관, 『신암리 Ⅱ』(국립박물관 고적조사보고 제21책), 국립중앙박물관, 1989, 18쪽.

3 〈신암리 Ⅱ〉 유적 발굴자들은 이 유적의 하한을 신석기 중기 후엽 이전으로 보고 있다. 이에 관해 '국립중앙박물관, 『신암리 Ⅱ』(1989), 28쪽' 참조.

4 З. А. Абрамова, Древнейший образ человека, издательство Петербургское Востоковедение, Санкт Петербург, 2010, 8~13쪽.

5 S. ギーディオン, 江上波夫·木村重晷 譯, 『永遠の現在：美術の起源』, 東京大學出版會, 1968, 437쪽(S. 기디온은 비너스 상 중 여성의 성징이 측면에서 볼 때 잘 드러나는 것과 정면에서 잘 드러나는 것 등 두 가지로 구분하였다).

6 요코야마 유지 지음, 장석호 옮김, 『선사 예술 기행』, 사계절, 2005,

7 S. ギーディオン, 앞의 책(1968), 437~441쪽.

8 S. ギーディオン, 앞의 책(1968), 437쪽.

9 S. ギーディオン, 앞의 책(1968), 449쪽(淫らなヴィーナス); 요코야마 유지, 앞의 책, 252(조신함이 없는 비너스).

10 S. ギーディオン, 앞의 책(1968), 449~450쪽.

11 S. ギーディオン, 앞의 책(1968), 449쪽.

12 E.H. 곰브리치, 앞의 책(2002), 588쪽.

13 백남준, 『백남준: 말馬에서 크리스토까지』, 백남준아트센터, 2010, 254~255쪽(「살아 있는 조각을 위한 TV브라」(샬럿 무어맨, 1969년 5월 17~6월 14일) 역시 넓은 의미에서 이 범주에 포함시킬 수 있을 것이다).

14 게르스트 호르스트 슈마허 지음, 앞의 책, 19쪽.

15 국립중앙박물관, 『동삼동 패총 Ⅱ- 제2차 발굴조사』, 국립중앙박물관, 2004, 125쪽.

16 배성혁, 「빗살무늬 토기의 제작과 소성」, 『아시아 빗살무늬토기의 장식 문양과 지역적 변화』(2017 서울 암사동 유적 국제 학술회의 자료집), 강동구·한국신석기학회·동아시아고고학연구소, 2017, 67~81쪽.

17 국립중앙박물관, 앞의 책(2004), 90쪽 및 176쪽 도면.

18 박구병, 『한국수산업사』, 태화출판사, 1966. 16쪽.

19 Catherine Nicolle, VIE SAUVAGE MERS ET OCÉANS, 1990(), 28, 스코틀랜드와 아이슬란드 사이에 있는 페르 아이야 섬의 어부들은 해마다 고래들이 몰려오면, 여러 척의 배로 고래를 얕은 만으로 몰아 400~1,000두의 고래를 잡는다.

20 이브 코아 지음, 최원근 옮김, 『고래의 삶과 죽음』, 시공사, 1996, 23쪽. 일본의 타이지(太地)에서는 지금도 똑 같은 방법으로 고래를 잡고 있고, 그래서 그린피스 등 NGO 단체들의 큰 비난을 받고 있다.

21 장석호, 앞의 글(2003), 327~352쪽.

22 하인수 저, 『한반도 남부지역 즐문토기 연구』, 민족문화, 2006, 343쪽; 하인수·정수희, 『고대의 언어 그림』, 복천박물관, 2014, 14쪽.

23 부산박물관, 『동삼동 패총 정화지구 발굴조사보고서』, 부산박물관, 2007, 109쪽 및 244쪽 탁본과 도면, 380쪽 사진.

24 하인수, 「동삼동 패총 문화에 대한 단상」, 『동삼동 패총 정화지구 발굴조사보고서』, 부산박물관, 2007, 160쪽.

25 하인수, 앞의 글(2007), 160쪽.

26 하인수, 「동삼동 패총 문화에 대한 예찰」, 『한국신석기연구』, 한국신석기연구회, 2004, 91쪽; 하인수·정수희, 앞의 책, 14쪽.

27 장석호, 「울산 대곡리 암각화 속에 표현된 고래 형상」, 『고래와 암각화』(2017년 반구대 암각화 국제학술대회 발표 자료집), 울산암각화박물관, 2017, 75~79쪽.

28 하인수 관장께서는 이 자료뿐만 아니라 그 이전에도 동삼동 패총 관련 조사보고서와 몇 편의 연구 논문 등을 보내주셨다. 그 자료들은 대곡리 암각화 양식 및 편년 등의 연구에 큰 도움이 되었음을 밝히면서 지면을 빌어 감사의 마음을 같이 표한다.

29 하인수 관장은 이 형상이 '죽은 고래'를 나타낸 것으로 본 듯하다. 하인수, 정수희,『고대의 언어 그림』, 복천박물관, 2014. 17쪽.

30 국립광주박물관,『안도패총』, 국립광주박물관, 여수시, 2009, 58쪽.

31 애널리사 베르타 엮음, 김아림 옮김,『고래와 돌고래에 관한 모든 것』, 사람과 무늬, 2016, 150~151쪽.

32 국립진주박물관,『욕지도』, 국립진주박물관·통영군, 1989, 19~20쪽.

33 국립진주박물관, 앞의 책(1989), 79쪽.

34 국립진주박물관, 앞의 책(1989), 134쪽.

35 재단법인 한국문물연구원,『울산 황성동 신항만부두 연결도로 개설사업 내 울산 황성동 신석기시대 유적』, 울산광역시청, 재단법인 한국문물연구원, 2012, 67~77쪽.

36 재단법인 한국문물연구원, 앞의 보고서(2012), 153~155쪽.

37 재단법인 한국문물연구원, 앞의 보고서(2012), 63쪽.

38 재단법인 한국문물연구원, 앞의 보고서(2012), 379~380쪽.

39 재단법인 한국문물연구원, 앞의 보고서(2012), 398쪽.

40 최종혁,「울산 황성동 신석기시대 유적 동물 유체」,『울산 황성동 신항만부두 연결도로 개설사업 내 울산 황성동 신석기시대 유적』, 울산광역시청, 재단법인 한국문물연구원, 2012, 519~521쪽.

41 이브 코아, 앞의 책(1996), 56쪽.

42 재난법인 한국분물연구원, 앞의 보고서(2012), 395쪽.

43 임학종, 이정근, 김양미,『비봉리』, 국립김해박물관, 창녕군, 2008, 41~44쪽.

44 윤온식, 장용준, 김혁중,『비봉리 Ⅱ』, 국립김해박물관, 창녕군, 2012, 46~48쪽.

45 임학종, 이정근, 김양미, 앞의 책(2008), 43쪽.

46 장석호, 앞의 글(2003), 327~352쪽.

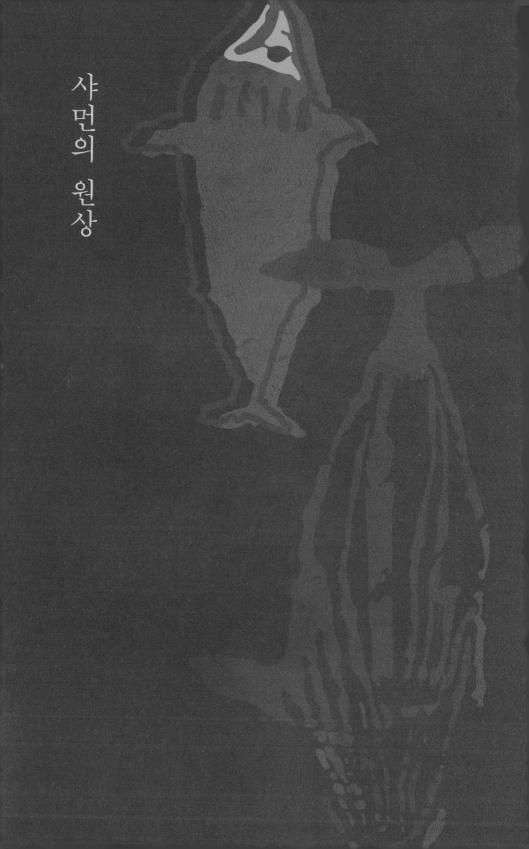

샤
먼
의

원
상

하이브리드¹ 형상의 수수께끼

바위그림 유적지를 조사하다 보면, 예상치 못했던 사건들이 발생하기도 하고 난감한 상황에 처하기도 하며, 갖가지 기상천외한 형상들과도 만나게 된다. 그런데 대부분의 사람들은 바위그림 등 선사시대의 조형예술 유적의 조사를 매우 낭만적인 일로 생각하는 듯하다. 가끔 주변사람들은 부러운 듯한 시선을 보내기도 하고, 또 뭐든 할 수 있는 일이 있으면 하겠으니 동행할 수 있게 해 달라는 요청을 하기도 한다.

그러한 시선 속에는 아마도 미지의 세계에 대한 동경이 담겨 있을 것이다. 낯선 곳에서의 예기치 못한 상황을 목격하거나 혹은 뜻밖의 사건들과의 조우를 나름대로 머릿속에 그릴 수도 있을 것이며, 그 비일상적일 수 있는 체험들에 대한 기대들이 그러한 말이나 요청의 밑바탕에 깔려 있는 듯하다. 여행을 떠나는 사람들에게 그러한 설렘과 기대가 없다면, 그리고 짧은 시간이지만 낯선 시공간 속에 혼자 덩그맣게 내팽개쳐져 일상으로부터의 일탈의 달콤함 속에 빠질 수 없다면, 그런 여행이야말로 무미건조하고 또 따분하기 그지없는 일일 것이다.

그러나, 낯선 곳으로의 여행이 꼭 낭만적일 수만은 없다. 특히 특정 유적의 조사를 목적으로 떠나는 여행은 더욱 더 그렇다. 때로는 많은 것을 희생해야 하고 또 어떤 때는 얻고자 하는 것보다 더 큰 대가를 치를 각오를 하지 않으면 안 된다. 마치 통과 의례를 거행하듯 곳곳에 도사리고 있거나 보이지 않은 어려움들을 헤쳐 나가야 하고, 또 예상치 못한 시험들을 풀어야만 마침내 원하는 공간 앞으로 나아갈 수 있다. 그런 일들을 거친 후 조사에 임하게 되는데, 사람들은 그러한 일들마저도 낭만적이라 여기면서 동경의 눈빛을 보내기 일쑤이다.

그런 시선의 의미는 고통스러운 여행 끝에 맛 볼 수 있는 꿀보다 더 달콤한 특이 체험, 즉 옛사람들의 체취가 담긴 형상들과 더불어 그곳에서 뿜어져 나오는 범접할 수 없는 아우라aura에 취할 수 있는 기대 등이 함축되어 있을 것이다. 실제로 감내하기 힘든 고통을 겪었다고 할지라도, 유적지와 그림 앞에 서게 되면 그동안의 고초 따위는 까맣게 잊어버리기 일쑤이고, 그 순간은 환희와 감탄 그리고 무어라 형언하기 어려운 성취감 등으로 인하여 스스로 고무되며, 동시에 자신의 존재에 대한 엄정한 성찰을 하게 된다.

바위그림 유적지에서 눈길을 끌고 발걸음을 붙들어매는 것들이 어디 한 두 가지일까 만은, 하이브리드hybrid 형상도 그 중의 하나이다. 흔히들 '환상의 동물'이나 '합성동물'이라는 말로 부르기도 하는데, 요즘 들어서 이 말이 우리 사회에서도 유행하고 있다. 소위 '하이브리드 카hybrid car'가 그 대표적인 예이다. 하이브리드 카는 전기와 기름 등 두 가지 에너지를 동시에 혼용하는 차를 지칭하는 것이다. 그와 마찬가지로 하이브리드 형상은 두 가지 이상의 서로 종이 다른 동물들을 결합시켰거나, 또는 그것에 사람의 신체 일부를 다시 결합시킨 것 등을 이르는 말이다.[2]

하이브리드 형상의 대표적인 고형古形이자 전형은 프랑스의 '레 트루아 프레르' 동굴벽화 속의 '뿔이 달린 신' 또는 '주술사'로 불리는 형상_{자료 166}이다. 이 형상은 순록의 뿔과 늑대의 귀, 부엉이의 눈, 곰의 앞발, 말의 꼬리 그리고 사람의 다리 등이 서로 결합되어 있는 매우 유니크한 반수반인半獸半人의 형상이다. 이 형상은 다른 동물들보다 높은 곳에 그려져 있으며, 더 크고 또 정교하게 그려져 있다. 이 유적을 직접 조사한 사람들은 이 형상이 매우 세심하게 그려져 있음과 더불어 다른 어떤 동물 형상과 견주어도 그 조

형성이 결코 뒤떨어지지 않는다는 점을 강조하였다.[3]

그런데 눈길을 끄는 점은 이 형상이 순록·늑대·올빼미·곰·말 등 모두 다섯 개 이상의 동물과 사람을 다시 재구성하여 제 3의 이미지를 창출하였다는 것이다.[4] 이 형상은 여러 가지 동물의 특정 부분들을 추출하고, 그것들을 결합시켜서 형상화한 것이지만, 그럼에도 신체를 구성하는 각 부분 간에 이질감이나 부자연스러움 따위를 느낄 수 없다는 점이 더 당혹스럽다. 오히려 이 형상은 너무나도 당당하고, 또 신비로우며 미스터리에 가득 찬 모습을 보여주고 있다. 그래서 이 형상을 남긴 화가의 뛰어난 조형 능력에 새삼스럽게 감탄하게 되는 것이다.

선사시대의 바위그림 속에도 이와 같은 하이브리드 형상들이 지속적으로 그려져 왔다. 예를 들면, 몽골의 자프항 아이막 에르덴 하이르항 솜의 '으브르 바양 아이락' 암각화 속에는 사슴의 머리에 돼지의 몸통 그리고 사람의 다리가 서로 결합된 형상자료 255이 그려져 있다. 그 아래에는 다른 형상들이 여럿 그려져 있는데, 이 형상에 비할 때 그것들은 훨씬 작게 그려져 있었다. 같은 몽골의 오브스 아이막 우믄고비 솜 '후렝 우주르 하단 올' 암각화 유적지에서는 개의 몸통에 사슴의 뿔이 달린 형상자료 256이 그려져 있다. 카자흐스탄의 '탐갈르이' 암각화

자료 255 하이브리드 형상
(으브르 바양 아이락, 몽골)

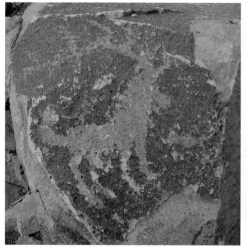

자료 256 하이브리드 형상
(후렝 우주르 하단 올, 몽골)

자료 257 하이브리드 형상
(에레미타쥬박물관, 러시아)

속에는 말머리에 산양의 뿔이 달린 형상이 그려져 있고, 유사한 유물이 출토되기도 하였다.^{자료 257} 키르기스스탄의 사이말르이 타쉬 암각화 속에는 태양과 사람이 결합된 형상^{자료 258}들이 그려져 있다.

그리핀(griffin, 또는 'griffon'이라 부르기도 함)⁵은 독수리의 머리와 사자의 몸통 그리고 새의 날개가 합성된 하이브리드 형상을 일컫는다. 산지 알타이 지역의 파지리크 무덤 속에서 출토된 많은 조형 예술품 가운데서도 그리핀의 변형^{자료 259}들을 살필 수 있다. 내륙 아시아의 라마수Lamassu^{자료 260}도 같은 유형이다. 어디 그것뿐이겠는가? 문신^{자료 94}이나 펠트^{자료 261} 등의 장식 문양 가운데서도 여러 가지 동물을 합성시킨 형상들을 확인할 수 있다. 또한 몽골을 중심으로 한 중앙 아시아의 여러 지역에서 살필 수 있는 사슴 돌^{자료 262}도 넓은 의미에서 하이브리드 형상이라고 할 수 있다. 귀면^{자료 263}이라든가

자료 258 하이브리드 형상
(사이말르이 타쉬, 키르기스스탄)

자료 259 그리핀
(에레메타쥬박불관, 러시아)

자료 260 라마수
(에레미타쥬박물관, 러시아)

자료 261 동물투쟁문(안장, 에레미타쥬박물관, 러시아)

용^{자료 264} 6 혹은 상상 속의 도깨비⁷ 등도 같은 부류의 변형들이라고 할 수 있다.

구석기시대부터 오늘에 이르기까지 하이브리드 형상은 지속적으로 제작되어 왔으며, 그 다양한 변형들을 통하여 제작자들의 조형 의지는 물론이고 세계관 등도 살필 수 있다. 하이브리드 형상 가운데는 새와 동물, 그리고 사람 등이 함께 결합된 경우도 있고, 또 더 복잡한 경우는 파충류에 어패류까지 결합된 형상도 있다. 특히 선사 및 고대 하이브리드 형상 가운데는 서로 이종의 동물뿐만 아니라 사람도 그의 중요한 구성 요소로 채택되었다는 점이 주목된다.

아프리카의 산San족 바위그림 속 하이브리드 형상이나 라마수, 그리고 그리핀 등의 예로써 알 수 있는 것처럼, 사람의 얼굴이나 독수리의 머리, 그리고 뿔이 난 동물의 머리에 새의 날개가 달린 동물의 몸통이 결합되기도 하였고, 뿔 없는 동물에 사슴이나 산양 그리고 소의 뿔이 결합되어 있기도 하다. 동물의 뿔과 새의 날개, 그리고 사람 등이 결합되어 이루어진 형상들을 통해서, 이들 하이브리드 형상과 그것을 이루는 각 부분들 속에는 특별한 상징 의미가 깃들어 있음도 추측할 수 있다. 그것은 아마도 '완전무결함'과 관련된 듯하다.

대곡리 암각화 속에도 그 하이브리드 형상의 변형이 그려져 있다. 그것은 주암면의 왼쪽 위에 그려진 사람 형상^{자료 39}이다. 이 형상은 오른쪽으로 향한 모습인데, 두 손을 얼굴 앞으로 모아서 합장을 하는 듯 하고, 또 무릎을 약간 구부리고 있다. 특히 이 형상의 배꼽과 꼬리 부분이 각각 앞뒤로 돌기되어 있다. 바로 배꼽부분의 돌기 때문에 많은 연구자들은 이 형상을 발가벗은 채 성기를 노출시킨 사람이라고 해석하였다.

그밖에도 대곡리 암각화 속에는 암면의 중간에 그려진 소위 '교미하는

자료 262 사슴돌(오쉬긴 톨고이, 몽골)

자료 263 귀면(국립경주박물관 소장)

자료 264 용(한가이다이, 몽골)

멧돼지' 형상^{자료 265}도 엄밀하게 분류한다면, 하이브리드 형상의 범주 속에 포함시킬 수 있다. 그 이유는 이 형상의 머리 부분은 멧돼지의 요소를 분명하게 갖추고 있지만, 꼬리는 호랑이의 그것과 유사하게 표현되어 있기 때문이다. 그러니까 하나의 형상 속에 두 가지의 속성이 동시에 살펴진다는 것이다.

자료 265 멧돼지
(대곡리 암각화)

이상의 예들을 통해서 살필 수 있었듯이, 하이브리드 형상을 이미 석기시대부터 그려졌으며, 오늘에 이르기까지 유럽과 아프리카, 중앙 유라시아, 그리고 오스트레일리아 등 세계의 전 지역에서 지속적으로 그려졌고 또 제작되어 왔다. 이렇듯, 조형예술의 여명기부터 오늘에 이르기까지 사람들은 왜 서로 다른 서식환경과 생태적 특성을 보이는 이종의 동물들을 결합시켜서 하이브리드 형상을 제작하였으며, 그것의 제작을 멈추지 않은 이유는 도대체 무엇이었을까? 도대체 무슨 매력 때문에 하이브리드 형상을 그린 것일까?

뜻밖의 조우

N.C. 비트센^{Witsen[8]}이 17세기 말에 시베리아를 여행하던 과정에서 남긴 한 장의 기록화^{자료 266}는 선사 미술 연구자들을 놀라게 하였다. 이 형상은 비트센이 퉁구스족 샤먼의 의례 광경을 직접 목격하고 그린 것이다. 그가 남긴 그림은 퉁구스족의 이동식 천막집 '춤Chum'[9]들이 세워진 마을 한쪽에서 부

자료 266 **주술사**
(N.C.Witsen, 1705)

족의 샤먼[10]이 굿을 하고 있는 장면을 그린 것이다. 군데군데 나무들이 서 있는 마을 가운데는 사냥꾼들의 집 춤들이 모여 있으며, 그 집들의 출입문은 모두 앞을 향하고 있다. 집과 집들 사이에는 서 있거나 걷는 사람들이 모습들도 보인다. 또 마을의 빈 터에는 다섯 명의 사람들이 모여 있는데, 그 중에 한 사람은 허리를 구부리고 있는 다른 한 사람을 부축하고 있으며, 막대를 들었거나 어깨에 활을 멘 나머지 다른 사람들은 그를 둘러싸고 있다.

이 그림에서 눈길을 끄는 것은 화면의 중간 왼쪽에 그려진 샤먼의 모습이다. 샤먼은 머리에 두 개의 사슴뿔이 장식되어 있으며, 또 동물의 귀와 눈이 달린 가죽옷을 입고 있다. 북채를 쥐고 있는 오른손이나 두 개의 발은 곰의 것이며, 왼손에는 큰 북이 들려 있다. 그는 적당한 간격으로 다리를 벌리고 있고, 또 무릎을 약간 구부렸다. 이로써 그는 곰의 가죽으로 만든 무복을 입었으며, 머리에는 사슴뿔이 장식된 모자를 썼음도 알 수 있다.[11] 비트센이 남긴 이 한 장의 그림으로써 17세기 말 또는 18세기 초엽의 퉁구스 족 사냥꾼들이 살던 마을과 사람들의 생활, 그리고 샤먼 등이 어떠한 모습을 하고 있었는지에 관한 귀중한 정보를 얻게 된 것이다.

이 그림에서 중심 주제는 물론 무복을 입은 샤먼이 북[12]을 두드리며 거행하는 의례이다. 마을의 빈 터에 있는 한 무리의 사람들은 아마도 환자를 돌보거나 치료하는 과정 중의 한 장면을 형상화한 것으로 보인다.[13] 왼쪽 끝에 있는 춤 속에는 두 명의 사람 그림자가 보이는데, 이들도 샤먼의 의례와 관련된 것으로 여겨진다. 이와 같은 몇 개의 세부 장면들을 통해서 샤먼이 병자를 치료하는 등 마을 사람들을 위하여 굿을 하고 있다는 추측을 할 수 있다.

물론, 우리들은 이 한 장의 그림을 통해서 퉁구스 족 샤먼이 거행하는 의례뿐만 아니라 또 하나의 흥미로운 하이브리드 형상과도 만날 수 있게 되었다. 그것은 다름이 아니라 화면의 전면에 당당하게 버티고 서 있는 샤먼 형상이다. 누구라도 이 형상을 바라보는 순간, 이 샤먼 형상에 빙의되어서 한동안 눈을 뗄 수 없게 될 것이다. 왜냐하면, 그의 모습과 그가 취하고 있는 동작에서 잊고 있었던 샤먼의 원형archetype에 대하여 새로운 환기를 할 수 있기 때문이다. 다시 말하자면, 이 형상 가운데서 가장 반문명적이고 동시에 친자연적인 오지 수렵 유목민 부족의 샤먼의 모습을 발견할 수 있기 때문이다. 이 샤먼 형상 가운데서 북과 북채를 빼면, 모든 것이 자연에서 획득한 것을 그대로 차용하고 있음을 알 수 있다. 물론 북과 북채의 원자재 또한 자연에서 획득한 것이지만.

더욱이 이 형상은 이미 앞에서 살펴본 바 있는 '레 트로아 플레르' 동굴 속의 하이브리드 형상^{자료 166}과 비교할 때 그 기본적인 외형이 매우 비슷하다. 두 형상은 다 같이 사슴의 뿔, 늑대의 귀, 곰의 앞발 등 그 종이 서로 다른 동물의 부분들을 재구성하여 완성한 것이다. 또한 두 형상에서 각각의 사람들은 모두 그 무릎을 약간 구부리고 있는 점도 서로 같다. 양자 사이에서 차이가 있다면, 레 트로아 플레르 동굴 속의 그것은 부엉이 눈에 두 손을 서로 모으고 있지만, 비트센이 남긴 샤먼 형상은 사람의 얼굴에 적당한 간격으로 다리를 벌린 채 북과 북채를 들고 서 있는 점이다.

비트센이 남긴 퉁구스 족의 샤먼 형상은 그동안 '뿔이 있는 신', '부족의 지도자', '동물 가장을 한 사냥꾼' 등 여러 가지로 해석되었던 레 트로아 플레르 동굴 속의 하이브리드 형상이 주술사koldun, 즉 샤먼의 가장 오래된 모습이었을 가능성을 한 층 더 높여주었다. 그동안 이 형상^{자료 166}을 두고 제기된 각각의 주장들이 모두 나름대로의 타당성을 지니고 있었지만, 그것과 비트센이 그린 퉁구스 족 샤먼 형상과의 사이에는 뛰어넘을 수 없는 시공간 상의 간극이 있음에도 불구하고, 양자 사이의 싱크로 율은 경악할만한 것이다.

이 두 개의 형상 속에 반영된 제작 집단의 원형 심리도 살펴볼 수 있다. 사슴의 뿔은 끊임없이 반복되는 탈각과 생장의 순환을 되풀이 하는데, 이런 이유로 그것은 재생復活과 불사의 상징물이 되었다. 늑대의 귀는 작은 소리에도 민감하게 반응하며, 소리가 나는 곳의 거리까지도 정확하게 파악해 낸다. 부엉이의 눈은 밝은 대낮보다는 어두움 속에서 사물을 더욱 잘 분간할 수 있다. 곰의 앞발은 호랑이도 두려워할 만큼의 가공할 파괴력을 지니고 있다. 이렇게 특별한 힘을 갖고 있는 동물들의 신체 세부를 합성시켜서 재창출한 예의 하이브리드 형상은 죽지 않으며, 어둠 속에서도 자유로이 행동할 수 있는 힘을 지닌 존재의 회화적인 구현이었다.

그러므로 하이브리드 형상을 통해서 석기시대부터 변함없이 추구되어 오던 완벽한 존재, 이상적인 존재에 대한 사람들의 사유의 한 단면을 엿볼 수 있게 되었다. 멀리는 구석기시대부터 사람들은 그들과 공존하였던 동물 가운데서 특별한 능력과 무서운 힘을 갖는 동물들, 그 중에서도 특별한 능력이 있는 부위에 대한 파악을 하였으며, 그것들을 새롭게 재구성시킬 때 현실세계에서 존재하지 않은 이상적이고도 완벽한 존재자가 될 수 있음을 인식하였던 것이다. 그리고 그러한 믿음을 구체적인 모습으로 구현한 것이 바로 이런 유형의 하이브리드 형상이었던 것이다.

이와 같은 인식에 기반을 두고 제작된 하이브리드 형상의 다양한 변형들을 각종 조형 예술 속에서 살필 수 있다. 그 가운데서도 여러 가지 모습으로 형상화된 소위 '반수반인'은 인간이 애초에 갖지 못한 초능력을 겸비한 특수한 존재의 회화적인 표현인 것이다. 하이브리드 형상을 구성하고 있는 여러 동물들의 특정 부분들은 주술사 또는 샤먼이 임무를 수행하는데 없어서는 안 될 능력을 제공해 주는 힘의 원천이기도 하다. 그는 이러한 능력을 바탕으로 하여 하늘이나 지하 등 타계, 그리고 신의 세계神域와 같은 다른 차원의 세계를 자유로이 왕래하면서 인간과 그들 사이를 잇는 가교의 역할을 하였던 것이다.[14]

우리들은 비트센이 남긴 한 장의 그림을 통해서 하이브리드 형상의 고형을 상기할 수 있었으며, 동시에 그동안 단절되었던 선사시대 사람들의 사유의 한 부분을 유추할 수 있었다. 뿐만 아니라 오늘날 우리들이 향유하고 있는 문화의 원형이 위로는 까마득한 석기시대에까지 소급되어 올라가는 점도 알게 된다.

앞에서 살펴본 두 개의 하이브리드 형상 사이에는 프랑스와 시베리아, 그리고 구석기시대와 17세기 말에서 18세기 초라고 하는 좁힐 수 없는 시공간의 간극이 엄존하지만, 둘 사이에서 살펴지는 형태상의 뚜렷한 동질성을 통해서 인류의 기층 심리 속에 자리 잡고 있는 샤먼의 '원상', 즉 주술사의 오래된 모습이 어떠하였는지를 다시 한 번 되짚어 볼 수 있다.

도처에서 만나는 하이브리드 형상

여러 가지 동물들의 특정 부위를 하나로 재구성하여 만든 하이브리드 형상은 비단 '레 트로아 플레르' 동굴 속의 주술사뿐이 아니다. 그러한 형상을 도처에서 살필 수 있는데, 오래 된 것 가운데 또 다른 하나는 라스코 동굴의 가장 깊숙한 곳이자 그 가운데서도 특히 기묘한 곳인 '우물shaft'[15] 속에 그리신 새 사람 형상사료 261이다. 이 형상은 새머리에 네 개의 손가락이 달린 반조인半鳥人을 나타낸 것이다. 또한 이 형상은 창자가 튀어나온 소, 창, 막대 위의 새 그리고 코뿔소 등과 함께 구성되어 있는데, 이들 각각의 형상들은 저마다 다른 바탕선基底線을 지니고 있다. 그러나 연구자들은 이 점을 간과한 채 이 반조인 형상이 사냥 과정에서 생긴 사고로 '쓰러졌다'거나 '엑스타시에 빠진 주술사'라는 등의 해석을 하였다.[16]

그런데, 라스코 동굴벽화 속의 이 형상처럼, 머리가 새이고 몸통과 다리가 사람인 '반조인' 형상들을 세계 여러 지역 선사 미술 속에서 어렵지 않

자료 267 새(鳥) 사람(라스코, 프랑스)

게 살필 수 있다. 하카시야의 술렉크 암각화 가운데 새머리 사람[자료 268]이나 미누신스크의 타스 하즈 Tas Khaaz 1호분 덮개돌에 그려진 새머리 사람 형상[자료 269] 그리고 톰스카야 피사니차 속 새머리 사람 형상[자료 270]등은 그의 좋은 예이다. 하카스와 퉁구스족 연구에 평생을 바친 L. R. 크이즐라소프K´izlasov와 V. A. 투골루코프Tugolukov 등은 이와 같은 반조인을 '신적인 존재'라거나 '자신을 새라고 믿는 샤먼의 형상'이라고 하였다.[17]

그밖에도 아프리카의 산족[18] 바위그림 가운데는 동물의 머리와 새의 날개 그리고 사람의 다리가

자료 268 새 사람 (술렉크, 러시아)

자료 269 새 사람 (타스 하즈 고분, 러시아)

자료 270 새 사람(톰스카야 피사니차, 러시아)

합성된 하이브리드 형상^{자료 271}이 그려져 있다. 앞
에서도 소개한 바 있듯이, 데이비드 루이스 윌리
엄스와 도슨은 이와 같은 형상들을 두고 산족의 주
술사가 트랜스 상태에서 목격한 자신의 참 모습을
형상화한 것이라는 흥미로운 주장을 펼치기도 하
였다.[19]

자료 271 하이브리드 형상
(산족, 아프리카)

새뿐만 아니라 육지동물과 사람이 결합된 하
이브리드 형상들도 아프리카, 오스트레일리아, 아
메리카 그리고 시베리아 등 세계 각지의 바위그림
가운데서 살필 수 있다. 아프리카 짐바브웨의 마토
보Matobo 유적 속의 소로 가장한 반수인^{자료 272} [20]이

자료 272 하이브리드 형상
(마토보, 짐바브웨)

자료 273 **타조 사냥꾼**
(비텐베르크, 남아프리카)

나 비텐베르크Bitenberg 유적의 타조로 가장한 사냥꾼,^{자료 273} 21 「원형적인 트랜서archetypal trancer」^{자료 274} 22 등의 예와 같이 인간과 동물이 합성된 하이브리드 형상은 선사 미술과 관련한 각종 도서 가운데 중요한 자료로 소개되어 있다.

G. 캐틀린Catlin은 만단족 사냥꾼들이 소 가죽을 둘러쓰고 춤을 추면서 바이슨을 사냥하였음을 그가 남긴 아메리카 만단Mandan 족 소 사냥꾼 춤^{자료 130}을 통해서 확인시켜주었다.²³ 뿐만 아니라 캐틀린은, 만단 족 사냥꾼들이 늑대의 가죽을 둘러쓰고 들소 가까이로 접근하고 있는 모습^{자료 275}도 그림으로 남겨두었다. 그것은 만단족의 사냥 풍습을 살필 수 있는 중요한 기록화이다. 만단족은 늑대를 보면 공격하기 위해 다가서는 들소의 습성을 파악고, 실제로 사냥할 때 늑대 가장을 하는데, 캐틀린은 그와 같은 모습을 형상화해 놓았다.²⁴

전통적으로 수렵민족들이 사냥을 할 때는 그 대상 동물의 가죽을 둘러쓰고 사냥을 한다고 한다. 그럴 경우 사냥감들은 생김새와 냄새 등이 서로 같아서 경계를 하지 않는다는 것이다. 그러므로 사냥꾼들은 원하는 만큼 사냥감 가까이 다가갈 수 있는 것이다.²⁵ 비단 캐틀린의 여행기뿐만 아니라 학

자료 274 원형적인 트랜서(루사페, 짐바브웨)

자료 275 늑대 가장 사냥(G.Catlin)

사진 276 **동물 가장 사냥꾼**
(모형, 쿤스카메라, 러시아)

자료 277 **하이브리드 형상들**
(레 트로아 플레르 동굴)

술도서나 세계의 민속박물관 가운데서 사냥감과 같은 모습으로 가장한 사
냥꾼^{자료 276}들을 확인할 수 있다. 물론 앞에서 살펴본 비텐베르크 등지의 소
와 타조로 가장한 형상들은 각각 사냥꾼의 모습을 그려놓은 것이다.

　　동물 가장을 한 사냥꾼과는 달리, 사람이 동물과 합성된 또 다른 종류
의 하이브리드 형상들도 세계 각지의 선사 미술 속에서 살필 수 있다. 레 트
로아 플레르 동굴 속에는 이미 앞에서 살펴본 주술사 이외에도 머리와 몸통
은 소이지만, 다리가 사람인 반수인 형상^{자료 277}이 그려져 있다. 바로 이 형
상 앞에는 머리에 소의 뿔이 달린 암 순록 형상과, 머리는 순록이고 오리나

개구리처럼 물갈퀴가 있는 앞발을 한 하이브리드 형상 두 개가 그려져 있다.[26] 둘 중에서 사람과 소가 합성된 이 반수인의 코에서는 무언가가 흘러내리고 있고, 또 팔(앞발)은 어딘지 부자연스러우며, 왼쪽 다리를 구부리고 있는 모습으로 그려졌다.

남부 시베리아 앙가라 강변의 '베르흐냐야 부레트Верхняя Буреть' 바위그림 유적에서도 붉은 물감으로 그려놓은 반수인 형상[자료 278]을 살필 수 있다. 이 형상은 마치 늑대와 같이 머리에는 큰 귀가 달렸고 또 엉덩이에는 긴 꼬리가 달렸다. 두 손은 모아서 합장한 듯 하고 다리도 무릎을 약간 구부린 채 적당히 벌리고 서 있는 모습이다. 배꼽 부분에는 무언가가 앞으로 돌기되어 있다. 러시아의 고고학자 오클라드니코프 박사는 이 형상을 두고, 두 개의 뿔과 생식기 그리고 꼬리가 달렸다고 하였다.[27] 그러나 이 형상에서 오클라드니코프 박사가 뿔이라고 보았던 것은 귀로 보는 것이 합당하며, 또 그가 '생식기'라고 하였던 배꼽 부분의 돌기노 위치와 비례 등을 놓고 볼 때 설득력이 떨어진다.

자료 278 하이브리드 형상
(베르흐냐야 브레트, 러시아)

산지 알타이 온구다이Ongudai의 카라콜karakol 무덤에서는 머리에 새 깃털로 보이는 장식이 달려 있고, 등에도 날개로 보이는 몇 줄의 빗금들이 나 있으며, 엉덩이에는 꼬리가 달린 반수인 형상[자료 279]들이 그려져 있다. 얼굴은 가면을 쓴 듯하며 팔은 그리지 않았다. 무릎은 약간 구부러져 있는데, 전체

자료 279 하이브리드 형상
(카라콜 무덤, 러시아)

자료 280 의례 광경(사이말르이 타쉬, 키르기스스탄)

적인 인상은 왼쪽을 향해 무언가의 동작을 취하고 있는 모습이다. 이와 같은 형상들은 카라콜 마을 인근에서 발견된 쿠르간 속의 돌 벽에 물감으로 그려진 것으로서, 이 또한 사람과 동물이 하나로 합성된 하이브리드 형상이다.[28]

　키르기스스탄의 사이말르이 타쉬 암각화 속에도 여러 가지 흥미로운 형상들이 집중적으로 그려져 있는데, 그 가운데도 특히 눈길을 끄는 것은 사람들이 집단적으로 의례를 거행하는 장면자료 280들이다. 사람들은 주로 두 손을 모아서 머리 위로 치켜들고 있고, 무릎을 약간 구부린 모습인데, 이들의 대부분은 엉덩이에 동물의 꼬리가 달려 있다. 그러니까 이 형상들은 지금까지 살펴보았던 다른 지역의 하이브리드 형상과는 달리 사람의 신체에 동물의 꼬리만 달려 있는 셈이다.[29] 이렇듯 선사 미술 가운데는 하이브리드 형상의 다양한 변형들이 그려져 있다.

이렇듯 하이브리드 형상들은 사람과 동물의 특정 부분이 서로 합성되어 있기 때문에 특별히 주목을 끌었다. 예의 하이브리드 형상에서 그 머리는 일반적으로 동물의 뿔이나 귀, 그리고 새의 깃털 등이 장식되어 있었다. 대부분의 형상들은 두 손을 앞으로 모아서 합장을 하였거나 혹은 위로 향해 치켜들고 있었고, 또 허리와 무릎을 구부리고 있는 모습이었다. 형상 가운데 일부는 배꼽 부분이 돌출되어 있었음도 살필 수 있었다. 그리고 모든 형상들에는 공통적으로 꼬리가 달려 있었다.

이러한 형상들을 두고 대부분의 연구자들은 주술사 혹은 샤먼으로 보았다. 연구자들은 샤먼이 머리에 뿔이 달린 독특한 의상, 즉 무복을 입었으며, 그들은 어떤 제의적인 춤을 추고 있는 사람들과 일정한 관계를 맺고 있다고 하면서, 그 옷은 동물의 가죽으로 된 것이라고 하였다. 시베리아에서는 그와 같은 옷을 '카프탄caftan'이라고 하는데,[30] 이런 종류의 무복은 주로 염소나 순록 등의 가죽으로 만들었으며 또 그것은 신화 속에서 나오는 동물 모양이라고 하였다. 그리고 샤먼이 그와 같은 무복을 잃어버리면, 동시에 그의 영력도 사라지는 것으로 여긴다.[31]

기도하는 사람

대곡리 암각화 중에서도 가장 높은 곳에는 사람들의 눈길을 끄는 흥미로운 형상이 하나 그려져 있다. 그것은 두 손을 모으고 무릎을 약간 구부린 사람 형상자료 39이다. 배꼽 부분이 돌기되어 있고, 엉덩이 부분도 뾰족하게 튀어나와 있다. 다리를 적당히 벌리고 있고, 두 손을 모아 마치 합장을 하는 듯한 이 형상을 두고 대부분의 연구자들은 주로 배꼽 부분의 돌기에 주목하였다. 그 돌기를 남성의 생식기라고 보았던 것이다. 그간에 이 형상을 두고 제기된 연구자들의 형태 해석 내용을 소개하면, '전면에는 거대한 성기가 있고, 엉덩이에는 꼬리가 달렸다'는 주장이 지배적이었다. 그림이 발견된 후 40년이 지난 지금까지도 이와 같은 주장 이외의 주목을 끄는 해석은 보이지 않았다. 또한 이 형상을 두고 제기된 생식기 관련 수식어들은 초기의 연구자들이 이 형상을 어떻게 인식하였는지 살피게 해준다.

그동안의 연구자들은 '성기가 있고 짧은 꼬리가 있는 인물 암각',[32] '돌출한 남근을 보이고 있고, 몸 뒤로 꼬리(또는 혹)를 달고 있다'[33]고 하였다. 이러한 형상 분석에 따라서 배꼽 부분의 돌기를 '거대한 남근', '앞으로 뻗은 성기', '성기 과장', '성기를 내밀고 있는 사람' 등과 같이 남성 생식기로 해석하였으며,[34] 논의를 진전시켜 '알몸의 사나이가 남성 상징을 돌기시킨 채 서 있다'거나,[35] '양 가랑이 사이에 남근을 잔뜩 발기시켜 놓은 모습'[36]이라는 등 그것이 남성 생식기를 묘사한 것임을 기정사실화 하였다.

또한 이 형상이 취하고 있는 모습을 두고는 '춤을 추는 사람'[37]이나 '기도하는 사람'[38] 그리고 '춤을 추면서 기도하는 사람'[39] 등으로 보았다. 이렇듯 그동안의 연구자들은 이 형상이 '발가벗고 손을 들어 춤을 추는 사람'을 나타낸 것이라는 데는 기본적으로 동일한 인식을 하였던 것이다. 연구자들은 이 형상이 구체적으로 어떤 역할을 하는 존재인가에 따라 크게 세 가지 상이한 견해를 피력하였다. 그 중의 하나는 사냥과 어로집단의 부족장이고,[40] 다른 하나는 동물의 주인이라는 시각이며,[41] 나머지 하나는 주술사를 형상화한 것[42]이라는 입장이다.

우선, 사냥과 어로 집단의 대표적 신상이라고 보는 시각은 고래를 비롯한 바다 동물을 불러 모으거나 그것의 출현을 관찰하는 사람 또는 고래사냥꾼의 우두머리, 고래잡이를 주도하는 대장으로 제사장이자 부족장일 것이라는 논리를 펼치고 있다.[43] 한편, '동물의 주인'이라고 보는 시각은 이 형상을 알몸의 남성 상징 숭앙과 결부시키면서 죽은 고래에게는 재생을, 살아 있는 배부른 동물들에게는 새 생명의 탄생을 보장할 수 있는 주술적 교구행위를 하고 있는 듯이 보인다고 하면서, 짐승들의 '몸 주'이자 동시에 최초의 무당이라는 논리를 펼쳤다.[44]

주술사로 보는 시각은 이 형상을 '의식의 춤을 추는 모습'이라거나 '춤 추는 모습에 성기를 과장한 인물' 그리고 '성기를 드러내고 주술적인 춤을 추는 사람'을 형상화한 것이라고 하고, 이는 '최고의 존재나 미지의 공포 또는 자연력에 대하여 간절히 기도하는 주술사'를 형상화한 것으로 보았다.[45] 이 형상을 주목하였던 연구자들은 한결같이 나경裸耕의 풍습[46]이나 그것을 형상화한 이형 청동기자료 281 또는 남성 생식기가 과장된 토우자료 282 [47] 등 조각상을 사례로 들면서 성기 노출을 기정사실화하였다.

그런데 이 형상에서 배꼽 부분의 돌기가 남성 생식기를 형상화한 것이

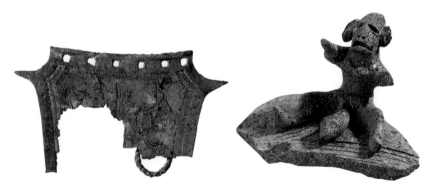

자료 281 농경문청동기(한병삼, 1999)   자료 282 토우(국립경주박물관)

라고 한다면, 결과적으로 선사시대의 화가는 알몸의 사람을 형상화한 셈이다. 그럴 경우 등선背線에서 다리로 이어지는 부분, 즉 엉덩이 부분의 돌기는 어떻게 해석해야 하는가? 그것을 꼬리라고 해야 하는가? 만약에 이 형상이 알몸을 형상화한 것이라고 한다면, 이 그림이 그려질 당시에는 사람들에게 꼬리가 달려있었다는 말이 성립된다.[48]

그뿐만 아니라 선사시대의 사람들이 의례를 거행할 때 옷을 벗었다는 이야기도 성립된다. 그런데 이미 앞에서 지적한 것처럼, 세계 전 지역의 샤먼은 의례를 거행할 때 특수한 의복, 즉 무복을 입었다는 증거들이 많이 있다.[49] 우선 그 대표적인 예로는 비트센이 남긴 샤먼자료 266이 될 것이다. 그 밖의 많은 오지의 소수 부족 샤먼들의 무복은 정성스럽게 취급되었으며, 또 의례를 거행하는 특별한 시간에만 그것을 입었다.[50] 거란 족 샤먼 '카카 Khakha'는 돼지가죽으로 만든 무복을 입고 의례를 거행하였는데, 그의 아내가 그 무복을 감추자 더 이상 의례를 거행할 수 없게 되었다는 이야기는 무복의 중요성을 말해주는 중요한 사례 가운데 하나이다.[51]

그런데 이 형상에서 배선과 다리로 이어지는 중간 부분의 돌기는 위치상으로는 배꼽 부위에 해당한다. 만약에 선사시대의 화가가 남성의 생식기를 표현하고자 하였다면, 왜 그것을 다리와 다리 사이에 그리지 않았을까? 대곡리 암각화와 같은 수준의 사실성 있는 그림을 남긴 화가의 능력이라고 한다면, 등선에서 엉덩이로 이어지는 윤곽선 및 배와 아랫도리 사이의 윤곽선 등은 선뜻 납득하기 어려운 형태 해석이라고 할 수 있다. 농경문 청동기 속의 사람 형상이나 생식기가 묘사된 토우 등과 비교해 볼 때도 이 형상이 생식기를 표현한 것이라고 보기에는 어딘가 부자연스럽다.

그러므로 이 형상이 알몸의 남성을 형상화한 것이라고 보았던 기존의 시각들은 마땅히 재고되어야 한다. 이 형상은 나체의 남성을 그린 것이 아니라 카프탄과 같은 특별한 무복을 입은 샤먼을 형상화한 것이다.[52] 이것은 이제껏 살펴보았던 선사 및 고대 미술 속에 표현된 샤먼의 전형적인 모습과 유사한 포즈를 취하고 있다. 그것은 두 손은 모으고 다리는 구부린 채 기도하는 모습이다. 이 형상은 동물가죽의 무복을 입고 엑스타시 상태에 든 샤먼을 형상화한 것이다.[53]

구석기시대에 그려진 레 트루아 플레르 동굴 속의 하이브리드 형상[자료 166]이 그러했듯이, 비트센이 목격하고 18세기 초두에 남겨놓은 그림을 통해서 살필 수 있었던 것과 같이, 앙가라 강변의 '베르흐냐야 부레트'나 키르기스스탄의 '사이말르이 타쉬' 그리고 남부시베리아 하카시아의 '바야르스카야 피사니차' 유적지에 그려진 샤먼 형상[자료 283][54]이 그랬듯이 이 형상도 역시 동물의 가죽으로 된 무복을 입고 있는 것이다. 그는 적당히 발을 벌리고 또 무릎을 구부린 채 두 손을 모아서 간절히 기도하는 사람, 즉 샤먼을 형상화한 것이다.

자료 283 **주술사**
(바야르스카야 피사니차, 러시아)

그는 이 암각화를 남긴 집단의 샤먼이었으며, 그가 속한 사회 구성원들의 안녕과 풍요로운 삶, 그리고 온전한 평화를 위하여 간절히 기도하고 있는 중이다. 그는 스스로 자신을 헌신하여 엑스터시 상태에 돌입하였으며, 수많은 난관을 극복하면서 영계의 여행을 하고 있는 것이다. 부족의 구성원 한사람 한사람의 소망과 전체 부족의 염원을 절대자에게 전하는 한편, 병든 사람을 치료하고 또 그들의 삶에 위해危害를 가하려는 모든 사악한 존재들을 퇴치하기 위하여 전심전력을 다하고 있는 것이다.[55]

그에게 주어진 막중한 임무를 완수하기 위하여 그는 대대로 전해오던 방식대로 정성스럽게 예복을 갖추고, 무릎을 구부린 채 두 손을 모아 간절히 기도를 하고 있다. 누구 한 사람 아프지 않기를 바라며, 어느 누구도 소외되는 사람이 없기를 바라고, 또 부족의 모든 성원이 행복한 삶을 이어가기를 바라면서.

오늘의 샤먼

레 트루아 플레르 동굴 벽화 속의 하이브리드 형상이나, 남부시베리아 앙가라 강변의 베르흐냐야 부레트 바위그림 속의 두 손을 치켜들고 서 있는 하이브리드 형상, 산지 알타이 카라콜 무덤 벽화 속의 새 깃털 장식을 단 하이브리드 형상, 키르기스스탄 사이말르이 타쉬의 두 손을 들고 기도하는 하이브리드 형상 등을 통하여, 이들이 모두 기본적으로 동일한 모습을 취하고 있음을 살펴보았다. 그것은 허리를 약간 구부리고 두 손을 위로 치켜들었거나 모아서 합장을 하고 있는 모습인데, 특히 이들은 하나 같이 적당한 간격으로 다리를 벌린 채 무릎을 약간 구부린 특이한 자세를 취하고 있었다.[56]

뿐만 아니라 비트센이 시베리아를 여행 과정에서 남긴 퉁구스 족 샤먼의 모습과 여러 가지 면에서 흡사함도 이미 확인한 바 있다. 또한 오지의 샤먼에 관한 각종 기록들이나 특정 민족의 기록 사진, 그리고 다양한 형식으로 그려진 각종 샤먼의 모습 중 그들이 쓴 모자[자료 284]나 입은 무복[자료 285] 등이 선사 및 고대 미술 속의 하이브리드 형상들과 서로 부합하는 점을 확인할 수 있었다. 바로 이런 점으로써 바위그림 속의 반수반인 형상들 가운데

자료 284 샤먼의 모자와 북(인류학박물관, 러시아)

자료 285 샤먼의 무복과 북(쿤스카메라, 러시아)

일부는 샤먼을 형상화한 것이었음을 보다 분명하게 지적할 수 있게 된 것이다.

이들은 모두 두 손을 위로 치켜들고 있거나 합장을 하고 있는 모습이다. 이는 기도하는 장면을 형상화한 것이다. 서원誓願이나 헌신獻身 등 가장 간절하고 또 지극한 염원念願을 신체 언어로 표현한 것이 그와 같은 모습이다. 그것은 그가 겸손하고 또 낮아졌으며, 그의 모든 생각과 의지를 신들과 초자연적인 존재들에게 내맡기고 가장 정의롭고 또 바른 방법으로 신탁을 받아들일 자세를 취하고 있는 것이다. 그 순간 그에게는 일체의 사심이 없는 것이다.

그는 힘과 능력을 주는 특별한 무복을 입고 있다. 그것은 그와 그가 속한 부족의 연원과 깊이 관련된 동물을 비롯하여, 그들의 분류 체계 속에서 특별한 의미를 지닌 동물의 특정 부위를 추출하고 또 그것들을 재구성하여 만든 가장 강력하고도 신성한 옷이며, 그 옷을 입는 순간 그는 평범한 인간으로는 다다를 수 없는 특수한 상황 속에 돌입하게 된다. 그 옷은 엑스터시 상황에 돌입한 그가 만나게 될 온갖 시험이나 시련들을 극복해 나갈 때 필요한 힘이나 능력을 부여해 줌과 동시에 불행의 근원인 각종 악령들과의 싸움에서 그를 지켜줄 안전구이기도 하였다.[57]

그는 구성원 한사람 한사람이 안고 있는 아픔을 치유하였으며[58] 사람과 사람 사이의 다툼이나 계층과 계층 간의 갈등을 풀 수 있는 대안을 제시하는 등 문제점을 해결하였다. 또한 사회 구성원들의 집단적인 욕구를 충족시켜야 할 방법론과 길을 만들어 내었다. 사회 구성원들이 지향하여야 할 가치관과 도달하고자 하였던 미래의 비전을 그려서 제시하였던 것이다. 반드시 하여야 할 일과 해서는 안 되는 일을 구분짓고, 또 그것을 지킨 자와 그렇지 않은 자에게 그에 상응하는 대가를 받고 또 치르게 하였으며, 그리하여 그가 속한 사회가 지극한 선至善에 이르도록 하였던 것이다.

그런 일을 하는 그는 정신과 육체, 그리고 도덕적으로 흠이 없는 사람이어야 했다. 그가 속한 집단의 안녕과 평화를 위하여, 그는 늘 정직하고 또 정결하여야 하였으며, 부정한 일로부터 스스로 멀리 떨어져 있었던 것이다. 그는 나쁜 생각을 해서는 안 되었으며, 나쁜 말을 입에 담아서도 안 되었다. [59] 스스로 근신하고 삼가야 했으며, 그에게 부여된 권능을 이용하여 사심을 채우지도 않았던 것이다. 공인인 그의 모든 언행은 사람들의 주목을 받았던 것이다. [60]

제정일치祭政一致 시대에는 그가 정치적인 군장이자 제사장의 역할을 겸하였었다. 그의 머리에 얹힌 보관에는 이전의 하이브리드 형상에서 살펴본 바 있는 사슴뿔이 장식되어 있었다. 그가 입었던 옷은 아마도 그가 속한 집단과 종족의 토템이 장식되어 있었을 것이다. 그는 그에게 주어진 금기를 지키면서 일상의 대·소사를 처리하였으며, 특별히 정해진 의례의 날에는 미리 목욕재계하고 근신하며 스스로를 정결히 하였던 것이다. 그리고 그는 정해신 의례의 날에는 엄숙하게 두 손을 모으고 스스로를 낮춰 간절히 기도하였던 것이다. 그의 기도 속에는 구성원들의 소망이 담겨 있었다.

대곡리 암각화 속의 샤먼은 그런 일들을 수행하였다. 수천 년 전 신석기시대의 태화강 사람들이 안고 있었던 각종 어려운 문제점들을 해결하였던 것이다. 각 구성원들의 정신적인 고통과 육제적인 아픔, 그리고 질병 등을 치유하였으며, 집단과 집단, 그리고 이익 단체 간의 갈등을 해소하였고, 불분명한 미래에 대한 희망을 제시하였다. 그는 그가 속한 사회의 항구적인 존속과 발전을 위하여 새로운 가치관을 만들었으며, 사회를 유지시키고 통합시킬 수 있는 비전을 제시했던 것이다.

　그로 인하여 사람들은 평안했던 것이다. 그는 군림한 것이 아니라 탁월한 조정자였으며, 개개 구성원들의 능력을 최대한으로 발휘하게 하였고, 또 각각의 에너지를 한 곳으로 응집시킬 수 있는 능력을 지닌 사람이었던 것이다. 그는 뽐내지 않았고 스스로 낮아짐으로써 많은 사람들의 다양한 목소리를 들을 수 있었으며, 스스로 중립을 지킴으로써 불편부당하였던 것이다. 그러므로 그는 어느 누구의 지도자가 아니라 모두의 지도자가 될 수 있었던 것이다. 그는 특정 개인의 이익을 위하여 기도한 것이 아니라 모두를 위하여 두 손을 모아서 기도했던 것이다.

　그러므로 대곡리 선사시대 사람들은 그의 모습을 대곡천의 '건너각단'에 정성껏 새겨서 그를 기념하고자 했던 것이다. 그림 속의 그의 모습은 여전히 두 손을 모으고 간절히 기도를 하고 있다. 그는 영계 여행을 통하여 뭍 고래들의 '어머니'이자 '주인'과 만났으며, 동해안과 울산만으로 고래잡이 어부들이 잡을 양만큼의 고래 떼를 보내주기를 기도하였고, 고래잡이 어부들이 풍랑과 태풍으로부터 고초를 겪지 않도록 기도하였으며, 잡은 고래를 모두가 공평히 나눌 수 있는 방법을 가르쳐 달라고 기도하였다. 분배 때문에 마음이 상하는 사람이 없기를 바랐고, 또 모두가 행복하기를 기원하였던 것이다. 그 밖의 각계 구성원들이 저마다의 자리에서 자신들이 맡은 일들을 하면서 자긍심을 가질 수 있게 해 달라고 기도하였던 것이다.

1 장석호, 「선사 및 고대 미술 속의 하이브리드 형상 연구」, 『중앙아시아 연구』19-1, 2014, 1쪽(hybrid는 'produced by crossbreeding'이라 풀이한다).

2 홍성욱, 『하이브리드 세상 읽기』, 안그라픽스, 2008(홍성욱은 하이브리드를 잡종으로 번역하고 있다).

3 S.ギーディオン, 앞의 책, 500~505쪽.

4 S.ギーディオン, 앞의 책, 501~502쪽.

5 장석호, 「선사 및 고대 미술 속의 하이브리드 형상 연구」, 『중앙아시아연구』제19-1, 중앙아시아학회, 2014, 14쪽.

6 장소현 저, 『동물의 미술』, 열화당, 1979, 67~68쪽; 호림박물관, 「용의 미학전」, 성보문화재단, 2000; 정연학, 「용과 중국 문화」, 『용, 그 신화와 문화』, 민속원, 2002, 41쪽; 리영순 지음, 『동물과 수로 본 우리 문화의 상징 세계』, 훈민, 2006, 132~137쪽.

7 주강현 지음, 『우리 문화의 수수께끼 2』, 한겨레신문사, 1997, 10~33쪽.

8 N.C.비트센은 네델란드 사람으로, 17세기 후반에 극동 지역을 여행하고 그 여행지 『북부 및 동부 타타르인』(Noord en Oost Tartaryen)을 1692년에 암스테르담에서 발간하였다. 1705년 출판 재판본 가운데는 퉁구스족의 마을과 샤먼 등의 형상뿐만 아니라 우리나라와 일본 등에 관해서도 소개되어 있다.

9 제임스 포사이즈 지음, 정재겸 옮김, 『시베리아 원주민의 역사』, 솔출판사, 2009, 65쪽; 조지 케넌 지음, 정재겸 역주, 『시베리아 탐험기』, 우리역사연구재단, 2011, 205~212쪽.

10 샤먼은 퉁구스어에서 비롯된 말로, '원하면 특수한 상황에 몰입할 수 있는 사람'을 의미한다. 왜냐하면 새로운 앎의 세계를 위하여 그런 상황에 몰입하며, 그 과정에서 새로운 힘을 얻고 또 병자를 치유하게 되는 힘을 얻는 것이다(мишель дж.

Харнер, Путь шамана или шаманская практика, 26쪽); 만주어에서 사만(사만, Saman)은 흥분되거나 황홀경에 빠지기 쉬운 사람을 의미한다(Т. В. Жербина, Тайна сибирских шаманов, СПб., 2002, 5쪽). 투골루코프는 시베리아 샤머니즘의 원조가 에벵키인이라고 하였다. 왜냐하면, 샤먼이라는 말은 에벵키인들의 말이며, 그들 사이에는 특별히 '사마기르'라는 샤먼 씨족도 있다고 하였다(투골루코프, 186쪽).

11 N. C. 비트센은 이 형상을 'Preist of the Devil'이라고 명명하였다. 그런데 대영박물관에는 'Preist of the Devil'이 소장되어 있는데, 그것은 Star Carr가 North Yorkshire에서 발견한 것으로, 뿔 달린 순록의 머리뼈로 만든 것이며, 제작 시기는 9,500년 전이라고 알려졌다. 이는 레 트루아 프레르 동굴 속의 하이브리드 형상과 비트센이 9,000년 후에 남긴 그림과 100%의 싱크로율을 보이며, 완벽한 중간고리의 역할을 하는 것이다.

12 시베리아의 샤먼은 그의 북을 말(馬)이나 카노에(kanoe, 통나무배)로 삼아 하계나 상계 여행을 한다(Ханер, 앞의 책, 47쪽)

13 유럽에서는 샤먼을 'medicin men'이라고 한다(Т. В. Жербина, 앞의 책, 6쪽).

14 В. А. Туголкоф, 앞의 책, 186쪽. (투골루코프에 따르면, 에벵키인들의 상상 가운데서 있는 '정령'은 무언가 비물질적인 것으로, 그들과 그밖의 모든 것의 세계 중간에 개재하는 고리이고, 샤먼은 사람과 정령 사이의 중개자인데, 정령의 저주를 샤먼은 카믈라니에(kamlanie) 때 푼다고 하였다)

15 양정무 지음, 『미술 이야기』, 사회평론, 2016, 51~54쪽.

16 조태섭, 「구석기 시대 동굴벽화에 나타난 옛사람들의 사냥」, 『사냥으로 본 삶과 문화』, 국사편찬위원회, 2011, 78~80쪽.

17 Л. Р. Кызласов, Древнейшая Хакасия, МУ., 1986, 223쪽; 투골루코프, 「퉁구스족의 신앙」, 『시베리아의 샤머니즘』, 민음사, 1988, 441쪽.

18 부쉬맨들이 스스로를 부르는 이름이 '산' 족이다.

19 David Lewis-Williams · Nhomas Dowson, Images of Power, Southern book publishers, 1989, 30~36쪽; 요코야마 유지, 앞의 책(2005), 388~392쪽.

20 Peter Garlake, The Hunter's Vision - The Prehistoric Art of Zimbabwe, Zimbabwe Publishing House, 1995, 133쪽.

21   프랭크 윌레드, 최병식 역, 『아프리카 미술』, 동문선, 1992, 86쪽 도면 참조.

22   David Coulson and Aleg Campbell, African Rock Art, Harry N, Abrams, INC.,
      publishers, 2001, 91쪽.

23   А.Ф.Анисимов, 앞의 책(1958), 26~33쪽.

24   レビ・ブルュル, 山田吉彦 譯, 『未開社會の思惟』, 小山書店, 1939, 251쪽.

25   장석호, 앞의 글(2014), 25쪽.

26   S.ギーディオン, 江上波夫・木村重信 譯, 『永遠の現在: 美術の歷史』, 東京大學
      出版部, 1968, 499~503쪽.

27   А.П.Окладников, Петроглифы на Ангары, НАУКА, Москва—Ленинград,
      1966, 16с.

28   В.Д.Кубарев, Древние росписи Каракола, НАУКА, сибирское отделение,
      Новосибирск, 1988, 27~57쪽.

29   Г.А.Помаскина, Когда боги были на земле, Издательство Кыргызстан, 1976,

30   발터 하이시히 지음, 이평래 옮김, 『몽골의 종교』, 소나무, 2003, 44쪽.

31   М.А.Дэвлет, 앞의 책(1976), 10쪽; М.Дж. Харнер, 45쪽(샤먼은 평상시 훌륭한
      사냥꾼이자 농사꾼이며 평범한 사람이다); 나카자와 신이치 지음, 양억관 옮김,
      『성화 이야기』, 2004, 79쪽(아르헨티나 인디오 샤먼그림, 커다란 동물 가죽으로
      덮고, 손에는 커다란 북을 들고 있다. 샤먼의 전 지구적 패션의 특징이 화려하게
      나타나고 있다); 護雅夫, 『騎馬遊牧民族國家』, 講談社, 1990, 142~143쪽.

32   황수영·문명대, 앞의 책(1984), 244쪽; 황용훈, 「한국 선사 시대 암각화 연구」,
      경희대학교 대학원 박사학위 논문, 1977, 76쪽; 황용훈, 『동북아시아의 암각화』,
      민음사, 1987, 12쪽.

33   김화원, 「반구대 암각화의 문화 양태에 대한 시론」, 고려대학교 교육대학원 석사
      학위논문, 1993, 36쪽.

34   김원룡, 「울주 반구대 암각화에 대하여」, 『한국고고학보』9, 한국고고학회, 1980,
      12쪽; 임세권, 「우리 나라 선사시대 암각화의 연대에 대하여」, 『남사 정재각 박사
      고희기념 동양학 논총』, 1984, 522쪽; 임세권, 『한국의 암각화』, 대원사, 1999,
      55쪽.

35   김열규, 『한국문학사』, 탐구당, 1984, 126~129쪽.

36 이태호, 『미술로 본 한국의 에로티시즘』, 여성신문사, 1998, 42쪽.

37 문명대, 「울산의 선사 시대 암벽 각화」, 『문화재』7호, 문화재관리국, 1973, 35쪽; 김열규, 앞의 책(1984), 126~129쪽; 임세권, 앞의 글(1984), 522쪽.

38 김원룡, 앞의 글(1980), 12쪽; 정동찬, 앞의 글(1988), 78쪽; 장명수, 「암각화에 나타난 성 신앙의 모습」, 『고문화』50집, 한국박물관협회, 1997, 346쪽.

39 황수영·문명대, 앞의 책(1984), 244쪽.

40 김원룡, 앞의 글(1980), 12쪽; 정동찬, 『살아 있는 신화 바위그림』, 도서출판 혜안, 1996, 78쪽; 이태호, 앞의 책(1998), 43~44쪽; 고재룡, 「대곡리 반구대 암각화이 조형성 연구」, 부산대학교 교육대학원 석사학위논문, 1997, 34쪽(고재룡은 이 형상을 '강한 남자'를 나타낸 것으로 보았다).

41 김열규, 앞의 책(1980), 127~128쪽.

42 황수영·문명대, 앞의 책(1984), 244쪽; 임세권, 앞의 책(1999), 55쪽. 정동찬, 앞의 책(1996), 78쪽; 장명수, 앞의 글(1997), 346쪽.

43 이태호, 앞의 책(1998), 43~44쪽.

44 김열규, 앞의 책(1980), 127~128쪽.

45 황수영·문명대, 앞의 책(1984), 244쪽.

46 곡물의 풍년을 기원하기 위하여 나경하는 풍습은 J. 프레이저를 비롯하여 문화인류학자들에 의해 제기되어 왔고, 또 우리나라 대전 출토 농경문 청동기 속에도 옷을 벗고 밭갈이 하는 장면이 시문되어 있어서, 나경의 중요한 자료로 활용되고 있다(이와 관련하여. 有光敎一·西谷 正·司馬遼太郎·齊藤 忠 著, 『韓國端正なる美』, 新潮社, 1980, 8~10쪽; 황호근 저, 『한국문양사』, 열화당, 1996, 13쪽; 김원룡, 『한국 고미술의 이해』, 서울대학교출판부, 1997, 188쪽 등 참조).

47 국립경주박물관, 『신라토우』, 통천문화사, 1997, 40~41쪽.

48 カールトン·スティーブンズ·クーン, 앞의 책(2008), 141쪽(티이카라 미우트의 샤먼은 영을 부려서 지하 세계를 여행하는데, 그곳의 남자에게는 개의 꼬리 같은 것이 달려있다고 함).

49 國分直一, 『東アジア地中海の道』, 慶友社, 1995, 108~109쪽(고쿠부 나오이치는 암각화 속에 보이는 유사 형상을 두고, 샤먼 또는 사냥꾼이 '巨根'을 나타내고 있는 것은 '동물의 여왕을 대상으로 意識을 하고 있는 것으로 생각했다).

50 투골루코프, 앞의 책, 188쪽(샤먼의 일상 생활은 다른 동족과 같이 사냥을 하거나 순록치기, 어부였다. 모두 다 같은 의복을 샤먼도 입었다. 샤먼의 무복은 카믈라 니에 때만 입었다).

51 護雅夫, 『騎馬遊牧民族國家』, 講談社, 1990, 142~143쪽; 머르치아 엘레아데, 이윤기 옮김, 『샤머니즘』, 까치, 1992, 50~153쪽; V. Diószegi, 「바라바 터어키 의 이슬람화 이전의 샤머니즘과 민족 기원설」, 『시베리아의 샤머니즘』, 민음사, 1988, 147~150쪽; 오오모찌 도쿠조우(大間主薦三), 「다우르족 무속신앙 조사 연구」, 『원시종교』, 민음사, 2004, 175쪽; В. П. Дьяконова, 「튜바족 무녀와 무복 과 굿」, 『시베리아의 샤머니즘』, 민음사, 1988, 341쪽; В. А. Туголуков, 「퉁구스족 의 신앙」, 『시베리아의 샤머니즘』, 민음사, 1988, 441쪽; 이필영, 「몽골 흡수굴 지 역의 샤머니즘」, 『역사민속학』 5, 한국역사민속학회, 1996, 160쪽.

52 장석호, 「동북아시아 속의 대곡리 암각화」, 『북방사논총』 5호, 고구려연구재단, 2005, 227쪽.

53 나카자와 신이치 지음, 양억관 옮김, 『성화 이야기』, 교양인, 2004, 79쪽.

54 М. А. Дэвлет, 앞의 책(1976), 10쪽.

55 나카자와 신이치, 앞의 책, 80쪽(샤먼은 스스로 동물로 변신하여 동물의 의식 영 역 속으로 들어가, 우주의 깊은 곳에 살고 있다는 성스럽고 거대한 동물의 영과 만 나, 거기서 우주의 비밀을 접한 다음, 다시 세상으로 돌아오며, 이 여행을 통해서 그는 사람의 병을 치유하고, 농작물을 풍성하게 하는 초자연적인 힘을 얻는다). 투골루코프, 앞의 책, 189~190쪽(그는 급류를 건너고, 산을 기어오르며, 밀림을 빠져나가 정령과 결투하지 않으면 안 된다. 그 대부분의 기간 중 그는 새가 되어 날아가거나, 나비가 되어 공중을 날아 먼 곳에 무슨 일이 벌어졌고 또 가까운 장래 에 무슨 일이 생길지 본다).

56 장석호, 앞의 글(2005), 224쪽.

57 샤먼의 모자와 의복 그리고 북 등은 마술적인 동물의 상징이다(Т. В. Жеребина, 26쪽).

58 대부분의 샤먼은 의사로서 환자의 병을 치료하고 또 미래를 예언한다(М. Дж. Харнер, 42쪽)

59 이필영, 앞의 책(1994), 86~101쪽(또한 제관이 장을 볼 때는 말을 하는 대신 제

수 목록을 전달하는 등 정성을 다하는 점을 사례를 들어 기술하였다. 111쪽).

60   클로드 레비스트로스·조르주 샤르보니에, 류재화 옮김, 『레비스트로스의 말』, 마음산책, 2016, 126쪽(원주민 사회에서 주술사들은 전문가인 동시에 이웃이다).

선사시대 울산의 고래학

대곡리 암각화 속의 고래들

우리들은 여태껏 한 번도 본 적이 없거나 혹은 그 무언가에 관하여 아무것도 모르는 것을 떠올리거나 생각할 수 없다.[1] 만약 우리가 어떤 물상物像을 떠올리고 또 그 이미지를 말로써 설명하거나 혹은 적절한 조형 수단을 통하여 그리거나 만드는 일은, 그것을 어떤 식으로든 파악하였음을 의미하는 것이다. 우리가 무언가를 형용한다는 것은, 곧 그 무언가를 보고 들어서 제3의 형식으로 번역하였다는 것이다. 그것의 생김새·크기·색깔·촉감·냄새·유·무익함의 정도·아름답거나 추함美醜 등을 살펴서 판단하였다는 것이다. 다시 말하자면, 우리는 모르는 것을 생각할 수 없으며, 그러므로 모르는 것을 그린다는 것은 더더욱 있을 수 없다.

어떤 이야기 속에 여러개의 성격이 다른 페르소나persona가 등장한다는 것은, 그 각각에 대한 성격 분석과 분류가 이루어졌음은 물론이고, 그것들이 하나의 틀로 구성되어 있음을 의미하는 것이다. 이것과 저것의 차이가 확실하고, 각 등장인물이나 그 동료들의 개성과 역할이 분명하다는 것이다. 마찬가지로 어떤 하나의 그림 속에 동일한 종의 제재가 여러 가지 모양으로 그려져 있다고 한다면, 그것은 곧 제작 집단이 그것들의 유類와 종의 차이를 세밀하게 파악하였음은 물론이고, 또 그 개개의 생태적 습성까지도 훤히 꿰고 있었다는 뜻이다.

대곡리 암각화 속에 그려진 고래 형상들이 그렇다. 이 암각화 속 253점의 형상 중 63점이 고래다. 고래는 전체 형상의 약 25%에 이르는 형상 점유율을 보인다. 이로써 고래가 이 암각화 속에서 차지하는 비중이 얼마나 크고 중요한지 알 수 있다. 이 암각화 제작 집단의 관심 사항 가운데서도 가장 중요한 것은 바로 고래였으며, 그것을 중심으로 하여 모든 생활이 영위되었다고 할 수 있다. 물론 우리들은 이와 같은 고래 형상들을 통해서 제작 집단의 눈에 비친 고래의 모습이 어떠했으며, 또 어떤 고래들이 한반도 연근해로 회유하여 왔는지 등 당대 고래잡이들이 파악한 고래학의 세계를 살필 수 있다.

대곡리 암각화 제작 집단은 고래가 지니고 있는 효용성에 대해서 분명히 알고 있었던 듯하다. 당시의 사람들은 고래의 생김새, 즉 일반적인 몸통 구조의 특징, 종과 종 사이의 차이 그리고 하위 그룹별 습성 등을 매우 세세하게 구분하였던 것으로 보인다. 사람들은 그것들이 어디에서 오고, 또 언제 가장 많이 나타나며, 어디에서 새끼를 낳고, 얼마만큼의 기간 동안 머물다가 떠나가는 지 등을 정확히 파악하고 있었다는 것이다.[2] 그와 더불어 그것들은 어떤 것을 좋아하며 또 무엇을 먹는지, 그리고 얼마만큼 크는 지 등에 대해서도 잘 알고 있었다는 것이다.

사람들은 그것이 어디에 유용하며, 또 어떻게 하면 그것을 효과적으로 잡을 수 있는지의 방법도 알고 있었고, 보다 쉽게 잡을 수 있는 방법이 무엇이었는지도 알았을 것이다. 그들은 그것을 잡으려면 바다로 나가야 함을 알았으며, 그에 따라서 배를 만들고 또 작살도 보다 정교하게 가공하였다. 고래의 어디를 공격하면, 가장 쉽고 또 빠르게 잡을 수 있는지도 마침내 알게 되었을 것이다.

추정하건대, 그러한 정도의 수준에 이르기까지는 수많은 시행착오도 있었을 것이며, 그 과정에서 많은 사람들이 희생당하기도 하였을 것이다. 즉 길고 지루한 학습 시간이 필요하였고, 포경의 성공에 상응하는 대가를 지불하였다는 것이다. 그와 같은 과정은 결코 단시간에 완성되지 않았다는 것이다. 그것을 알고 또 잡아서 가공하는 일 등이 구성원들의 삶에서 가장 중요한 부분이었을 것임도 짐작할 수 있다.

고래 형상들은, 고래잡이 어부들이 삶의 현장인 바다에서 매일매일 목격한 고래에 관한 비망록이었으며, 또 그것을 추적하였던 사람들의 눈에 비친 고래와 그에 대한 생생한 생명의 예찬이었다. 일련의 포경 과정을 대곡리 선사시대 화가들은 적나라하게 그렸으며, 그 일상들이 조형 예술의 형식으로 승화되어 오늘 우리에게 전해지고 있는 것이다. 고래의 특성 하나하나를 너무나 잘 아는 사람이 그렸기 때문에 이 암각화 속에 그려진 고래 형상들은 금방이라도 바다 속으로 자맥질해 나갈 듯한 생동감으로 가득 차 있다. 그것은 포경 현장에서 언제나 살필 수 있는 가장 일상적인 모습이다. 고래잡이라면 누가 보더라도, 그것이 어떤 순간 또는 상황 속의 모습인지 알 수 있다.

또 고래 형상들을 하나씩 뜯어보면, 그것들의 다양하고도 사실적인 모습 때문에 새삼 놀라게 된다. 주 암면의 왼쪽 위에서부터 살피면, 우선 주둥이 끝이 뾰족한 돌고래가 보인다. 무리를 이루며 수증기를 내뿜고 자맥질하려는 고래도 있고,[사료 286] 가슴지느러미가 커다란 고래[자료 287]나 배에 줄무늬가 잔뜩 나 있는 고래, 배 부분을 쪼지 않은 고래[자료 288]도 보인다. 머리 부분이 뭉뚝하게 생긴 고래도 있고,[자료 289] 또 꼬리지느러미가 비대칭적으로 그려진 것[자료 290]도 있다. 그런가 하면 또 어떤 고래는 몸통을 여러 개의 구획으로 분할해 놓은 것도 있다. 또한 몸통에 기생 물고기가 덧그려진 고래[3]나 작살을 겹 그린 것도 보인다.

또한 그림 속에는 그물과 함께 그려진 고래,[자료 291] 배에 이끌려가는 고래, 작살잡이의 표적이 된 고래, 고래잡이 배와 함께 크게 요동치는 고래도

자료 286 북방 긴 수염고래
(대곡리 암각화)

자료 287 혹등고래(대곡리 암각화)

자료 288 미완성 고래
(대곡리 암각화)

자료 289 향고래
(대곡리 암각화)

자료 290 밍크고래
(대곡리 암각화)

자료 291 그물과 고래
(대곡리 암각화, 왼쪽 암면)

보인다. 이렇듯, 그것들은 얼핏 보아도 고래잡이 어부들과 밀접하게 관련되어 있음을 알 수 있다. 어부가 고래와 서로 어우러져 살아가던 이른 신석기시대 울산만 사람들의 삶이 그와 같은 조형 언어들로 번역되어 있는 것이다. 그런 까닭에 이 암각화 앞에 서면, 마치 눈앞의 바다에서 고래떼가 자맥질하며 이동하는 모습자료 159을 보는 듯한 느낌을 받는다.[4]

세계의 어느 선사시대 바위그림 유적지에서도 대곡리 암각화 속에서와 같은 다양한 고래 형상들을 살필 수 없다. 뿐만 아니라 이 암각화 속의 고래 형상 하나하나는, 그것을 전문적으로 연구하는 사람이라 할지라도 쉽게 살필 수 없는 특이하고 또 흥미로운 순간들을 포착하여 그렸다.[5] 바로 울산 대곡리 선사시대 사람들의 고래학이 이와 같은 형상들로써 구현되어 있는 것이다. 형상들의 개체 수와 종의 다양성, 그리고 제작 시기 등을 놓고 볼 때, 대곡리 암각화는 세계에서 가장 오래된 고래 도감이자 박물지라고 할 수 있다. 세계에서 가장 이른 시기부터 고래와 더불어 희로애락을 같이 하였던 고래잡이 어부들의 삶이 이 형상 하나하나에 고스란히 투영되어 있다.

고래의 유형 분류

한반도 인근의 바다에서는 수염고래 3과 8종과 이빨고래 5과 27종 등 모두 35종의 고래가 확인된다고 한다.[6] 그러니까 한반도 주변에서 발견되는 고래는 모두 35개의 종이며, 이들을 크게 분류하면 한 그룹은 이빨이 있는 것이고, 다른 한 그룹은 수염이 있는 것이다. 그러므로 이빨이나 수염은 곧 고래의 목과 종을 구분하는 데 매우 중요한 기준이 되는 셈이다. 물론 이들 양자 사이에는 겉으로 드러나는 모습에도 큰 차이가 있다.

마치 새의 부리처럼 앞으로 뾰족하게 튀어나온 주둥이가 있느냐 없느냐, 배에 수름이 있느냐 없느냐, 분기공이 둘이나 하나냐, 그리고 꼬리 기운데 'V'자 형의 벤 자리가 있느냐 없느냐 등은 일차적으로 이빨고래와 수염고래를 구분하는 중요한 표징이 된다. 대부분의 이빨고래들은 주둥이가 뾰족하게 튀어나왔고, 분기공은 하나이며, 꼬리에 벤 자리가 없다. 수염고래들은 새 부리와 같이 뾰족한 주둥이는 없으며, 배에는 주름이 있고, 분기공은 둘이다. 꼬리지느러미에는 모두 'V'자형의 벤 자리가 있다.

또한 같은 수염고래라고 하여도, 그 속에는 여덟 개의 서로 다른 종이 있으며, 이들 사이에도 생김새에 차이가 있다. 대왕고래[자료 292]는 지구상에

자료 292 **대왕고래**

자료 293 **참고래**

자료 294 **북방 긴 수염고래**

현존하는 동물 가운데서도 가장 크다. 북반구에서 서식하는 대왕고래는 평균 길이가 24m~26m에 이르며, 몸무게는 125톤 정도에 이른다고 한다. 두 개의 분기공에서 높이 9m에 이르는 수증기가 뿜어져 나온다. 배에 줄무늬가 있고, 가슴·등·꼬리 등의 지느러미를 갖추고 있다.

참고래^{자료 293}는 대왕고래 다음으로 몸집이 크다. 혹등고래^{자료 210}는 등지느러미가 혹처럼 나 있어서 생긴 이름이다. 특히 이 고래는 가슴지느러미가 몸길이의 1/3에 이를 정도로 길다. 북방긴수염고래^{자료 294}는 머리 부분이 몸통 길이의 1/4에 이를 정도로 크다. 또한 다른 수염고래들에 비하여 입의 모양이 큰 아치를 이루고 있는 점과 등지느러미가 없는 점도 특징으로 꼽을 수 있다.⁷ 귀신고래는 다른 수염고래에 비할 때, 배에 주름이 없는 대신에

자료 295 귀신고래(대곡리 암각화)

자료 296 향고래

아래 턱 밑에 2~5개의 길지 않은 홈이 나 있다.^{자료 295}

　한편, 이빨고래는 모두 27종이 있는데, 이들도 그 생김새가 저마다 다르다. 이빨고래도 그 생김새에 따라 향고래과·꼬마향고래과·흰고래과·부리고래과·참돌고래과·쇠돌고래과·강돌고래과 등 모두 7개의 과로 세분된다. 향고래과와 꼬마향고래과는 사각형의 머리와 입의 생김새 및 위치 등이 서로 닮았으며,^{자료 296} 부리고래·참돌고래·쇠돌고래 등은 부리가 앞으로 튀어나온 점이 서로 유사하다. 흰고래와 쇠돌고래는 앞머리가 둥근 점이 다른 이빨고래아목과의 차이점이다.

　향고래는 이빨고래류 가운데서 가장 크다. 성숙한 수컷은 머리가 몸길이의 1/3에 해당할 만큼 크고 또 사각형으로 발달하였으며, 그 속에는 지방조직과 함께 기름이 가득 차 있다. 범고래는 가슴지느러미가 둥글고 또 삼각형의 등지느러미는 높이가 1.8m에 이르며, 이빨고래이지만 특이하게도 꼬리지느러미에는 'V'자형의 벤 자리가 나 있다. 흰고래와 고추돌고래, 그리고 상괭이 등에는 등지느러미가 살펴지지 않는다. 그 나머지의 이빨고래들은 기본적으로 가슴지느러미, 등지느러미 그리고 꼬리지느러미를 갖추고 있으나, 크기와 위치 등에 차이가 있다.

그런데 대곡리 암각화 속에 그려진 고래 형상들을 통하여 우리들은 이미 앞에서 살펴보았던 이빨고래와 수염고래 아목의 차이가 조형언어로는 어떻게 번역되었는지도 확인할 수 있다. 고래 형상들의 머리, 입, 가슴·등·꼬리지느러미 등의 세부 묘사가 저마다 다르기 때문이다. 이로써 이 제작 집단은 당시에 울산만을 중심으로 하여 인근 바다에서 어떤 종의 고래들과 만났으며, 그것들의 어떤 부분들을 주목하였는지도 함께 살펴낼 수 있다. 그러니까 이 암각화 속의 고래 형상들은 곧 제작 당시에 한반도와 그 연안으로 회유하여 온 고래 목록이자 도감인 것이다.

물론 대곡리 암각화 속의 고래와 같이, 암면을 쪼아서 그린 경우, 그 등이나 가슴, 꼬리 등의 지느러미를 완벽하게 형상화시키기에는 여러 가지 어려운 점이 있다. 그런 까닭에 등지느러미의 유무로 혹등고래나 북방긴수염고래를 구분하는 것은 어렵다. 그러나 가슴지느러미의 크기로 그것이 혹등고래이거나 아님을 구분할 수 있다. 뾰족한 주둥이가 있는 것과 없는 것을 통하여 그것이 이빨고래인지 아닌지를 구분할 수 있는 것이다. 두 개의 수증기를 통해서 그것이 수염고래 아목의 어떤 고래임을 알 수 있고, 또 아치형 입의 모양을 통하여 그것이 북방긴수염고래임도 알 수 있다. 사각형의 머리 모양을 통해서 그것이 향고래임도 금방 구분할 수 있다.

이렇듯, 대곡리의 선사시대 화가들은 예의 몇 가지 표징들로써 수염고래나 이빨고래 아목을 구분하였고, 또 같은 과科일지라도 종種을 구분할 수 있는 나름대로의 단서를 갖고 있었다. 그리고 고래를 형상화하는데 꼭 필요한 부분은 무엇이며 없어도 될 부분은 어떤 것인지도 알고 있었다. 꼭 있어야 되는 것은 머리와 가슴지느러미였으며, 있으면 좋지만 없어도 되는 것은 등지느러미와 꼬리지느러미임을 분명히 살필 수 있다. 그러한 사실을 증명해 주는 것이 이 암각화 속에 형상화된 고래들이다.

대곡리 암각화 속의 고래 형상 분석 1

그림 297 돌고래
(대곡리 암각화)

이 암각화의 왼쪽 위에 그려진 고래[자료 297]는 입이 부리처럼 뾰족하게 튀어나왔다. 이 형상은 주둥이에서 이마로 이어지는 선이 분명히 구분되어 있는데, 이로써 이것은 수염고래가 아님을 알 수 있다. 주둥이에서 머리로 이어지는 전체 윤곽선을 통해서 볼 때 이빨고래 아목 가운데서 향고래과는 물론이고 흰고래과나 쇠돌고래과의 고래도 아님을 알 수 있다. 그것이 무리고래[자료 298]나 낫돌고래[자료 299] 숭의 어느 하나의 과로 보는 것에는 무리가 없을 듯하다. 그러나 그것이 명확히 어떤 것을 형상화하였는지 구분하는 데는 보다 많은 자료들이 필요하다. 왜냐하면, 이 형상 위에 그물이 덧그려지면서 꼬리자루 부분이 완전히 훼손되고 말았기 때문이다.

몸통 가운데 작살이 그려진 고래와 그 왼편에 그려진 고래 형상은 특이하게도 가슴지느러미의 끝이 갈라져 있다. [자료 228·290] 이렇듯 고래 형상 63점 중에서 가슴지느러미의 끝이 둘로 갈라진 것은 이들 둘뿐이다. 선사시대 대곡리의 화가들이 가슴지느러미를 이와 같은 모양으로 그린 데에는 특별한

자료 298 부리고래

자료 299 낫돌고래

의도가 있었을 것으로 보인다. 그것은 아마도 화가들의 눈에 비친 고래 중 가슴지느러미가 그와 같이 특이하게 생긴 것에 대한 특별한 기억이 반영된 것으로 보인다. 그리고 그 점이 다른 고래들과 이 고래를 구별하는 분명한 기준이었을 것이다.

한반도의 주변 해역에서 관찰되는 수염고래 3과 8종의 가슴지느러미를 하나씩 살펴보면, 그 생김새가 혹등고래 및 북방긴수염고래를 제외하면 모두가 대동소이하다. 혹등고래의 가슴지느러미는 이미 밝힌 것처럼, 몸길이의 1/3에 이르기 때문에 다른 것들과 금방 구별된다. 또한 북방긴수염고래의 경우는 다른 것들에 비해 가슴지느러미의 길이는 비슷하지만, 전체적인 모양이 타원형에 가깝다. 그러므로 이 둘은 수염고래의 다른 종들과 비교할 때 가슴지느러미의 기본적인 구조가 다른 것이다.

나머지 여섯 종의 고래들에서 가슴지느러미는 길이와 폭 그리고 구조 등이 다소 길거나 짧은 등의 차이는 있으나 기본적인 모양은 비슷하다. 그런데 이들 가운데서 밍크고래^{자료 300}의 가슴지느러미는 중간부분이 희다. 이렇듯 가슴지느러미의 색이 중간 부분에서 갑자기 다른 색으로 바뀌는 것은

자료 300　밍크고래

비단 수염고래뿐만 아니라 이빨고래 가운데서도 없다. 그러니까 밍크고래의 가장 큰 특징은 가슴지느러미의 중간 부분이 희다는 것이다.

따라서 작살이 그려진 고래와 그 왼쪽의 고래에서 살필 수 있었듯이, 가슴지느러미의 끝이 불완전하고 또 갈라진 것처럼 표현된 것은 밍크고래를 형상화한 것으로 추측된다. 물론 밍크고래는 한반도 연근해에서 사시사철 살펴지는 종이다. 우리나라 연안에서 1년 내내 새끼가 관찰되는 점을 놓고 볼 때, 주요 서식지 가운데 한 곳이 한반도 연근해라고 해도 무리가 없을 듯하다. 잡식성으로 위 속에서 발견된 주요 내용물이 멸치라는 점도 주목된다. 바위 표면을 쪼아서 그려야 하는 제약과 물속에서 헤엄칠 때 가슴지느러미의 모습을 그림에서와 같이 표현하였을 가능성은 충분히 높다.

작살이 그려신 고래의 왼쪽에는 버리와 몸통을 각각 나른 시점에서 포착하여 그린 고래 형상^{자료 301}이 있다. 그 왼쪽에도 같은 종으로 보이는 고래가 한 마리 그려져 있다. 이들은 좌우 대칭의 비교적 균형이 잡힌 몸통을 이루고 있다. 입과 가슴지느러미 사이의 간격이 비교적 먼 것으로 볼 때, 이들은 보리고래^{자료 302}나 브라이드고래^{자료 303}일 것으로 보인다.

자료 301　브라이드고래
(대곡리 암각화)

브라이드 고래는 등지느러미나 수염의 크기 그리

자료 302 보리고래

자료 303 브라이드고래

고 주름 등이 보리고래에 비할 때 작고 또 분기공에서 솟아오르는 수증기의 높이는 낮지만, 겉으로 드러나는 생김새는 둘이 서로 비슷하다. 또 보리고래와는 달리 머리 부분에 세 개의 선이 뚜렷하게 융기되어 있는 것이 특징이다. 수염고래들은 주둥이 위에 보통 하나의 융기선이 나 있는데, 브라이드고래는 특이하게도 세 개의 융기선이 나 있다. 몸통의 전체적은 생김새를 놓고 볼 때 입에서 분기공 부분까지는 가늘고 뾰족한 모습이지만, 그 이후부터 타원형으로 바뀌면서 꼬리지느러미에 이르는 유선형의 유려한 몸통을 하고 있다.

이 암각화 가운데서 머리의 세세한 부분을 선으로 쪼았으며, 또 몸통은 전면을 모두 쪼아서 형상화한 소위 '절충식' 쪼기의 고래 형상^{자료 301}이 있다. 이 형상은 전체적인 생김새를 놓고 볼 때 브라이드고래를 형상화한 것으로 보인다. 선사시대의 대곡리 화가는 브라이드고래의 입 모양과 머리 부분에 난 세 개의 융기선, 끝이 뒤로 약간 휜 가슴지느러미 등을 각각 다른 시점에서 포착한 다음, 그것을 하나의 형상으로 재구성하였던 것이다. 특히 선사시대의 화가는 신체의 세부 디테일을 구체적으로 표출시키기 위하여 두 가지 상이한 쪼기 방법, 즉 선 쪼기와 면 쪼기 방법을 동시에 활용하였다.

뿐만 아니라 이 한 마리의 고래를 형상화하기 위하여 다시점多視點 화법도 활용하였다. 즉 입은 측면, 머리는 위, 몸통은 측면 그리고 가슴 및 꼬리지느러미는 위 등 각각 다른 지점에서 바라본 모습을 서로 합성시킨 것이다. 그리고 머리 위에 난 세 개의 선을 표현하는 데는 선 쪼기 방법을 채택하였고 또 몸통은 전면을 쪼아서 그 양감을 형상화하였던 것이다. 브라이드고래는 우리나라 동해나 황해에서도 관찰되며, 정어리와 고등어 그리고 꽁치 등과 함께 소형의 부유성 갑각류를 먹는다고 알려졌다. 전체의 길이는 약 12m 정도이며, 임신 기간은 12개월이고 수명은 60년 정도라고 한다.[8]

이 암각화 가운데 가장 다이내믹하게 그려진 형상은 암면의 왼쪽 중간 아래 부분에 그려진 세 마리의 고래자료 159·286이다. 이 세 마리의 고래 형상은 모두 분기공에서 두 갈래의 수증기가 나선형 모양으로 분기되고 있는 모습이다. 그러므로 이 고래는 분기공이 두 개가 있음과 이로써 이들은 수염고래를 형상화한 것임도 알 수 있다. 이렇듯 선사시대 대곡리 화가와 고래잡이 포수들은 고래의 분기공에서 뿜어져 나오는 수증기의 모양도 면밀하게 관찰하고 또 그 차이를 파악하고 있었던 것이다.

이 고래의 부드럽게 휘어진 등선과 바깥으로 완만한 원을 그리며 솟아오른 배선 그리고 몸통에서 꼬리자루로 이어지면서 급하게 꺾인 곡선 등을 통해서 그것이 물을 차고 오르거나 다이빙하는 모습 가운데 한 가지임을 읽어낼 수 있다. 또한 그것들은 이 암각화 속의 다른 고래들과는 달리 측면에서 바라본 모습인데, 그럼에도 등지느러미가 보이지 않는다. 수염고래목 중에서 등지느러미가 없는 것은 북방긴수염고래자료 294이며, 이빨고래목 중에서는 흰고래자료 304와 상괭이자료 305뿐이다. 그런데 이미 앞에서 살펴보았듯

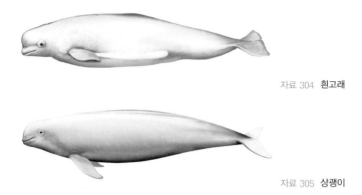

자료 304 **흰고래**

자료 305 **상괭이**

이 분기공에서 솟아오른 두 갈래의 수증기는, 그것이 수염고래임을 말해주기 때문에 이는 북방긴수염고래를 형상화한 것임을 알 수 있다.

세 마리 가운데서 제일 오른쪽의 고래 형상은 그것이 무엇인지를 살필 수 있는 속성이 표현되어 있다. 위턱은 그 폭이 좁으며, 전체적인 입의 구조는 아치형을 이루고 있다. 이렇듯 아치형의 입을 하고 있는 것은 수염고래 가운데서 북방긴수염고래가 유일하다. 게다가 그 가슴지느러미도 중간 부분이 발달하여 타원형을 이루고 있는데, 가슴지느러미가 이와 같은 모양을 하고 있는 것도 역시 북방긴수염고래뿐이다.

따라서 역동적인 움직임을 보여주는 이 세 마리의 고래는 북방긴수염고래를 형상화한 것이다. 수염고래들은 두세 마리가 무리를 이루고 헤엄치는 것을 좋아한다.[9] 이들은 가슴지느러미나 꼬리지느러미로 수면을 때리면서 서로 간에 위급한 상황을 알리기도 하고 또 감정 전달 등 정보도 교환한다고 한다. 선사시대 대곡리 고래잡이와 화가들은 분기공에서 뿜어져 나오는 분기의 모양, 머리와 등선 그리고 꼬리자루에 이르기까지 몸통의 움직임 등에서 물 위로 떠올랐다가 다시 자맥질하기까지의 동작 가운데서 보이는 북방긴수염고래의 생태적 특성을 포착하여 그와 같은 형상으로 재해석하였던 것이다.

대곡리 암각화 속의 고래 형상 분석 2

세 마리의 북방긴수염고래 아래에는 입과 배 부분을 띠처럼 남기고 쪼아서 그린 또 한 마리의 고래형상자료 306이 있다. 그것은 고래를 측면에서 바라본 모습인데, 등에는 선명하게 등지느러미가 그려져 있고, 또 배 부분에는 타원형의 무엇인가가 달려 있다. 이 형상을 보다 구체적으로 살펴보면, 머리 부분에서 등으로 이어지는 윤곽은 완만한 곡선을 이루고 있으며, 등지느러미는 전체 몸통의 2/3지점에서 솟

자료 306 참고래
(대곡리 암각화)

아 있는데, 그 끝은 뒤로 향하고 있다. 등과 배 사이를 길게 띠처럼 남겨두고 쪼았는데, 그것은 절묘하게도 입의 아래위를 구분짓는 역할과 동시에 배와 등 부분에서 보이는 색의 차이를 나타내는 역할도 겸하고 있다.

고래 가운데서 향고래나 흑범고래를 제외한 이빨고래 아목은 대부분 머리 부분의 끝에 뾰족한 부리가 나 있다. 또한 향고래나 흑범고래의 등지느러미는 몸통의 중간 부분, 즉 전체 길이의 1/2지점에 비교적 높이 솟아 있다. 그러므로 이 고래 형상은 이빨고래 아목 중 어떤 것을 나타낸 것이라고 볼 수는 없다. 이 형상은 수염고래 아목 가운데 어떤 종을 형상화한 것이 틀림없다.

그런데 수염고래 아목 중에서 대왕고래는 등지느러미가 매우 작고 낮으며, 그것도 신체의 약 3/4 지점에 솟아 있다. 참고래^{자료 293}는 등지느러미가 신체의 2/3지점에 솟아 있고, 또 그 높이는 약 60cm 이상이며, 등선과 이루는 각도가 약 40도 정도라고 한다. 보리고래는 참고래에 비해 등지느러미가 수직에 가까우며, 브라이드고래나 밍크고래는 신체의 2/3 지점에 등지느러미가 나 있으나 참고래보다는 훨씬 낮게 솟아 있다. 혹등고래나 북방긴수염고래 그리고 귀신고래 등은 가슴지느러미가 매우 길거나 넓적하게 생겼고 또 등지느러미가 없는데, 이런 점이 이 형상과 다르다.

　　따라서 이 형상은 참고래나 브라이드 혹은 밍크고래 중의 하나로 볼 수 있다. 그런데 이미 앞에서 살펴보았듯이 브라이드나 밍크고래의 등지느러미는 참고래보다 낮게 솟아 있다. 이 고래 형상에서 등지느러미의 크기를 살펴보면, 그것은 신체의 약 1/12에 이를 정도의 높이를 보이고 있다. 그러니까 이 고래의 길이를 18m라고 가정할 경우, 그 지느러미는 약 1.5m에 이른다. 이러한 점으로써 이는 참고래를 형상화한 것임을 알 수 있다. 더욱이 참고래는 다른 것들과는 달리 배가 흰색이다.

　　바로 이러한 점으로써 이 형상은 수염고래 아목 중 참고래를 형상화한 것이라는 주장을 할 수 있다. 그러니까 대곡리의 선사시대 화가는 참고래의 특징을 완만한 타원형의 머리 부분과 비교적 높으면서 뒤로 누운 등지느러미, 그리고 흰색의 배 등에서 찾아내었던 것이다. 이 암각화 속에는 이것 말고 참고래는 없는 듯하다. 참고래는 대왕고래 다음으로 몸통이 큰데, 성숙한 것은 그 길이가 약 17~18m에 이르며, 새끼도 6m나 된다고 한다.[10] 참고래는 한반도 연근해에서 연중 관찰되며, 겨울철에 번식하는 것으로 알려졌다.

그런데 몸통 중 쪼지 않고 남겨진 흰배의 끝 부분, 즉 배의 중간 부분에 아래로 타원형의 무언가가 매달려 있는 모습이다. 뒤로 갈수록 폭이 좁아지는 타원형에 꼬리지느러미가 갖추어진 이 형상의 전체적인 윤곽을 놓고 볼 때, 작은 고래를 형상화한 것임을 알 수 있다. 흥미로운 점은 그 작은 고래의 꼬리지느러미 부분이 참고래의 배 부분과 연결되어 있다는 것이다. 이와 같이 크고 작은 고래 형상들을 두고 우선적으로 떠올릴 수 있는 것은 바로 참고래의 출산 장면이다.

고래는 포유동물이다. 따라서 암수가 짝짓기를 하고, 체내 임신을 하며, 약 11~12개월의 임신기간을 거쳐 출산한다. 어미는 새끼가 태어나면 먼저 첫 호흡할 수 있게 도와준다. 그런 다음, 새끼에게 젖을 먹이며, 일정 기간 양육한다. 일반적으로 수염고래 아목의 새끼고래는 어미의 약 1/3정도이지만, 빠르게 성장하여 이유기에 이르면 15m에 육박하는 것으로 알려졌다. 수염고래 아목은 10세 전후에 암수의 성징을 고루 갖추며, 수명은 약 100년 정도라고 알려졌다.

배 부분의 새끼 고래는 그 크기가 어미고래의 약 1/3에 해당하는데, 이러한 정황을 놓고 볼 때 이 장면은 지금 막 어미의 체내에서 바깥으로 나온 새끼의 모습을 형상화 해 놓은 것으로 추정할 수 있다. 이 장면을 통해서 보듯, 선사시대 대곡리 화가는 새끼가 바깥 세상에 처음으로 모습을 드러낸 순간도 생생하게 형상화하였던 것이다. 물론 고래가 새끼를 낳은 모습을 형상화한 선사 및 고대 암각화는 지금까지 알려진 예가 없다. 고래의 출산 광경을 눈으로 목격하기란 하늘의 별따기만큼이나 어려운 일이다. 과학적 장비를 갖추고 장기간의 기획 조사 및 촬영을 하는 고래 전문가들조차도 목격하기 어려운 순간인 것이다.

그런데 대곡리 암각화 속에는 출산 후의 어미 고래와 새끼 모습을 이렇듯 적나라하게 형상화하였다. 대곡리의 고래잡이 어부들을 비롯하여 당시의 화가들은 특별히 주의를 기울이지 않으면 살피기 어려운 참고래의 출산 직후 모습들을 생생하게 목격하였으며, 또 갓 태어난 새끼와 어미의 관계를 이렇듯 명료하게 형상화해 놓은 것이다.

대곡리 암각화 속의 253개 형상 가운데 하나인 이 형상은, 겉모습 이상의 복합적인 의미를 지니고 있다. 이 형상은 겉으로는 출산 직후의 모습을 그려놓았지만, 그 이면에는 고래의 일생이 축약되어 있는 것이다. 바로 그 출산 직후의 상황을 대곡리의 어부와 화가들은 숨죽이며 지켜보았을 것이고, 이 순간만은 신비로운 생명 탄생의 엄숙함과 동시에 환희를 만끽하였을 것이다. 그리고 그 감동을 건너각단의 한 귀퉁이에 영원히 각인시켜 기념하고자 하였던 것이다.

대곡리 암각화 속의 고래 형상 분석 3

대곡리 암각화 속에 그려진 대부분의 고래들은 머리가 위로 향하거나 혹은 좌우로 향하도록 배치되어 있다. 그런데 암면의 왼쪽 아래에는 그 머리가 밑으로 향하도록 배치된 고래 형상[자료 233] 하나가 그려져 있다. 특이하게도 이 고래 형상은 입의 생김새, 분기공으로부터 뿜어져 나오는 수증기, 그리고 등지느러미 등은 보이지 않지만, 그 대신에 몸통 전체에 길고 짧은 주름들이 가득 나 있다.

대곡리 암각화를 남긴 당시의 화가는 이 고래 형상의 사실감을 높이기 위하여 선 쪼기와 면 쪼기, 그리고 갈기 등을 혼용하였다. 이 고래 형상은 유선형 몸통에 두 개의 커다란 꼬리지느러미가 좌우 대칭을 이루면서 균형 잡힌 몸통을 취하고 있다. 그러나 가슴지느러미는 왼쪽의 것 하나만 그렸다. 다른 고래들과는 달리 아래로 향하고 있고, 또 크고 넓적한 꼬리지느러미와 'V'자형의 벤 자리, 커다란 몸통 속에 새겨진 줄무늬, 그리고 다른 형상들에 비해 깊고 또 분명하게 쪼아서 그린 당당한 형태감 등이 시선을 끈다.

이 형상이 어떤 종의 고래를 그려놓은 것인지 판단할 수 있는 단서는 배에 새겨진 주름의 수와 그 길이, 가슴 및 꼬리지느러미의 생김새 등이다. 물론 가슴과 배에 새겨진 주름들로써 이 고래가 수염고래 아목 중의 어떤 것임을 분명히 알 수 있다. 그러나 그것만으로 이 형상이 수염고래 중의 어떤 것을 형상화 하였는지 밝히는 일은 결코 쉽지 않다. 그럼에도 불구하고, 이것이 어떤 종의 고래를 형상화한 것인지 파악하기 위해서는 우선 겉으로 드러난 특징, 즉 가슴과 꼬리지느러미 그리고 배에 나 있는 주름 등의 생김새를 분석하는 수밖에 없다.

우선 대왕고래[자료 292]를 살펴보면, 가슴지느러미는 길고 얇으며 끝이 뾰족하다. 꼬리지느러미는 넓은 삼각형인데 가운데 'V'자형의 벤 자리가 있고, 또 배에는 아래턱에서 배꼽 사이에 55~68개 사이의 주름이 있다. 참고래[자료 293]는 그 가슴지느러미의 길이가 짧고 또 폭은 좁다. 꼬리지느러미는 대왕고래와 마찬가지로 가운데 벤 자리가 있는 삼각형이다. 아래턱에서 배꼽에 이르기까지 56~100개의 주름이 있다.

보리고래의 경우는 32~60여 개의 주름이 있지만, 그것의 길이는 가슴과 배꼽의 중간부분까지 이어져 있다. 브라이드고래는 45개 정도의 주름이 배꼽까지 이어져 있다. 밍크고래는 60여개의 주름이 있지만, 그 끝이 배꼽에 이르지 않는 것으로 알려졌다. 혹등고래는 긴 가슴지느러미와 더불어 아래턱에서 배꼽 혹은 그 뒤까지 약 14~35개의 폭이 넓은 주름이 나 있다. 북방긴수염고래는 배에 주름이 없고 또 가슴지느러미가 넓적하다. 귀신고래는 배에 주름이 없는 대신에 입 부분에 길이가 1~2m인 홈이 2~5개 정도 나 있다.

수염고래 아목의 각 종별 특징들을 통해서 볼 때, 보리고래나 밍크고래, 북방긴수염고래 그리고 귀신고래[1] 등은 배에 나 있는 주름의 길이나 그것이 있고 없는 점 등에서 분석 대상의 고래와 큰 차이를 보인다. 혹등고래의 경우는 주름의 수나 길이 등이 그림 속의 형상과 유사하지만, 가슴지느러미의 길이에서 큰 차이를 보인다. 귀신고래는 배의 주름 대신에 입 부분에 홈이 나 있음을 살펴보았다. 주름이 배꼽 또는 그 뒤까지 나 있는 것은 대왕고래와 참고래 그리고 브라이드고래 등인데, 브라이드고래의 가슴지느러미는 그 뿌리가 좁고 중간 부분이 발달하였다. 참고래는 가슴지느러미가 대왕고래에 비해 짧고 또 폭이 좁다.

이 형상에서 가슴지느러미는 몸통 길이의 약 1/7에 이를 정도이다. 그러니까 이 고래의 길이가 16m라고 가정을 하면, 가슴지느러미의 길이는 약 2.3m에 이르며, 25m라고 가정할 경우 3.6미터에 이르는 크기를 갖는 셈이다. 따라서 가슴지느러미의 생김새를 놓고 보면, 이 형상은 대왕고래에 가깝다. 다만, 배에 난 주름의 수는 암각화 속의 그것과 큰 차이가 있는데, 이는 현실적으로 60개 전후의 주름을 쪼아서 그리는 일은 어려웠을 것이며, 그림과 같이 몇 개의 길고 짧은 선으로 촘촘한 주름을 형상화하였다고 볼 수 있다.

대곡리 암각화 속에서 이 고래 형상과 외형적으로 유사한 몸통 구조를 하고 있는 것이 또 하나 더 있다. 그것은 몸통에 작살이 그려진 고래 오른편에 있는 또 한 마리의 작은 고래 형상^{자료 307}이다. 이 형상의 가슴지느러미는 몸통의 약 1/3지점에 나 있고, 그것의 길이는 몸통 전체의 약 1/7 정도이다. 또 몸통 전체에서 가슴지느러미가 난 부분이 가장 발달하였으며, 꼬리로 가면서 급속히 가늘어지는 신체적 특징을 보이고 있다.

자료 307 대왕고래
(대곡리 암각화)

이 암각화 속에는 거대한 가슴지느러미가 달린 고래 형상 세 개가 보인다. 하나는 앞에서 살펴본 대왕고래의 왼쪽에 가로로 그려진 것이다. 다른 하나는 암면의 중간 아래 부분에 그려져 있으며, 몸통에는 21개의 점들이 새겨져 있다. 나머지 하나는 암면 가운데 위쪽의 오른편에 그려진 것이다. 이들 세 마리는 모두 몸통 길이의 1/3에 이르는 거대한 가슴지느러미가 달려있다.^{자료 287} 고래 가운데 가슴지느러미가 몸통 길이의 1/3에 이르는 것은 단 하나 혹등고래뿐이다.[12]

제VII장 3절의 '형상 재검토 및 판독' 가운데서 서술한 바 있듯이, 대부분의 연구자들은 두 번째 형상^{자료 187·208}을 사슴으로 보았다. 그렇게 본 이유는 아마도 몸통의 아래쪽에 그려진 긴 두 개의 가슴지느러미와 몸통 가운데 새겨진 점들 때문일 것이다. 실제로 이 형상의 가슴지느러미는 마치 초식동물의 다리처럼 길게 그려져 있다. 그밖에도 꼬리자루에서 꼬리지느러미로 이어지는 부드러운 윤곽선을 동물의 목과 머리로 파악하였다. 연구자 중에는 특히 이 고래형상의 몸통 가운데 찍혀 있는 21개의 점들을 얼룩 또는 점박이 무늬라고 보았다.[13] 그러나 이는 대곡리 선사시대 화가가 견지한 조형 규범을 모르고 내린 판독이다. 이 암각화에서 육지 동물들은 대체적으로 동일한 조형 규범에 의거하여 제작되었다. 그것은 반드시 두 개의 귀가 있고, 또 동물의 등선과 엉덩이 그리고 뒷다리로 이어지는 구조는 대동소이하다. 그 윤곽은 'ㄱ'자에 가깝거나 앞뒤로 약간 기울어지는 모양이다.^{자료 209} 그러므로 이 형상은 사슴을 형상화한 것이 아니라, 혹등고래였던 것이다.

거꾸로 그려진 대왕고래의 오른쪽에는 턱 부분에 세 개의 짧은 줄무늬가 있는 고래^{자료 295} 한 마리가 그려져 있다. 수염고래 아목의 고래들은 그 주름이 아래턱에서 배꼽 전후까지 이어져 있으나 귀신고래만은 배의 주름 대신에 아래턱 부분에 다섯 개의 홈이 나 있으며, 그 길이도 또한 1~2m 정도로 짧다고 한다. 그런데 이 형상을 살펴보면, 아래턱 부분의 주름이 가슴지느러미 가까이까지 나 있다. 이러한 점들을 놓고 볼 때, 이 형상은 귀신고래를 나타낸 것임을 알 수 있다.

유사한 몸통구조를 띠고 있는 형상이 또 하나 더 있다. 그것은 암면 중간 부분에 타원형으로 그려진 고래 형상^{자료 181}이다. 이 형상의 좌우에는 각각 펭귄이 유영하고 있다. 이 고래 형상에서는 다른 형상들처럼 배에 나 있는 주름이나 홈도 보이지 않고, 또 입이나 등지느러미의 생김새도 살필 수 없으며, 가슴지느러미에서도 어떠한 특이점을 살필 수 없다. 거대한 몸통에 가슴지느러미 둘만 좌우에 새겨져 있고, 꼬리지느러미마저 불분명하게 새겨져 있다. 그럼에도 전체적인 몸통 구조는 앞에서 살펴 본 귀신고래 형상과 유사하다.

대곡리 암각화 속의 고래 형상 분석 4

암면의 중간에는 또 한 마리의 흥미로운 고래 형상^{자료 288}이 그려져 있다. 그 것은 다른 형상들과 비교할 때 주변에 많은 여백이 있음에도 불구하고 가슴 지느러미가 없고, 또 몸통의 약 2/3에 해당하는 전반부가 윤곽만 쪼여져 있 는 등 불완전한 모습을 하고 있다. 또한 이 형상의 꼬리자루 위에는 고양이 과 동물(표범)의 꼬리가 덧그려져 있다. 이 형상을 두고 최초의 조사자는 '미 완성 형상'이라고 보기도 하였는데, 그 이유는 바로 몸통의 전반부를 윤곽 만 쪼아서 그렸기 때문이었다.

이 주장은 이후, 선 쪼기와 면 쪼기가 혼용된 형상이라거나, 범고래를 나타낸 것이라는 등의 주장이 차례로 제기됨에 따라 완전히 빛을 잃었다. 사실 특정 동물의 몸통에서 색깔의 차이나 신체의 특정 부위 등을 구분하 기 위해서 두 가지 이상의 다른 기법을 혼용하는 예^{자료 308}들이 있음을 초기 의 연구자들은 간과하였던 것이다. 바위그림에서 여러 가지 기법을 혼용하 여 표현한 형상들이 적지 않으며, 그 가운데서도 대표적인 것이 바로 대곡 리 암각화 속의 몇몇 고래 형상늘이다.

그럼에도 불구하고, 이 형상을 굳이 미 완성이라고 보는 이유는, 다른 고래 형상들 에서 보이는 가슴지느러미가 없기 때문이 다. 이 형상을 통해서 살필 수 있듯이, 고 래의 몸통은 거의 좌우대칭을 이루고 있다. 그러므로 이 형상은 위에서 아래로 내려다 보았거나, 아니면 아래에서 위로 치켜본 모

자료 308 겹그려진 형상
(소와 사슴, 바가 오이고르, 몽골)

습, 즉 배腹나 등背을 그린 셈이다. 그렇다면 반드시 좌우의 가슴지느러미가 보일 수밖에 없는데, 이 형상에서는 그것이 생략되어 있다. 바로 이런 이유 때문에 이 형상은 미완성된 것이라고 할 수 있다.

일부 연구자의 주장처럼, 이 형상이 범고래라고 한다면, 무엇 때문에 범고래인지 그 속성을 제시했어야 옳다. 범고래자료 309는 이빨고래 아목이며, 그 형태상의 특징은 다른 고래들에 비해 배에서 등까지의 체고體高(키)가 높다. 주둥이는 그 길이가 아주 짧고, 이마는 둥글며, 부리와 이마 사이는 급경사를 이루고 있다. 가슴지느러미는 둥글고 넓으며, 등지느러미는 다른 어떤 고래들보다도 높다. 또한 배에는 머리에서부터 생식기에 이르기까지 마치 '포크'처럼 생긴 흰 색 무늬가 뒤로 향하면서 길게 나 있다.

이러한 점을 상기하면서, 다시 이 형상의 생김새를 되살펴보면, 몸통의 폭은 전체 길이의 약 1/3지점, 즉 가슴지느러미가 있어야 할 부분이 가장 넓으며, 꼬리자루에서 꼬리지느러미로 이어지면서 그 폭이 급격히 가늘어지는 긴 유선형이다. 몸통의 전체적인 생김새와 비례 등을 놓고 볼 때, 머리 부분은 그 폭이 상대적으로 급하게 줄어들어 눈에 띌 정도로 뾰족하다. 이미 지적하였듯이, 가슴지느러미는 없으며, 머리끝에서 신체의 약 2/3지점까지는 윤곽만 쪼았다. 그러므로 주둥이 부분이 범고래의 그것과는 큰 차이를 보이고 있다. 주둥이가 뾰족한 것은 수염고래 아목에서는 밍크고래가 있으며, 이빨고래 아목에서는 큰 부리 참돌고래, 짧은 부리 참돌고래, 긴 부리 돌고래 등 부리 고래들이 대표적이다. 이 형상에서 특이한 점은, 몸통의 전반부를 윤곽만 쪼아서 그렸다는 것이다. 그 이유가 배의 흰색을 나타내기 위한 것인지 아닌지를 구분하는 일도 쉽지 않다.

동시에 범고래의 배에 흰 부분이 있다면, 그것은 어디에 어떤 모양을 하고 있고 또 어느 정도의 크기인지 등도 살펴서 서로 비교해 볼 수 있다. 범고래의 배에는 틀림없이 흰색의 띠가 나 있다. 그런데 그 생김새를 살펴보면, 아래턱 부분은 모두가 흰색이며, 배 부분에 이르면서 그 폭이 좁아지고 꼬리 쪽으로 가면서 세 갈래로 나누어지는데, 전체적인 생김새는 포크 모양을 하고 있다. 그리고 세 갈래로 나뉜 흰 색의 띠 중 좌우의 것이 범고래의 몸통 측면에 난 흰선이다.

뾰족하면서 길쭉한 머리 부분의 생김새가 범고래의 그것과 다르며, 윤곽만 쪼여진 부분 역시 범고래의 흰 줄무늬와는 큰 차이를 보이고 있다. 그러므로 이 형상에서 겉으로 드러난 이러한 점을 놓고 볼 때, 이것이 범고래라는 일부 연구자들이 주장은 설득력이 없다. 선사 시대 대곡리 화가들이 무슨 까닭으로 가슴지느러미를 생략하였고, 또 가슴 부분은 윤곽만 그렸는지 지금 상황에서는 알 길이 없다.

이 형상이 무엇을 나타낸 것인지는 주변 정황을 함께 고려하여 판단하여야 한다. 다시 말하자면, 다른 형상들과 어떤 관련을 맺고 있는지, 즉 그 배치와 구성 등도 보다 종합적으로 분석하여야 한다는 것이다. 이 형상에 대한 첫 번째 인상은 돌고래류와 유사하다는 것이었다. 만약에 윤곽만 쪼아서 그린 부분이 흰배를 나타낸 것이라면, 뾰족한 주둥이와 흰색의 배를 지닌 것으로는 짧은 부리 참돌고래, 긴 부리 참돌고래, 낫돌고래 등이 있다.

대곡리 암각화 속의 고래 형상 분석 5

이 암각화 속에는 물론 범고래[14]로 추측되는 형상도 그려져 있다. 그것은 암면의 오른쪽 아래에 그려져 있다. 자료 232 이 형상은 절충식으로 그려진 멧돼지 형상 위에 덧그려져 있으며, 주위에 고래와 거북 등이 분포되어 있다. 이처럼, 어떤 형상이 다른 형상 위에 덧그려져 있다는 것은 곧 그것이 아래에 있는 형상보다도 더 늦은 시기에 그려졌음을 의미하는 것이다. 더욱이 이 형상은 아래에 있는 형상과는 달리 윤곽을 쪼아서 그렸으며, 몸통 또한 몇 개의 선으로 분할되어 있다.

바로 이와 같이 서로 겹 그려진 몇 곳의 예를 통하여 일부 연구자들은 '선 쪼기'로 그려진 형상들이 면 쪼기나 절충식 쪼기보다 늦게 그려진 것이라고 하였던 것이다. 또한 이 형상에서 살필 수 있듯이, 몸통의 내부를 몇 개의 선으로써 분할한 고래 형상을 놓고는, 그것이 분배를 나타낸 것으로 보기도 하였다.[15] 물론 이 형상 하나만 떼어 놓고 본다면, 선 쪼기가 절충식 쪼기보다 늦은 것이라는 주장이 타당하다. 그러나 앞에서 살펴보았듯이, 하나의 암면에 여러 시기에 걸쳐 형상들이 덧 그려진 경우, 다른 부분들의 중첩 사례는 물론이고 양식과 기법 등도 동시에 비교·분석하지 않으면 안 된다.

마찬가지로 일부 연구자들이 제기한 '분배'의 표시라는 주장에도 선뜻 동의하기가 어렵다. 왜냐 하면, 이와 같은 내부 장식의 선들이 특정 동물의

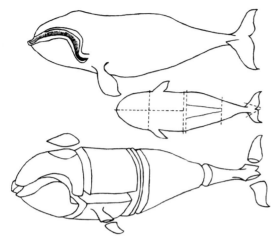

자료 310 **고래 분배도**
(티이가라 에스키모, C.S.Coon, 2008)

골격이나 표피의 무늬 그 밖의 부족의 문장(타마그) 등 다른 의미를 지닌 것들도 적지 않게 살펴지기 때문이다. 그동안의 일부 연구자들이 예로 삼은 분배도^{자료 310}와 이 형상을 직접적으로 비교하는데도 어려움이 따르지만, 이 암각화에서 내부 장식이 된 동물 형상들은 해체나 분할보다는 신체기관, 또는 몸통에 나 있는 무늬나 동작 가운데 어떤 한 순간의 모습을 나타낸 것들도 적지 않다.

겉으로 드러나는 이 형상의 형태상의 특징을 살펴보면, 가슴지느러미는 머리끝과 등지느러미의 중간 지점에 나 있다. 등지느러미는 가늘고 또 높게 솟아 있으며, 그 높이는 몸통 전체 길이(體長)의 약 1/5에 이른다. 또한 등지느러미는 몸통의 약 1/3지점에 솟아 있다. 등지느러미가 난 부분이 몸통 중에서 가장 넓게 발달한 모습이다. 꼬리지느러미는 가운데는 'V' 자형의 벤 자리가 선명하게 나타나 있다. 그리고 이 형상의 몸통은 입과 꼬리부분을 제외하고도 모두 여덟 개의 부분으로 나누어져 있다.

이처럼, 이 형상에서 살펴지는 가장 특이한 점은 몸통을 세 등분으로 나눌 때 앞의 1/3 지점에 체장의 1/5이 넘는 높이의 등지느러미가 솟아 있다는 것이다. 이것은 오직 범고래뿐이다. 뿐만 아니라 범고래는 다른 고래들과는 달리 등지느러미가 솟아 있는 부위가 가장 발달하였으며, 그에 따라 몸통의 1/3지점에서 그 체고가 가장 높다. 게다가 가슴지느러미의 위치도 머리끝에서 등지느러미의 중간 지점에 있다. 또한 범고래는 다른 고래들과는 달리 표피의 색과 무늬가 검정, 회색 그리고 흰색 등으로 구분되어 있다. 이 형상에서 범고래의 신체적 특징을 골고루 살펴낼 수 있다. 이 형상에서 아직도 불분명한 것 가운데 하나는, 왜 몸통을 몇 개의 선으로써 구획해 놓았는가 하는 점이다. 물론 일부 연구자들이 주장한 바 있듯이, 이것이 고래의 분배를 나타낸 것인지, 아니면 골격의 구조나 표피의 생김새, 그 밖의 특별한 의미를 지닌 상징 문장인지 등은 앞으로 밝혀야 할 과제이다.

이 암각화 속에는 향고래로 보이는 형상도 하나 살펴진다. 그것은 대곡리 암각화의 주암면 오른쪽 끝에 그려져 있다. 자료 289 이 형상은 왼쪽 위에서 오른쪽 아래로 엇비스듬히 난 바위의 균열 선을 따라 비스듬히 배치되어 있다. 겉으로 드러난 형태상의 특징은 직사각형의 몸통에 각각 하나씩 그려진 가슴지느러미와 등지느러미 그리고 가운데가 갈라진 꼬리지느러미 등이다. 끝이 뭉뚝한 머리에서 등지느러미까지 몸통의 구조는 거의 직사각형에 가까우며, 그것은 그 이후 급격히 가늘어지면서 꼬리지느러미와 이어져 있다.

그런데 향고래의 가장 큰 특징은 머리끝에서 꼬리자루에 이르기까지의 몸통이 거의 직사각형을 이루고 있는 점이다. 성숙한 향고래의 머리는 몸통 전체 길이의 1/3에 이를 정도로 크고 또 잘 발달되어 있으며, 몸통의 2/3 지점 후방에 커다랗게 솟은 등지느러미와 함께 몇 개의 혹들이 나있다. 꼬리지느러미의 가운데는 'V' 자형의 벤 자리가 나 있다. 수염고래나 돌고래 등 다른 것들에 비할 때 향고래는 특히 이마와 위턱이 매우 발달하였으며, 그에 비할 때 아래턱은 너무나 왜소하다.

그런데 이 고래 형상자료 289은 향고래의 그와 같은 신체적 특징을 고스란히 갖추고 있다. 무엇보다도 이 암각화 속의 여느 고래 형상과는 달리 직사각형의 긴 몸통을 하고 있으며, 몸통의 중간 부분이 발달하였다. 그와 더불어 몸통의 2/3지점에서 뒤로 향해 난 등지느러미도 향고래의 특징 가운데 하나이다.

지금까지 살펴본 것처럼, 이 암각화 속에는 목과 종이 다른 다수의 고래 형상들이 그려져 있다. 바로 이와 같은 고래 형상들을 통하여 선사시대 대곡리 암각화 제작 집단이 보았던 고래들을 대강 엿볼 수 있었다. 일련의 형상 분석을 통하여, 이 암각화 속에는 수염고래 아목과 이빨고래 아목이 서로 뒤섞여 있음을 분명히 확인하였다. 이로써 대곡리 암각화 제작 집단은 한반도 연안으로 회유하여 오는 고래들의 아목과 종별 특징을 분명히 파악하고 있었으며, 서로 간의 차이를 고려하여 각각의 형상들을 표현해 놓았음도 알 수 있다.

형상 분석을 통해서 이 암각화 속에는 보리고래·브라이드고래·밍크고래·북방긴수염고래·참고래·귀신고래·대왕고래·혹등고래 등 모두 8종의 수염고래 아목과 범고래·향고래·부리고래 등 3종의 이빨고래 아목이 그려져 있음을 확인하였다. 이로써 이 암각화 속에는 모두 11종의 종이 다른 고래들이 그려져 있다는 주장을 펼 수 있게 된 것이다.[16]

이렇듯 다양한 종의 고래 형상들이 대곡리 암각화 속에 그려져 있다는 것은, 곧 그와 같은 고래들이 울산만 인근으로 회유하여 왔다는 점과 제작 집단은 그와 같은 고래들을 무시로 바라보았고, 또 그 종의 특징들을 분명히 파악하여 각각의 차이를 구분할 수 있었으며, 동시에 그것들을 포획하였다는 증거이다. 바로 이와 같은 고래들은 울산만을 중심으로 한 현재의 울산이 한반도에서 가장 일찍부터 문명화의 길을 걸을 수 있게 해 준 기제였다. 그리고 그러한 사실을 대곡리 암각화 속의 고래 형상들이 증명해 주고 있는 것이다.

고래 조상의 출현

고래는 바다에서 서식하지만, 물고기가 아니라 포유동물임은 두 개의 심실이 있는 온혈 심장·허파·움직이는 눈꺼풀·속이 비어있는 귀 등을 통해서 알 수 있다. 그 밖에도 코로 호흡을 하고, 암수가 교미를 통해 체내 수정을 하며, 일정 기간의 임신 기간을 거쳐 출산을 할 뿐만 아니라 젖꼭지로 젖을 먹이는 점 등이 그 증거이다.[17]

원래 육상 포유동물이었던 고래가 바다로 되돌아 간 과정에 의문을 품은 일부 연구자들은 포유류와 고래의 연결고리인 중간 단계[18]를 추적하는 일에 매진하였다. 그들은 그 연결 고리가 암블로케투스Ambulocetus(걸어다니는 고래)[19]나 파키케투스Pakicetus,[20] 레밍토노케투스Remingtonocetus, 프로토케투스Protocetus 등과 같은 메소닉스Mesonyx(발굽을 가진 포유육식동물)자료 311의 한 종류라고 보았다.[21] 연구자들은 육지와 바다 등 양쪽을 오가며 살 수 있었던 이 생명체의 화석을 '암블로케투스 나탄스Ambulocetus natans(걸으며 동시에 수영도 할 수 있는 고래)'[22]라 명명하였다. 또한 이 생명체가 고래의 특징과

자료 311 **파키케투스 복원도**
(J.G.M.'한스'테베슨, 2016)

함께 육지의 포유류와 비슷한 앞뒤다리를 지니고 있음을 밝혔다.

다른 하나는 초식성의 우제류偶蹄類였다고 보는 설이다. 유전자 DNA 구조로부터 생물 상호의 계통을 더듬는 분자계통학 등의 연구에 의하면, 고래와 가장 가까운 포유동물은 우제류 가운데서도 소·사슴·하마[23]·낙타 등과 같이 반추기관을 지닌 것이라고 보았다.[24] 다시 말하지만, 육지에서 살던 우제류가 바다 동물로 분화하고, 그것이 다시 대왕고래나 참고래 정도의 크기로 진화하였다는 시각이다.

물론 이와 같은 설들을 뒷받침해 주는 일련의 고고학적인 발굴 성과들도 소개되고 있다. 예를 들면, 1983년에 필립 깅그리치Philip Gingerich가 파키스탄에서 5천 200만 년 전의 퇴적층에서 원시고래 뼈를 발견하고 명명한 파키케투스나, 1994년에는 역시 같은 파키스탄 이슬라마바드Islamabad 서쪽의 퇴적층에서 '한스' 테비슨Hans Thewissen과 타시르 후세인Tasseer Hussain 등이 발굴한 4천 900만 년 전의 마야케투스[자료 312] 등이 그것이다. 이들은 도루돈 dorudon, [자료 313] 바실로사우리드basilosaurids, [자료 314] 스쿠아로티드 등으로 이어진 다음 자취를 감추었다.

이렇듯, 연구자들은 고래와 그 조상인 원시고래 '아케오케테스archeocetes' 사이의 연결 고리를 찾으려는 노력을 게을리 하지 않고 있다. 그와 같은 노력들은 이집트 서부 사막에서 발견된 4,000만 년전의 원시 고래 뼈나, 2011년도 11월의 남극에서 아르헨티나 과학기술연구위원회와 남극연구소가 발굴한 고래 화석, 그리고 미국 로스앤젤레스 채드윅 스쿨에서 발견된 고래 화석 등으로 이어지고 있다.[25]

지구상에 서식하는 고래는 크게 수염고래[26]와 이빨고래[27] 등 두 개의 아목으로 구분되며,[28] 이들을 구분하는 기준은 이빨과 수염의 유무이다. 그 중에서 수염고래는 이빨고래에 비해 그 체구가 크다. 그 가운데서도 가장 큰 것은 대왕고래인데, 지금까지 알려진 것 가운데 가장 큰 것은 길이가 30m에 이르며, 무게는 150톤에 달하였다고 한다.[29] 반면에 이빨고래는 몸집이 작은데, 그 중에서도 4m 이하를 돌고래라고 한다. 가장 작은 것은 몸길이가 1.4m이고, 체중 35kg 정도의 작은 돌고래다.

바다는 고래들이 서식하는데 여러 가지 이점을 제공해 준다. 그 중의 하나는 무진장한 먹이이다. 먹이는 주로 크릴새우이며, 고래들은 남극이나 북극과 같은 색이장素餌場에서 최대한 포식을 한 다음, 임신과 출산 등을 위하여 따뜻한 곳으로 이동한다. 사람들이 상업적인 포경을 하기 전까지는 고래에게는 천적이 없었다.[30] 수염고래들의 유일한 적은 범고래인데, 고래들은 범고래가 나타나면 입을 다물고 죽은 척 한다고 한다. 그래도 범고래는

자료 312 마야케투스(J.G.M.'한스'테베슨, 2016)　　　자료 313 도르돈 아트룩스(J.G.M.'한스'테베슨, 2016)

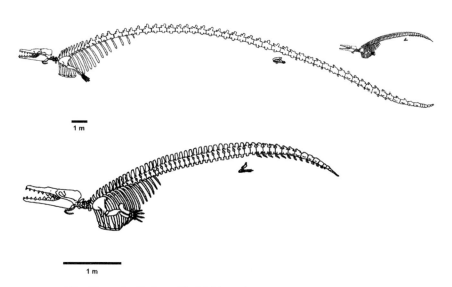

1 m

1 m

자료 314 바실로사우로스와 도루돈(J.G.M.'한스'테베슨, 2016)

그 고래들의 입을 강제로 벌리고, 입 안의 부드러운 혀를 뜯어먹는다고 한다. 해안가로 밀려오는 고래 중에는 범고래의 공격을 받아 죽은 것도 보인다고 한다.

새끼는 일 년 가까이의 긴 임신 기간을 거쳐 태어나는데, 대부분은 긴 분만 시간 때문에 꼬리부터 먼저 나온다.[31] 새끼가 태어나면, 어미는 첫 호흡을 도와주고, 이어서 새끼가 첫 젖을 빨게 되는데, 생후 약 1년간 젖을 먹는다. 성숙하는 데는 약 10년의 기간이 필요하다. 고래의 수명은 종에 따라 차이가 있지만, 평균 약 60년 정도로 추정하고 있다. 대왕고래 중에는 100년도 넘게 산 것도 있다고 한다.[32] 고래의 수명은, 이빨고래의 경우 그 이빨의 상태를 통하여 구분하고, 또 수염고래의 경우는 귀에 쌓인 귀지의 수를 통해서 헤아린다.

포유동물인 고래가 바다에서 살아남기 위해서는 신체적으로 많은 진화가 있었음을 알 수 있다. 우선 고래의 몸통은 모두 유선형인데, 이는 물의 저항을 최소화하기 위함이다. 또한 털은 턱 주위를 제외하면 대부분 퇴화되었다. 육지에 서식하는 포유동물은 털로써 체온을 조절하지만, 털이 없는 고래는 두께가 약 14~15cm에 이르는 가죽을 지니고 있다. 어두운 색의 표피 아래에는 진피眞皮가 있고, 다시 그 밑에는 두꺼운 지방층자료 315이 자리를 차지하고 있다.[33]

그 진피의 아래의 지방층을 '기름가죽脂皮' 층이라고도 부른다. 바로 이 기름가죽 층으로 인하여 고래들은 추운 물속에서도 체온을 잃지 않으며, 동시에 수압을 견디고 살아가는 것이다. 고래들이 먹이를 취하는 색이장을 떠나 번식지로 이동하기 시작할 때는 이 기름가죽 층이 가장 발달해 있으나, 번식지를 떠나 다시 색이장으로 이동할 때는 가장 마른다고 한다. 다시 말

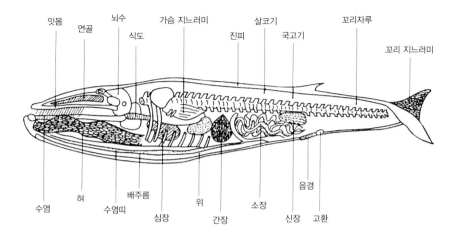

잇몸　연골　뇌수　식도　가슴 지느러미　진피　살코기　국고기　꼬리자루　꼬리 지느러미

수염　허　수염띠　배주름　심장　위　간장　소장　신장　고환　음경

자료 315 고래의 신체 구조(奈須敬二, 1990)

하자면, 번식지를 향해 이동할 때는 지방층이 두껍지만, 출산 후에는 새끼에게 젖을 먹이는 등의 이유로, 그것을 모두 소비하여 야윈다는 것이다. 바로 이런 이유 때문에 기름을 채취하기 위한 포경은 출산 후가 아니라 색이장을 떠나 번식지로 이동하는 시기에 이루어지는 셈이다.

고래는 물속에서 호흡을 하여야 하고 또 먹이를 취한다. 그림에도 불구하고 폐 속으로 공기를 흡입하여 호흡을 하여야 했기 때문에 그 콧구멍은 머리 위에 위치해 있다. 고래는 한 번 호흡으로 길게는 약 90분 가량 물속에서 활동하는데,[34] 한 번에 폐 속의 공기를 교환하는 양은 약 70%에 이른다고 한다. 뿐만 아니라 고래는 미오글로빈myoglobin(근육 세포 속에 있는 철을 함유하는 혈색소)이라고 하는 단백질이 많이 함유된 근육 때문에 깊은 물속에서도 오랜 시간 동안 버틸 수 있다고 한다.

수염고래의 주요 먹이는 크릴새우이다. 고래들은 협동하여 크릴새우들을 하나의 거대한 군집체로 만든다. 그리고 큰 입을 벌려 그것을 삼킨 다음, 반쯤 벌린 입으로는 바닷물을 토해내게 되는데, 이때 크릴새우들은 수염 때문에 입안에 남게 된다. 대왕고래가 한 번에 삼키는 크릴새우의 양이 2톤에 달한다고 하니, 고래들이 연간 먹이로 취하는 크릴새우의 양이 어느 정도일지 짐작할 수 있다. 뿐만 아니라 이로써 고래의 회유가 크릴새우의 번식기와 밀접하게 관련되어 있음도 알 수 있다.

원시고래와 같이 한때 분명한 모습을 갖추고 있었을 앞뒤다리도 변형되었거나 퇴화되었는데, 그 중의 앞발은 가슴지느러미로, 뒷다리는 체내에 흔적만 남아 있다고 한다. 고래의 꼬리지느러미는 물고기들과는 달리 수평을 이루고 있다.[35] 그리고 수염고래의 대부분은 그 꼬리의 가운데에 'V'자형의 벤 자리가 있다.

고래의 경제학

'고래 한 마리를 잡으면 일곱 포구가 윤택해 진다[鯨一頭捕れば七浦賑]'는 말이 있다.[36] 이 말은 예로부터 고래잡이를 주업으로 삼았던 일본의 바닷가 마을에서 구전되어 오던 것이다. 고래가 갖는 경제적인 가치를 이 말이 매우 적절하게 표현해 놓았다. 고래는 식량뿐만 아니라 생활을 영위하는데 유용한 원자재들도 사람들에게 가져다준다.

사람들이 알고 있는 동물 가운데서 가장 거대한 몸집을 지니고 있는 것은 고래이다. 그 중에서도 가장 큰 몸집을 자랑하는 대왕고래의 크기이다. 기록으로 남아 있는 것 중 가장 큰 것은 30m 이상의 몸통 길이에 체중은 무려 170톤이 넘었다. 그 몸통의 크기는 지구상에 생존하였던 브라키오사우루스Brachiosaurus(팔 도마뱀)나 세이스모사우루스Seismosaurus(지진 도마뱀) 등의 공룡들과 거의 같았으며, 체중은 그것들의 3~4배 이상이었다.[37]

그래도 크기가 얼마나 되는지 쉽게 이해하기가 어렵다면, 다음의 비유를 들 수 있다. 예를 들면, 몸무게가 33톤에 이르는 공룡 브로톤사우르스Brontosaurus(천둥 도마뱀)는 다섯 마리를 합해야 하며, 4톤의 코끼리는 마흔 마리 이상을 더하여야 한다. 또 700kg 정도의 큰 소는 약 243마리를 더한 것과 같다. 이러한 비유로써 대왕고래 한 마리를 해체할 경우 얻을 수 있는 고기의 양이 어느 정도인지를 헤아릴 수 있을 것이다. 다시 말하자면, 거대한 대왕고래 한 마리는 계산상으로 일곱 개의 마을에 각각 황소 약 35마리를 한꺼번에 나누어 준 것과 같은 양이다.

고래는 14~15cm의 가죽과 그 아래에 진피가 있으며, 다시 그 아래에는 '기름가죽'이라 불리는 두꺼운 피지층이 있다. '기름가죽'이라 불리는 이유는 바로 피지층에 대량의 기름이 저장되어 있기 때문이다. 체중이 84톤인 고래에서 20톤에 이르는 고래 기름을 채취한다고 한다.[38] 유전이 개발되기 이전까지 사람들은 바로 이 고래의 피지층에서 생활에 필요한 기름을 얻었던 것이다. 바로 이 고래 기름의 획득을 위하여 해양산업 선진국들이 본격적으로 포경산업에 뛰어들었으며, 대항해의 시대가 열린 것이다.[39]

사실, 고래의 고기와 내장은 문명의 여명기부터 사람들의 중요한 식량원이었으며, 기름은 등화용이자 연료, 그리고 약용[40]으로 쓰였다. 뼈는 각종 도구로 그리고 수염과 힘줄은 물건을 묶거나 옷과 구두를 제작할 때 사용되었다.[41] 그러니까 고래는 사람들의 일상생활에서 반드시 해결하여야 할 의식주의 문제를 한꺼번에 해소시켜 줄 수 있는 생활원이었던 셈이다. 그것이

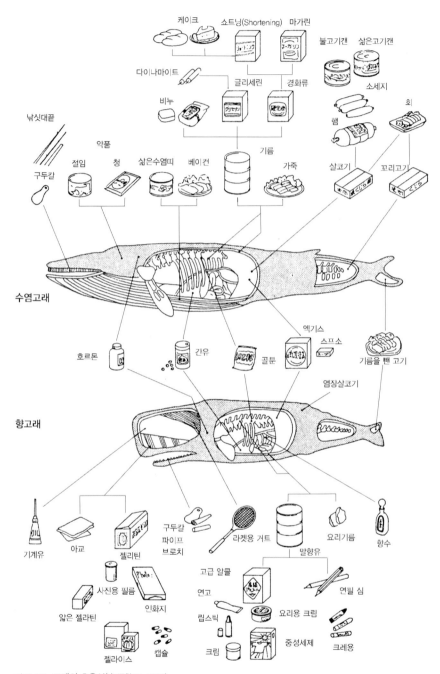

케이크　쇼트닝(Shortening)　마가린

불고기캔　삶은고기캔

소세지

다이너마이트

글리세린　경화류

햄

회

낚싯대끝

비누

살코기　꼬리고기

약품

기름

구두칼　절임　청　삶은수염띠　베이컨　가죽

수염고래

엑기스

스프소

기름을 뺀 고기

호르몬　간유　골분

염장살코기

항고래

구두칼
파이프
브로치　라켓용 거트　요리기름　향수

기계유　아교　젤리틴

말향유

고급 알콜

사진용 필름

연고　연필 심

얇은 젤라틴　인화지

립스틱　요리용 크림

젤라이스　캡슐

크림　중성세제　크레용

자료 316　**고래의 효용성(奈須敬二, 1990)**

가져다주는 엄청난 경제적 가치를 사람들은 일찍부터 주목하였으며, 또 그것을 효과적으로 활용할 수 있도록 해체하였고, 또 용도에 맞게 이용하였던 것으로 추정된다. 자료 316 42

여분의 고기와 내장은 건조와 훈제 그리고 염장 등의 방법으로 보존하였을 것이며, 그것은 비축용 식량이자 동시에 교환용으로 요긴하게 쓰였을 것이다. 고래 뼈의 활용도 갖가지 도구를 통해서 살필 수 있다. 전복을 포함하여 각종 조개류의 따개·방추차·작살·그 밖의 생활이기 제작에 고래의 뼈들이 이용되었다. 그리고 그러한 도구들의 이용 사례를 선사 및 고대 생활 유적지의 발굴을 통해서 확인할 수 있다. 43

용도에 따라 가죽·피지층·살코기·내장·뼈·힘줄 등은 특별히 분류하였을 것으로 보이며, 그것이 바로 고래 해체의 기본적인 틀이 되었을 것이다. 또한 이들의 보존과 활용은 응용과학의 첫 장을 여는 일이었다. 피지층의 분류와 착유 과정은 원시 및 고대 정유 산업의 꽃이었을 것이다. 이러한 일련의 과정은 고래와 관련된 산업의 비약적인 발전을 불러왔을 것이며, 그곳은 언제나 생산과 소비를 위한 유통망이 동시에 갖추어졌을 것이다. 그럼으로 포경의 중심지는 언제나 당대에 가장 발달한 문명의 중심지였다. 44

그러니까 고래라고 하는 생명체가 인간의 문명화와 기술 혁신 등에 끼친 영향은 절대적이었다. 그것은 벌목업·조선업·포경업 등의 원시 중공업과 해양산업을 발전시켰을 것이며, 그에 따라 새로운 전문가 집단도 양성시켰을 것으로 추정된다. 45 그뿐이겠는가? 고래해부학과 해체기술의 발전을 촉진시켜 주었을 것이며, 기술의 분화와 새로운 전문가 집단들을 지속적으로 배출시켰을 것이다. 분배 방법·요식 문화·약제 산업·도구 제작·정유 시설 등의 비약적인 발전을 동시에 불러일으켰음은 의심의 여지가 없다. 46

그리하여 그 풍요로움의 상징인 고래를 어떻게 하면 성공적으로 사냥할 수 있고, 또 그것을 위해서는 무엇을 준비해야 하는지 등을 숙지하고 있었을 것이다. 어떤 고래가 맛있고, 어떤 고래에 기름이 많이 들어 있으며, 또 어떤 고래가 사나운지, 그리고 상업적인 가치가 많은 것은 어떤 것인지 등을 분별해 낼 수 있게 되었을 것이다. 다시 말하자면, 어떤 것이 '참'이고 또 어떤 것이 '돌'인지의 분류가 이루어졌다는 것이다. 이 그림이 제작되었을 무렵에는 이미 그 분류 체계가 완전히 확립되었음을 이 암각화는 보여주고 있다.

사람들은 효과적으로 그것을 포획하기 위하여 가능한 필요한 학습을 하였을 것이며, 고래의 회유 사이클에 맞춰서 그들의 사회를 조직하였을 것이고, 생활패턴을 정형화시켜 나갔을 것이다. 효과적인 고래잡이를 위하여 공동체의 구성원들은 나름대로의 역할 분장도 하였을 것이며, 포경 일정에 맞춰 저마다에게 주어진 일들을 수행하였을 것이고, 또 도구들도 관리하였을 것이다. 지켜야 할 금기와 그것을 지키지 못하였을 때의 징벌 따위도 만들어져 있었을 것이다.

사람들은 그들의 삶에 풍요를 선사하는 고래를 '신의 선물'로 여겼다. 그들은 고래들이 회유하여 올 시기가 되면, 음식을 준비하여 바다의 신께 바치면서 고래잡이의 시작을 알리는 의례를 거행하였다. 선장과 작살 잡이, 선원, 그리고 그의 가족들은 저마다에게 주어진 금기를 지키고, 부과된 의무를 다하였다. 포경에 성공하면, 고기를 분배하고, 또 잡은 고래의 영을 되돌려 보내는 의례도 거행하면서, 때가 되면 다시 방문하여 줄 것을 정중히 요청하였다.[47] 고래잡이 집단의 세계에서 고래는 신이 보내준 선물이자 특별한 '방문객'이었던 것이다.

사람들은 이 의례를 통하여 식량과 생활의 원자재를 보내주는 모든 고래의 어머니, 즉 고래의 신들에게 감사의 의례를 거행하였고, 죽은 고래의 영혼을 되돌려 보내주었다. 그리고 특별한 손님인 고래를 성소에 그려서 기념하고자 하였는데, 그러한 흔적들이 바로 바위그림 속의 고래형상이었던 것이다.

미 주

1 アンドレ・ランガネー，ジャン・クロット，ジャン・ギレーヌ，ドミニク・シモネ 著，앞의 책(2002), 80쪽.

2 허영란, 앞의 책(2013), 78쪽

3 장석호, 앞의 글(2000), 36쪽.

4 허버트 리드 저, 김진욱 역, 『미술의 역사』, 범조가, 1984, 23쪽(허버트 리드는 선사 미술이 너무 생동감 있게 표현된 것에 대해, '그가 그 일에 취해 무심코 쾌락을 맛보았을 것'이라고 하고, '이미지를 마법에 의해 훌륭히 그려내려고 한 "의욕"에 힘 입고 있는 것'이라고 하였다).

5 엘렌 켈지 지음, 황근하 옮김, 『거인을 바라보다― 우리가 모르는 고래의 삶』, 양철북(2011), 57쪽(우리가 고래에 대해 아는 지식이란 연구자들이 수면에서 얻어낸 극히 일부분의 정보로부터 추론한 것에 불과하다).

6 고아라, 주세종, 문대연, 최석관, 김장근, 신경훈, 「한국 근해에 서식하는 고래 피하지방의 층별 지방 함량 및 구성 변화」, Ocean and polar Pesearch, vol. 33(1), 35~43(2011), 36쪽.

7 김장근·이장욱·백철인·손호선, 『한반도 연안 고래와 돌고래』, 해양수산부·국립수산진흥원(2000), 58~59쪽.

8 김장근·이장욱·백철인·손호선, 앞의 책(2000), 58~59쪽; 애널리사 베르타, 앞의 책(2017), 92~93쪽.

9 김장근·이장욱·백철인·손호선, 앞의 책(2000), 64~65쪽.

10 김장근·이장욱·백철인·손호선, 앞의 책(2000), 54쪽.

11 박구병, 『증보판 한반도 연근해 포경사』, 민족문화(1995), 298~299쪽(귀신고래는 1925년까지 긴수염고래와 함께 국내에서 가장 많이 잡히는 고래였으나 남획에 의해 1922년부터 격감하다가, 1933년에 1마리가 포획된 후 1945년까지 단 한미

리도 잡히지 않았다고 한다).

12 혹등고래는 '메갑테라' 또는 '주바르테'라고 부르기도 한다(이브·파갈데 지음, 이
   세진 옮김, 『바다나라』, 해나무, 2007, 87쪽.

13 황수영·문명대, 앞의 책(1984), 215쪽(점무늬가 있는 얼룩사슴); 정동찬, 앞의 책
   (1996), 140~143쪽.

14 노르웨이에서는 범고래를 '스페크후거(spekkhugger)'라고 부른다. 이들은 하루에
   100kg 이상의 먹이를 먹는 포식자이다. 청어 떼를 공처럼 만들어서 잡아먹는 범
   고래를 '살인고래'라고도 부른다. 물론 범고래는 사람을 죽일 수도 있다고 한다.
   이브 파칼레, 앞의 책(2007), 69~74쪽.

15 정동찬, 앞의 책, 134쪽.

16 Seog Ho Jang, Rock Art Research in Korea(2010~2014): Daegok-Ri(Bangudae)
   Petroglyphs in Ulsan / Rock Art Studies: News of the World Ⅴ, Archaeopress
   Archaeology, Oxford(2016), 179~186.

17 J.G.M. '한스' 테비슨 지음, 김미선 옮김, 『걷는 고래』, 뿌리와 이파리, 2016, 21쪽.

18 고래류 동물은 지금부터 6천만년 전인 제3기초반에 출현했다. 이브 파칼레, 앞의
   책(2007), 232쪽.

19 박진영·허민, 「고래류의 형태적 진화와 유영법 변화」, 『고생물학지』29-30호, 한
   국고생물학회(2014), 60쪽(그것은 악어와 유사하고 반수생이며, 파키케투스과보
   다 상위 계통이라 보았다. J.G.M. '한스' 테비슨, 앞의 책, 51~72쪽(1994년 파
   키스탄에서 암불로케투스 나탄스의 화석을 발견하였다).

20 늑대류로 보았으나 귀에 bulla(骨胞)가 발견됨에 따라 고래류로 보았다.

21 神谷敏郎, 『鯨の自然誌: 海に戻った哺乳類』, 中公新書, 1992, 6쪽; 메소니키드
   (mesonychid)라는 원시 젖 먹이 동물이 고래의 가장 오래된 조상이다. 그러나 메
   소니키드는 물 근처에도 가지 않는 늑대와 같은 발굽을 가진 육식성 동물이었다.

22 J.G.M. '한스' 테비슨, 앞의 책(2016), 71쪽. amblute=걷다, cetus=고래, natans=
   수영하다.

23 박진영·허민, 앞의 글(2014), 58쪽.

24 최신 계통 분석에 따르면 인도히우스(Indihyus)가 고래류와 가장 가까운 화석생물
   종이다(박진영·허민, 앞의 글, 59쪽)

25 「고교 운동장서 1,200만 년 된 '신종 고래' 화석 발견」, 『서울신문』(2014. 2. 6일자).

26 박진영·허민, 앞의 글 64쪽. 구개(口蓋, palate) 양측 가장자리에 주름구조로부터 발달한 케라틴(keratin)질의 삼각형 각질판 집합체가 나 있다. 이 각질판을 이용하여 각종 다양한 동물성 프랑크톤을 여과 섭식한다.

27 박진영·허민, 앞의 글, 63쪽. 가장 큰 특징은 반향정위(反響定位, echolocation) 기능이다. 수염고래류에게는 없다.

28 박진영·허민, 앞의 글, 62쪽.

29 애널리사 베르타, 16쪽.

30 山下涉登, 앞의 책, 8쪽.

31 이브 코아, 앞의 책(1996), 37쪽.

32 山下涉登, 앞의 책, 8쪽.

33 고아라, 주세종, 문대연, 최석관, 김장근, 신경훈, 「한국 근해에 서식하는 고래 피하지방의 층별 지방 함량 및 구성 변화」, 2011, 36쪽. 체중의 15~43%가 지방이며, 피하지방은 단열판과 같이 몸체를 둘러싸면서 체온조정, 부유, 에너지 저장 등의 다양한 기능을 가지고 있다.

34 애널리사 베르타, 앞의 책, 19쪽.

35 박진영·허민, 앞의 글, 64쪽. 모든 현생 고래류는 수평으로 발달한 꼬리지느러미의 상하운동을 통해 유영한다.

36 神谷敏郎, 앞의 책(1992), 4쪽; カールトン·スティーヴンズ·クーン, 平野溫美·鳴島史之譯, 『世界狩の獵民』, りぶらりあ書房·法政大學出版局1, 2008, 38쪽(알래스카 북극 배로만 티아가라 미우트족은 1년에 3~4두의 북극고래를 잡으면 운이 좋다고 여긴다). 山下涉登, 앞의 책, 25쪽; 한국문물연구원, 앞의 책(2012), 393쪽.

37 山下涉登, 앞의 책, 6~7쪽.

38 山下涉登, 앞의 책, 9쪽.

39 김승, 「한말, 일제하 울산군 장생포의 포경업과 사회상」, 『역사와 세계』 33, 효원사학회, 2008, 3쪽; 山下涉登, 앞의 책, 8쪽(야마시타는 바로 기름 때문에 고래의 천적이 사람이라고 보기도 한다).

40 정문기, 『물고기의 세계』, 일지사, 1997, 285쪽.

41 이재곤, 「남극해 포경사건과 포경 활동의 국제적 규제」, 『법학연구』 통권 제46집, 전북대학교 법학연구소, 2015, 301쪽.

42 김승, 앞의 글, 9쪽(장생포에 메이제를링그 포경회사 절해지(截解地)가 세워지고 난 1901년 이후, 해체사의 주택, 대장간, 석탄저장소, 승무원 오락장 등이 세웠는데, 이는 메이제를링그 포경회사에서는 없어서는 안 될 곳이었다).

43 하인수, 앞의 글(2004), 92쪽; 한국문물연구원, 앞의 책(2012), 396쪽.

44 김승, 앞의 글, 24~31쪽. 1910년 전후 포경 경기가 좋았을 때, 울산에 일본인 인구 수가 증가되었고, 장생포는 공공시설과 상업시설이 들어 선 동해안의 중요한 항구였다).

45 말리노우스키 지음, 서영대 옮김, 『원시 신화』, 민속원, 1996, 78쪽.

46 허영란, 「집합 기억의 재구성과 지역사의 분석」, 『역사문제연구』32, 역사문제연구소, 2014, 382~383쪽(허영란은 1937년 11월 1일자 『동아일보』 게재 기사를 소개하였는데, 이에 따르면, 장생포 일대에 당시 고래잡이에 관여한 어민이 8백여 명에 이르고, 300여명의 인부들이 밤낮없이 고래를 해체하는 장관을 이루었다고 하고, 1910년대 중반에는 매년 10월에서 이듬해 4월까지 10척 내외의 배들이 수백 두의 고래를 포획하여 해부처리, 고래 기름, -, 비료 제조 등을 하였다고 한다).

47 山下涉登, 앞의 책(2004), 26~27쪽; 존 R. 존슨, 「북미 태평양 연안 수렵 채집민의 민족 고래학적 비교연구」, 『고래와 암각화』(학술회의 발표 자료집), 울산암각화박물관, 2017, 43쪽.

신화가 된 명포수

포경의 기억

고야Francisco de Goya(1746~1828)의 그림 가운데 「정어리 축제」 또는 「정어리 매장The burial of the sardine」[1]이라는 제목의 작품[자료 317]이 있다. 이 그림은 아래와 위 둘로 양분할 수 있는데, 위는 나무와 하늘이 차지하고 있고, 아래에는 하얀 색의 드레스를 입은 두 명의 여인과 한 명의 가면 쓴 여인을 중심으로 하여 군중들이 무언가의 의식을 거행하는 장면을 그린 것이다. 세 사람 뒤에는 또 다른 한 사람이 거대한 깃발을 들고 있는데, 검정색 바탕의 깃발에는 커다란 얼굴이 그려져 있다. 그 얼굴은 아마도 정어리 축제와 관련된 신상神像일 것이다.

「정어리 축제」 또는 「정어리 매장」이란 제목이 무색하게, 그림의 어디에도 정어리는 보이지 않는다. 그런데 고야는 왜 이 그림의 제목에 '정어리 sardine'이라는 말을 썼을까? 흔히들 이 그림은 사순절四旬節 이전에 벌이는 사육제carnival의 한 과정을 그린 것이라고 해석하고 있다. 즉, 죽음과 부활의 문제를 상징적으로 형상화한 것이라 한다. 다시 말하자면, 카니발은 '재의 수요일Ash Wednesday'에서 부활절에 이르기까지의 금욕 주간 이전에 벌이는 축제이며, 이 기간 중 사람들은 정어리 모형을 마드리드 인근의 만사나레스 Manzanares 강둑에 매장한다고 한다.

이 그림을 볼 때마다 여러 가지 의문들이 꼬리에 꼬리를 물고 제기되었다. 정어리 축제라고 한다면, 마땅히 정어리가 신神으로 등장하여야 하는데, 그렇다면 화면 중간의 깃발에 그려진 거대한 얼굴이 정어리 신의 의인화된 모습이란 말인가? 도대체 이 축제의 참가자들은 왜 정어리를 위한 의례를 거행하여야 했는가? 축제나 의례에서 신봉되는 신상은 주로 밀을 비롯한 곡

자료 317 정어리 축제(F.고야)

물신이나 알타미라 동굴 속에 그려진 들소 같이 동물들인데, 그런 동물이나 곡물이 아니라 정어리라니, 도대체 그 이유는 무엇이었을까? 여러 가지 의문들이 꼬리에 꼬리를 물고 일어났다.

고래를 잡았던 민족과 그 포경의 역사를 살피다 보면, 반드시 프랑코·칸타브리아 지역에서 거주하였던 바스크Basque 족과 만나게 된다. 왜냐하면, 이들은 포경업에서는 뺄 수 없는 유명한 고래잡이들이기 때문이다.[2] 바스크 족의 일부는 현재 프랑스의 브르타뉴Bretagne와 이베리아Iberia 반도에 둘러싸인 비스케 만Bay of Biscay 주변에 살고 있다. 바스크 족은 바로 알타미라 동굴 벽화를 제작한 집단들의 후예로 지목을 받고 있다.[3]

바스크족 어부들은 이미 9세기경부터 매년 가을에서 겨울에 걸쳐 비스케 만으로 회유해 오는 북대서양 긴수염고래를 잡았는데, 이것이 포경의 시작이라고 보는 것이다.[4] 그러나 바스크족 어부들은 처음부터 고래를 잡는 포경업에 진력하였던 것은 아니었다. 그들은 해마다 겨울이면 비스케 만으로 회유하여 오는 정어리떼를 잡기 위하여 어망을 설치하였는데, 이 때 북대서양 긴수염고래들도 그곳으로 들어와서 그물을 훼손하였다는 것이다. 따라서 바스크족은 부득불 고래들을 쫓아내게 되었고, 그 과정에서 자연스럽게 포경을 하게 되었다는 것이다.

이로써 바스크족 어부들이 원래 잡고자 하였던 물고기는 정어리였음을 알 수 있다. 연구자들은 한때, 고래들이 정어리떼를 따라서 이곳으로 이동해 온 것으로 이해하였던 적도 있었지만, 정어리나 고래가 모두 이곳에서 집중적으로 번식하는 동물성 플랑크톤 크릴을 찾아왔던 것이다. 그들은 잡은 고래에서 기름과 수염을 귀중히 여겨 채취하였으며, 또 그 혀를 특별히 맛있는 부분으로 인식하였던 듯하다. 고래 혀는 염장을 하여 식량으로 활용하였으며,[5] 일부는 비욘느Bayonne와 같은 피레네Pyrenees 등 상업의 중심지로 수출하였다고 한다.[6] 물론 지방은 등화용 기름으로 활용하였고, 고래 수염은 각종 공업용 원자재로 이용하였다.

　고야가 그린 「정어리 축제」는 이른 예로부터 비스케 만으로 회유하여 오던 정어리를 잡으며 살았던 바스크 족이 벌인 축제의 잔흔殘痕을 그와 같은 모습으로 그렸던 것은 아니었을까? 그림 속의 깃발에 그려진 얼굴은 역시 정어리의 의인화된 형상이라고 할 수 있으며, 만사나레스 강둑에 매장하였던 정어리의 모형은 처음에는 정어리 그 자체였을 것이다. 엉뚱하기는 하지만, 바스크족이 잡았던 고래잡이의 원형을 찾아 들어가다가 고야의 그림 「정어리 축제」를 떠올렸던 것이다.

　바스크족은 시간이 흐르면서 정어리보다도 고래잡이에 더 명성을 날렸다. 비스케 만으로 회유하여 오던 고래의 마릿수는 남획 등으로 인하여 크게 줄어들었으며, 고래들도 학습효과에 따라 점차 그 만을 멀리하였던 것으로 보인다. 그러자 이번에는 이들이 대담히 먼 바다로 나갔으며, 이후 북빙양의 고래기지 개척에 맞춰 또 다시 바스크족이 고래잡이로서의 이름을 날리게 되었다. 16세기 중엽부터는 바스크족의 역할을 영국과 네덜란드의 고래잡이[자료 318]들이 담당하게 되었다. 이들은 1596년에 스피츠베르겐 Spitsbergen 섬[7]을 발견하고, 그곳에 서식하는 고래들을 본격적으로 포획하기 시작하였다.

　기록에 의하면, 영국은 1604년에 포경회사 '무스코비Muscoby Company'를 설립하고 북빙양에서의 포경을 개시하였으며 이후 네덜란드·독일·덴마크·스페인·프랑스 등도 매년 여름 스피츠베르겐 섬에 모여서 고래잡이를 하였다고 한다. 물론 스피츠베르겐에는 다국적 포경 도시가 매년 여름 형성

자료 318 고래잡이
(16세기, 북극)

되었다. 그 중에서도 네덜란드는 그들의 포경 기지를 건설하였는데, 그 이름을 '스미렌부르크Smeerenburg'라고 하였다. 그곳에는 여름철에 한시적으로 기름 정제 공장과 저장 탱크, 포경 자재와 식량 운반용 시설, 숙박시설, 그리고 항구 등이 들어섰다. 북극의 섬 가운데는 계절 도시가 세워진 셈이었다. 그런데 그 섬 가운데 세워진 마을 이름 스미렌부르크는 '기름 가죽 마을'이라는 의미를 지니고 있다고 한다.[8]

암각화 속에 남겨진 고래와 그것을 잡는 그림들을 아직 주목하지 못했던 초기의 고래잡이 연구에서 연구자들은 포경의 시원을 그렇게 서술하였다. 그런데 비스케만과 같이 계절에 맞춰 고래들이 정기적으로 회유하여 오는 만과 항구들은 세계 각지에 산재하는데, 그곳에서는 그 시원조차 알기 어려운 이른 예로부터 고래들이 포획되었다. 그 가운데 몇몇을 열거하면, 노르웨이 북부 지역의 '레이크네스Leiknes'나 '로이드Lloyd',[9] 카렐리야 지역

자료 319 **장생포 풍경**

의 '잘라부르가Zalabruga', 그리고 베링해협의 '페그트이멜Pegtymel' 등이다.
또한 한반도의 '장생포'^{자료 319}나 일본의 '타이지' 등도 그의 좋은 예들이다.
물론 그 밖에도 다른 예들이 많이 있다.[10]

　　이들 지역에 살았던 선사 및 고대의 고래잡이들은 그들의 진솔한 삶을
바위표면에 적나라하게 새겨 놓았는데, 그 속에는 이미 수천 년 전부터 배
를 타고 당당히 바다로 나가서 고래를 잡던 포수와 어부들의 모습이 생생하
게 기록되어 있다. 그림 속에 새겨진 포수들의 모습과 함께 이들 지역에서
전해지는 구전들 가운데는 포수들의 모습과 함께 그들의 애환이 고스란히
투영되어 있다.

바위그림 속의 작살잡이

비스케만에서 고래를 잡았던 바스크족 포수들보다도 훨씬 더 아득한 예로 부터 사람들은 고래를 잡았다. 그것도 일부 연구자들이 추정하는 바와 같은 소극적인 방법,[11] 즉 해안가로 떠밀려온 고래를 잡은 것이 아니라 적극적으로 배를 타고 바다로 나가서 잡았던 것이다. 그러한 점을 세계 각지의 고래 회유지에 남겨진 각종 고래잡이 관련 그림들이나 작살 촉, 배 등을 통해서 확인할 수 있다. 신석기나 청동기시대의 주거지에 발견된 고래 뼈들이나 바위그림 유적지에 그려진 고래잡이 그림들은 적극적인 포경의 시원을 보다 더 아득한 선사시대로 설정하게 해 준다.

북유럽에서 잘 알려진 선사시대 바위그림 유적지 가운데 하나는 노르웨이 북부 레이크네스이다. 이 암각화 속에는 순록과 사슴 등이 그려져 있는데, 그 가운데는 쪼아서 그린 고래 형상도 남아 있다. ^{자료 320} 연구자들은 이 암각화가 지금으로부터 7,000년 전에 그려진 것으로 추정하고 있다. 노르웨이 중부 지역에 있는 로이드 바위그림 가운데는 돌고래를 사냥하는 그림이 그려져 있는데, 연구자들은 이 암각화가 기원전 3,000년경에 그려진 것으로 추정하고 있다. 그밖에도 십여 곳의 바위그림 유적지에서 고래 형상이 확인되고 있다.

스칸디나비아 반도의 피오르드fjord 지역에는 매년 정해진 계절이 되면, 돌고래들이 깊숙한 협곡 속으로 회유해 온다. 어부들은 시즌이 되면 정기적으로 회유해 오는 돌고래들을 기다렸다가 사냥하였던 것이다. 그리고 그들은 자신들의 고래잡이의 모습을 바위그림 속에 형상화해 놓았다. 주요 포획의 대상이 되었던 것은 범고래·큰 돌고래·쇠 돌고래 등 이빨고래 아목이었

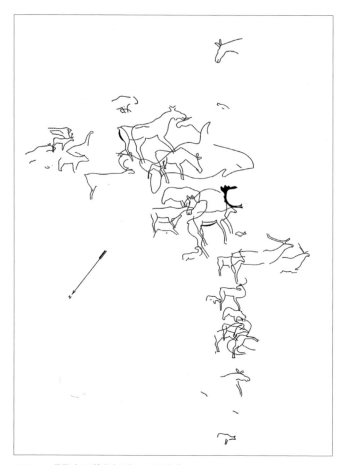

자료 320 **동물과 고래(레이크네스, 노르웨이)**

던 것 같다. 사람들은 매년 회유하여 오는 이러한 고래들의 생태적 습성을
적절히 이용하여 포획하였던 것이다.

　　고래잡이 장면이 그려진 암각화 중 또 하나는 러시아 서북부의 카렐리
야 주에 있는 잘라부르가 암각화 유적지이다. 잘라부르가 유적은 크게 스타
라야Staraya와 노바야Novaya 등 두 개의 지역으로 나뉘는데, 두 곳 모두 사람

자료 321　고래잡이(잘라부르가)

과 순록 그리고 고래잡이 장면들이 그려져 있다. 그 중에서도 특히 노바야 잘라부르가에는 여러 척의 배와 고래들이 그려져 있다.[12] 그림 가운데 한 척의 커다란 배에는 12명의 어부들이 타고 있으며, 뱃머리에는 작살잡이가 서 있고, 고래와의 사이에는 마치 대곡리 암각화 속의 그것처럼 술이 낚설되어 있다. 자료 321

　　카렐리야 지역의 아네가 호숫가와 백해 등지에 분포하는 암각화는 이미 1848년부터 K.그레브니크Grebnik 등에 의해 조사되기 시작하였으며, 1926년 이후의 A. 리네프스키Linevsky,[13] 1935년의 V. 라브도니카스Ravdonikas, 1957년의 A. 사바테에프Савватеев[14] 등 저명한 연구자들에 의해서 새로운 유적들이 차례로 발견되었으며, 각 유적들이 모여서 카렐리야 지역의 바위그림 군을 이루고 있다. 흥미롭게도 이 지역의 암각화 속에도 순록과 로시(사

자료 322 **고래잡이(페그트이멜, N.Dikov, 1971)**

자료 323 **순록사냥(페그트이멜, N.Dikov)**

0   5㎝

습과 동물의 일종), 사냥꾼 그리고 고래 등이 뒤섞여 있다. 연구자들은 이 암
각화가 기원전 3천 년 기 말에서 2천 년 기 초에 그려진 것으로 보았다.[15]

앞의 두 지역의 암각화 유적지에서 살펴보았던 것들과 흡사한 형상들
이 베링해협 북쪽 카라Khara 해안의 페베크Pebek 만에 있는 페그트이멜 암각
화 속에도 그려져 있다.[16] 아시아 대륙 최북단 추코트의 페그트이멜 강변에
위치한 이 암각화는 툰드라 지역의 수렵민들이 남긴 유일한 선사시대의 그
림이기도 하다. 그림의 주제는 순록·북극곰·북극여우·늑대·물새·고래와
바다표범 등이다. 그림 속에는 사람들이 우미아크umiak라고 하는 보트를 타
고 작살로 고래[자료 322]·돌고래·바다표범 등을 찌르거나[17] 순록을 뒤쫓는 장
면[자료 323] 등이 그려져 있다. 또한 사냥개들이 순록을 강으로 몰고 가는 모습
도 살필 수 있다.

그밖에도 이 암각화 속에는 시베리아의 암각화 가운데서도 흔히 살필

자료 324 고래잡이(캐즘 아일랜드,호주)

수 있는 버섯 모양의 머리를 한 사람 형상들도 살필 수 있다.[18] 작살잡이는 주로 뱃머리에 서서 고래나 순록을 작살로 내리치려는 모습이지만, 일부는 이미 포획에 성공한 것을 형상화한 것도 있다. 연구자들은 여름에는 고래 등 바다동물들을 사냥하였고 또 겨울에는 순록 등 굽 동물을 사냥한 집단들이 이 암각화를 남긴 것으로 추정하고 있다. 독자적이고 또 독창적인 이 암각화를 연구자들은 기원전 1천 년 기 후반에서 기원후 1천 년 기 후반 사이에 그려진 것으로 추정하고 있다.[19]

배를 타고 바다 포유동물을 사냥하는 장면은 오스트레일리아의 캐즘 아일랜드Chasm Island의 바위그림 속에서 살필 수 있다.[자료 324][20] 이 유적에서도 카렐리야의 노바야 잘라부르가나 대곡리 암각화 속의 그것과 같이 고래를 끌고가는 모습이 형상화되었다. 그밖에도 협곡이 있으며, 고래떼들이 정기적으로 회유해 오는 해안에서는 고래잡이 관련 그림들을 어렵지 않게 살필 수 있다. 이러한 정황들을 놓고 볼 때, 고래들이 정기적으로 회유하여 오는 협곡이나 해안가의 사람들은 아득한 선사시대부터 고래잡이를 하였음을 짐작할 수 있다. 그러한 사실을 비단 암각화뿐만 아니라 해안가 유적지에서

자료 325 고래잡이(벤텐지마, 일본)

출토된 뼈,[21] 그리고 토기 표면에 시문된 포경 장면[22]을 통해서 충분히 유추해 낼 수 있다. ^{자료 325}

그런데 바로 그와 같은 유형의 그림이 바로 울산의 대곡천 상류 대곡리 건너각단 가운데도 그려져 있다. 대곡리 암각화 속에도 여러 척의 배들과 함께 모두 11종 63점의 고래들이 그려져 있음을 이미 확인한 바 있다. 그리고 그것들 가운데는 두 척의 배가 협력하여 고래를 잡는 장면^{자료 40}이나 몸통에 작살이 그려져 있는 고래,^{자료 127} 날뛰는 고래와 사투를 벌이는 장면 그리고 포획한 고래를 끌고 가는 배^{자료 41} 등도 그려져 있음도 확인하였다. 울산만과 그 주변 해역에서 일찍부터 고래잡이가 성행하였음을 이 그림들이 증명해 주고 있다. 또한 대곡리 암각화 속에는 잘라부르가나 페그트이멜 등과 같이 바다 동물뿐만 아니라 육지 동물들이 서로 뒤섞여 있음도 확인하였다. ^{자료 29}

이렇듯 바위그림 유적지가 소재하는 지역과 제작 시기 등에 차이가 있지만, 그 속에 그려진 고래잡이의 모습에는 서로 간에 큰 차이가 없다. 언제나 작살잡이는 뱃머리에 서 있으며, 두 손으로 작살을 치켜들고 있는 모습이다. 보편적으로 작살잡이가 들고 있는 작살의 크기는 포수의 세 배[23]에 이른다. ^{자료 219} 작살잡이의 뒤에는 여섯 명부터 그 이상의 어부들이 노를 젓고

자료 326 고래잡이(라말레라, 인도네시아)

있거나 혹은 정지하고 있는 모습이다.

그런데 이와 같은 모습을 16세기경에 제작된 일본의 목판화 속 고래잡이 장면,^{자료 250} 북빙양에서 바스크족, 노르웨이 그리고 네덜란드의 포수들이 고래를 잡는 장면^{자료 318} 속에서도 분명하게 살필 수 있다. 이와 같은 일련의 근대 포경도 속에는 여러 척의 배들이 고래를 만 깊숙한 곳으로 몰고 간 다음, 갑판 위의 작살잡이들이 작살로 고래를 잡으려하고 있는 모습이다.[24] 그리고 그들은 한결같이 긴 작살을 두 손으로 꼬나들고 지금이라도 막 내리꽂으려는 듯한 동작을 취하고 있다.

또한 작살을 든 포수의 그와 같은 모습을 지금도 오지의 고래잡이들에게서 확인할 수 있다. 그 대표적인 예가 바로 인도네시아의 플로레스 동쪽 렘바타Lembata 섬 라말레라Lamalera의 고래잡이 라마파(포수)이다.[25] 그는 언제나 작살을 들고 뱃머리에 서서 고래를 관찰하고 있다.^{자료 326} 그가 작살을 들고 있는 모습은 바로 대곡리 암각화 속의 포수와 똑같은 포즈이다. 이렇듯 페그트이멜이나 근대 포경도 속 고래잡이 포수의 모습은 모두 유적의 위치와 제작 시간이 달랐음에도 불구하고 동일하였으며, 이로써 이와 같은 포경법의 원형을 추적할 수 있다.[26]

선사시대 대곡리의 작살잡이

고래! 신이 보내준 선물. 아니, 오히려 선사시대 대곡리 사람들에게는 고래 그 자체가 어쩌면 신이었을지도 모른다. 작살을 꼬나들고 뱃머리에 서서 그 불가사의한 존재인 고래를 주시하는 저 작살잡이. 그는 온 정성을 다해 신을 맞을 채비를 하고 있는 것이다. 이 순간, 그는 가장 엄숙하고 또 경건하게 그의 작살을 위로 치켜들고 운명적일 수밖에 없는 만남을 숨죽이며 기다리고 있는 것이다. 언제일지 모르지만, 저 섬처럼 떠다니는 꿈의 덩어리가 불쑥 눈앞에 모습을 드러낼 순간을 그는 학수고대하고 있다. 겸손하고도 정직한 그는 금방이라도 모습을 드러낼 것 같은 고래를 기다리며, 세상에서 가장 아름다운 모습을 취하고 있다. 작살을 치켜든 그의 모습은, 세상의 그 누구보다도 당당하고 또 아름답다.

그는 마음을 가다듬고 또 온 힘을 모아서 신의 선물, 아니 신이 모습을 드러낼 그 순간을 기다리고 있는 것이다. 그의 모든 감각기관을 총 동원시켜 필살의 일격을 날릴 채비를 하고 있다. 감돌던 팽팽한 긴장감은 어느새 적막함으로 바뀌었고, 숨막힐 듯한 정적의 시간은 그대로 정지되어, 작살잡이도 노를 젓던 사공들도 고래들도 고스란히 그대로 굳어 화석이 되어버렸

다. ^{자료 40} 금방 끝날 것 같던 긴장감은 영원히 변하지 않는 불변의 포즈가 되고 말았다. 그것이 바로 선사시대 대곡리 암각화 속의 작살잡이가 취하고 있는 포즈이다.

　　지금은 그 어디에도 그토록 늠름했던 대곡리 작살잡이의 이름이 남아 있지 않지만, 그가 온몸으로 체현하였던 포즈는 그 후 세상에서 가장 완벽한 자세가 되었고, 그의 후예들은 지속적으로 차용하였으며, 불문율처럼 모두가 따라야 하는 선형이 되었다. 그에 따라서 대곡리의 작살잡이가 원성히 였고, 또 그의 후예들이 즐겨 애용하였던 그 포즈를 세계 각지의 암각화를 비롯한 다양한 방식으로 제작된 조형물 가운데서 살펴낼 수 있다.

　　페그트이멜이나 잘라부르가 등의 암각화에서부터 근대 포경업의 선구자인 바스크족의 기록화, 그리고 근대 일본의 포경도^{자료 250·251} 가운데서도 대곡리 작살잡이와 똑같은 포즈로 고래를 잡았던 그의 후예들을 만날 수 있다. 또한 일본의 네무로시 벤텐지마根室市 弁天島 패총에서 출토된 새 뼈로 만든 침통^{자료 325}이나 북아메리카 태평양 연안에 사는 누트카 족의 모자^{자료 327}

자료 328 사냥꾼(트롬소, 노르웨이)

자료 329 창을 든 사람(차츠케이, 키르기스스탄)

등에도 작살잡이는 대곡리 암각화 속의 포수와 똑같은 모습이다.

어디 그것뿐일까? 고대의 바위그림 속의 사냥꾼이나 전사들은 모두 두 손으로 창을 위로 치켜들고 목표물을 향해 던지려는 듯한 자세를 취하고 있다. 예를 들면, 노르웨이 트롬쇼의 사슴 사냥꾼,^{자료 328} 스웨던 보후슬렝 타눔 암각화 속 산양이나 소 사냥꾼, 키르기스스탄의 볼쇼이 차츠케이 암각화 속의 전사,^{자료 329} 몽골의 돈드 햐린 혼드 암각화 속의 기마전사^{자료 330} 등이 그것이다. 이렇듯, 선사 및 고대 바위그림 가운데 창을 들고 동물을 사냥하는 사냥꾼이나 적을 향해 창을 겨냥한 전사들의 모습은 모두 두 손으로 창을 치켜들고 있다.

더 나아가 우리나라 고구려 고분벽화 삼실총 속의 기마전사^{자료 331}도 대곡리 암각화 속 작살잡이와 대동소이한 모습으로 창을 꼬나들고 있다. 그러

자료 330 기마 전투도(돈드 햐린 혼드, 몽골)

자료 331 기마전사기마전투도(삼실총)

니까 대곡리 암각화가 그려진 후 수천 년의 세월이 흐른 뒤, 고구려의 전사들도 마치 대곡리의 작살잡이들이 그랬던 것과 같은 방법으로 창을 들고 적을 공격하였던 것이다. 이렇듯, 두 손으로 작살이나 창을 치켜들고 던지는 방법이 수천 년의 세월 동안 변하지 않았다는 점은 곧 대곡리식 작살 사용 방법이 여전히 유효함과 아울러 그때까지도 그것을 대체할 만한 새로운 투창 기술이 개발되지 못했다는 것의 반증이 아니고 무엇일까?

어찌 보면 단순하다 못해 하잘 것 없어 보이는 동작 하나는 실로 문명사의 획기劃期를 구분해 주는 일대 사건이었음을 살펴낼 수 있다. 대곡리의 작살잡이 이전에 누가 바다로 나가서 감히 고래와 맞설 수 있었단 말인가? 저와 같은 포즈를 우리들은 대곡리 암각화 속 포수 이전의 그 어디에서도 살펴낼 수 없었지만, 그의 후예들은 이후 근대 포경포가 개발되기까지 수천 년 동안 뱃머리에서 그랬듯이 땅위에서도 그랬고 또 마상馬上에서도 지속적으로 같은 방법을 활용하였던 것이다. 그것뿐만 아니라 대곡리 암각화 속의 포수가 취하고 있는 저 동작 하나를 통해서 우리들은 그동안 끊임없이 의심받아 왔던 적극적인 포경의 실체를 보다 구체적으로 증명할 수 있게 된 것이다.

신은 선물을 보내주지만, 그것을 아무나 취할 수 있는 것은 아니었다. 그것을 취하기 위하여 그에 상응하는 대가를 지불하지 않으면 안 된다. 그 고래들은 저 절대무한대의 공간 속을 수만 수천 년의 오랜 시간 동안 정해진 계절에 맞춰 중단 없이 회유하여 왔다가 또 되돌아갔지만, 그것을 포획하는 일은 요원하기만 한 것이었다. 자신의 몸보다 수백 배나 더 큰 고래를 선물로 삼기에는 그가 안고 있는 육체적 조건들이 너무 열등한 것이었다. 그러나 역설적이게도 그 열등한 조건에 대한 자각이 곧 인류 문명사의 첫

자료 332 **포수**
(모형, 쿤스카메라, 러시아)

장을 여는 계기가 되었던 것이다. 선사시대 대곡리의 포수는 그가 안고 있었던 불리한 육체적 조건을 극복해 낼 수 있는 방법을 강구해 내었던 것이다.

마침내 그를 고래와 당당히 맞서게 해 준 것은, 대곡리 암각화 속 고래잡이의 손에 들려있는 당대 최첨단 공학의 설성체, 작살이 들려있다. 직살은 인간이 고래를 비롯한 포획대상 동물들에게 치명상을 가하는 사냥 용구였다. 그것은 작살 촉鏃頭, 창대 그리고 줄 등으로 구성되어 있다. ^{자료 332} 또한 공격이 성공한 이후, 그것의 기능을 극대화하기 위한 공기 저항용 부낭浮囊이나 통나무 등도 보조용구^{자료 254}로 활용하였다. 그의 손에 그 작살이 들려진 순간, 저 무한의 바다를 지배하였던 고래들과 그는 비로소 마주 설 수 있게 되었던 것이다. 그는 또한 문명의 새벽을 개척한 선구자였던 것이다.

고래잡이들의 마지막 후예들

인도네시아 동쪽 플로레스섬의 렘바타 한 귀퉁이에 있는 고래잡이 마을 라말레라의 아이들은 바닷가에서 고래잡이 놀이를 하면서 성장한다. 아이들의 놀이터는 바닷가의 모래밭이지만, 그들은 아버지와 아저씨 그리고 형들이 실제 바다에서 고래를 사냥할 때와 똑같은 모습으로 작살을 들고 뱃머리에 서서 통나무로 된 모형 고래를 표적으로 삼아 몸을 날리며 작살 던지는 흉내를 낸다. 아이들은 어른들이 실제로 바다에서 고래를 향해 작살을 던질 때와 똑같은 방식으로 작살을 들고 갑판 위에 서서 모형 고래를 향하여 몸을 날리는 것이다. 라말레라의 아이들은 그와 같은 놀이를 통하여 자연스럽게 실제의 상황에서 활용할 수 있는 고래 사냥의 방법을 체득하게 되는 것이다.

아이들은 어려서부터 고래 고기를 먹고 자랐으며, 또 어른들이 잡아 온 고래의 해체 과정을 지켜보면서 그의 해체 방법과 해부학적 지식을 습득하였다. 그들은 자랑스러운 포수인 아버지와 아저씨들의 대화 가운데서 귀동냥으로 라말레라 고래학의 기초를 학습하는 것이다. 어디가 급소이며, 그곳을 어떻게 공격하는 것이 가장 효과적인 방법인지 등을 익히는 것이다. 물론 사춘기와 청년기를 거치면서 아버지나 아저씨 등의 고래잡이에 동행하게 되고, 또 실제 상황에서 그가 해야 할 일들을 배운다. 그 과정에서 고래의 종류와 그 생김새를 파악하고, 또 생태적 특성과 실제로 사냥을 할 때 지켜야할 금기, 갖추어야 할 일련의 기술 등 일체의 행동 방식을 체득하는 것이다.

라말레라 마을에서 태어난 사람들이라면, 태어나는 순간부터 일생동안 지속적으로 수행하지 않으면 안되는 숙명적인 일이 바로 고래의 모든 것을 익히고, 또 그것을 잡는 일이다. 고래잡이 말고는 특별한 생계수단을 갖지 못하였으며, 따라서 고래를 잡지 못하면 그들의 생활은 궁핍해지는 것이다. 그러므로 고래를 잡는 일은 그들이 감내할 수밖에 없는 숙명이었으며, 고래를 잡기 위한 갖가지 방법들은 그들이 익혀야 할 참 지식이었다. 사람들은 고래잡이에 가장 적합한 배를 만들고, 또 효과적으로 고래를 잡기 위하여 작살을 고안하여야 했다. 창대 끝에 분리식 작살을 장치하고 또 작살에는 줄이 연결되어 있다. 그들이 던진 작살이 명중하기만 하면, 고래는 절대로 그 작살을 뺄 수 없게 고안되어 있다.

어른들의 이야기를 통해서 아이들은 뛰어난 고래잡이의 용감무쌍한 무용담뿐만 아니라 그 과정에서 벌어진 끔찍하고도 비극적인 일에 대해서도 간접 경험을 하게 된다. 바람의 세기와 파도의 높이 등 날씨를 고려한 출어, 처음 고래를 목격한 작살잡이가 우선적으로 취하는 태도, 작살 찌르기, 고래의 반격, 배를 끌고 빠르게 도망가는 고래, 그 연속적인 과정에서 포수와 선원, 그리고 고래 사이에서 벌어지는 쫓고 쫓기는 처절한 사투, 그 과정 속에서 희생당한 라말레라의 포수들. 짐작하건대 이른들은 그들이 거킨 파도를 헤치며 몸소 체험하였던 포경의 기억들을 그들의 후예들에게 기회만 되면 들려주었을 것이다. 마을 어른들의 무용담과 아픈 기억들은 모두 라말레라 마을의 또 다른 신화이자 전설이 된다.

물론 그러한 신화와 전설은 아이들에게 타산지석이 되는 것이다. 작살은 어떻게 잡아야 하며, 고래의 어디를 향하여 작살을 던져야 하는지, 던진 다음에는 어떤 행동을 하여야 하는지, 고래가 도망갈 때 어떻게 하여야 하는지, 줄은 어떻게 준비하였다가 풀어주어야 하는지, 줄을 풀어줄 때에는 무엇을 주의하여야 하는지 등을 어른들의 무용담 가운데서 자연스럽게 습득하는 것이다. 그들에게는 고래잡이 방법을 가르쳐주는 특별한 학교는 없지만, 아이들이 성년이 될 즈음이면 모두가 기초 지식을 잘 습득한 어엿한 고래잡이의 성원이 되는 것이다.

라말레라 바닷가에서 통나무 모형 고래를 향해 장난감 작살을 던지던 어린 포수들은 시간이 흘러서 어엿한 성인이 되면, 아버지나 아저씨들을 대신하여 뱃머리에 서게 되는 것이다.^{자료 326} 그의 아버지가 할아버지를 대신하여 그랬던 것처럼, 갑판 앞의 대나무 디딜판 위에 서서 바다를 주시하고, 고래를 기다리게 될 것이다. 그는 갈매기나 신천옹 같은 바닷새의 움직임과 미세한 물결의 일렁임을 통해 고래의 출현을 예감하게 될 것이다. 그리고 불쑥 모습을 드러내며 자맥질을 되풀이하는 고래들의 미끈한 몸짓과 수증기의 물보라를 찾아내기 위하여 쉼 없이 바다를 주시하게 될 것이다. 그러므로 그가 거쳐야 할 첫 번째의 통과의례는 어쩌면 기약 없는 주시이고 끝없는 기다림인지도 모른다.

뱃머리에 자세를 잡고 바다를 주시하는 그에게는 남들보다도 훨씬 좋은 시력이 있어야 했고, 용감해야 했으며, 뛰어난 운동신경과 지칠 줄 모르는 체력을 지니고 있어야 했다. 그러나 이 모든 것보다도 더 우선하는 것은 고래에 관한 해박한 지식이었다. 고래의 신체구조·습성·행동의 특징 등이 그것이다. 그리하여 뛰어난 포수는 고래의 움직임을 예견하고 때로는 그들의 이동 방향을 통제하며, 그와 동료들이 작살을 던지기에 적당한 공간을 확보하는 것이다. 그리고 그의 온 마음과 체중이 실린 작살을 고래의 급소를 향해 내리꽂는 것이다.

라말레라의 어린 작살잡이는 누가 강요한 것도 아니었지만, 그는 고래잡이 놀이를 하면서 그의 유년기를 보낸다. 어린시절 그의 친구들과 작살 던지기를 하면서 필요한 체력과 담력을 길렀고, 동네 어른들의 고래 이야기를 들으면서 고래 전문가로 성장하였던 것이다.[27] 그리고 그의 아버지들이 그랬던 것처럼, 그들의 부모와 가족들, 그리고 이웃들을 위하여 고래잡이 배를 만들었고, 또 시간을 쪼개어 부서진 배를 수리하였으며, 또 때가 되면 그것을 타고 바다로 나가 용감하게 작살을 던졌던 것이다.

수백 번 아니 어쩌면 수천 번도 더 모형 고래를 향해 몸을 날렸을 저 라말레라의 어린 작살잡이, 때가 되자 그를 이끌고 바다로 나갔던 경험 많은 작살잡이, 그리고 크고 작은 마을의 모임이나 축제의 마당에서 되풀이하여 전해져 오던 경험담들. 그것들은 우리와는 아무런 상관이 없는 먼 적도의 원시적 고래잡이 집단의 이야기라고만 치부할 수 있을까? 우리들은 그들의 모습 가운데서 잊어버리고 또 잃어버린 우리 조상들의 포경에 관한 기억들을 더듬어 낼 수 있다.

지금도 변함없이 라말레라 마을을 지키며, 고래잡이로 삶을 영위하는 마을 사람들의 모습을 보면서, 선사시대 대곡리 고래잡이 마을의 아이들과 명포수를 떠올려 본다. 추측하건대, 수천 년 전의 장생포 앞바다에서노 노형 고래를 향해 작살을 던지며 뛰어놀던 어린 사냥꾼이 있었을 것이다. 그는 대대로 이어지던 포수 가문의 자부심과 가계의 전통을 지키기 위하여 아버지가 바다에서 작살을 던지던 모습 그대로 흉내를 내었을 지도 모른다. 어쩌면 그의 표적이 되었을 모형 고래는 그가 던진 모형 작살을 맞아 버둥거렸을 지도 모른다.

선단식 포경의 맹아

나는 그동안 이 암각화의 사실성과 더불어 당시의 포경에 관한 보편성을 파악하기 위하여 서유럽에서부터 극동에 이르기까지 과거 포경업이 성행하였던 지역의 포경 장면과 그 유사자료들을 찾아서 그 실상을 서로 비교·검토해 보았다.

제작 집단도 다르고 또 그려진 시기도 다르며, 그려진 지역도 다른 세계의 선사 및 고대 포경도를 한 자리에 모아 비교해 보았다. 서유럽의 비스케 만 일대를 중심으로 하여 포경업에 종사하였던 바스크족이나 인도네시아의 오지 라말레라 마을의 고래잡이에 이르기까지. 그와 더불어 노르웨이의 피오르드와 카렐리아의 잘라부르가, 그리고 베링해협 북쪽의 페베크 만등 세계 각지의 선사시대의 바위그림 속에 남겨진 고래잡이 그림들을 함께 살펴보았다. 뿐만 아니라 뼈나 토기, 일본 근대 포경도 그 밖의 각종 조형예술품들 가운데 그려진 포경 장면 등도 같은 선상에 놓고 보았다. 물론 우리들은 이들을 통하여 가장 오래된 작살잡이의 모습과 그 변형들을 살펴낼 수 있었다.

이른 것은 석기시대부터 그려졌으며, 늦은 것은 최근에 제작된 포경 관련 그림들이 모두 비교 대상이었다. 일련의 비교를 통하여 우리들은 적어도 작살포가 등장하기 이전까지의 작살잡이의 모습이 일관성을 띠고 있음을 알 수 있었을 뿐만 아니라 대곡리 암각화는 그것들 중에서도 가장 오래된 것임도 파악할 수 있었다.

또한 지역이 다르고 제작 시기가 달랐으며, 더 나아가 그것을 남긴 사람이 달랐지만, 작살을 든 포수의 모습은 한결같이 같은 포즈를 취하고 있었음도 확인했다. 그것은 다음과 같은 특징을 지니고 있었다. 작살잡이는 언제나 양 손으로 작살을 들고 뱃머리에 서 있다. 작살의 길이는 일반적으로 작살잡이의 약 세 배에 이르렀다. 작살잡이는 작살의 2/3지점, 즉 작살의 뒷부분을 두 손으로 치켜들고 고래를 향해 던질 모습을 취하고 있었다. ^{자료 219}

이렇듯, 세계 각지의 포경도 속에 그려진 작살잡이를 통해서 작살잡이의 기본적인 포즈를 추출해 낼 수 있다. 그리고 그 포즈의 고형이 바로 대곡리 암각화 속에 그려져 있음도 지적하였다. 더구나 대곡리 암각화 속에는 두 척의 배가 한 마리의 고래를 향해 접근하고 있는 모습이 그려져 있다. 물론 두 척의 뱃머리에는 모두 작살을 든 작살잡이가 서 있다. 한 척의 배는 어부들이 노를 젓고 있는 모습이지만, 다른 한 척은 어부들이 노를 내려 놓고 있는 모습이다. 이로써 한 척은 정지된 상황을 나타내고 있고, 다른 한 척은 고래를 향해 전진하고 있는 모습임을 알 수 있다.

바로 대곡리 암각화에서와 같이, 두 척 이상의 배가 협동하여 고래를 잡는 장면을 형상화한 그림은 노바야 잘라부르가를 제외하면, 아직까지 세계의 다른 지역 암각화 가운데서 알려진 예가 없다.²⁸ 특히 두 척의 배와 그 뱃머리에 작살잡이가 작살을 들고 서서 고래를 잡으려는 모습을 그린 것은 대곡리가 유일하다. 한 마리의 고래를 두 척 이상의 배가 협력하여 공동으로 포획하는 방법은, 그동안 근대 선단식 포경업이나 일본의 '아미토리식' 포경업^{자료 251}이 개발된 이후에 등장하는 것으로 알려졌다. 그런데 우리들은 대곡리 암각화 속 포경 장면을 통해서 바로 그와 같은 포경법을 이미 신석기시대부터 대곡리의 고래잡이들이 활용하였음을 알게 된 것이다.

그 밖에도 대곡리 암각화 속에는 고래의 몸통에 작살이 선명하게 그려진 것도 있다. ^{자료 127} 작살의 끝은 고래의 심장이 있는 곳을 가리키고 있고,

그것을 꽂아서 던졌을 창대는 보이지 않는다. 이로써 작살과 창대는 서로 분리되는 구조를 취하고 있음도 알 수 있다. 그리고 그 곁에는 고래를 끌고 가는 포경선이 한 척 그려져 있다. 그러니까 이 암각화 속에는 포수가 고래를 발견하고 작살을 던져서 고래를 포획하는 전 과정이 마치 애니메이션과 같이 형상화되어 있는 셈이다.

뱃머리에 서서 작살을 치켜 든 두 명의 대곡리 포수들은 세계의 포경사를 다시 쓸 것을 요구하고 있다. 노르웨이의 피오르드나 베링 해협을 비롯하여 한반도의 동해안은 이른 선사시대부터 선진적인 고래잡이가 꽃을 피우고 가장 적극적인 포경이 이루어진 곳 중의 한 곳임을 뱃머리에 선 두 명의 포수가 또렷이 보여주고 있다. 그들은 고래를 정밀하게 관찰하고, 또 그것들을 종별로 구분하였으며, 그것들을 포획하기 위하여 거친 파도와 싸웠던 사람들이다.

대곡리 암각화와 같이, 하나의 바위 표면에 63마리에 이르는 많은 수의 고래 형상이 그려진 암각화는 없다. 물론 그 고래들을 잡기 위하여 배를 타고 바다로 나간 사람들을 형상화한 그림도 또한 그 예가 흔하지 않다. 우리들은 대곡리 암각화를 통해서 태화강의 선사 문화와 그 선진성을 보다 분명하게 주장할 수 있게 된 것이다.

1 '정어리'라는 말은 정어리가 많이 서식하던 이탈리아의 섬 사르데냐(sardegna= The Italian region on the island of Sardinia)에서 따 온 것이다. 한편 다이달로스가 미궁에서 빠져나와 마지막으로 살던 섬이 사르디니아라고 한다(이상민 지음, 『에로스와 타나토스』, 학지사, 2005, 143쪽).

2 이브 코아, 앞의 책(1996), 48~50쪽; 山下涉登, 앞의 책(2004), 74~82쪽; 神谷敏郎, 앞의 책(1992), 74~82쪽.

3 요코야마 유지, 앞의 책(2005), 226~232쪽.

4 이브 파칼레 지음, 이세진 옮김, 『바다 나라』, 해나무, 2007, 12~13쪽.

5 山下涉登, 『捕鯨』, 法政大學出版部, 74쪽.

6 奈須敬二 著, 『捕鯨盛衰記』, 光琳, 1990, 5쪽.

7 노르웨이 본토 북쪽 540km 지점에 위치한 스발바르(Svalbard) 제도 중 가장 큰 섬으로 옛 이름은 베스트스피츠베르겐(Vestspitsbergen)이다. 바이킹 족이 1194년에 처음 발견하였으며, 이후 네델란드의 탐험가 빌럼 바렌츠(Wilem Barentsz)가 1596년에 다시 발견하였다.

8 山下涉登, 앞의 책(2004), 92~94쪽(1619년부터 건설하였으며, 북위 80도 부근에 위치하는 여름철 도시).

9 Trond Lødøen & Gro Mandt, The Rock Art of Norway, Windgather press, 2005, 77~78쪽; 山下涉登, 앞의 책(2004), 11쪽. 로이드 유적에는 이 만으로 매년 정기적으로 회유해 오는 돌고래를 포경하는 장면이 그려져 있다.

10 山下涉登, 앞의 책, 13~14쪽. 나가사키현 '하루노쯔지(原ノ辻) 유적에서 출토된 기원전 1세기 경으로 추정되는 그릇 표면에는 여러 개의 작살에 찔린 고래와 배의 선각이 그려져 있었다. 이 그림이 일본에서 가장 오래된 포경그림이라고 한다.

11 박구병, 『한국 수산업사』, 태화출판사, 1966, 16쪽(박구병은 죽어서 해상에 표류

하거나, 해안에 떠밀려온 고래가 퇴조시 도망가지 못하고 좌초한 것을 잡아죽인 것으로 보았다).

12 Ю.А.Савватеев, Рисунки на скалах, Петрозаводск, 1967. 90~104쪽.

13 리네프스키는 이와 같은 그림들이 언제나 생활의 진실을 반영하고 있다고 보았다. 그림이 그려지는 장소는 물고기들이 회유해 오는 곳이고, 사람들은 그곳에 악마와 신상을 그렸으며, 신상에게는 희생제물을 바치고 또 악마는 활을 쏘아 죽이는 '이미지 살해'를 한 것으로 보았다.

14 Ю.А.Савватеев, 앞의 책(1967).

15 ю.А.Савватеев, Залавруга, Археологические памятники. Низовья реки выг. Часть первая петроглифы, Ленинград, 1970.

16 Н.Н.Диков, Наскальные загадки древней Чукотки(Петроглифы Пегтымеля), Москва, 1971, 51~60쪽; E.데블레트, 「러시아 바위그림 연구의 새로운 사항」, 『세계의 바위그림, 그 해석과 보존』(한국 암각화 발견 40주년 기념 국제학술회의), 동북아역사재단, 2010, 46~49쪽.

17 에카테리나 데블레트, 「러시아 암각화의 고래, 선원, 그리고 성스러운 풍경」, 『고래와 암각화』(학술회의 발표자료집), 울산암각화박물관, 2017, 67~68쪽.

18 E.데블레트, 앞의 글(2010), 47쪽.

19 E.데블레트, 앞의 글(2010), 48쪽.

20 George Chaloupka, Journey in time: The 50,000-year story of the Austealian Aboriginal Rock Art of Arnhem Land, Reed New Holland, 1999, 19쪽.

21 山下渉登, 앞의 책(2004), 18~21쪽.

22 山下渉登, 앞의 책(2004), 15~16쪽.

23 카즈하루 타케하나, 「일본 아이누족의 고래 사냥과 선사시대의 전통」, 『고래와 암각화』(학술회의 발표자료집), 울산암각화박물관, 2017, 80쪽. 카즈하루 타케하나 박사는 발표 도중 포수가 든 작살이 10m에 이른다고 하였다.

24 神谷敏郎, 앞의 책(1992), 17쪽(앞바다에서 발견한 돌고래 무리를 여러 척의 배로 'ㄷ'자 모양으로 둘러싸고, 해면을 두드리는 등 돌고래들이 싫어하는 소리를 내면서 강 입구로 몰아 잡는 방법을 쓴다).

25 한국문물연구원, 앞의 책(2012), 393쪽.

26   山下渉登, 앞의 책, 14쪽(야마시타 쇼우토(山下渉登)는 대곡리 암각화를 어떠한 근거도 없이 철기 시대에 제작된 것으로 보았다).

27   カールトンスティーヴンズクーン, 앞의 책(2008), 105쪽(포경은 위험하다. 성난 고래가 배를 전복시키기 때문만이 아니라, 작살잡이의 다리가 줄에 감겨 바다에 빨려들 수도 있기 때문이다. 이런 이유로 포경에는 엄한 훈련과 주의깊은 준비가 필요하다).

28   J. M. Gjerde, Beluga Landscapes: New interpretations of rock art and landscapes by the vyg river Nw Russia // World Rock Art, Moscow, 2005, 339쪽.

장생포 이미지

한반도 선사시대 문명의 개척자들

라스코 동굴의 '우물'속에는 흥미로운 장면자료 267이 하나 그려져 있다. 그림 가운데는 거대한 몸집의 소 한 마리가 그려져 있다. 배에는 상처가 나서 장기가 튀어나와 있고, 미늘이 달린 긴 창 하나가 상처 부위를 스치며 엇비스듬히 그려져 있다. 옆에는 반조인이 서 있다.[1] 반조인의 오른손 아래에는 막대기 끝에 새가 한 마리 앉아 있는 모습이 그려져 있고, 그 새의 꼬리와 창 끝 사이에는 곤봉처럼 보이는 막대기도 하나가 그려져 있다. 반조인과 새의 왼쪽 아래에는 코뿔소 한 마리가 그려져 있다. 이 그림에서 특별히 반조인 형상이 보는 이의 눈길을 끄는데, 그 이유는 사람의 입이 아니라 새의 부리가 달린 얼굴에 양 손의 손가락도 각각 네 개씩 달려 있기 때문이다. 뿐만 아니라 배꼽 부근에는 뾰족한 돌기가 하나 앞으로 튀어 나와 있다.[2]

이 그림은 라스코 동굴 속에서도 가장 깊은 곳, 그 중에서도 '우물'이라고 불리는 수직굴의 밑바닥에 그려진 것이다. 이렇듯, 그림이 그려진 장소를 통해서 알 수 있듯이, 사람들이 쉽게 접근하기 어려운 곳에 은밀하게 그려져 있고, 또 하나하나 충분히 주목을 끌만한 모티프들이 구성되어 특이한 장면을 보여주고 있다. 그런 만큼 신비스러운 분위기를 자아내는데, 그래서인지 이 그림에 대한 해석도 분분하였다. 그 중의 하나가 '사냥 과정에서 벌어진 사고'를 형상화 한 것이라는 주장이었다.[3] 이 주장을 요약하면, 들소의 공격을 받아 사냥꾼인 반조인이 죽었으며, 그 들소 또한 코뿔소의 공격을 받아서 배에 상처가 났다는 것이다. 이 주장에는 들소와 마주 서 있는 반조인이 땅바닥에 쓰러져 있다는 것이 전제되어 있다.

물론 이 주장은 다른 연구자들에 의해 지지[4]를 받기도 하고 또 반박되었는데, 반조인이 쓰러져 있다는 주장의 근거가 무엇인가를 묻는 것이었다.[5] 선사시대의 화가들은 오늘날의 화가들이 풍경화를 그리듯 하나의 시점에서 대상을 포착하여 그리지 않았기 때문에 만약에 반조인을 중심으로 하여 이 그림을 보면, 그는 쓰러진 것이 아니라 서 있다는 것이다. 오히려 상처를 입은 소가 쓰러져 있는 것이 더 타당한 주장일 수 있다. 전체의 구도를 놓고 본다면, 제장祭場에서 소를 희생 제물로 바치고 샤먼이 의례를 거행하는 장면으로도 볼 수 있기 때문이다.[6]

그런데, 이 그림에서 또 한 가지 주목하고자 하는 것은 소의 상처 부위를 스치며 엇비스듬히 그려져 있는 창과 그것보다 짧은 곤봉이다. 그 이유는 이 둘이 모두 특별한 목적에 의해 고안·제작된 사냥용구로 보이기 때문이다. 그것은 지금으로부터 일만 수천 년도 더 전에 그려진 것임에도 그 생김새가 고대의 창이나 오늘날의 호신용 무기 등과 별로 다를 바가 없다.[7] 만약에 이 장면이 의례를 거행하는 모습을 형상화한 것이라고 한다면, 라스코의 제사장은 바로 그와 같은 사냥 용구로 들소를 사냥하였고 또 그것을 희생 제물로 삼을 수 있었을 것이다. 이 그림은 석기시대의 인류가 만들어서 썼던 도구에 관한 명백한 증거이며, 우리들은 이로써 인류가 걸어 온 문명화의 길 가운데 첫 머리를 살필 수 있다. 바로 이런 이유 때문에 이 그림의 중요성은 거듭 강조되는 것이다.

마찬가지로, 대곡리 암각화 속의 형상 하나하나는 선사시대 태화강과 울산만 사람들이 이룩한 문명의 단면들을 조형 언어로 번역해 놓은 것이다. 인류가 아직도 문명의 변방에서 낙원의 미몽에 취해 있던 저 까마득한 석기시대에 이미 그들은 돌을 깨뜨려 칼을 만들고 도끼를 만들었으며 톱을 만들었다. 그들은 그것으로써 다시 나무를 베고 그것을 다듬어서 배와 노櫓를 만들었던 것이다. 뿐만 아니라 그들은 그물을 만들고 작살을 만들었으며, 창대를 만들었다. 그리고 마침내 그들은 스스로의 손으로 만든 배를 타고 바다로 나가서 작살을 던져 고래를 잡았다. 자료 40·41 그들이 성취한 꿈과 삶을 하나씩 낱낱이 그림문자의 형식으로 기록한 것이 대곡리 암각화이다.

그들 앞에는 드넓은 바다가 펼쳐져 있었고, 그와 더불어 그 속에는 헤아릴 수 없는 고래들이 떠다니고 있었다. 그런데 고래가 지닌 무진장한 가치만큼이나 그것을 포획하는 일은 목숨을 담보로 하는 커다란 모험이었다. 그런 까닭에 선사시대 태화강과 울산만 사람들은 두 가지의 어려움을 극복해야만 그들이 희망하는 고래를 포획할 수 있었던 것이다. 그 중의 하나는 먼저 바다에 나가는 일이었고, 또 다른 하나는 고래와 싸워서 반드시 이겨야만 하는 일이었다. 고래들이 서식하는 바다는 분명히 꿈과 기회의 무대이기는 하였지만, 동시에 그것은 위험이 가득 도사리고 있는 미지의 공간이기도 하였던 것이다. 물론 그 미지라는 말 속에는 공포 또는 두려움이라는 말도 내포되어 있다.

이렇듯 고래나 바다는 모두 이율배반적인 조건을 갖고 있었다. 그들을 가로막고 있는 불리한 조건을 해소하지 않는 한, 그들의 꿈과 희망은 이루어질 수 없는 것이다. 따라서 대곡리 어부들이 우선적으로 극복하여야 할 과제는 바다로 나갈 수 있는 수단을 강구하는 것이었고, 그 다음은 고래를 잡을 수 있는 방법을 마련하는 일이었던 것이다. 물론, 그것을 가능하게 해 준 것은 배와 작살이었다. 선사시대 태화강과 울산만 사람들은 바로 그 점을 알고 있었으며, 그들은 마침내 그 꿈을 성취하였다. 저 대곡리 암각화 속의 배와 작살 등은 그들이 숱한 시행착오를 거치며 창안해 낸 이데아이자 그것을 현실 속에 구현해 내기 위해 벌인 노력의 위대한 결정체이며, 동시에 그것은 이 지역이 이미 이른 선사시대부터 문명이 개화되었음을 말해주는 것이다.

그런데 무엇이 그와 같은 일들을 가능하게 만들었을까? 과연 무엇이 사람을 바다로 나가도록 유혹하였고, 누가 바다로 나갈 수 있는 수단으로 '배船'를 고안하였던 것일까? 저 대곡리 암각화는 아직도 여전히 우리들에게 적지 않은 의문을 자아내게 한다. 그것은 분명히 선사시대의 태화강과 울산만 사람들이 이룩한 문명의 흔적이지만, 우리들에게는 여전히 풀어야 할 과제일 수밖에 없다.

물론 고래는 분명히 태화강 선사 문화 형성과 발전의 기폭제였다. 고래는 사람들의 삶의 질을 근본적으로 바꿔준 생활원이었다. 그것은 사람들이 필요로 하는 모든 것을 갖고 있었다. 식량은 물론이고 에너지원이자 원자재였던 것이다. 태화강과 울산만 사람들은 그것을 지속적으로 향유하기 위해서는 바다로 나가야 한다는 점도 알고 있었다. 그리하여 그들은 도구를 만들고 그것으로써 배를 만드는 등의 주어진 일들을 수행하였다고 추측할 수 있다. 그러나 무엇보다도 중요한 것은, 그 이데아와 일련의 프로세스에 대한 비전 제시와 그에 대한 구성원들의 지지 및 신뢰가 있어야만 했다. 대곡리 암각화는 바로 그러한 일들의 총화인 것이다.

어쩌면 우리들이 상상하는 것보다도 훨씬 더 쉬운 방법으로 선사시대 태화강과 울산만 사람들은 나무를 베고 또 그것을 운반하여 그들이 고안한 대로 배를 만들었을지도 모른다. 아니면 숱한 시행착오의 과정을 거치면서 점진적으로 그들의 염원을 성취시켰을 지도 모른다. 그러나 배를 만듦으로써 그들은 불가능한 것으로 여겨졌던 바다를 품을 수 있었다. 그리고 그것은 분명히 한반도의 석기시대 사람들이 처음으로 걸었던 문명화의 길이었

음이 틀림없다. 그리고 그 속에는 선사시대 태화강과 울산만 사람들의 창의
적 사고·확신·노동력·기술·과학·의지 등이 뒤섞여 있었음이 틀림없다.
또한 그들이 만든 배는 현대의 석유시추선이나 오늘날의 우주선 등을 능가
하는 큰 의미를 지니는 것이다.

오늘의 장생포

울산! 지난 50년 동안 제로베이스에 있었던 한국 중공업을 세계적 수준으로
이끌어 올린 개발의 산실이었고, 또 세계에서 가장 가난했던 나라 중의 하
나였던 한국의 경제를 개발도상국과 중진국의 단계를 거치면서 선진국 반
열로 견인한 기관차 구실을 하였으며, 국가 브랜드의 가치를 세계 최고의
수준으로 끌어올리는 데 일등공신의 역할을 하였을 뿐만 아니라 이제는 어
엿이 발전과 풍요의 아이콘이 된 도시, 그것이 바로 울산이다. 그리고 바로
그와 같은 점을 한국인이라면 어느 누구도 부정할 수 없다.

　많은 개발도상국들이 부러워하며, 닮고 싶어하는 롤 모델 중의 하나가
한국이고, 그 중에서도 첫 번째가 바로 울산광역시의 공업단지와 그 속에
구축된 인프라들이다. 바다와 육지 그리고 하늘을 잇는 교통 및 물류 운송
시스템과 자동차와 선박 생산 등을 중심으로 한 중공업단지, 정유 및 각종
석유화학제품을 생산하는 석유화학단지, 그 밖의 이들과의 협력 관계를 맺
고 있는 크고 작은 생산설비 업체들이 거대한 유기체가 되어 하나의 시스템
으로 작동하고 있는 도시, 그것이 바로 울산이다. 그래서 이제 울산은 '메트
로폴리탄'이라는 말이 조금도 어색하지 않은 거대 도시로 탈바꿈하였고, 그

존재감을 세계 속에 뚜렷이 각인시키고 있다.

　50년 전, 허허로운 벌판, 소금기 저린 미포만 바닷가, 한가롭다 못해 심심하기까지 하였던 시골마을들 그리고 멋 적은 소나무 몇 그루가 열없이 서 있던 초라한 바닷가[8] 등의 기억은 이제 빛바랜 사진 속^{자료 333}[9]에서나 살필 수 있는 까마득한 옛 일들이 되고 말았다. 그야말로 '격세지감隔世之感'이라는 말을 실감할 수 있는 도시, 그것이 바로 울산이다. 그렇다. 지난 50년 동안 울산은 참으로 크게 바뀌었다. 당시에는 너무나도 평범하여 특별히 보잘 것도 없고 그래서 딱히 내세울 만한 것 하나 없었던 해안가 마을들은 이제 한국 아니 세계 최고의 중공업도시로 탈바꿈한 것이다.

　현대중공업. 몇 해 전에 나는 지인의 도움으로 해외에서 온 두 명의 학자들과 함께 이 거대한 신화의 세계 속을 잠시 탐닉한 적이 있었다. 그곳에서 목격한 신화는 '최고의 선善'에 대한 끊임없는 도전이자 그것을 이룩하여 온 울산 사람들의 창조적인 열정이었다. 현대중공업이 추구하는 '선' 속에는 여태껏 세상 사람들이 불가능하다고 여긴 것들과 또 아직까지 세계 어디에서도 시도해 본 적이 없는 것 등을 극복하고 이루려는 도전과 그 성공에 대한 확신, 동시에 그것을 만듦으로써 사람의 영혼과 그 육체적인 삶 그리고 그 구성원들의 세계가 보다 풍요롭고 또 윤택하기를 바라는 염원이 담겨져 있었다. 그들이 추구하는 일들은 분명히 바로 눈앞에서 펼쳐지는 현실이었으며, 그 일을 수행하는 사람들은 다름 아닌 오늘의 울산 사람들이었다.

　현대중공업은 1972년 3월 23일에 기공식을 하였다고 한다.[10] 그러니까 그것이 설립된 지 벌써 40년이 지났다. 방문 당시 내가 보았던 전시관 속의 자료들과 안내를 하였던 도우미의 설명, 그리고 그간의 업적 등을 종합하면, 지난 40여 년의 여정은 최고의 선을 구현하기 위한 선각자적 고행의 길

자료 333 장생포 옛 사진(서진길, 2009)

이었다고 할 수 있다. 공장 내 어느 곳에서나 살필 수 있었던 수식어들은 최고·최초·최대·최다 등이었다. 그리고 그 언표 속에는 졸부들의 허영심을 채우는 허접한 사치가 아니라, 마치 프로메테우스Prometheus의 도전과 같은 구도자적 엄숙함이 깃들어 있었다.

그동안 현대중공업은 각종 선박과 프로펠러 그리고 엔진 등의 분야에서 세계적인 주목을 끄는 성과를 얻었다. 그 중에서 몇몇을 소개하면, 첫 번째의 것은 세계 최대의 액화천연가스LNG선 건조다. 그 크기는 21만 6천 평방미터 급이라고 한다. 이에 관해 지식이 없는 사람들이라면 누구라도 그것이 얼마나 큰지 실감하기 어려울 것이다. 그래서 그 크기를 미터로 환산하면, 길이는 315미터이며, 폭은 50미터이고, 또 높이도 27미터에 달한다고 한다. 달리 표현하자면, 축구장 세 배의 크기이고, 또 높이는 약 9층의 건물에 해당하는데, 그 속에는 세계에서 처음으로 디젤엔진을 탑재해 놓았다고 한다.

또한 세계 최대의 화물선을 건조하였는데, 그 규모는 36만 5천 톤 급이라고 한다. 그 길이는 자그마치 343미터이며, 폭은 63.5미터라고 한다. 그래서 지난 30년 간 세계 우수 선박 건조회사로 선정되었으며, 동시에 선박 건조 수량 역시 세계 1위라고 한다. 현대중공업 속에는 열한 개의 도크가 있는데, 이와 같은 시설 또한 세계 최다이다. 그리고 창사 이후 지금까지 1,760여 척의 배를 만들었으며, 그동안 세계 선박 공급의 15%를 현대중공업이 담당하였다. 생산량에서도 1983년 이후 줄곧 세계 1위를 유지하고 있다.

그것뿐만이 아니다. 현대중공업이 근년에 제작한 프로펠러의 직경은 9.1미터라고 한다. 그러니까 프로펠러의 높이가 거의 지상 3층 건물 높이와 맞먹는다는 것이다. 그리고 그 무게도 자그마치 107톤에 이른다고 하며, 날개는 넷이 아니라 여섯 개라는 것이다. 또한 선박 엔진도 세계 최대의 것을 생산하였는데, 그 마력이 10만 9천 마력이라고 한다. 세계 일류 상품 34개를 생산하였는데, 이 또한 국내 최다 기록이라고 한다. 이와 같은 일을 수행하는데 모두 2만 5천 명의 근로자들이 구슬땀을 흘리고 있다고 하였다. 이런 성취는 협력 업체들과 직·간접적인 관계 속에서 이룩된 것이다.

울산에는 현대중공업만 있는 것은 아니다. 자동차 공장도 있고, 석유화학공장들도 있으며, 그 밖에도 하나하나 그 이름을 헤아리기 어려울 정도의 크고 작은 공장들이 있다. 이들은 모여서 석유화학단지, 석유공단, 온산공단, 울산공단, 용연공단 등과 같은 공업단지를 조성하고 있다. 중공업단지는 산업구조의 성격상 철판 구조물들을 생산하는 일들과 긴밀히 결부되어 있다. 따라서 강재의 생산과 운송이 이루어져야 하며, 그것을 절단하고 또 가장 작은 규모의 조립小組立과 중 조립의 단계를 거치는 선행공정을 하여야 한다. 그런 다음 그것을 본체에 탑재한 후 종합적인 조립을 하고, 다시 도장塗裝을 하는 일련의 공정을 거친다. 그에 따라 기반시설과 각 공정별 전문기능인이 필요한 것은 자명한 일이다.

석유화학공단은 조선이나 자동차 생산 등 중공업과 견줄 때 생산 결과물로 출시되는 상품의 성격은 분명히 다르다. 예컨대 섬유공상의 성우는 각종 화학적 원리와 공정 등을 통하여 휘발유, 등·경유 그리고 벙커시유bunker C oil 등을 분류하고 또 생산해 낸다. 그에 따라서 각 공정 별로 전문가 및 기능인들이 저마다의 역할을 수행하여야 한다. 뿐만 아니라 이러한 일체의 공정을 위해서 원자재 수송·원유 및 제품 저장시설·출하시설·열병합 발전시설 등의 인프라가 구축되어야 한다. 이렇듯 서로 다른 기반 시설이 필요하고, 또 정해진 절차에 따른 공정에 의해 각종 석유 제품들이 생산되며, 그것들은 다양한 산업 현장과 실제 생활에서 요긴하게 쓰이는 것이다.

그런데 이와 같은 중화학공업단지가 왜 울산에 들어서게 되었을까? 왜 하필이면 배를 만들고 자동차를 만들며, 또 기름을 정유하는 공장들이 울산에 집중되어 있는 것일까? 그와 같은 공장들의 협력 업체들이 울산을 중심으로 한 인근 지역에 주로 모여 있는 것은 또 무슨 까닭일까? 울산의 중화학공업단지에 관련하여 갖가지 의문점들이 동시에 떠올랐다.

통찰력 또는 직감

1970년에, 어떤 연유로 울산 미포만의 심심한 백사장에 조선소를 세우게 되었는지 동기가 궁금하다. 무엇이 현대중공업 창설자의 발걸음을 울산으로 이끌어들인 것일까? 그의 고향이 울산이 아니라는 것은 이미 잘 알려진 일이다. 성장 과정을 그곳에서 보낸 것도 아니고, 또 그곳이 그의 가족사에서 각별한 의미를 지닐 사건이 있었던 곳도 아닌 듯하다.

그런 그가 많고 많은 지역 가운데서 울산의 미포만 일대를 선택하여 중공업단지를 조성하였던 이유는 과연 어디에 있었을까?

1970년대의 울산만은 지금과는 완전히 다른 모습이었다. 공장을 짓는다는 것도 납득하기 어려운 일이었지만, 그가 내 세울 변변한 조선造船의 실적도 찾을 수 없었다. 그가 내세울 수 있었던 것은 회고담으로 들려 준 지폐 속의 거북선[1] 하나가 전부였다. 그것마저도 그가 만든 것이 아니었다. 그는 선박 제조에 관한 특별한 지식을 갖추고 있지도 않았다. 또한 울산 지역의 문화와 역사에 달통한 자도 아니었던 것으로 보인다.

불과 50년이 지난 지금, 그가 꾸었던 꿈은 현실로 탈바꿈되었다. 그를 모험의 세계로 이끌었던 비전은 그의 소망대로 실현되어 세계 최대의 중공업 단지가 되었다. 그가 걸어온 발자취는 이제 새로운 신화가 되어 울산 사람들뿐만 아니라 세계인들 속에 회자되고 있다. 그런데 시대를 앞서갔던 그의 놀라운 통찰력의 근원은 과연 무엇이었던 것인가? 그가 회고한 지폐 속의 거북선 이야기를 놓고 본다면, 통영이나 남해안 어디가 더 적합한 곳이 아니었을까? 뿐만 아니라 당시의 그는 대곡리 암각화 속의 고래잡이 배 따위는 모르고 있었음이 분명하다.

그럼에도 불구하고, 그가 울산에 조선소를 세운 것은 놀랄 만한 일이라 아니할 수 없다. 울산은 이미 수천 년 전부터 바다로 나아가 고래를 잡았던 경험을 간직한 도시였다. 그 도시에는 스스로 배를 만들어 바다에 띄웠던 사람들의 후예들이 대를 이어 살고 있었던 것이다. 그는 어쩌면 본능적으로 울산만 사람들의 무의식 속에서 꿈틀거리고 있었던 꿈, 즉 바다에 대한 갈망을 엿보았는지도 모른다. 울산만 사람들의 DNA 속에 면면이 이어져 오던 바다와 고래잡이에 대한 열망, 저 넘실대는 파도를 넘어 고래를 향해 돌진해 나갔던 조상들의 기상이 아직도 그 후예들의 가슴 속에 살아있음을 그는 알고 있었는지도 모른다.

무슨 일을 하던 간에 그 속에는 반드시 목적이 있기 마련이다. 배를 만드는 일도 마찬가지이다. 배의 구체적인 이미지 속에는 그것으로써 하고자 하는 일들이 깃들어 있다. 반드시 건너야 할 강이 있어야 하였거나 아니면 나아가야 할 바다가 있어야 했다는 것이다. 물론 강이 있고 또 바다가 있다고 해서 무조건 배를 타고 가는 것은 아니다. 그 강이나 바다로 나가지 않으면 안 되는 분명한 이유가 있어야 하는 것이다. 울산에는 일찍부터 바다로 나가지 않으면 안 되는 이유가 있었다. 그것은 바로 고래였다.

그러나 그것만으로 모든 것이 해결되는 것은 아니다. 동기와 목적이 갖추어져 있다고 하여도 그것을 제작할 원자재와 또 이데아(배)를 구현하기 위한 기술이 없었다고 한다면, 마찬가지로 꿈을 실현시킬 수 없는 것이다. 그런데 선사시대의 울산사람들은 그 목적을 구체적으로 구현하는 데 필요한 목재와 더불어 그것을 가공하여 배를 만드는 기술력을 모두 겸비하였던 것으로 보인다. 그것을 구체적으로 증명해 주는 것이 바로 대곡리 암각화 속의 고래잡이 배들이다. 비록 프로필로 그려진 배이기는 하지만, 이물船首과 고물船尾, 배를 타고 있는 사람과 그들이 젓고 있는 노[자료 40·41] 등이 구체적으로 표시되어 있다.[12] 뿐만 아니라 그들이 도대체 무엇 때문에 바다로 나갔는지의 이유는 작살을 들고 있는 작살잡이[자료 219]가 설명해 주고 있다.

문명 발상지는 언제나 물이 풍부한 곳이었으며, 자유로이 드나들 수 있는 교통요충지였다. 그에 더하여 사람들의 의식주를 해결할 수 있는 식량원과 각종 원자재들이 갖추어진 곳이었다. 그러한 곳은 대대로 사람들이 모여드는 곳이다. 개개 구성원들은 무리 속에서 생존하기 위해서 저마다 특별한 기술 또는 노동력을 겸비하였으며, 그에 따라서 직업과 계급이 분화되었던 것이다.

물론 선사시대의 울산 사람들은 그와 같은 조건이 갖추어진 곳에서 저마다 필요한 경쟁력을 갖추고 있었던 것으로 보인다. 울산은 바다가 있고 또 그것은 실핏줄과 같이 강과 개천으로 연결되어 있다. 사람들은 그 강을 거쳐 바다로 나아갔고, 또 그 길을 거슬러 뭍으로 되돌아 왔다. 그 길의 끝에는 고래들이 떼를 지어 자맥질을 하고 있었고, 그 강과 잇닿은 산등성이와 계곡 그리고 들판에는 산짐승들이 서식하고 있었으며, 먹거리들이 자라고 있었다.

선사시대 울산만 사람들은 일찍부터 고래의 효용성을 파악하고 있었고, 또 그것을 잡기 위한 노력을 경주하였다. 그 노력은 다름이 아닌 배 만들기였다. 고래가 바로 배를 만드는 직접적인 동인이었으며, 배는 고래를 잡기 위한 수단 가운데서도 필수적인 것이었다. 대곡리 암각화 속에 그려진 여러 척의 배들은 당시의 사람들이 만들었으며, 또 타고 다닌 것이었다. ^{자료} ¹⁹¹ 물론 그와 같은 배들이 어떤 과정을 거치면서 제작되었는지를 보여주는 도상은 없다. 그렇지만, 우리들은 그와 같은 배들이 어떤 공정을 거치면서 제작되었는지 추측할 수 있다. 그리고 그와 같은 일들을 수행하였던 사람들이 바로 선사시대 울산만 사람들이었으며, 그들의 후예들은 오늘도 변함없이 그 땅을 지키고 있다.

물론, 그 후예들은 배 만들기와 바다로 나가기 그리고 고래잡기 등에 대한 기억을 간직하고 있다. [13] 그런데 현대중공업의 창업주는 바로 그 울산 사람들의 DNA와 무의식 속에 감춰져 있던 바다에 대한 갈망, 그 갈망의 도화선에 불을 붙인 것이다. 그것이 바로 배 만들기였던 것이다.

오배기

오배기! 토박이 울산 사람이라면, 이 말을 모르는 이가 없을 것이다. 그것은 울산 사람들의 잔칫상에 빠질 수 없는 고래고기 요리 가운데 하나이다. 장생포에서 나고, 아직도 그곳에서 살고 있는 지인에 따르면, 용잠이나 염포 그리고 장생포 등 울산만 인근의 주민들은 일찍부터 그것을 즐겨 먹었으며, 특히 결혼식 잔칫상에는 빠지지 않는 요리 가운데 하나였다는 것이다. 한

마디로 '오배기' 빠진 요릿상은 결혼식 날의 잔칫상이 아니라는 것이다. 그러다 보니 비단 잔칫날뿐만 아니라 무언가 특별한 날에는 반드시 맛을 봐야 하는 음식으로 자리매김하였다.

오배기는 6개월 이상 소금에 절인 고래의 꼬리지느러미를 이르는 말이다.^{자료 42} 그리 멀지 않은 최근까지도 울산 사람들은 잔칫날 소금에 절인 고래 꼬리지느러미를 채처럼 썰어서 데친 뒤 초장에 찍어 먹었다고 한다. 지인에 따르면, 그의 어린시절에는 집집마다 장독 가운데 고래 꼬리지느러미를 소금에 절여놓고 사시사철 즐겨 먹었으며, 특히 아이들은 그것을 껌처럼 씹고 다녔다고 하였다. 소금에 절인 까닭에 처음에는 짭조름하지만, 씹을수록 고소한 맛이 났다는 것이다.

그렇게 즐겨 먹었던 오배기 요리는 당연히 잔칫상에 나와야 하는데, 정작 그의 결혼식 때는 '오배기'가 보이지 않아서 마음 한편으로 서운함을 느꼈다고도 하였다. 한때 시장 어디에서나 소쿠리나 광주리에 풍성하게 담겨져 있었던 오배기와 그것을 안주 삼아서 술잔을 기울이던 어른들의 모습에서 정겨움마저 느껴졌으나, 이제는 그런 광경도 살필 수 없다고 안타까워하였다. 물론 그 이유는 1986년 이후 실시된 상업 포경의 금지 때문이다.

오배기는 다른 지방에서 쉽게 맛볼 수 없는 울산의 토착 음식이다. 그것을 먹어보지 않은 타지 사람들에게 '오배기'가 뭐냐고 묻는 것은 오히려 어리석은 일이다. 이 말의 유래를 속 시원히 설명해 준 이는 아직 없었다. 그러니까 토박이들은 그 말에 특별한 주의를 기울일 필요조차 없었던 흔한 음식 가운데 하나였던 것이다. 이렇듯, 그것이 순우리말인지 아니면 일본말과 서로 뒤섞인 것인지, 그것도 아니라면 무엇이며, 어디에서 비롯된 것인지는 불분명하다.[14] 말의 유래야 어찌 되었건 간에 울산만 인근의 사람들이 오랜 옛날부터 즐겨 먹었던 요리 중의 하나임은 분명하다.

그런데 수개 월 전에 특별히 고래고기로 만든 요리를 맛보고 또 그에 관한 울산 사람들의 정서와 인식 등을 접하고는 '오배기'가 특별한 의미를 지니고 있는 음식 중의 하나였을 것이라는 확신을 갖게 되었다. 그 이유는, 우선 이 요리에 쓰이는 고래의 주요 부위가 꼬리라는 점이며, 나아가 그 부위는 흰색인 점, 그것이 비계의 한 종류로 여겨지는 점, 그리고 그것을 소금에 절여서 먹었다는 점 등이다.

1993년의 일이 되었다. 그 당시 나는 개방된 지 얼마 되지 않은 몽골에서 바위그림을 연구하고 있었다. 돌이켜 보니 그 시절은 내가 그때까지 경험해 보지 못했던 많은 것들을 몸으로 체득하는 귀중한 시간들이었다. 그 가운데서도 오래도록 기억에 남는 것 중의 하나가 양고기로 만든 음식이었다. 몽골 사람들은 전통적으로 양·염소·소·말 그리고 낙타 등을 '다섯 가지의 가축таван хошуу мал'이라고 하고,[15] 그것으로 식량을 삼았다. 그 중에서도 핵심적인 식량원은 양이었다. 당시 주변의 몽골인들로부터 전해들은 이야기이지만, 5인 가족을 기준으로 하여 겨울 한 철을 나는 데 필요한 식량으로는 열다섯 마리 정도의 양과 두 마리의 소 그리고 낙타나 말 중 어느 하나 등 총 17~18마리의 가축을 늦가을이나 초겨울에 잡는다고 하였다.

유목민들은 겨우내 양고기를 주식으로 하고, 그에 곁들여 소와 말 또는 낙타 고기를 먹는다. 그러니까 그들의 식탁에서 야채로 된 반찬과 밥을 찾는 일은 비상식적인 것이다. 몽골에 도착한 지 얼마 지나지 않아서 '차강 사르Chagaan sar(우리나라의 '설'에 해당함)'가 되었고, 처음으로 친하게 사귄 몽골인 가정에 초대를 받았는데, 식탁에는 삶은 양 한 마리가 통째로 놓여 있었다. 주인은 토실토실 살찐 양의 엉덩이가 있는 쪽으로 나의 자리를 마련해

주고, 또 친절하게 양 꼬리 부위의 하얀 비계 한 점을 썰어서 정중하게 내게 건네주었다.

나는 그때 손사래를 치며 극구 사양하였는데, 나중에 알고 보니 가장 귀한 손님을 상석에 앉히며, 그곳은 언제나 양의 엉덩이와 꼬리 부분에 제일 가까운 자리였다. 그리고 그들이 가장 귀한 음식으로 여기는 것은 살코기가 전혀 섞이지 않은 순백의 비계였던 것이다. 그 해 겨울은 이집 저집에서 삶는 양고기의 익숙하지 않은 냄새 때문에 심한 두통을 앓으면서 보냈고, 그래서 양고기와 친해지기가 결코 쉽지 않았다.

그리고 세월이 흘러 6개월 뒤 여름에 몽골의 중서부 바양훙골 아이막 (행정단위 '도'에 해당) 일대에서 암각화를 조사하게 되었는데, 그곳에서 울란바타르에서 가깝게 지내던 젊은 몽골인 부부를 만나게 되었다. 그 부부에게는 태어난 지 5~6개월밖에 안된 딸이 있었으며, 결혼 후 처음으로 온 식구가 처가와 친정 그리고 외가 나들이를 하는 중이었다. 그의 처가는 행정도시 바양훙골시에서 서북쪽으로 얼마 떨어지지 않은 '후렝진스'라는 곳이었는데, 그들은 같이 가기를 강력히 희망하였다. 그렇게 하여 나는 난생 처음으로 유목민의 집 '게르'를 방문할 수 있었으며, 그때 그곳에서 양을 잡고[16] 또 그것을 해체하여 요리하는 전 과정을 가까이에서 생생하게 지켜볼 수 있었다. 자료 334

모든 것들이 흥미로웠지만, 그 가운데서 특별히 눈길을 끌었던 것은 외할머니가 아직도 갓난아기인 손녀에게 금방 삶은 양고기의 하얀 비계를 가늘고 길게 썰어서 입에 넣어주었던 일이다. 그러자 아직 한 돌도 채 되지 않은 그 어린 손녀는 그것을 쪽쪽 빨아먹기 시작하였던 것이다. 그것은 순식간에 이루어진 일이었지만, 그 짧은 순간에 나는 많은 것을 생각하게 되었

자료 334 **양 잡기**

다. 그 행위는 경험을 통해서 획득한 유목민들의 삶의 지혜와 전통이 할머니를 통해서 손녀딸에게로 전달되는 순간이었으며, 손녀는 할머니가 준 비계를 빨면서 그 맛을 거부감 없이 익히게 되는 것이었다. 마치 우리들의 할머니가 떠먹여준 된장국이나 청국장처럼.

그리고 다시 시베리아와 중앙아시아를 조사하면서, 가판대와 가게 그리고 시장 등 노처에서 소금에 질인 하얗고 두꺼운 비계 '살로salo'를 목격할 수 있었으며, 그것이 다른 어떤 살코기보다 비싸면서도 인기 있는 식품임을 한 번 더 확인할 수 있었다. 또한 그와 같은 하얀 비계를 먹는 전통이 이미 신석기시대부터 산양 '쿠르듀크kurdyuk, 脂肪尾羊= fat tailed sheep'를 가축화하면서 비롯되었음도 알게 되었다. 뿐만 아니라 살로의 조리 및 보관 방법은 소금에 절이는鹽藏 것이었음도 알게 되었다.

오배기는 바로 유목민들이 즐겨 먹는 삶은 양고기 비계나 소금에 절인 비계 살로의 울산만식 토착음식이며, 그것의 연원은 암각화를 남긴 사람들의 시대까지 거슬러 올라갔을 것임을 여타 지역과의 비교를 통해서 조심스럽게 추정할 수 있다. 울산사람들이 즐겨 먹었던 오배기라는 음식 속에도 여느 지역과는 구별되는 이 지역 사람들의 기질과 정신 그리고 전통이 반영되어 있는 것이다.

어제 그리고 오늘

외할머니기가 입에 넣어준 한 조각의 삶은 비계를 빨아먹으며, 양고기의 참맛을 익히는 태어난 지 얼마 되지 않은 몽골의 갓난아이처럼, 지나간 시절의 토박이 울산 어린이들은 오배기를 먹으면서 고래 고기의 맛을 익혔던 것이다. 몽골의 갓난아이는 비계가 많은 산양이 '쿠르듀크'인지 따위는 몰라도, 잘 삶은 양 비계가 어떤 맛인지를 갓난아기 때부터 익히고, 또 그것을 맛있는 음식으로 기억하는 것이다. 그 갓난아이는 나중에 어른이 된 뒤에 그의 외할머니가 그랬듯이 그의 손자나 손녀에게 비계를 먹여줄 것이다.

중년이 된 토박이 울산사람들도 어린시절에 먹었던 오배기가 고래 꼬리를 소금에 절여서 만든 것인지 따위에는 그다지 큰 관심이 없었을지도 모른다. 그러나 오배기는 그의 미감 속에 잊을 수 없는 요리 가운데 하나로 자리를 잡고 있고, 더욱이 고래 고기가 귀한 지금은 특별한 날만이라도 한번쯤은 그 맛을 보고자 하는 음식으로 자리매김하였다. 음식을 통해서도 특정 지역민 및 가계의 전통이 후대에게로 전해지는 것이다. 또한 그와 같은 음식은 만드는 이의 솜씨에 따라 차이가 있겠지만, 그 지역의 특산물과도 긴밀하게 결부되어 있다.

양이 많은 몽골에서는 양고기가 주식이며, 연어가 정해진 계절마다 회유해 오는 아무르강 하류 등지에서는 그것을 훈제하여 일상 음식으로 먹는 것처럼, 울산의 바닷가 사람들은 아주 오랜 옛날부터 고래 고기를 주요 음식 중의 하나로 요리하여 먹었던 것이다. 사람들은 고래의 꼬리를 소금에 절여 사시사철 즐겨 먹었던 것이다. 그리고 상업포경이 금지된 이후, 사람들은 이제 그 맛을 회상하면서 결혼식과 같은 특별한 날에는 꼭 한 번 먹어보고자 하는 음식으로 바뀌게 된 것이다.

4월 16일이 '한국포경기념일'로 제정된 것은 1946년 4월 16일에 한국인이 해방 후 처음으로 장생포에서 출항하여 솔피(범고래)를 잡았기 때문이라고 한다. 해방이 되고, 일본의 포경회사에서 근무하였던 포경선 선원들 가운데 김옥창金玉昌을 비롯한 일부 뜻 있는 사람들의 눈물겨운 노력으로 장생포의 고래잡이들은 길고도 긴 동면 속에서 깨어나 새롭게 기지개를 켤 수 있었던 것이다.

김옥창을 중심으로 한 포경업 종사자들이 포경선을 구입하고, 또 '조선포경주식회사'를 설립한 것도 그 해 가을이었다. 그로부터 2년 후인 1948년에는 자체 기술로 포경선과 포경포를 만들었는데, 이를 기점으로 하여 포경업은 하루가 다르게 발전하였던 것으로 보인다. 조선포경주식회사가 포획한 고래의 수는 1946년에는 참고래 66두, 1947년에는 참고래 48두와 기타 1두, 1948년에는 참고래 67두, 귀신고래 6두, 돌고래 1두, 범고래 1두 등이었다고 한다.

선원들 중에는 일제 강점기에 징용을 피하기 위하여 포경선원이 된 사람들도 많았다고 하는데, 이들은 시력이 좋기로 유명하여 고래의 출현을 관찰하는 임무를 수행하였으며, 나중에는 군함에 승선하여 적선敵船을 관찰하는 역할까지 하였다는 일화들이 전해지고 있다. 그들 중의 대부분은 해방 후에 장생포에서 다시 포경업에 종사하였다. 포수 가운데는 김세곤·박선이·서용이·김해진·이만출 등의 여러 명이 있었으며, 이들 중의 대부분은 장생포에서 태어나서 마지막 상업 포경이 이루어지던 시기까지 활동하였다.

'양원호표 대포'도 이제는 많은 이들의 기억 속에서 잊혀진 옛날이야기가 되었다. 울산 사람들은 포경선을 구입한 후, 만족할 만한 포경 실적을 올리게 되었지만, 보다 안전하고 정확한 성능의 포경포를 갖고자 하였으며, 이에 포경포 제작의 적임자로 과거에 쇠를 다뤄 본 경험이 있던 양원호를 지목하여 그것의 제작을 의뢰하였다고 한다. 두 번의 실험을 거쳐 완성된 그의 포는 1961년에 '삼영호'라고 하는 포경선에 장착되어 시험 발사에 성공하였으며, 이후 그의 포는 국·내외의 포경업계에 '양원호표' 대포로 이름을 날렸다고 한다.

포경선과 명포수 그리고 '양원호표' 대포가 결합되면서, 울산 장생포에는 고래 고기가 넘쳐나게 되었다. 그에 덩달아 고래 고기를 삶는 집도 생겨나게 되었는데, 그 가운데서도 김윤태金倫泰의 집이 가장 유명하였다고 한다. 김윤태와 아들 김용준 부자는 세를 받으며 고래 고기를 삶아 주었는데, 그들이 남긴 이윤 가운데는 고래 고기를 삶아주면서 받는 세와 함께 솥에 남은 고래 기름도 포함되어 있었다고 한다. 일곱 개의 솥에서 고래를 삶았는데, 각 솥에서 수합한 기름이 반 드럼 가량은 되었다고 한다.

물론, 당시에는 석유가 귀한 시절이었고, 그런 이유 때문에 고래 기름은 다양한 용도로 이용되었는데, 그 중에서 식용유·등유 등은 물론이고 과수원 살충제 배합제로도 인기가 있었다고 한다.[17] 삶은 고래 고기는 사방팔

방으로 팔려나갔는데, 어촌은 물론이고 산촌으로 고래 고기를 머리에 이고 팔았던 행상인도 이 시절에 등장한 새로운 직업인이었다. 당시만 하여도 가장 싼 것이 고래 고기였기 때문에 누구나 그것을 즐겨 먹을 수 있었다는 것이다.

이와 같은 일들은 불과 30년 전까지 장생포와 그 인근에서 흔히 볼 수 있었던 일들이다. 그 가운데 일부는 아직도 흔적이 남아 있다. 사라져 없어진 것 가운데도 더러는 기억 속에 선명하게 남아 있는 것들도 있고, 기억을 더듬어서야 새삼스럽게 상기되는 일들도 있다. 그러나 이 모든 일들은 울산 사람들의 무의식 속에 간직되어 있는 것들이다. 그런데 주목해 보면, 어제와 닿아 있지 않은 오늘이란 있을 수 없다.

오늘날 세계 최첨단의 공업 도시가 된 울산, 그 울산의 어제는 포경선을 구입한 김옥창이나 두려움 없이 고래와 맞섰던 김세곤 등의 명포수, 포경포를 만든 양원호, 고래 고기를 삶으며 기름을 분류하였던 김윤태 부자 그리고 심지어는 고래 고기를 머리에 이고 이마을 저마을 행상을 하였던 그 시절 우리들의 어머니와 맞닿아 있다. 그런데 그 어머니들이 팔고 다녔던 고기 중의 하나가 '오배기'였음을 아는 사람은 얼마나 될까?

할머니가 입에 넣어 식힌 다음, 손자의 입에 띠 먹여준 된장국이나 청국장에 대해 그것이 위생적으로 불결함을 토로하는 젊은 엄마들이 많다. 그러나 우리 조상들의 유전 인자는 그런 방법으로도 후손들에게 전달되어 왔다. 엄마가 소금에 절여둔 오배기를 씹으면서 짭조름함과 달콤함을 동시에 맛보았던 어린이들은 커서도 고래 고기의 맛을 기억한다. 몽골의 갓난아이가 어른이 되어도 양고기의 비계를 즐겨 먹는 것처럼. 울산 사람들의 DNA는 스스로가 의식하지 못하는 가운데 먼 석기시대의 조상들로부터 오늘에 이어졌으며, 그것은 우리들의 세대를 거쳐 다음 세대로 이어질 것이다.

1 조르주 바타이유는 이 형상을 두고, 라스코인들은 자신의 모습이 아니라 동물의
   모습을 빌어 인간성 속의 환혹적(幻惑的)인 것을 암시하는 형상을 만들어 내고,
   그러한 성과에 도달했다는 주장하였다(앞의 책, 152쪽).

2 조르쥬 바타이유는 사람은 발가벗었고, 성기가 발기되었다고 하였다(143쪽). 조
   르주 바타이유는 다른 글에서 이 그림을 선사 시대의 에로틱화로 충분히 주목을
   끌만하다는 주장을 펼친 바 있다. 또한 그는 반조인이 다른 생명체의 얼굴을 둘러
   쓰고, 나체의 모습을 보였는데, 우리라면 잘 감추고자 하는 것을 드러내었다고 하
   였다(앞의 책, 154쪽).

3 베그왕 백작은 이 사람이 들소의 공격을 받아서 죽었다고 하였다(조르주 바타이
   유, 155~156쪽 재인용)

4 조르주 바타이유, 앞의 책, 153쪽(바타이유도 이 사람이 죽었다고 하였다. 그는
   이 형상이 '동물의 현혹적인 매력으로 몸을 장식한 인간'이라고 하였다).

5 S.ギーディオン, 앞의 책(1968), 508쪽(S.기디온은 이 남자가 실제로 위로 보고
   쓰러졌는가 되묻고 있다).

6 키르히너는 이 형상을 '황홀, 망아 상태의 샤먼을 그린 것'이라고 하고, 라스코 동
   굴벽화와 현재의 시베리아 문화 사이의 유사성'을 인정하였다. 예로써 야쿠트족
   (현재의 사하공화국) 샤먼의 의례 과정에서도 나무 위에 새가 장식된 기둥이 있으
   며, 샤먼의 새 머리는 새의상을 입은 것이라고 하고, 새가 천상 여행의 보조 정령
   임을 지적하면서 유사성을 피력하였다(조르주 바타이유, 앞의 책, 213~214쪽에
   서 재인용); 우메다 가즈호, 앞의 책(1997), 21쪽; 조셉 캠벨, 앞의 책, 새의 가면
   을 쓰고 황홀한 상태로 누워있는 무당이 지팡이 위에 앉아 있는 새의 모습과 함께
   그려져 있다).

7 인도양 연안의 케이프 타운에서 동쪽으로 150km 지점에 있는 볼롬보스 동굴에

는 오늘날 외과용 메스처럼 끝이 날카로운 창끝과 같은 도구가 발견되었는데, 그
것은 지금으로부터 7만7천 년 전의 것으로 판명되었다(후베르트 필, 앞의 책,
41∼42쪽)

8   정주영, 『이 땅에 태어나서』, 솔, 2004, 174쪽.

9   서진길, 앞의 책(2009).

10 정주영, 앞의 책(2004), 178쪽.

11 우리나라 화폐 가운데 거북선이 도안되기 시작한 것은 1953년의 제2차 화폐개혁
    때부터라고 한다. 회고담은 정주영 현대그룹 회장이 1971년에 영국 바클레이즈
    은행 차관을 빌리려 간 자리에서 영국보다 300년도 더 전인 1500년대에 이미 지
    폐 속의 배를 만들었다고 하였다는 일화가 전해지고 있다.

12 이기길, 앞의 글(1986), 21쪽(이기길은 고래를 끌고 가는 배의 크기를 뱃머리에
    탄 사람의 키를 160cm로 가정하여 계산하였는데, 그 길이는 작선 15.9m, 곡선
    17.9m 가량이라고 하였다. 또한 고래는 길이 17.2m이며, 너비는 6.1m라고 하
    고, 그 생김새로 보아 향유고래라고 추정하였다. 그러나 이 고래에서 향유고래의
    속성을 살필 수 없다).

13 허영란, 앞의 책(2013), 151∼158쪽.

14 아마도 이 말도 일본어에서 온 것이 아닌가 여겨진다. 그것은 일본어의 'お(尾, 꼬
    리)'와 'へぎ(얇게 벗김, 얇게 켠 판자, 얇게 켠 판자로 만든 쟁반)'의 합성어일 가
    능성이 있다. 다시 말하자면, '꼬리를 얇게 썬 것'을 그렇게 불렀을 가능성이 있다
    는 셋이나.

15 장석호 지음, 앞의 책(1995), 18쪽; 유원수 지음, 『몽골의 언어와 문화』, 소나무,
    2009, 209쪽.

16 C.Shirokogoroff 著, 田中克己·川久保悌郎 譯, 『北方シングースの社會構成』,
    岩波書店, 1940, 63쪽.

17 한석근, 『방어진 향토사연구』, 처용, 1988, 428∼482쪽.

원형과 변형

1942년도에 제작된 P. 피카소Pablo Ruiz Picasso의 「황소」는, 자전거의 안장과 핸들을 결합시켜서 만든 것이다. ^{자료 43} 이 작품을 두고 피카소는, 자전거의 핸들과 안장으로 황소의 머리를 만든다면, 그것은 아주 멋진 일일 것이라고 피력하면서, 그런데 그 「황소」를 아무 데나 버렸을 때, 그곳을 지나가던 청소부가 그것으로써 다시 '자전거의 핸들과 안장을 만든다면 얼마나 멋진 일일까'하고, 자신의 심정을 작업 노트 속에 밝힌 바가 있다. 그는 자전거의 안장과 핸들에서 소의 이미지를 발견하고, 그것을 재구성하여 「황소」로 변형시켰던 것이다.

'변형'이라는 말 속에는 언제나 '원형'이 전제되어 있다. 누군가가 '원형'을 보고, 그것과 똑같은 모양을 재현해 내었다고 한다면, 그것은 복제품이 되는 것이다. 그러나 '변형'이란, 마치 피카소의 「황소」와 같이 원래 그것이 갖고 있던 성질을 제3의 형으로 바꾸는 일을 두고 이르는 말이다. 그런데 마치 피카소의 「황소」처럼 원래 갖고 있던 속성이 제3의 형으로 뒤바뀌게 되는 경우도 있고, 또 그 기능이나 속성은 '원형' 그대로이지만, 외형이 약간 바뀌는 경우도 있다. 한편, 이전에 한 번도 존재한 적이 없었던 것을 만드는 일은 복제도 변형도 아닌 '창작'이 될 것이다.

인류가 걸어온 길고 긴 문명화의 길은 바로 그 창작과 변형, 그리고 복제 등에 의해서 창출된 사상과 생산된 물건들의 총합이라고 해도 틀린 말은 아닐 것이다. 그런데 오늘날 우리들이 누리고 있는 정신 및 물질문화의 소산 중 절대적인 다수는 인류의 먼 조상들이 향유했던 시원문화와 직접 또는 간접적으로 관련되어 있다. 더욱이 일정한 공간을 점유하면서 구체적인 모양을 갖춘 물질문화의 경우, 그 연원이 선사시대로까지 거슬러 올라가지 않는 것이 없을 정도이며, 그것들 속에는 원 개발자들의 구도자적인 헌신이 깃들어 있다.

동서양의 신화나 전설 가운데는 변형에 관한 흥미로운 이야기들이 전해진다. 그리스신화 속에는 변형에 두 가지 패턴이 있다. 하나는 신이 스스로의 모습을 바꾸는 일이고, 다른 하나는 신이 강제적으로 인간을 제3의 모습으로 변형시키는 경우이다. 전자는 제우스 등 신들이 상황에 따라 그의 모습을 바꾸는 것을 통해서 확인할 수 있다. 신이 인간을 강제로 변형시키는 경우는, 그 내용과 성격에 따라서 다시 두 가지의 서로 다른 유형으로 나눌 수 있다. 그 중의 하나는 신을 기쁘게 해서 얻게 되는 긍정적인 변형이며, 다른 하나는 신을 노엽게 해서 받게 되는 부정적인 변형이다.

긍정적인 변형의 대표적인 예는 '피그말리온과 갈라테아'[자료 136]의 이야기라고 할 수 있다. 피그말리온의 이야기에서는 대리석으로 조각한 여인 조각상이 사람으로 바뀌는 변형이 일어나는데,[1] 그 밑바닥에는 모든 것을 신에게 의탁하고 또 그에 순종하면, 신은 인간의 소원을 들어준다는 메시지가 내포되어 있다. 그와는 달리 부정적인 변형의 예로는 '아라크네Arachne'[2]나 '악타이온Actaeon'[3] 등의 이야기가 있다. 여신 아테나Athena와 베 짜기 경기를 하여 이기고자 한 아라크네는 신의 노여움을 사서 '거미'가 되었으며, 여신 디아나의 목욕 장면을 훔쳐보았던 사냥꾼 악타이온은 사슴으로 바뀌는 형벌을 받았다.

우리나라를 비롯한 동양의 신화 속에서도 숱한 변형의 이야기들이 전해지고 있다. 헌원軒轅과 치우蚩尤가 전투를 하면서 스스로 바꾸었던 동물 변형은 좋은 예라고 할 수 있다. 민담 가운데는 구미호가 사람으로 바뀌는 이야기나 우렁이 각시 등도 같은 유형의 예라고 할 수 있다. 수렵민들의 신화 가운데는 사람과 동물의 본래의 모습이 같다는 이야기들이 전해지고 있다.

다만 그들이 어떤 옷(가죽)을 입느냐에 따라서 동물이 되기도 하고 또 사람도 된다는 것이다.

다시 말하자면, 사람은 그 원래의 모습이 소나 사슴 또는 곰과 똑같지만, 단지 사람의 가죽을 둘러썼을 뿐이라는 것이다. 그러니까 수렵민들의 믿음 속에는 동물과 사람의 원래의 모습, 즉 원형은 서로 같았던 것이다. 바로 이와 같은 이유 때문에 사람과 동물 간의 결혼이 가능하기도 하였다. 예를 들면 호랑이와 사람,[4] 곰과 사람,[5] 소와 사람[6] 등이 서로 결혼하고 또 그 사이에 자식이 태어난 이야기들이 전해지고 있다.

'원형'에 대한 탐구는 화가들의 불변의 과제 가운데 하나였음을 미술사는 증명해 주고 있다. 모든 사물의 가장 근본적인 구조, 즉 원형에 대해서는 P. 세잔느Paul Cezanne에 의해서 정의되었다. 세잔느가 E. 베르나르Emile Bernard 에게 보낸 1904년 4월 15일자 편지 속에는 이에 관한 생각이 분명하게 언명되어 있다. 그것은 다름이 아니라 자연은 '공·원뿔·원통'으로 처리되어야 한다는 말이며,[7] 이 말 속에는 물상의 궁극을 밝히려 한 세잔느의 직관이 깃들어 있다. 그러나 이 말에 자극받은 젊은 화가 피카소와 G. 브라크Georges Braque는 또 하나의 변형을 창출하게 되었는데, 그것이 바로 '입체파'이다.

세잔느의 이와 같은 개념은 이후, W. 칸딘스키Wassily Kandinsky에 의해 '점·선·면'이라는 보다 정치精緻한 개념으로 정의 되었다.[8] 존재의 근원 또는 본질에 대한 직관적인 표현은 피렌체의 화가 지오토Giotto에 의해서 르네상스 시대에 이미 시도되었다. 교황 베네딕투스Benedictus(재위 1334~1342) 9세에게 그가 그려서 보낸 소위 '지오토의 동그라미圜[9]'는 시작과 끝이 하나로 연결된 도형이다. 동그라미에 양감을 더하면 공이 되고, 또 그것을 가장 작은 것으로 축약시키면 점이 되는 것이다.

사실, 조형 예술에서 점은 기하학이나 수학에서의 그것과는 사뭇 다른 성질을 내포하고 있다. 그것은 위치뿐만 아니라 크기와 양감 등도 모두 갖추고 있다.[10] 그것은 모든 것의 시작이자 마침표이며, 동시에 그것의 확장이 바로 동그라미인 것이다. 그런데, 이미 구석기시대부터 선사시대의 화가들은 지오토의 동그라미보다 더 원초적인 도형으로서의 동그라미를 그렸다. 그것은 다름이 아니라 동물의 배 밑에 그려진 소위 '다산의 상징' 기호로서의 동그라미였던 것이다.[11]

자료 335 말(쉬쉬키노, 러시아)

그 대표적인 예를 우리는 레나 강변의 쉬쉬키노Shishkino 암면에 그려진 말 형상 가운데서 살필 수 있다. 자료 335 특히 구석기시대 동물 형상의 배 밑에 그려진 동그라미는, 때로는 점으로 또 때로는 바위구멍으로도 표현되어 있다. 물론 그것의 가장 최소형은 점이며, 보다 상징적인 도형은 타원형이다. 이 점은 미분화된 생명의 원형이며, 그러므로 그것은 씨앗과 알의 상징적인 표현이기도 하였던 것이다. 씨앗이 분화되면 싹이 돋고 자라서 식물이 되며, 알이 분화하면 애벌레가 되고 또 동물이 되는 것이다.

존재의 본질, 또는 존재의 가장 기본적인 모양에 대한 정의는 세잔느나 칸딘스키 등 현대 화가들보다도 훨씬 아득한 선사시대에 이미 점과 타원형으로 내려졌던 셈이다. 이렇듯, 동물의 배 밑에 그려진 점이나 동그라미는 그 자체가 가장 원초적 도형인 동시에 존재의 근원에 대한 당대 화가들이 추구해 간 '궁극의 형'이었다. 그리고 그 도형 속에는 시작과 끝·본질·풍요 등 여러 가지 이미지들이 복합적으로 내포되어 있다.

조형예술의 측면에서 볼 때, 쉬쉬키노 바위그림 중 말 형상의 배 밑에 그려진 동그라미는 형태상으로는 더 이상 쪼갤 수 없는 최소의 단위이며, 그러므로 그것을 앞에서 궁극의 형이라고 하였다. 그것을 더 세분시킬 경우, 그것은 시각적으로는 존재하지 않는 것이 되며, 그러므로 그 동그라미(점)는 모든 형태의 근원이자 어머니가 되는 것이다. 상징적인 측면에서 보면, 그것은 모든 생명체의 알이자 씨앗이다. 시간적인 측면에서 보면, 그것은 출발점인 동시에 귀결점이라고 할 수 있다.[12] 다시 말하자면, 그것은 아직 발아 또는 분화(혹은 분열)되기 이전의 상태이고, 동시에 모든 활동들이 동결된 모습이다. 그것은 겉으로는 완결된 하나의 개체로서의 모습을 취하고 있지만, 미분화되었기에 카오스의 상태에 머물러 있는 셈이며, 또 다른 한편으로는 모든 요소들이 응집된 결집체이기도 하다.

'모든 요소들이 응집되어 있다'는 말은 곧 특정 생명체의 고유한 속성들이 그 집합체 속에 내포되어 있다는 말이다. 비록 그것이 미분화되어 있을지라도, 그 껍데기 속에는 온전한 개체의 고유한 속성을 드러낼 수 있도록 해 주는 유전인자들이 들어 있으며, 물론 그 인자들 속에는 그것이 온전한 모습을 갖춰가는 과정에 대한 경험과 기억들이 간직되어 있다. 그것이 외형을 갖추도록 해 주는 영양소뿐만 아니라 내용을 구성하는 경험과 기억들이 그 작은 타원형 속에 함축되어 있는 것이다. 만약 그 속에 그와 같은 요소들이 간직되어 있지 않다고 한다면, 그것은 특정한 그 무엇 또는 존재가 될 수 없는 것이다.

쉬쉬키노 바위그림을 비롯하여 석기시대의 바위그림을 남긴 화가들은 존재의 가장 기본적인 원형을 그와 같은 타원형으로 형상화하였던 것이다. 따라서 그들이 동물 형상과 같이 병치하였던 배 밑의 타원형은 동물의 미분화된 상태이며, 동물 형상은 그 타원형이 분화·성장한 모습인 셈이다. 결국 구체적인 모습을 띤 동물 형상과 가장 단순한 모습으로 축약된 타원형은 기본적으로 등가관계를 이루고 있는 것이다. 바로 이런 이유 때문에 일부 연구자들은 석기시대의 벽화 가운데서 동물 형상과 더불어 나열된 점열^{자료 336}들이 그 동물의 개체 수를 나타낸 것이라고 해석하기도 하였던 것이다.

이렇듯 타원형은 조형예술에서 존재의 가장 기초적이자 기본적이며 최소의 형태인데, 그러므로 이것이 없는 한 어떠한 형상의 표현도 불가능하다. 그런데, 그 타원형은 이미 밝힌 바 있듯이 점이나 바위구멍 등으로도 표현되어 왔으며, 그것으로부터 동심원,^{자료 337} 가로 또는 세로 등 둘로 양분된 도형(태극형), 그 밖의 제3의 도형으로 분화와 변형들이 이루어졌고, 또 그에 대한 저마다의 이름들이 붙여졌다. 물론 점이나 타원형 또는 바위구멍 등은 시간과 공간이 바뀌고, 제작 집단이 바뀌었지만 여전히 그려져 왔고, 또 앞으로도 변함없이 그려질 것이다.

그러나 시간이 경과되면서 특정 이미지의 시원 형과 그 제작 동기 그리고 의미 등은 새로운 제작 주체들에 의해 변질되었으며, 그에 따라서 특정 형상들은 차례로 이어진 시기마다 제작 주체들이 안고 있었던 새로운 고민들과 당대의 핫 이슈들이 그 속에 첨가되면서 최초의 모습이나 의미와는 다른 문화상, 즉 원형과는 구별되는 변형들이 끊임없이 만들어졌던 것이다. 그러므로 새롭게 만들어진 이미지 속에는 제작 주체가 체험하였던 온갖 종류의 자연 현상과 어떤 한 순간 파장을 일으키며 사람들의 주목을 끌었던 사회적 사건, 그리고 당대의 정신문화 및 물질문명 등이 용해되어 있는 것이다.

선사미술 속의 형상들은 인류가 창출한 물질문화의 발달과정을 추적하는데도 중요한 역할을 한다. 한동안 동물이 중심을 이루던 석기시대 미술의

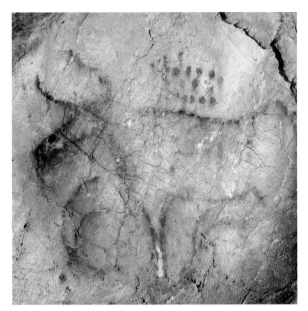

자료 336 동물과 점(라스코, 프랑스, Jean Clottes, 2010)

자료 337 동심원(양전동 암각화, 고령)

제재는 중석기시대로 접어들면서 서서히 사람과 각종 생활이기 등으로 교체되는데, 그에 따라서 그림 속에는 이전에 보기 어려웠던 사람 관련 주제, 즉 사람들이 활이나 창 그리고 작살을 들고 사냥하는 모습이 등장하기 시작한다. 그림 속에는 고삐를 매어 동물을 끌고가는 사람이 등장하기 시작하며,^{자료 338} 이어서 등에 짐을 싣고 가는 소^{자료 339}나 말 등도 그려지기 시작한다. 보다 늦은 시기가 되면, 바퀴가 달린 마차를 끄는 동물이 그려지기 시작하는데,^{자료 340} 그 마차는 나중에 보다 정교한 모습으로 디자인이 바뀐다. ^{자료 341}

이와 같은 일련의 제재들을 통해서 야생동물이 어떻게 사냥감으로 바뀌었고 또 그것이 어떻게 가축화되었으며, 어떤 방식으로 이용되어 왔는지를 살필 수 있다. 어떤 시기에 마차가 등장하였고, 또 그것은 언제 디자인이 다르게 교체되었는지도 그림들은 증명해 주고 있다. 다시 말하자면, 물질문화의 원상과 그 변형들이 이와 같은 선사미술 속에 고스란히 각인되어 있다는 것이다. 그런데 그런 물질문명의 발달과정을 역추적하면, 그 정점에서 역설적이게도 야생동물과 조우하게 된다. 사냥 대상이었던 야생동물을 가축화하기 위하여 만든 고삐가 물질문화의 가장 고형 가운데 하나이자 문명의 이기를 만든 원동력이었던 것이다.

고삐가 만들어짐으로써 가축이 생기게 되었고, 이로써 식량 획득에 대한 불안감을 해소할 수 있게 되었다. 뿐만 아니라 동물의 힘을 이용하여 생활의 질을 향상시킬 수 있었다. 고삐는 야생동물을 가축으로 바꾸는 수단이었으며, 나아가 그것은 컨베이어 벨트와 같이 소나 말이 수레와 마차를 끌도록 하는 동력 추진 장치였던 것이다. 그런 까닭에 고삐는 인류가 고안하여 만든 물질문명의 가장 오래된 시원형 중의 하나라고 할 수 있다.

줄이 고삐로 바뀌자 야생동물이 가축으로 바뀌었고, 그동안의 채집이

자료 338 가축화된 소(사길 모조, 몽골)

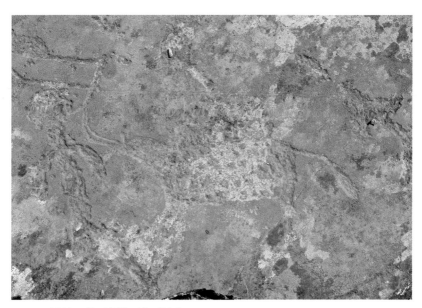

자료 339 짐 싣고 가는 소(칼박 타쉬, 러시아)

자료 340 마차(움느드 올, 몽골)

자료 341 마차(야만 오스, 몽골)

나 사냥 그리고 어로 등을 주로 한 식량 획득 위주의 생활 패턴에 큰 변화가 일어나게 되었는데, 그것은 여분의 식량을 오래도록 저장할 수 있는 기술 개발과 비축용 그릇 제작 등으로 이어졌다. 토기의 제작과 함께 소금에 절이기, 그리고 훈제하기 등의 기술연원을 거슬러 올라가면 고삐와 관련된다.

줄은 이것과 저것 서로 다른 것을 하나로 묶어주고, 또 아우를 수 있는 중간재이자 동시에 특정 개체의 성질을 극대화시키거나 다른 것으로 변화시킬 수 있는 제어 수단이었다. 서로 다른 속성의 매체들을 하나의 시스템 속에 통합시킬 수 있게 해 주었고, 또 그에 따라 새로운 기능을 갖는 변형들이 지속적으로 고안되었다. 예를 들면, 뾰족한 돌멩이와 나무막대를 줄로써 결합시키자 돌도끼·돌창·작살, 그리고 보다 효용성이 높은 활 등 도구들이 만들어지게 되었다.

사람들은 나무와 줄의 탄성을 결합시켜 사거리가 먼 활을 만들 수 있게 되었으며, 그것은 사냥의 성공률을 높여주었을 뿐만 아니라, 사냥 과정에서 생길 수 있는 위험을 획기적으로 줄여 주었다. 재질이 서로 다른 돌과 나무가 줄에 의해 결합되면서 기능이 보다 향상된 생활 및 사냥도구를 만들 수 있게 되었으며, 그것들의 기본적인 구조는 수천 년의 시간이 경과된 지금까지도 변함없이 유지되고 있다. 그런 까닭에 줄의 효용성과 가치를 재발견한 인류는 문명화의 길을 본격적으로 걷게 되었다고 할 수 있다.

줄이 생기자 바늘이 고안되었다. 줄과 바늘이 하나의 쌍으로 조합되자 찢어지고 분리된 것을 이어주고, 또 갈라진 것을 붙이며, 터진 곳을 꿰매는 등 원자재의 효용성을 극대화시킬 수 있게 된 것이다. 이렇듯, 줄의 기본적인 속성은 떨어져 있거나 나눠진 것들을 묶어주고 또 이어주는 역할을 한다. 그에 따라 옷을 만들어 입을 수 있게 되었으며, 이로써 추위를 극복할

자료 342 기마상
(후렝 우주르 하단 올, 몽골)

수 있게 되었고 또 신체를 보다 잘 보호할 수 있게 되었다.

뿐만 아니라, 줄은 사람이 스스로의 힘으로 해결하여야 했던 일들을 동물의 힘, 즉 축력을 이용하여 보다 쉽고 또 능률적으로 수행할 수 있게 해주었다. 또한 축력의 효용성을 극대화하기 위한 노력들은 마차의 제작으로 이어졌고, 그것의 기능은 더욱 분화되었다. 고삐의 등장은 재갈의 고안으로 이어졌으며, 그것은 말과 같이 빠르게 달릴 수 있는 동물을 기승용^{자료 342}으로 활용할 수 있도록 하여 주었다. 기승용 가축의 등장은 사람들의 활동 반경을 넓혀주었으며, 그에 따라서 주변 지역과의 교류 및 신속한 정보 전달과 공유의 기회를 증대시키는 등 사람들의 삶의 질을 한 단계 격상시켜 주었다.

다시 대곡리 암각화 속에 그려진 두 척의 배^{자료 40}를 살펴보면, 뱃머리에 서 있는 작살잡이의 작살에도 줄이 연결되어 있었을 것이다. 그 줄은 작살에 맞은 고래가 도망가지 못하도록 고안된 것이다. 그러니까 그 줄은 사람과 고래 또는 배와 고래를 이어주는 특별한 장치인 것이다. 사람들은 고래의 몸통 속에 박힌 작살과 줄을 통해서 고래를 장악하였으며, 줄로 인해 고래는 지치고 마침내 포획된다.

고래를 끌고 가는 배^{자료 41}가 바로 그 증거이다. 실루엣으로 그려진 배에는 여러 명의 어부들이 타고 있고, 고래와 배가 하나의 선으로 연결되어 있다. 그것은 거대한 고래가 단 하나의 줄에 의해 이끌려가는 모습을 형상화한 것인데, 이것이야말로 당대의 문화 주체들이 이룩한 최고의 기술이며, 동시에 그것은 먼 바다에 나가서 직접 포경을 하였던 사실에 대한 생생한 도상 기록이다.

앞에서 지적한 두 개의 장면, 즉 작살잡이가 고래를 향해 작살을 꼬나든 모습과 줄 하나로 고래를 끌고가는 모습 등은 인류의 문명사에서 가장 오래된 해양경제활동의 비망록이다. 그것은 보다 늦은 시기에 그려진 세계 각지의 고래잡이 장면이나 아직까지도 전통적인 방식으로 고래잡이를 하는 오지 마을 사람들, 그 밖의 포수들의 증언이나 회고담 등을 종합해 볼 때, 절차와 방식 그리고 내용 등에서 큰 차이가 없다.

그림 속에는 그물^{자료 191·291}이 두 곳에 그려져 있다. 그것도 역시 줄을

자료 343 **포경포(장생포, 고래박물관)**

엮어서 만든 것이다. 여러 개의 줄을 엮어서 만든 그물은 잡고자 하는 사 냥감을 몰거나 가두어 도망가지 못하게 할 뿐만 아니라 쉽게 잡을 수 있도 록 해 주는 장치이다. 그물로 고래를 몰아서 작살을 던져 고래를 잡는 포경 법도 앞에서 이미 확인한 바 있으며, 그것은 근대 일본의 목판화 속에 생생 하게 그려져 있다. 그리고 일본의 타이지에서는 아직까지도 이 지역의 좁 고 긴 만灣으로 회유해 오는 고래들을 그물로 몰아서 무자비하게 포획하고 있다.

대곡리 암각화 속에는 지금까지 세계 각지의 포경업 종사자들 사회에 서 살필 수 있는 포경 장면이 형상화 되어 있다. 작살잡이가 들고 있는 작살 은 포경포^{자료 343}로 바뀌었으며, 그것의 변형들이 바로 군사용 포砲나 미사일 그리고 우주선임을 굳이 강조할 필요는 없을 것이다.

미 주

1   오비디우스, 앞의 책(2006), 477~480쪽.

2   오비디우스, 앞의 책(2006), 268~277쪽.

3   오비디우스, 앞의 책(2006), 144~149쪽.

4   И. А. Лопатин, Голды, Владивосток, 1922, 208~209쪽.

5   『삼국유사』.

6   오비디우스, 앞의 책(2006), 367쪽.

7   E. 베르나르, 박종탁 역, 『세잔느의 회상』, 열화당, 1979, 71쪽.

8   칸딘스키, 차봉희 역, 『점·선·면』, 열화당, 1993.

9   지오르지오 바자리, 이근배 역, 『이태리 르네상스의 미술가 평전』, 한명, 2000, 66~67쪽.

10   칸딘스키, 앞의 책(1993), 17쪽(기하학에서의 점은 눈에 보이지 않는 본질(Wesen)이다. 따라서 개념상 이것은 비물질적인 본질이라고 정의되어야 하겠다. 물질적으로 생각할 때 점은 제로(null)와 같다. 그러나 이 제로 속에는 '인간적인(Menshlich)' 서로 상이한 속성들이 숨겨져 있다).

11   А. П. Окладников, В. А. Запоржская, Ленские Писаницы, Москва—Ленинград, 1959, 90쪽

12   마가레테 브룬스, 앞의 책(2009), 39쪽.

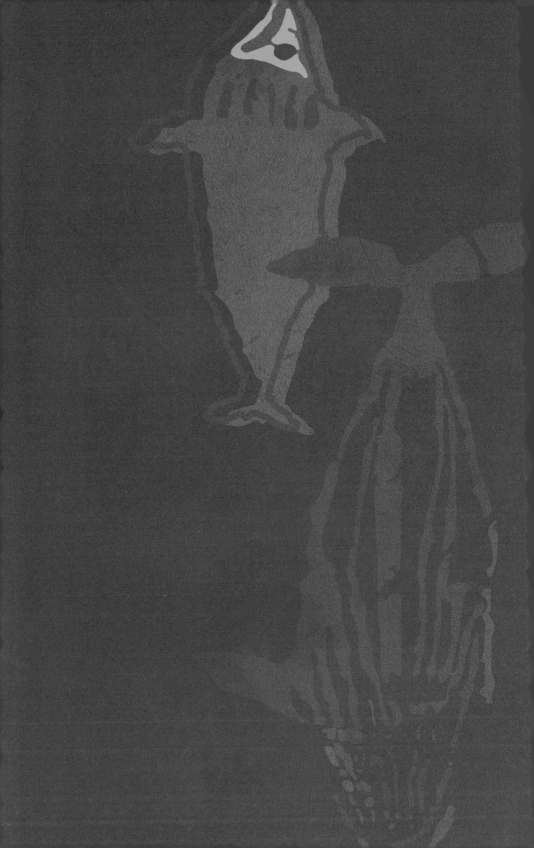

에필로그

대곡리 암각화는 한반도의 동남쪽 끝 울산 앞바다와 그 인근 지역에서 문명의 여명기를 개척하였던 이 땅의 선주민들, 즉 우리의 옛 조상들이 들과 산, 그리고 거친 바다에서 고래를 비롯한 동물들을 포획하기 위하여 펼쳤던 갖가지 시도, 그들이 그리던 이상을 구현하기 위하여 제작하였던 각종 생활이기, 사유 세계 등 당대 문명의 편린들을 대곡리 '건너각단'의 바위 표면에 조형 언어의 형식으로 기록해 놓은 대서사시이다. 그런 까닭에 이 암각화 속에 그려진 각종 제재와 주제 그리고 양식 등은 그동안 한반도에서 발견된 어떤 조형 예술품보다도 이른 시기의 것이며, 이 암각화 속의 형상들은 한민족 문명사의 서장을 장식한 원형적인 이미지이다.

그런 점에서, 이 암각화 속의 형상들은 조형 예술의 형식으로 번역된 한국민족문화의 원형질이라 할 수 있다. 바로 이러한 이유 때문에 모든 한국학 연구자들은 그들의 학문적 논의의 출발점으로 이 암각화를 꼽는데 주저하지 않는다. 선사시대 한반도의 자연 환경과 인문 지리·동물학·경제활동·공업기술·종교와 의례·조형 예술의 제반 문제 등 어느 한 분야도 이와 관련되지 않은 것이 없다. 그도 그럴 것이, 이 암각화 속에 각인된 하나하나의 형상들은 선사시대 대곡리의 사람들이 직접 보았고 또 만들었으며, 실제 생활 속에서 이용한 것들이기 때문이다.

그동안 이 암각화 속의 형상들을 통해서 선사 미술, 그 가운데서도 특히 바위그림 유적지와 형상들에 대한 몇 가지 일반적인 현상들을 확인할 수 있었다. 그것은 다름이 아니라 바위그림이 공간적으로 어떠한 장소에 그려지는가의 문제, 형상들이 오랜 기간에 걸쳐 여러 겹의 층위를 이루며 차례로 덧그려져 있는 점, 양식의 정형화와 해체 과정, 제작 주체의 생업과 당시에 그들이 누리고 있었던 물질문화의 발전 단계 등이다. 이와 같은 점들은 세계의 선사시대 바위그림 유적지에서 살필 수 있는 가장 일반적인 현상이다.

대곡리 암각화 속에는 253점의 형상들이 표현되어 있다. 이렇듯, 적지 않은 수의 형상들이 하나의 바위 표면 가운데 그려진 유적도 세계적으로 그다지 흔하지는 않다. 그런데 더 중요한 것은 이와 같은 형상들을 통해서 대곡리 암각화 제작 집단의 동물 등 제재들에 대한 기본적인 지각 방법과 인식 내용을 확인할 수 있다. 그것은 표현 대상물의 포착한 시점, 유와 종의 차이를 구분하는 방법 그리고 각각의 제재들이 띠고 있는 형태상의 속성 등을 분명하게 이미지화 시킨 점 등을 통해서 확인할 수 있었던 것이다.

예를 들면, 이 암각화 속에는 모두 63마리의 고래들이 그려져 있는데, 이들 중에는 분기공을 통해서 뿜어져 나오는 수중기의 모양과 꼬리자루를 비틀며 크게 요동치는 모습도 있다. 그밖에도 각각의 고래 형상들은 입의 구조, 가슴지느러미의 위치와 생김새, 꼬리지느러미의 모양 등이 서로 다르게 표현되어 있다. 이로써 전문가들은 물론이고 고래에 대해 조금이라도 관심이 있는 사람이라면 누구라도 이것과 저것의 차이를 구분할 수 있고 또 그것의 어떤 순간을 포착한 것인지 읽어낼 수 있다. 바로 이런 점들을 통해서 우리들은 대곡리 암각화 제작 집단의 뛰어난 관찰안과 표현력 등을 분명하게 확인할 수 있었다.

또한 이 암각화 속에 표현된 형상들은 제재적으로 크게 두 개의 그룹으로 대비되어 있다. 하나는 바다 동물이고 다른 하나는 육지 동물이다. 바다 동물 중 고래는 주로 수직을 축으로 삼아 구성되어 있으며, 그 머리는 대부분 위로 향하고 있다. 이들은 주로 중심 암면의 왼쪽에 집중적으로 배치되어 있다. 후자인 육지 동물은 수평을 축으로 삼아 구성되어 있고, 그것들의 주조적인 운동방향은 오른쪽이다. 물론 육지 동물은 오른쪽 암면에 집중적으로 배치되어 있다.

따라서 시각적으로는 바다 동물이 수직운동을, 육지 동물은 수평운동을 하는 서로 대비되는 구성을 보이고 있다. 각각의 제재들은 그것들의 형태적 특징이 가장 잘 드러나는 부분이 제시되었으며, 이점을 극대화하기 위해서 대곡리의 화가들은 제재에 따라서 포착 관점을 달리하였음을 알 수 있다. 바다 동물들은 주로 위에서 아래로 내려다 본 모습, 즉 배면관背面觀의 지각 방식이 있었고, 육지 동물들은 측면관側面觀을 유지하였다.

이 모든 것들 중에서도 특히 이 암각화를 돋보이게 하는 것은, 마치 파노라마처럼 생생하게 그려진 고래잡이 광경이다. 암면의 중간 부분에는 두 척의 배가 협동을 하여 고래를 잡으려 하고 있는데, 그 뱃머리에는 작살잡이가 이제라도 막 작살을 던지려 하고 있고,[자료 40] 또 다른 한쪽에는 넘실대는 파도를 헤치며 어부들이 고래와 거친 사투를 벌이고 있다. 그리고 또 암면의 한쪽에는 이미 포획에 성공한 고래를 끌고가는 장면^{자료 41}도 형상화되어 있다. 그런데 이와 같은 장면들은 모두 이 암각화에서 가장 이른 시기에 그려진 것들이다. 물론 이러한 점으로써 대곡리의 '건너각단'을 성소로 삼았던 최초의 사람들은 고래잡이 어부들이었음도 알 수 있게 되었다.

그동안, 대곡리 암각화 속의 형상들이 제작 시기를 논증하는 데 필요한 고고학적 발굴 성과들도 하나 둘씩 축적되어 왔다. 동삼동 신석기시대의 패총에서 출토된 토기 표면에는 사슴이 시문되어 있었고, 그것은 이 암각화 속 제 2그룹의 사슴 형상들과 양식적으로 매우 비슷하다. 또 같은 유적의 토기 표면에는 신석기시대의 사람들이 만들어 썼던 그물이 찍혀져 있었다. 여수 안도 패총 출토 토기 파편에는 고래 형상이 그려져 있는데, 그것은 이른 신석기시대의 전기의 것이다. 창녕 비봉리 유적에서는 지금으로부터 8,000년 전으로 거슬러 올라가는 배가 발견되었으며, 울산 장생포에서는 작살이 박힌 고래 뼈가 발견되었다. 그밖에도 울산 신암리에서는 신석기시대에 제작된 여성 비너스상이 출토되었고, 통영 욕지도에서는 멧돼지 소상이 출토되기도 하였다.

이와 같은 발굴 사례들은 한반도의 신석기시대 사람들이 가지고 있었던 기술과 물질문명의 발달 단계 등에 대한 기존의 편견들을 불식시키는 중요한 단서들이 되었다. 그런데 위에서 예로 든 대부분의 유물들은 대곡리 암각화 속에 선명하게 표현된 핵심적인 제재이자 당시의 문명 상황을 살피게 해 주는 표지적인 성격을 띠고 있다. 다시 말하자면, 당시에 이 암각화를 제작하였던 사람들에게는 그물이나 작살 그리고 고래잡이 배 등이 크게 새로울 것이 없는 일상적인 생활용구였다는 것이다. 이로써 신석기시대 대곡리 사람들의 사실적인 삶이 형상화된 것임을 알 수 있다.

한반도의 동남쪽 끝 울산에서 발견된 대곡리 암각화는 이제 한국뿐만 아니라 세계의 암각화가 되었다. 세계의 선사 학계에서는 이 암각화 속에 그려진 11여 종 60여 마리의 고래와 두 척의 배가 협력하여 고래를 잡으려는 장면, 뱃머리에 서서 작살을 던지려는 작살잡이, 그물, 잡은 고래를 끌고 가는 배 등이 인류의 본격적인 고래잡이 개시에 관한 가장 이르고 또 명백한 기록임을 인식하기 시작하였다. 이 암각화는 인류가 이룩한 가장 이른 시기의 문명의 원형이 무엇인지 살필 수 있게 해 준 것이다. 이 암각화 속의 형상 하나하나와 그것들이 지니고 있는 의미와 양식 등을 통해서 제작 주체들이 궁극적으로 표현해 내고자 한 이상과 가치, 그것들 속에 반영된 시대상 그리고 조형 매너 등을 읽어낼 수 있기 때문이다.

지금까지 세계 각지에서 수많은 암각화들이 발견되었고, 또 시간이 경과됨에 따라 그것들에 관한 연구는 보다 다양한 각도에서 심층적으로 이루어져 왔다. 물론 그와 같은 유적들과 그 속에 그려진 형상들은 인류가 바라본 당대의 자연 경관 및 탈 자연화의 과정, 그리고 그 과정에서 창출된 부산물들이며, 그림 가운데 제시된 일련의 이미지들은 인류가 걸어온 더디고 긴 문명화의 과정을 보여주고 있다. 초기의 그림들 가운데서 지금은 이미 지구상에 존재하지 않거나 혹은 해당 지역에서 살지 않는 동물들을 살필 수 있고, 그것들을 사냥하기 위해 펼쳤던 갖가지 시도와 방법들을 확인할 수 있다. 또한 동물의 가축화와 축력의 이용 그리고 마침내 인공구조물이 등장하는 과정 등이 그림 언어로 생생하게 기록되어 있다. 그 형상 하나하나 속에는 제작자들이 품었던 이데아와 그것을 구현하기 위해 시도된 방법들이 담겨져 있는 것이다.

고고학적 발굴 조사를 통해서 익히 알려진 것처럼, 시베리아의 앙가라 강변 오지에 있는 말타Mal'ta와 부레트Buret 유적의 주인공들은 이미 구석기 시대부터 매머드를 사냥하면서 살았고,[1] 또 그것으로부터 추출된 부산물들을 생활의 원 자재로 삼았다. 자료 344 알타이 산맥 인근의 바위그림 유적지에서는 구석기시대의 인류가 목격하였던 매머드와 코끼리 그리고 타조자료 345 등이 그려져 있다.[2] 그것들은 이제 오직 선사시대의 바위그림이나 고고 유적에서만 살필 수 있지만, 이들은 한때 이 지역의 실질적인 지배자였다. 보다 늦은 시기의 암각화 속에서 우리들은 사람들이 고삐를 매어 거대한 동물을 끌고 가거나 혹은 그것을 사냥하려는 모습을 살필 수 있다. 활과 창에 이어서 도끼를 든 사람자료 346과 마차 그리고 창기병자료 330과 개마무사자료 347 등도 등장하는데, 이로써 사회가 급속히 분화되었고 또 계급화 되었으며, 또 지역 및 민족 간의 투쟁이 심화되었음도 살펴낼 수 있고, 동시에 그로 인한 사회적 부작용과 순기능 등이 동시에 교차되었음도 읽어낼 수 있다.

일부 바위그림 속에는 육지 동물뿐만 아니라 바다를 무대로 삼아 바다 동물을 사냥하면서 살았던 사람들의 생활상도 그려져 있다. 남아프리카의 일부 암각화 유적지에서는 물고기를 잡는 장면자료 348이 그려져 있고, 오스트레일리아의 바위그림 유적지에서는 돌고래자료 349가 그려져 있다. 뿐만 아니라 스칸디나비아, 카렐리야 그리고 베링 등지의 암각화 유적지에는 배를 타고 고래를 잡는 장면들이 그려져 있다. 카렐리야의 노바야 잘라부르가 암각화 유적에서는 여러 명의 어부들이 탄 배가 고래를 포획한 장면이 그려져 있으며, 베링의 페그트이멜 암각화 가운데서는 카약을 탄 어부가 고래를 잡는 그림이 그려져 있다. 스칸디나비아의 몇몇 유적에서도 고래를 잡는 그림들이 그려져 있다.

그리고 그 후에도 고래잡이 장면은 다양한 제작 방식에 따라 지속적으

자료 344 집(말타, 러시아)

자료 345 타조(호이트 쳉헤르 동굴, 몽골)

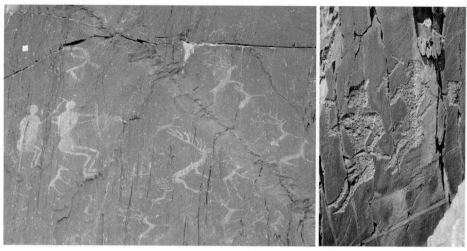

자료 346 **전투용 도끼를 든 사람(왼쪽- 야만 오스 몽골: 오른쪽- 쿨자바스이, 카자흐스탄)**

자료 347 **개마무사**
(위 : 조스틴 하드, 몽골
아래 : 덕흥리 고분벽화)

자료 348 어로(아프리카, Й ВаднерН. Шнейдерова, 1989)

자료 349 돌고래
(낭구르우르, 호주)

로 그려졌다. 일본의 홋카이도 네무로시 벤텐지마 패총에서 출토된 뼈로 만든 바늘통에도 작살잡이가 고래를 잡으려는 장면이 그려져 있으며, 북아메리카 태평양 북서연안의 누트카족도 뛰어난 고래잡이 어부들이었는데, 그들의 모자 장식의 모티프 중의 하나도 고래잡이 장면이다. 베링해협 축치반도 인근에서 고래와 바다사자 등을 잡으며 사는 축치족도 바다사자의 이

빨에 고래잡이 장면을 그려놓았다. 자료 350 그 이후 비스케 만이나 북극해의
바스크 족과 그들의 고용주들, 일본의 타이지나 인도네시아의 라말레라 등
지의 고래잡이 어부들은 온갖 방식으로 고래잡이 장면을 그려놓았는데, 그
것들도 모두 뱃머리에서 작살을 든 어부가 고래를 향해 작살을 내다꽂으려
는 모습이다.

　이렇듯 작살잡이를 태운 배가 고래를 잡는 장면은 이루 헤아릴 수조차
없을 정도로 많이 확인되고 있다. 그런데 그것들의 가장 고형을 추적하다보
면, 그 최종의 귀착지가 바로 대곡리 암각화 속 두 척의 배와 어부들이 고래
를 잡는 장면으로 거슬러 올라가게 된다. 자료 40·41 예로부터 고래들이 회유
하는 이동경로 주변에 거주하였던 여러 민족들이 이른 시기부터 고래를 잡
았던 각종 그림들을 남겨두었지만, 지금까지 확인된 유적과 그림 가운데서
가장 고형은 대곡리 암각화 속의 그것이다. 고래잡이 장면을 남긴 유적이나
그림의 제작연대를 추적하다 보면, 그 최종 귀착지에서 대곡리 암각화를 만
나게 되며, 그보다 더 이른 시기에 그려진 유사 그림은 없는 것이다. 따라
서 대곡리 암각화 속의 고래잡이 장면은 세계 각지에 그려진 포경도의 시원
형, 오리진Origin인 것이다.

1   加藤九祚, 앞의 책(1987), 8~22쪽.

2   А.П.Окладников, Центрально–Азиатский очаг Первобытного искусства, Новосибирск, 1972, 22쪽.

참고문헌

- 『삼국유사』
- 『숙종실록』
- 『울산읍지』上, 昭和九年(1934, 울산문화원 1997년 영인)
- 국립경주박물관, 『신라토우』, 통천문화사, 1997
- 국립중앙박물관, 『동삼동패총 Ⅱ - 제2차 발굴조사』, 국립중앙박물관, 2004
- 국립광주박물관, 『안도패총』, 국립광주박물관, 여수시, 2009
- 국립중앙박물관, 『신암리 Ⅱ』(국립박물관 고적조사보고 제21책), 국립중앙박물관, 1989
- 국립진주박물관, 『욕지도』, 국립진주박물관·통영군, 1989
- 동북아역사재단, 『중앙아시아의 바위그림』, 동북아역사재단·러시아과학아카데미 물질문화사연구소, 2007
- 동북아역사재단, 『몽골 고비 알타이의 암각화』, 동북아역사재단·몽골과학아카데미 고고학연구소, 2008
- 동북아역사재단, 『몽골 서북부 지역의 암각화』, 동북아역사재단·몽골과학아카데미 고고학연구소, 2009
- 동북아역사재단, 『카자흐스탄의 바위그림』, 동북아역사재단·카자흐스탄 교육과학부 고고학연구소, 2011
- 동북아역사재단, 『키르기스스탄 중동부 지역의 암각화』, 동북아역사재단·키르기스스탄국립대학교 역사—지역학부·박물관연구소, 2011
- 동북아역사재단, 『키르기스스탄 남부 지역의 암각화』, 동북아역사재단·키르기스스탄국립대학교 역사 지역학부·박물관연구소, 2012
- 부산박물관, 『동삼동패총 정화지구 발굴조사보고서』, 부산박물관, 2007
- 서진길, 『서진길 사집집 울산 100년』, 울산사진문화연구소, 2009

- 예술의 전당, 울산광역시, 『신화, 그 영원한 생명의 노래』, 예술의 전당, 2000
- 울산대학교 벅물관, 『반구대 암각화 탁본 및 실측조사 보고서』, 울산광역시, 2000
- 윤온식, 장용준, 김혁중, 『비봉리 Ⅱ』, 국립김해박물관, 창녕군, 2012
- 임학종, 이정근, 김양미, 『비봉리』, 국립김해박물관, 창녕군, 2008
- 재단법인 한국문물연구원, 『울산 황성동 신항만부두 연결도로 개설사업 내 울산 황성동 신석기 시대 유적』, 울산광역시청, 재단법인 한국문물연구원, 2012
- 하인수·정수희, 『고대의 언어 그림』, 복천박물관, 2014
- 한국생활사박물관 편찬위원회, 『한국생활사박물관』, 사계절, 2000
- 한국선사미술연구소, 『국보 제147호 천전리 각석 정밀 조사』, 울산광역시, 한국선사미술연구소, 2003
- 호림박물관, 「용의 미학전」, 성보문화재단, 2000
- 有光敎一·西谷 正·司馬遼太郎·齊藤 忠 著, 『韓國端正なゐ美』, 新潮社, 1980
- 高裕燮 著, 『우리의 미술과 공예』, 열화당, 1987
- 김대성·윤열수 지음, 『한국의 성석』, 푸른 숲, 1997
- 김선자, 『변신 이야기』, 살림, 2003
- 김성명·김상태·임학종·정성희·양성혁, 『한국미의 태동 구석기·신석기』, 국립중앙박물관, 2008
- 김열규, 『한국문학사』, 탐구당, 1983
- 김열규 지음, 『동북아시아 샤머니즘과 신화론』, 아카넷, 2004
- 김원룡, 『한국미의 탐구』, 열화당, 1981
- 김원룡, 『한국 고미술의 이해』, 서울대학교출판부, 1997
- 김은희, 『여성 무속인의 생애사』, 신아출판사, 2004
- 김장근·이장욱·백철인·손호선, 『한반도 연안 고래와 돌고래』, 해양수산부·국립수

산진흥원, 2000,

- 김정배 외,『몽골의 암각화』, 열화당, 1998
- 김정배 지음,『고조선에 대한 새로운 해석』, 고려대학교 민족문화연구소, 2010
- 김태곤,『무속과 영의 세계』, 한울, 1993
- 리영순 지음,『동물과 수로 본 우리 문화의 상징 세계』, 훈민, 2006
- 박구병,『한국 수산업사』, 태화출판사, 1966
- 박구병,『증보판 한반도 연근해 포경사』, 민족문화, 1995
- 백낙청 외 엮음,『마치 잔칫날처럼』, ㈜ 창비, 2016
- 백남준,『백남준: 말馬에서 크리스토까지』, 백남준아트센터, 2010
- 서영대 엮음,『용, 그 신화와 문화』(세계편), 민속원, 2002
- 송태현 지음,『이미지와 상징』, 라이트 하우스, 2005
- 신재효 지음, 김장진 옮김,『변강쇠가』, 지식을 만드는 지식, 2009
- 심진송 지음,『神이 선택한 여자』, 백송, 1995
- 양정무 지음,『미술 이야기』, 사회평론, 2016
- 유원수 지음,『몽골의 언어와 문화』, 소나무, 2009, 209쪽;
- 윤선자,『샤리바리』,
- 이상민 지음,『에로스와 타나토스』, 학지사, 2005
- 이안나,『몽골인의 생활과 풍습』, 울란바타르대학교 한국학연구소, 2005
- 이유수,『울산지명사』, 울산문화원 · 울산시, 1986
- 이유수 저,『울산향토사연구논총』, 울산시, 울산향토사연구회, 1998
- 이정재,『시베리아의 부족 신화』, 민속원, 1998
- 이태호,『미술로 본 한국의 에로티시즘』, 여성신문사, 1998
- 이필영 지음,『마을 신앙의 사회사』, 웅진출판사, 1994
- 이종헌 글 · 사진,『우리가 미처 몰랐던 터키 여행 기행』, 소울메이트, 2013
- 이희수,『이희수 교수의 세계 문화 기행』, 일빛, 2000
- 임창순 편저,『한국금석집성』1, 일지사, 1980
- 장석호 지음,『몽골의 바위그림』, 혜안, 1995
- 장소현 저,『동물의 미술』, 열화당, 1979
- 정동찬 지음,『살아 있는 신화 바위그림』, 혜안, 1996

- 정문기, 『물고기의 세계』, 일지사, 1997
- 정주영, 『이 땅에 태어나서』, 솔, 2004
- 趙要翰, 『한국미의 조명』, 열화당, 1999
- 주강현 지음, 『우리 문화의 수수께끼 1, 2』, 한겨레신문사, 1997
- 진형준, 『성상 파괴주의와 성상 옹호주의』, 살림, 2003
- 최길성 저, 『한국 무속의 연구』, 아세아문화사, 1990
- 최영주 지음, 『돌의 나라 돌 이야기』, 맑은소리, 1997
- 하인수 저, 『한반도 남부지역 즐문토기 연구』, 민족문화, 2006
- 하효길 지음, 『바다와 제사』, 학연문화사, 2012
- 허영란, 『장생포 이야기 - 울산 고래 포구의 사람들』, 울산광역시 남구청, 2013
- 홍성욱 지음, 『하이브리드 세상 읽기』, 안그라픽스, 2003
- 황석영, 『바리데기』
- 황수영·문명대 저, 『반구대 암벽 조각』, 동국대학교, 1984
- 황호근 저, 『한국문양사』, 열화당, 1996
- 황용훈 저, 『동북아시아의 암각화』, 민음사, 1987
- 게라두스 반 데르 레우후, 윤이흠 역, 『종교와 예술』, 열화당, 1988
- 게르트 호르스트 슈마허 지음, 이내금 옮김, 『신화와 예술로 본 기형의 역사』, 자작, 2001
- 그레이엄 클라크 지음, 정기문 옮김, 『공간과 시간, 그리고 인간』, 푸른 길, 2011
- 나카자와 신이치 지음, 양억관 옮김, 『성화 이야기』, 교양인, 2004
- 다나카 준 지음, 남지연 옮김, 『잉카의 세계를 알다』 AK, 2016
- 다니엘 킬 엮음, 『예술에 관한 피카소의 명상』, 사계절, 1999
- 동기창 지음, 변영섭·안영길·박은화·조송식 옮김, 『畵眼』, 시공사, 2004
- 동병종 지음, 김연주 옮김, 『서법과 회화』, 미술문화, 2005
- 래리 J. 짐머맨 지음, 김동주 옮김, 『북아메리카 원주민』, 창해, 2001
- 레지스 드브레 지음, 정진국 옮김, 『이미지의 삶과 죽음』, 시각과 언어, 1994
- 루돌프 아른하임, 김춘일 옮김, 『미술과 시지각』, 홍성사, 1982
- 루돌프 옷토 지음, 길희성 옮김, 『성스러움의 의미』, 분도출판사, 2009
- 르네 위그 저, 김화영 역, 『예술과 영혼』, 열화당, 1981

- 마가레테 브룬스 지음, 조이한·김정근 옮김, 『눈의 지혜』, 영림카디널, 2009

- 마이달, 추르뎀, 『몽골 문화사』,

- 말리노우스키 지음, 서영대 옮김, 『원시 신화론』, 민속원, 1996

- 멀치아 엘리아데 저, 이동하 역, 『종교의 본질 성과 속』, 학민사, 1995

- 모리스 메를로-퐁티, 남수인·최의영 옮김, 『보이는 것과 보이지 않는 것』, 동문선, 2004

- 미르치아 엘리아데, 이윤기 옮김, 『샤머니즘 고대적 접신술』, 까치, 1992

- 미르치아 엘리아데 지음, 심재중 옮김, 『영원 회귀의 신화』, 이학사, 2009

- 미셸 로르블랑셰 지음, 김성희 옮김, 『예술의 기원』, 알마, 2014

- 발터 하이시히 지음, 이평래 옮김, 『몽골의 종교』, 소나무, 2003

- 블라지미르 D.쿠바레프, 이헌종·강인욱 번역, 최몽룡 감수, 『알타이의 암각 예술』, 학연문화사, 2003

- 스티븐 버트먼 지음, 박지훈 옮김, 『세상의 과학은 어떻게 시작되었는가』, 예문, 2012

- 알베르티 지음, 노성두 옮김, 『알베르티의 회화론』, 사계절, 2004

- 애널리사 베르타 엮음, 김아림 옮김, 『고래와 돌고래에 관한 모든 것』, 사람과 무늬, 2016

- 야마우치 히사시 지음, 정성호 옮김, 『터부의 수수께끼』, 사람과 사람, 1997

- 엘렌 켈지 지음, 황근하 옮김, 『거인을 바라보다— 우리가 모르는 고래의 삶』, 양철북, 2011

- 엠마누엘 아나티 지음, 이승재 옮김, 『예술의 기원』, 바다출판사, 2008

- 오비디우스 지음, 천병희 옮김, 『변신 이야기』, 도서출판 숲, 2006

- 요코야마 유지 지음, 장석호 옮김, 『선사 예술 기행』, 사계절, 2005

- 우메다 가즈호(梅田一穗) 지음, 이영철 옮김, 『이미지로 본 서양 미술사』, 시각과 언어, 1997

- 柳宗悅 著, 宋建鎬 譯, 『한민족과 그 예술』, 탐구당, 1987

- 이브 코아 지음, 최원근 옮김, 『고래의 삶과 죽음』, 시공사, 1996

- 이브·파갈데 지음, 이세진 옮김, 『바다나라』, 해나무, 2007

- 일리야 N.마다손 채록, 양민족 옮김, 『바이칼의 게세르 신화』, 솔, 2008

- 장 뒤비뇨 지음, 류정아 옮김, 『축제와 문명』, 한길사, 1998

- 장언원 지음, 조송식 옮김, 『역대명화기』하, 시공사, 2008
- 장원언 저, 황지원 옮김, 『역대 명화기』, 계명대학교 출판부, 2007
- 제임스 조지 프레이저, 이용대 옮김, 『황금가지』, (주)한겨레출판, 2006
- 제임스 포사이즈 지음, 정재겸 옮김, 『시베리아 원주민의 역사』, 솔출판사, 2009
- 조르주 바타유/ 조한경 옮김, 『종교 이론』, 문예출판사, 2015
- 조셉 캠벨·빌 모이어스, 이윤기 옮김, 『신화의 힘』, 고려원, 1992
- 조지프 캠벨 지음, 홍윤희 옮김, 『신화의 이미지』, 살림, 2008
- 조지 커넌 지음, 정재겸 역주, 『시베리아 탐험기』, 우리역사연구재단, 2011
- 존 아이언멍거, 이은선 옮김, 『고래도 함께』, 현대문학, 2016
- 지오르지오 바자리, 이근배 역, 『이태리 르네상스의 미술가 평전』, 한명, 2000
- 카를로스 카스타네다 지음, 추미란 옮김, 『자각몽, 또 다른 현실의 문』, 정신세계사, 2013
- 칸딘스키, 차봉희 옮김, 『점·선·면』, 열화당, 1993.
- 클로드 레비스트로스·조르주 샤르보니에, 류재화 옮김, 『레비스트로스의 말』, 마음산책, 2016,
- 타치바나 타카시 지음, 윤대석 옮김, 『임사체험』, 청어람미디어, 2003
- 토머스 불핀치 지음, 노태복 옮김, 『그리스 로마 신화를 보다』, ㈜리베르스쿨, 2017
- 파울 클레, 박순천 역, 『현대 미술을 찾아서』, 열화당, 1979
- 프랭크 윌레뜨, 최병식 역, 『아프리카 미술』, 동문선, 1992
- 피어스 비텝스키 지음, 심성례·홍석준 옮김, 『샤먼』, 창해, 2005
- 하인리히 뵐플린 지음, 박시형 옮김, 『미술사의 기초 개념』, 시공사, 2000
- 허버트 리드/ 김병익 역, 『도상과 사상』, 열화당, 1982
- 허버트 리드 저, 김진욱 역, 『미술의 역사』, 범조가, 1984
- 홀거 칼바이트 지음, 오세종 옮김, 『세계의 무당』, 문원, 1994
- 후베르트 필저 지음, 김인순 옮김, 『최초의 것』, 지식트리, 2012
- A.야페, 이희숙 역, 『미술과 상징』, 열화당, 1983
- A.Jaffe, 연별길·이부영 역, 『인간과 무의식의 상징』, 집문당,
- A.하우저 著, 백낙청 역, 『문학과 예술의 사회사』, 창작과 비평, 1985
- E.베르나르, 박종탁 역, 『세잔느의 회상』, 열화당, 1979

- E.A.뻬레도드치꼬바 저, 정석배 역,『스키타이 동물 양식』, 학연문화사, 1999

- E.H.곰브리치, 백승길·이종숭 옮김,『서양미술사』, 예경, 2002

- E.H.곰브리치, 차미례 옮김,『예술과 환영』, 예경, 2002

- H.리드, 김병익 역,『도상과 사상』, 열화당, 1982

- H.W.잰슨, 김윤수 외 역,『미술의 역사』, 삼성출판사, 1980

- H.W.잰슨 저, 이일 편역,『서양미술사』, 미진사, 1995

- J.G.M. '한스' 테비슨 지음, 김미선 옮김,『걷는 고래』, 뿌리와 이파리, 2016

- M. 그로써 지음, 오병남·신선주 옮김,『화가와 그의 눈』, 서광사, 1987

- N.V.플로스막 지음, 강인욱 옮김,『알타이 초원의 기마인』, 주류성, 2016

- V.프리체 지음, 김휴 옮김,『예술사회학』, 온누리, 1986

- W.J.T.미첼 지음, 임산 옮김,『아이코놀로지: 이미지, 텍스트, 이데올로기』, 시지각, 2005

- 王克荣·邱钟仑·陳遠璋 著,『广西左江岩画』, 文物出版社, 1988

- 班瀾·冯军昳,『中國岩画艺朮』, 內蒙古人民出版社, 2008

- 金开诚 主編, 孙凌晨 編著,『中國岩画』, 吉林文史出版社, 2010

- 秋葉隆 著,『朝鮮巫俗の現地硏究』, 名著出版, 昭和55(1980)

- 岡本太郎,『美の呪力』, 新潮社, 昭和46年

- 加藤九祚,『北·中央アジアの歷史と文化』, 日本放送出版協會, 1987

- 神谷敏郎,『鯨の自然誌: 海に戻った哺乳類』, 中公新書, 1992

- 木村重信,『美術の始原』, 思文閣出版, 1999

- 國分直一,『東アジア地中海の道』, 慶友社, 1995

- 土取利行,『壁畵洞窟の音』, 靑土社, 2008

- 奈須敬二 著,『捕鯨盛衰記』, 光琳, 1990

- 沼田市郎 譯編,『アジヤロシヤ民族誌』, 彰考書院版, 昭和二十一年

- 山下涉登,『捕鯨』, 法政大學出版部,

- 橫山祐之,『藝術の起源を探る』, 朝日新聞社, 1992

- 港千尋,『洞窟へ－心とイメージのアルケオロジー』, せりか書房, 2001

- 護雅夫,『騎馬遊牧民族國家』, 講談社, 1990

- A.ルロア=グラン著, 蔵持不三也訳,『先史時代の宗敎と藝術』, 日本エディタース

クール出版部, 1985

- アレクセイ・パウロウィチ・オクラドニコフ 著, 加藤九祚 譯, 『黄金のトナカイ—北アジアの岩壁畵』, 美術出版社, 1968

- アンドレ・ランガネー, ジャン・クロット, ジャン・ギレーヌ, ドミニク・シモネ 著, 木村惠一 譯, 池内了 解説, 『人類のいちばん美しい物語』, 筑摩書房, 2002

- カールトン・スティーヴンズ・クーン, 平野溫美・鳴島史之譯, 『世界狩の獵民』, りぶらりあ書房・法政大學出版局, 2008

- レビ.ブルュル著, 山田吉彦譯, 『未開社會の思惟』, 小山書房, 1939

- B.A.トゥゴルコフ著, 加藤九祚解說, 齋藤晨二譯, 『トナカイに乘った獵人たち』, 刀水書房, 1993

- C.Shirokogoroff 著, 田中克己・川久保悌郎 譯, 『北方シングースの社會構成』, 岩波書店, 1940

- H・キューン, 角田文衛 譯, 『古代文明の開花』, みすず書房, 昭和34年

- S.ギーディオン, 江上波夫・木村重信 譯, 『永遠の現在: 美術の起源』, 東京大學出版部, 1968

- 고아라, 주세종, 문대연, 최석관, 김장근, 신경훈, 「한국 근해에 서식하는 고래 피하지방의 층별 지방 함량 및 구성 변화」, 2011

- 고재룡, 「대곡리 반구대 암각화이 조형성 연구」, 부산대학교 교육대학원 석사학위논문, 1997

- 김우룡, 「고래를 위하여」, 『녕내 비평』 19, 생각의 니무, 2002

- 김원룡, 「울주 반구대 암각화에 대하여」, 『한국 고고학보』9, 한국고고학회, 1980

- 김현미, 「루시에서 사이보그까지— 인간 진화 이야기」, 『처음 만나는 문화 인류학』, 일조각, 2011

- 김화원, 「반구대 암각화의 문화 양태에 대한 시론」, 고려대학교 교육대학원 석사학위논문, 1993

- 남금우, 「시각 미술에서 이미지의 문제 연구」, 『예술문화』17, 계명대학교 예술문화연구소, 2005

- 문명대, 「울산의 선사 시대 암벽 조각」, 『문화재』75호, 문화재관리국, 1973

- 문명대, 「한국의 선사 미술」, 『한국사상사대계 I』

- 박진영·허민, 「고래류의 형태적 진화와 유영법 변화」, 『고생물학지』29-30호, 한국 고생물학회, 2014

- 성범중, 「울산의 구곡과 구곡시」, 『자연에서 찾은 이상향 구곡문화』, 울산대곡박물 관, 2010

- 윤진영, 「권섭이 소장한 정선의 화첩: 『공회첩(孔懷帖)』」, 『문헌과 해석』통권 43호 (2008. 여름), 문헌과 해석사, 2008

- 이기길, 「울주 대곡리 바위새긴그림」, 『박물관휘보』1, 서울시립대학교박물관, 1986

- 이은봉, 「음양관의 歷史와 歷理」, 『민속학연구』4호, 국립민속박물관, 1997

- 이필영, 「몽골 흡수굴 지역의 샤머니즘」, 『역사민속학』 5, 한국역사민속학회, 1996

- 임세권, 「우리나라 선사시대 암각화의 연대에 대하여」, 『남사 정재각 박사 고희기념 동양학 논총』, 1984

- 임세권, 「한국 선사 시대 암각화의 성격」, 단국대학교 대학원 박사학위 청구 논문, 1994

- 임장혁, 「대곡리 암벽조각의 민속학적 고찰」, 『한국민속학』24, 1991

- 장명수, 「울산 대곡리 암각화인들의 생업과 신앙」, 『인하사학』5, 인하사학회, 1997

- 장명수, 「암각화에 나타난 성 신앙의 모습」, 『고문화』50집, 한국박물관협회, 1997

- 장명수, 「한국 암각화의 문화상에 대한 연구」, 인하대학교 대학원 박사학위 논문, 2001

- 장석호, 「술렉크스카야 바위그림 연구」, 『한국암각화연구』2, 한국암각화학회, 2000

- 장석호, 「페치쉐(Pechishe) 강변의 암각화」, 『중앙아시아연구』6, 중앙아시아학회, 2001

- 장석호, 「한국 선사 시대 암각화의 양식 연구」, 『역사민속학』 16, 한국역사민속학회, 2003(a)

- 장석호, 「한국 선사시대 암각화에 나타난 형상성의 특징에 관한 문제: 대곡리 암각화 를 중심으로」, 『시각예술에서 이미지란 무엇인가』, 눈빛. 2003(b)

- 장석호, 「홋카이도 후곳페 동굴벽화에 대하여」, 『북방사논총』 창간호, 고구려연구재 단, 2004

- 장석호, 「동북아시아 속의 대곡리 암각화」, 『북방사논총』5호, 고구려연구재단, 2005

- 장석호, 「국보 제285호 대곡리 암각화 도상 해석학적 연구」, 『선사와 고대』27, 한국

고대학회, 2007

- 장석호, 「이미지 살해」, 『역사민속학』34호, 한국역사민속학회, 2010
- 장석호, 「바위그림 유적지의 공간과 제재의 상징성 연구」, 『역사민속학』37호, 한국역사민속학회, 2011
- 장석호, 「선사 및 고대 미술 속의 하이브리드 형상 연구」, 『중앙아시아연구』제19-1, 중앙아시아학회, 2014
- 장석호, 「한반도 울산 대곡리 암각화 속에 표현된 고래 및 포경 관련 형상에 대하여」, 『고래와 바위그림』, 울산암각화박물관, 2017
- 장석호, 「울산 대곡리 암각화의 탁월성과 보존 및 세계 문화 유산 등재 방안」, 『고래박물관에서 만난 암각화 속 고래』, 장생포고래박물관, 2017
- 정동찬, 「울산 대곡리 선사 바위그림 연구」, 『손보기 박사 정년 기념 고고인류학 논총』, 지식산업사, 1988
- 정연학, 「용과 중국 문화」, 『용, 그 신화와 문화』, 민속원, 2002
- 조태섭, 「구석기 시대 동굴벽화에 나타난 옛사람들의 사냥」, 『사냥으로 본 삶과 문화』, 국사편찬위원회, 2011
- 주강현, 「한국 무속의 생사관」, 『동아시아 기층문화에 나타난 죽음과 삶』; 민속원, 2001
- 최종혁, 「울산 황성동 신석기 시대 유적 동물 유체」, 『울산 황성동 신항만부두 연결도로 개설사업 내 울산 황성동 신석기 시대 유적』, 울산광역시청, 재단법인 한국문물연구원, 2012
- 최종현, 「주자의 무이구곡도」, 『역사와 실학』, 역사실학회, 2001
- 하인수, 「동삼동 패총 문화에 대한 예찰」, 『한국신석기연구』, 한국신석기연구회, 2004
- 하인수, 「동삼동 패총 문화에 대한 단상」, 『동삼동패총 정화지ㅓ 발굴소사보고서』, 부산박물관, 2007
- 황용훈, 「한국 선사시대 암각화의 제작 기법과 형식 분류」, 『고고미술』127, 1975
- 황용훈, 「한국 선사 암각화 연구」, 경희대학교 대학원 박사학위 청구 논문, 경희대학교 대
- 학원, 1977

- 오오모찌 도쿠조우(大間主薦三), 「다우르족 무속신앙 조사 연구」, 『원시종교』, 민음 사, 2004

- 투골루코프, 「퉁구스족의 신앙」, 『시베리아의 샤머니즘』, 민음사, 1988

- E. 데블레트, 「러시아 바위그림 연구의 새로운 사항」, 『세계의 바위그림, 그 해석과 보존』(한국 암각화 발견 40주년 기념 국제학술회의), 동북아역사재단, 2010

- В. П. Дьяконова, 「튜바족 무녀와 무복과 굿」, 『시베리아의 샤머니즘』, 민음사, 1988

- В. А. Туголуков, 「퉁구스족의 신앙」, 『시베리아의 샤머니즘』, 민음사, 1988

- V. Diószegi, 「바라바 터어키의 이슬람화 이전의 샤머니즘과 민족 기원설」, 『시베리아 의 샤머니즘』, 민음사, 1988

- V. 톱신투그스, 「몽골 알타이 산맥 부족의 언어와 종교」, 『알타이 스케치』1, 동북아역 사재단, 2013

- Seog Ho Jang, Rock Art Research in Korea(2010~2014): Daegok-Ri(Bangudae) Petroglyphs in Ulsan / Rock Art Studies: News of the World Ⅴ, Archaeopress Archaeology, Oxford, 2016

- 小川 勝, 「東北アジア先史岩面畵」, 『民族藝術』vol., 16, 民族藝術學會, 2000

- 木村重信, 「イメージの復權」, 『藝術新潮』75 1月, 新潮社

- Catherine Nicolle, VIE SAUVAGE MERS ET OCÉANS, 1990

- DAVID COULSON & ALEC CAMPBELL, AFRICAN ROCK ART, HARRY N. ABRAMS, INC., PUBLISHERS, 2001

- David Lewis-Williams · Thomas Dowson, Images of Power-Understanding Bushman Rock Art, Southern book publishers, 1989

- George Chaloupka, Journey in time: The 50,000-year story of the Austealian Aboriginal Rock Art of Arnhem Land, Reed New Holland, 1999

- Jean Clottes, World Rock Art, Los Angeles, 2002

- Jean Clottes, L'Art Des Cavernes, Phaidon, 2010

- Leo Frobenius & D. C. Fox, Prehistoric rock picture in Europe and Africa, New York, 1937

- Peter Garlake, The Hunter's Vision- The Prehistoric Art of Zimbabwe, Zimbabwe Publishing House, 1995

- Marc Azéma, La Préhistoire du cinéma, éditions errance, 2011

- A. Laming-Emperaire, La Signification de l'Art Rupestre Paléolithique, 1962

- Trond Lødøen & Gro Mandt〈The Rock Art of Norway, Windgather press, 2005

- А.А.Формозов, Наскальные изображения и их изучение, М., 1987

- А.П.Окладников, Петроглифы на Ангары, НАУКА, Москва-Ленинград, 1966

- А.П.Окладников · А.И.Мартынов, Сокровища Томских писаниц, М., 1972

- А.П.Окладников, Центрально-Азиатский очаг первобытного искусства, Новосибирск. 1972

- Анатолий Иванович Мартынов, Писаница на Томи, Кемерово, 1988

- А.Столяр, Происхождение изобразительного искусства, М., 1985

- А.Ф.Анисимов, Рлигия Эвенков в историко-генетичском изучении и проблемы происхожения первобытных верований. М-Л., 1958

- В.Д.Кубарев, Древние росписи Каракола, НАУКА, сибирское отделение, Новосибирск, 1988

- В.И.Молодин, Н.В.Полосьмак, Т.А.Чикишева и др., ;

- Б.Н.Пяткин, А.И.Мартынов, Шалаболинские Петроглифы, М., 1985

- Г.А.Помаскина, Когда боги были на земле, Кыргызстан, 1976

- Г.Ф.Миллер, Исторические замечания / Сибирские древности / Материалы по археологии России №. Т., 1 В.В.Раздлов, СПб., 1894

- З.А.Абрамова, Древнейший образ человека, издательство Петербургское Востоковедение, Санкт Петербург, 2010

- И.А.Лопатин, Голды, Владивосток, 1922

- И.А.Химик, Художественная культура первобытного общества. Санкт-Петербург, 1994

- К.Ж.Малтаев, Сулайман-Тоо; Древнейший Поднебесный храм в Центральной Азии, ОШ, 2000

- Л.Р.Кызласов, Древнейшая Хакасия, МУ., 1986

- М.А.Дэвлет, Большая Боярская Писаница, М., 1976

- М.А.Дэвлет, Петроглифы Мугур-Саргола, Москва, 1980

- М.А.Дэвлет, Петроглифы на дне Саянского моря, Москва, 1988

- М.А.Дэвлет, Листы каменной книги Улуг-Хема, Кызыл, 1990

- М.А.Дэвлет, Петроглифы Енисея, Москва, 1996

- мишель дж. Харнер, Путь шамана или шаманская практика,

- Н.В.Леонтьев · В.Ф.Кафелько · ЮН.Есин, Изваяния и стелы окуневской культуры, Абакан, 2006

- Н.Н.Диков, Наскальные загадки древней Чукотки(Петроглифы Пегтымеля), Москва, 1971

- О.Н.Вадер, Жертвенное место под писаным камнем на реке Вишере, 1954

- Т.В.Жербина, Тайна сибирских шаманов, СПб., 2002

- Я.А.Шер Петроглифы Средней и Центральной Азии, Москва, 1980

- Я.Я.Рогинский, Об истоках возникновения искусства, ИМУ, 1982

- Ю.А.Савватеев, Рисунки на скалах, Петрозаводск, 1967

- Екатерина Дэвлет · Чжан Со Хо, Каменная летопись Алтая, Москв, 2014

- Д.Цэвээндорж, Ишигин Толгойн хадны зураг // Археологийн судлал, ШУА хэвлэл, 1982

- Равжирын Равжир, Алмас сурвалжисон тэмдэглэл, Улаанбаатар, 1990

- J.M.Gjerde, Beluga Landscapes: New interpretations of rock art and landscapes by the vyg river Nw Russia // World Rock Art, Moscow, 2005

- А.А.Формозов, Что такое наскальные изображения / Панорама Искусств 8, М., 1985

- В.А.Раков, Наскальные изображения гигантских морских животных в неолите на юге Корейского полуострова / Мир древних образов на дальнем востоке, Владивосток, 1998

- Д.В.Черемисин, Исследование наскальных изображений на юге Горного Алтая в 1999г. / Вестник САИПИ выпуск 2, 2000

- М.А.Дэвлет, петроглифы и первобытная магия // Древние культуры Центральной Азии и Санкт-Петербург, СПб., 1998

- М.Л.Подольский, Овладение бесконечностью / Окуневский сборник, СПб.,

1997

- Н. А. Боковеко, Новые петролифы личин окуневского типа в Центрльнй Азии // Проблемы изучения окуневскй культуры, СПб., 1995
- Чжан Со Хо, Места концентрации наскальных изображения как культово-обрядовые центры // Древний ОШ в Средазиатском Контексте(Тезисы докладов), ОШ, 1998

- 동북아역사재단, 『세계의 바위그림, 그 해석과 보존』(회의 자료집). 동북아역사재단, 2010
- 반구대포럼 창립준비위원회, 『반구대 포럼 창립총회 및 창립 기념 세미나』, 반구대포럼 창립준비위원회, 2013
- 배성혁, 「빗살무늬토기의 제작과 소성」, 『아시아 빗살무늬토기의 장식 문양과 지역적 변화』(2017 서울 암사동 유적 국제 학술회의 자료집), 강동구·한국신석기학회·동아시아고고학연구소, 2017
- 에카테리나 데블레트, 「러시아 암각화의 고래, 선원, 그리고 성스러운 풍경」, 『고래와 암각화』(2017년 반구대 암각화 국제학술대회 발표 자료집), 울산암각화박물관, 2017
- 울산광역시연극협회, 「제18회 전국연극제 학술심포지엄 축제와 제의」자료집. 울산광역시 연극협회, 2000
- 이효숙, 「구곡 문학 연구와 상소성」, 『국제 어문학회 학술회의 자료집』, 국제어문학회, 2013
- 장석호, 「새로운 형상 채록 기법이 밝혀낸 암각화의 비밀」, 『아름다운 친구』 Vol. 301, 예술의 전당, 2000년 7월호
- 장석호, 「울산 암각화의 형상 분석과 양식 비교」, 『울산 암각화 발견 30주년 기념 암각화 국제 학술대회 논문집』, 예술의 전당·울산광역시, 2000
- 장석호, 「울산 대곡리 암각화의 새로운 해석」, 『한국인의 원류를 찾아서』, 계명대학교 아카데미아 코레아나, 2001
- S. H. Jang, Prehistoric painting of Whale-hunting in Korean Peninsula: Petroglyphs at Daegok-ri / Мир наскального искусства, Москва, 2005

- 장석호, 「문화사 속의 팔림세스트」, 『동북아역사문제』(통권 80호), 동북아역사재단, 2013. 11월호

- 장석호, 「울산 대곡리 암각화 속에 표현된 고래 형상」, 『고래와 암각화』(2017년 반구대 암각화 국제학술대회 발표 자료집), 울산암각화박물관, 2017

- 장유경, 「대구지역 굿에 나타나는 한국 춤의 정신」, 『한국인의 원류를 찾아서』, 계명대학교 아카데미야 코레아나, 2001

- 존 R. 존슨, 「북미 태평양 연안 수렵 채집민의 민족 고래학적 비교연구」, 『고래와 암각화』(2017년 반구대 암각화 국제학술대회 발표 자료집), 울산암각화박물관, 2017

- 카즈하루 타케하나, 「일본 아이누족의 고래 사냥과 선사시대의 전통」, 『고래와 암각화』(2017년 반구대 암각화 국제학술대회 발표 자료집), 울산암각화박물관, 2017

- WWW.daegucity.net, 「대구의 명소」, 〈李公隄畔〉

이미지의
마력

대곡리 암각화의 세계

초판 1쇄 인쇄 2017년 12월 20일
초판 1쇄 발행 2017년 12월 26일

지은이 장석호
펴낸이 주혜숙

펴낸곳 역사공간
등   록 2003년 7월 22일 제6-510호
주   소 04030 서울특별시 마포구 양화로 11길 18(서교동) 원오빌딩 4층
전   화 070-7825-9900~8, 02-725-8806
팩   스 02-725-8801
전자우편 jhs8807@hanmail.net

ISBN 979-11-5707-159-3 03910

대곡리 암각화 실측도(층위 및 제재 분석도)